好評如潮

從甘地的食鹽長征、金恩博士的民權運動、塞爾維亞的反獨裁運動到埃及的民主革命，非暴力抗爭已經成為推翻暴政的有利武器。相對於武裝起義、暗殺、恐怖主義攻擊等手段，非暴力抗爭的優點在於吸引更多民眾的參與，採取靈活而多元的抗爭方式，逐一瓦解舊體制的支柱，迫使執政者不得不讓步。這本書詳盡說明了非暴力理念的起源與轉變，非常值得當代運動者參考。

——何明修（臺灣大學社會學系教授、《為什麼要佔領街頭？》作者）

革命需要意志、策略，以及漫長以應付等待的時間。獨裁者持續進化，勝利太遠，征途猶長，非暴力的抗爭不只是信仰，更是價值，是促使集體向善、讓抗爭昇華的煉金術。《革命時代》是繼《叛道》、《魯蛇之春》以後，再一本關於社會運動「技藝」的書籍。而在閱讀時我們也不能忘記，世界上仍有許多人正在用公民抗爭改寫二十一世紀。

——藍士博（獨立研究者，「我在桃園撐香港活動」發起人）

歐美好評節錄

兩位作者為非暴力行動的歷史、邏輯、道德和力量，編成了一部真正的經典巨著。本書內容廣博、獨具慧眼、淺顯易讀，必會為未來的世代提供知識和帶來啟發。

——Erica Chenoweth，《公民抗爭為何有效》合著作者

非暴力策略的重要分析。

——Tina Rosenberg，《紐約時報》

兩位作者分享了各個社運家和組織者的至理名言，必會為讀者帶來反思……如有任何人懷疑社區組織對社會結構的重要性，都會被此書的精妙見解所折服。

——《書目雜誌》

美國各地的抗議活動持續不斷，這本書及時提供了真知灼見，令我們理解到這個國家曾經走過的路，以及我們尚要再走多遠。

——《圖書館雜誌》

二〇一七年不是選舉年，所以政治活動很可能會走上街頭。因此我正在閱讀馬克・恩格勒與他的活躍份子兄弟保羅的著作。這本書深入探討了直接行動的歷史，從馬丁・路德・金於一九六三年在阿拉巴馬州伯明翰的社運創舉，到阿拉伯之春，再到「#BlackLivesMatter」都包羅其中。

——David Talbot，《三藩市紀事報》

二〇一一年阿拉伯之春後，面對近年全球反對財富不公的運動發展，「民眾力量」及非暴力抗爭的機遇和隱患已成為主要話題。此書精心羅列非暴力運動的各個組成部份，並點出了一系列關鍵問題，對於那些最需要這種及時學問的抗爭者來說，絕對是價值連城。兩位作者對於社會變革既作出獨到分析，亦詳述了實際步驟，強調了一個論點：看似隨機爆發的起義，實際上有著各種策略底蘊。

——Pauline Moore，《和平研究雜誌》

此書勢必成為開創性的著作……兩位作者精彩闡明了群眾動員、組織建設、非暴力和干擾行動倡導者之間的種種辯論，建立了一個新的知識領域平台，令我們更加理解這些策略難題。

——Frances Fox Piven，《挑戰權威》作者

此書絕對超乎想像。兩位作者花了很多時間研究及參與社會運動，他們對社運的強烈好奇心令此書充滿鼓動人心的感覺。書中涉獵的案例遍及全球，深入剖析了各個社會運動，即使是耳熟能詳的事件，亦往往能提出新穎見解……世界已經非常混亂，社會運動使狀況更亂。因此，像這樣清晰嚴謹、沒有陳腔濫調的書，早就該出現……對非暴力社會變革動態感興趣的人士，無論是參與者還是觀察者，這都是一本不容錯過的好書。

——Gabriel Thompson，Truthdig網站

如果想知道非暴力社會運動是如何開始、什麼因素主宰成敗，此書就是你的理想讀物……本作不但搜羅了世上最有影響力的社會運動和發人深省的真實故事，亦是一本以非暴力作為政治和社會變革方法的實用指南，向讀者展示了變革如何真正發生，以及你如何可以推波助瀾。

——Sadie Trombetta，Bustle網站

一本詳盡、細膩、全面、精心編寫且極具智慧的戰略書，介紹了一些思想縝密的非暴力公民抗爭組織者和理論家的工作……是我近幾十年來看過的書當中，在探討非暴力抗爭的優勢和局限以及如何與其他組織傳統有效融合的方面，寫得最好的一本。

——Steve Chase，《朋友雜誌》

這項工作非常重要。不論對於權威人士、活躍份子還是每天在看新聞的普羅大眾，推動社會變革的時刻和運動始終難以捉摸，亦常被誤解。此書發掘並解釋了社會運動的動態力學……對於想在現代推動社會或政治變革的人，這是一部必讀之書。

——James Rucker，colorofchange.org兼公民參與實驗室聯合創始人

此書所述的社運故事，造就了我們現今的世界並不斷持續改變社會，而作者講述的方法更是絕無僅有地令人激動、充滿洞察力和滿載希望。

——Maria Elena Durazo，UNITE HERE公民權利、多元化和移民國際聯盟副主席

這是一本具有里程碑意義的書，不僅是關於非暴力抗爭的歷史，更提煉了當中的關鍵概念。「勢頭驅動組織」一詞，歸納了一些我們隱約領略卻無以名狀的想法。這是能夠迅速發動真正變革的有效方法——而這正是我們世界所需要的。

——Bill McKibben，350.org作家兼共同創始人

這是新一代的《激進者守則》。兩位作者撰寫了關於群眾運動科學的經典著作……對於在世界上所有為正義戰鬥的人，這是必讀之書。

——Carlos Saavedra，Ayni研究所首席培訓師兼United We Dream前國家統籌員

這本奇書為我們提供了所需工具，幫助我們理解這個歷史分水嶺，更為未來的變革道路指點迷津。社會運動的野火正在世界各地蔓延；這部著作則以啟迪思考和資訊豐富的方式描述這些社運之火。我相信我們會贏，而此書正告訴我們以前是怎樣贏的。

——Umi Selah，「夢想捍衛者」任務總監

最佳的教學，是展示而不只告知。兩位作者生動揭示了各式各樣社會運動的精華片段，諸如追夢者（DREAMers）、佔領華爾街、ACT UP、伯明翰民權運動、哈佛大學生活工資靜坐行動、LGBT平權運動、埃及解放廣場革命、推翻塞爾維亞獨裁者米洛塞維奇的抗爭等，展示出「勢頭」如何在群眾運動中運作……既貼切描述運動的策略轉折點，亦對比了該領域學者的各個見解，實在是難得一見的好書。光是那些扣人心弦的革命故事就已值得一讀。

——George Lakey，「發動非暴力」網站

革命時代

公民抗爭如何改寫二十一世紀

EDMON 鍾宏安 譯

MARK ENGLER & PAUL ENGLER
馬克・恩格勒 保羅・恩格勒 著

寫給中文版讀者

馬克・恩格勒&保羅・恩格勒

我們很高興見到中文翻譯出版，令廣大的華文讀者有機會接觸到這本書。每當身處大規模抗爭的活躍份子接觸到公民抗爭領域的研究文獻時，傳媒不時都會錯誤理解，甚至提出陰謀論，認為當地部署的策略和行動，均是「境外輸入」的。這是對這課題的根本誤解。經歷過大型群眾運動的組織者，反過來通常不會從公民抗爭的書籍中發現什麼新穎怪異的「外來」見解；在閱讀到勢頭驅動的群眾動員模式時，更會有種「既視感」（déjàvu）——既像接觸到新事物，卻又覺得似曾相識。

這些組織者都曾親身上陣，領略過公民起義過程當中的無數經驗教訓，不需別人教導他們如何行動。但同時，公民抗爭領域的文獻，卻能建立一套共同語言，為不同時代、不同國度、不同經歷作出比較分析，提供框架，令組織者得以窺視以往抗爭運動中的困境如何演進，再而汲取前人的見解得著，從中找到共鳴。在塞爾維亞推翻米洛塞維奇政權的抗爭領袖曾這樣說道：「聽到原來我們一路從苦戰中學到的一套，背後其實蘊含整個科學理論，覺得很有趣。」

身為作者，我們認為此書在推動群眾動員這門「功夫藝術」的集體工程中，只屬滄海一粟。這些組織模型和抗爭策略的概念，即使發揮到極致，最多也只能為尋求變革的組織者提供有限的指導。無論一個理論如何出色，一場實際的抗爭所涉及的考慮，必然包括應對錯綜複雜的在地限制、了解千絲萬縷的人際關係、因應變幻無常的事態來調節既定思維。書中我們引用了馬丁・路德・金（Martin Luther King, Jr.）的話，他提醒我們：「公民抗爭的機制，是由人類的所有缺點和優點建構而成的。人們必須從錯誤中學習，再犯更多錯誤，再重新學習。」

與此同時我們認為，公民抗爭的研究，能大大豐富和增強抗爭的實踐能力。這個領域的發展進度緩慢，而近幾十年來的進展，大都是在學界營造一種鑒賞這個領域的氛圍，令非暴力運動研究成為正統的課題。然而，比起得到學術界的認受更重要的，卻是如何推進公民抗爭這門功夫藝術——實踐者不斷改善執行能力，分享心得，從而深化集體造詣。我們認為，這門學習如何運用群眾抗爭力量促進社會變革的藝術，現在才剛處於起步階段。

戴耀廷為中文版撰寫的後記，概述了近年席捲香港一波波的抗爭浪潮——我們認為那是近年大家記憶當中最強而有力、最令人鼓舞的公民抗爭運動之一。對於經歷過這些浪潮的人來說，「觸發事件」和「旋風時刻」的論述、「干擾力量」和「兩極分化」的動態發展、「吸收新血」和「群眾培訓」的挑戰，這些概念跟他們的經驗變得息息相關；反過來，香港的一代人亦將有許多寶貴的經驗及獨到的見解能與世界分享。其實我們開始看到美國和其他地區的活躍份子，已從香港的經驗汲取了大大小小的啟示：從雨傘的戰略創新、交通路錐的巧妙運用以及雷射筆在大規模示威活動中使出的效果，以至如何有效佔領城市空間、協調疊浪式街頭抗爭行動、將街頭力量轉化成選舉政治的收成，這各方面的思考均取得了重大的躍進。

根據我們的觀察，在不同地域不同環境中，那些積極部署、提早預見觸發事件、及早準備迎接抗爭巨浪而蓄勢待發的組織者，往往比起後知後覺、直到迅雷一刻才遲遲回應的人，更能駕馭強大的民主運動力量，引領抗爭浪潮。試想，如果世界各地的公民抗爭運動高手，能夠合力加速這門知識的傳播，發展出一套共通語言，令組織者能暢順交流，彼此分享對於運動模式與危機的心得，所能釋放出的可能性將會是何等巨大！事實上，我們所面臨的挑戰，正正要求我們達到這個境界。全球民眾如要克服日趨嚴峻的剝削、全球性的財富不均、氣候變化對人類存活的威脅、正在崛起的種族主義及民族主義，就必須肩負此一重任。

沒有其他人能告訴香港人如何抗爭，因為他們已是經驗老到的組織者；但我們希望這本書能夠鼓勵更多人加入這個跨議題、跨國界的研究領域，相互學習、對話和分享，提升民主運動至前人所不敢想像的宏大境界，推進我們對人類共同未來的希望。

——二〇二〇年六月

Afterword to the Chinese Edition

By Mark Engler and Paul Engler

We are delighted that This Is an Uprising has been made available for Chinese readers with this translated volume. When activists who have been immersed in a major political struggle come in contact with the literature of civil resistance, the media sometimes promotes the misconception—or even the conspiracy theory—that the strategies and tactics being deployed locally have been imported from a foreign source. This represents a fundamental misunderstanding. Instead of feeling that they have found something novel or exotic in books on civil resistance, activists who have lived through an intensive period of mass protest often have the opposite reaction. When reading about the contours of momentum-driven mobilization, they experience something more like déjà vu, encountering new ideas that simultaneously feel very familiar.

These organizers already know first-hand countless lessons about what uprising entails, and they hardly need to be told how to act. At the same time, the field of civil resistance can offer a common language for discussing their experiences and comparing them to those of organizers who have worked in other nations and in other time periods. They can see dilemmas

that they know well played out in the stories of past campaigns, and they find resonance in the insights that earlier dissidents derived. As one activist, a leader in the struggle against the regime of Slobodan Milosevic in Serbia, put it, "It was interesting to hear that there was this whole science behind what we were learning the hard way."

As authors, we see This Is an Uprising as only a small part of the much wider collective effort to push forward the craft of mass mobilization. Even in the best of cases, ideas about organizing models and strategies of resistance can provide only limited guidance for those seeking to promote change. No matter how good one's theory, an actual struggle involves dealing with the endless complexities of local conditions, reckoning with the messiness of human relationships, and adapting one's preconceived ideas to the unexpected demands of the moment. In the book, we quote Martin Luther King, Jr., who reminds us, "Human beings with all their faults and strengths constitute the mechanism of a social movement. They must make mistakes and learn from them, make more mistakes and learn anew."

At the same time, we believe that the study of civil resistance has great power to enrich and strengthen its practice. The development of the field has been slow in coming, and much of the progress in recent decades has involved creating an appreciation within universities for nonviolent rebellion as a legitimate subject of examination. But far more important than academic acceptance is the advancement of the craft of civil resistance—the process by which on-the-ground practitioners are refining their skills, sharing their knowledge, and thereby deepening their collective abilities. With regard to this process, we believe that the art of learning how to harness the power of mass protest to promote change is still in its infancy.

Benny Tai's new afterword to this book surveys the multiple waves of protest that have swept through Hong Kong in recent years—which we see as among the most powerful and inspiring examples of civil resistance in living memory. For all who have lived through these waves, the concepts of trigger events and moments of whirlwind, the dynamics of disruption and polarization, and the challenges of absorption and mass training will be very relatable. All of you, in turn, will have much to tell the world about the unique insights that you draw from your experiences. Already, we have seen activists in the United States and beyond look to Hong Kong for lessons small and large: from tactical innovations related to the use of umbrellas, traffic cones, and laser pointers as tools of mass demonstration to major advances in thinking about how to occupy urban space over time and how to sync repeated waves of on-the-streets mobilization with opportunities in

electoral politics.

In diverse countries and contexts, we see that those who anticipate trigger events and prepare for waves of mass action—rather than merely responding belatedly when lightning strikes—can become leaders in guiding powerful democratic movements. But what if there were ranks of highly skilled organizers across the globe who were dedicated to speeding the spread of this knowledge? What if there was a shared vocabulary of organizing that allowed us to better communicate about the patterns and pitfalls of mass mobilization? The possibilities are tremendous. And, in fact, the challenges we face demand that we realize them. If the world is to survive the mounting challenges of exploitation and global inequality, the existential threat of climate change, and the rise of racist ethnonationalism, we must take this task most seriously.

No one can tell the residents of Hong Kong how to revolt; they are already seasoned veterans. But we hope that this book can serve as encouragement to join in the type of mutual study, dialogue, and sharing of skills—across issues and across borders—that will fuel democratic movements more ambitious than we have yet dared to imagine, and that will further our hope for humanity's collective future.

—June 2020

譯者・序

鍾宏安

二〇一九年九月四日，香港特首林鄭月娥宣佈，正式撤回《逃犯條例》修訂草案。一場從六月初開始爆發且不斷升溫的公民抗爭浪潮，成功拉倒了當局一直堅稱為逼切合宜的法案。但抗爭者沒有宣佈勝利，堅持提出「五大訴求」，涵蓋了更廣泛的民主政制改革，劍指政府與警權的問責問題。與此同時，「無警時分事件」、警暴以及反運動力量的強烈還擊亦越演越烈。隨後到十一月的區議會選舉，一眾表明支持民主運動的候選人乘著運動的勢頭，囊括了百分之八十六的議席，奪得十八個區議會中十七區的主導權。抗爭者依然未有宣佈勝利。其後，二〇二〇年初的一場武漢肺炎，觸發了全球疫症蔓延，運動一下子就像被不可抗力所腰斬，抗爭者被強烈的無力感所籠罩，甚至釀出一份「失敗感」，認為一年以來的旋風浪潮都是徒然。

二〇一六年底，一次偶然的機會，我在三藩市（編案：台譯「舊金山」）機場的書店拾起了此書，在一趟長途飛機的時間，就幾乎一口氣看完了整本書。當時被書中羅列的抗爭故事深深鼓動，隨即與原作者聯絡討論出版中文譯本的可能性，甚至在書尾加插香港抗爭故事的後記。原作者非常爽快，一口答應，唯我當時不知為何諸事繁忙，沒有跟進這個構想。沒料到在二〇一九年的香港，書中許多情節竟一幕幕呈現眼前。

我再次跟身邊朋友提及此書，亦感恩他們非但力撐，更立即幫忙組織，令這個出版計劃得以成事。我再次聯絡原作者，慶幸他依然二話不說繼續支持，更專程為中文版添寫一段評述。

二〇二〇年春節，我終於「約起心肝」（編案：粵語，指下定決心開始做某事）落筆翻譯，和共同努力的編輯討論了一些用詞和格式標準。我個人是廣東話的「粉絲」，每次講起「𨋢」呢個字都會甚為雀躍，因此書中用語都盡量沿用了香港詞彙。但當你看到「春節」、「粉絲」等詞，就知我不是個purist，但願其他華文讀者見諒之餘，亦可領略領略一下廣東話的趣味。我衷心冀盼這本書能給香港人一份希望、一種能量和一些可能性，但這也不是只給香港人的書，我希望能看懂中文的人都可接觸到書中的思想。這雖然不是我的原著，但我對於書中每句都非常認同。記得在我還未進小學之時，外婆就教我唱國歌，《義勇軍進行曲》是我第一首懂得唱完全曲的國語歌。悲壯激昂的歌詞伴我成長，讓中國人站起來的理想矢志不渝，然而近日《國歌法》在香港通過，奈何我心中卻百感交集。到了長大後投身社會工作，有幸一直致力為中國人在國際領域上爭取權益。香港是我引以為傲的家，我很希望有一天能夠貢獻一個屬於香港人的中國，一個屬於全中國人的中國，一個屬於香港人的家。我妄想這本書所承載的思想能為這個心願至少提供一點勉勵。

書中感動我的部份太多，這裡不多說，希望各位閱讀時能夠細味。我特別想強調的，是書中提到抗爭「後期製作」及「宣佈勝利」的重要性。也許是本著先苦後甜、刻苦耐勞、後天下之樂而樂的傳統中國儒禮精神，所以一日大業未成，終不輕易慶功作樂，但我覺得香港的抗爭者，實在太吝嗇宣佈勝利了：二〇〇六年泛民突擊選委會選舉，成功為民主派候選人梁家傑贏得特首選舉入場券，促成香港史上首次行政長官選舉辯論電視直播。二〇一四年「雨傘運動」的成果，在二〇一五年六月十八日的「甩轆」事件中體現，立法會大比數否決了「假普選」方案。二〇一九年「反送中」運動，成功逼使政府撤回草案，並在隨後的區議會選舉中開花結果，就算不把再後來政府藉口因應疫情而紓解民困的「翻盤」惠民政策歸功於這場抗爭運動，也總有值得宣佈勝利的地方。回顧世界各地成功的公民抗爭運動，都會及時宣示階段性的勝利——如印度獨立運動的「食鹽長征」、美國民權運動的「伯明翰（編案：台譯「伯明罕」）行動」以及塞爾維亞Otpor早期的行動。即使這些勝利未能取得什麼實質的功能權益增長，但其象徵訴求卻樹立了報捷的標竿，能為最終的目標種下深遠的影響。

況且，民主運動往往以「真普選」作為「終極目標」，但我認為民主根本沒有所謂「終極」，從來就是一個過程。埃及廣場革命和阿拉伯之春的經驗就是很好的警惕，叫我們不能以為推翻了專政就大功告成。記得二〇〇七年一次造勢大會，我有幸在台上發言，當時也曾說到：「普選只是民主的起點，成功爭取後還需要努力不懈持續進化。」環顧歐美民主國家的經驗，在推動社會文明多元發展的過程中，公民抗爭運動是必不可少的；如今香港沒有民主政制，就更應調整好長期抗爭的心理準備。又或許香港的經驗正正可以填補公民抗爭領域的一個空隙：除了在非民主政制下推翻專制政權，又或在民主政制下推動社會變革之外，「策略性非暴力行動」亦可以在非民主政制下推動社會變革。

在起起伏伏的漫長民主路上，每一個小小勝利，都值得好好記載、報捷，並深化取得的成果，再學習，再進化。最初開始參與議政論政之時，有位前輩曾經語重心長的說道：「失敗乃成功之墓，成功才是成功之母！」的確，長期抗爭的路上，必須不時為階段性勝利加以文宣，才可更有效營造一種逐步邁進的勢頭，讓更多人願意積極參與。有希望，才有動力。宣佈勝利是公民抗爭運動持續啟發希望的重要一環。

書中提到突尼斯街頭小販的自焚引起了廣泛逆權抗爭的爆發，更掀起了阿拉伯之春，令我想起二〇一六年香港電影金像獎最佳電影《十年》當中〈自焚者〉的一幕，以及電影中的一句經典對白：「維持著我意志的，不是仇恨，是希望。」二〇一九年香港，一個黃雨衣的背影，以絕望燃點了希望，激發空前浩蕩的人群走上街頭。如果說他的犧牲沒帶來什麼效果，我不會同意；但因他的犧牲激發起的群眾力量所帶來的階段性成果，卻真沒有好好得到肯定。

全球瘟疫蔓延期間，在隔離的日子裡，我終於在五月初完成第一份手稿。翻譯寫作的旅程中，得到了很多有心人的提點和幫助，這裡不會一一列出，但亦希望深表謝意。要特別致謝的當然是戴耀廷、沈旭暉和莫乃光，三位義不容辭幫忙寫了推薦，把書中題目更貼地的連接到香港人的抗爭經歷。初稿經編輯修正後，又找了好幾位朋友當沙包，當中特別鳴謝葉子盈及Gary Lee詳細的反饋意見。此外亦對Aaron和Rebecca在整個項目的鼎力支持莫大感恩。最後，讓我多加一句感謝兩年前離世的媽媽，沒有她小時候悉心栽培我學中文，我根本無法做這本書。

令我極為意外的是我的深藍爸爸。一次激烈的爭論後，我把本書全稿打印出來給他拿回家看。意想不到的是，他看罷我的手稿後，竟在家裡的群組發了這樣的評語：「剛看完阿安翻譯的書，是一本好書，永遠都值得世上弱勢社群參考。只要有人類，就會有既得利益者打壓弱勢社群。不公平的事永遠都會出現。正所謂『誰大，誰惡，誰正確』，抗爭是應該需要的，要不就連小恩小惠都得不到。」我頓時感動得眼泛淚光，然後這樣回覆他：「高興你看了亦明白到書中的意思。『誰大，誰惡，誰正確』是動物世界的定律，人也是動物，但我們能否衝破這個弱肉強食的蠻荒世界？我相信可以，但我所相信的，不是達至烏托邦式靜態平衡的長治久安，而是保持在動態不平衡的不斷爭取過程。政制不能停滯不前，更好的制度也會形成既得利益者，所以要不斷變，美國就是個好例子。人民要明白，是要不停抗爭的。書中有一句我特別喜歡：『「自由」應是每一代人根據自身環境和時代需要而重新定義、重新贏取的。』的確往往有人深信權威及尊權觀；我不信，所以選擇長期抗爭。」

今天的香港，在龐大的中共黨國體制面前無疑就是弱勢社群。不論你是什麼立場、什麼支派，我也希望這本書能夠帶給你一點體會。國父孫中山遺訓「革命尚未成功，同志仍須努力」，現在恕我大逆不道，斗膽冒犯革新，認為當年革命實已成功，唯社會進步的根本乃在於不斷抗爭、不斷革命、不斷爭取，而在每一階段的勝利都應該正面肯定，然後再起步。這並非只是對香港的願景，而是對全球公民社會覺醒的遐想。革命功成，繼續革命。革命時代，始末同時。

編案：本書尊重譯者原始港式譯文，部分翻譯名詞若與台灣常見譯法不同，則於首次出現時加上編案說明。

譯者嚴正聲明

本書內容不涉及任何《中華人民共和國香港特別行政區維護國家安全法》（以下簡稱：香港《國安法》）規範之下，包括對中華人民共和國進行分裂國家、顛覆國家政權、恐怖活動或勾結外國或者境外勢力危害國家安全，或煽動、協助、教唆、以金錢或者其他財物資助他人違反香港《國安法》的任何規定。本書翻譯自英文原著，敘述了國外推動社會創新、改進、變革、範式轉移（統稱「革命」，以鑒工業「革命」等用法）的歷史事項，以向華文讀者提供對於公民參與推動社會創新、改進、變革、範式轉移的研究參考。本書提倡的思想只屬於香港《國安法》明文規定之內，適用於香港的有關規定享有的包括言論、新聞、出版的自由，結社、集會、遊行、示威的自由在內的權利和自由。譯者重中並提醒香港讀者，在推動社會創新、改進、變革、範式轉移之時必須避免干犯香港《國安法》。

目錄

IDEAS
ARE
BULLETPROOF

前言

比爾・麥基本

在我看來，馬克和保羅・恩格勒的這本書，在可見的將來必會成為構思和組織非暴力社會運動的入門必讀和權威手冊。對於我們這些活在「特朗普（編案：台譯「川普」）地震」劫後餘生的人來說，這也許是我們所能擁有最實用的書籍——就像飛機墜落安地斯山脈後找到的野外求生指南。

我們一直缺少了這樣的一本書。這一點我很清楚，因為當我為了在北達科他州發生的基斯頓輸油管事件（Keystone pipeline）協助籌備抗爭時，渴望尋求一些指引，但踏破鐵鞋還是徒勞。我能找到的最佳讀本，就是泰勒・布蘭奇（Taylor Branch）的《民權運動歷史》，其詳盡的細節令組織者能從仔細閱讀中獲益良多，然而那只聚焦一宗事件，《革命時代》卻匯集了近一個世紀的資料和經驗。非暴力直接行動是二十世紀最偉大的發明——甘地、馬丁・路德・金等人是政治科學界的愛因斯坦，發現了這高深莫測的新力量，可是綜合這些經驗的任務，整體進展卻相當緩慢。吉恩・夏普（Gene Sharp）致力梳理這門技術的歷史，固然是功德無量；而現在恩格勒兄弟則成功整合出一本內容精良且可讀性高的著作。

兩位作者獨具慧眼的見解，總結於「勢頭」（momentum）一詞之中，認為世界可以改變——有時更可以是躍進而非漸進式改變。這個概念相當重要，因為我們正面臨著的眾多挑戰，當中氣候變化就是最佳例子，根本不允許我們歎慢板：當極地的冰塊迅速融化時，循序漸進即等於失敗。幸而我們仍有許多令人鼓舞的例子：同性婚姻運動的浪潮就提醒我們不要絕望。

此書同時亦提醒我們，所謂的「政治」其實大部份與文化息息相關。回應社會運動的是文化，所觸動的是人心。以政治柔術回應不對等的武力，此乃非暴力潛能的核心——這是甘地逆向思考所得出來的原子能量。耶穌的登山寶訓對於這種抗爭技巧有著先見之明：有人打你的右臉，那就連左臉也轉過來由他打。而這絕對不是弱者的行為，也並非必然是和平主義者的道德承諾。此書羅列的資料和經驗已經清楚解釋，這其實是戰術上的明智選擇。事實證明，從戰術上看，非暴力行動要比暴力明智得多——其實這是理所當然的，因為抗爭者一旦使用武力，即等同進入了當權者最擅長的戰鬥領域；把當權者引到人民贏面更大的戰場上，方為致勝之道。從食鹽長征到美國塞爾瑪、以至巴爾幹半島的塞爾維亞、以及美國北達科他州的立石印第安人保育區，都反覆印證了這個教訓。

當然，一場成功的起義，還需配合其他「抗爭煉金術」內的核心元素，才可發揮化學作用：足夠穩固的組織架構讓抗爭運動持續推進和發展、足夠強大的文宣能力來抵禦猛烈的反運動攻擊、足夠嚴明的紀律以防範挑釁者的滲透。此書非但涵蓋以上內容，更提供了深入分析，協助組織者在社運發展的不同階段調配戰術。歷史的教訓源遠流長——在特朗普時代的美國，我們可能從塞爾維亞的Otpor和其他極權統治下的社會運動中有所收穫，學懂如何應對利己主義和專權制度。這本書亦帶來了警示：必須從阿拉伯之春等事件中汲取經驗——看似極速贏得的勝利，或許只是漫長抗爭之路的起步。

社會一直進化，改變社會的策略技巧亦會推陳出新。但我深信，此書會在未來長久的歲月裡一直與社運組織者同行。這本書告訴了我們，如要為未來出一分力，需要學懂什麼知識。除了透過此書獲取知識和見解之外，這其實是一本烹飪書：除非跟著食譜親自下廚，否則將無法真正領略當中強大之處。

公民抗爭的機制，是由人類的所有缺點和優點建構而成的。人們必須從錯誤中學習，再犯更多錯誤，再重新學習。

——馬丁．路德．金（Martin Luther King Jr.）

序——Introduction

一九六三年一月初，當馬丁・路德・金（Martin Luther King Jr.）與他的十幾位核心顧問團員抵達喬治亞州薩凡納附近的多切斯特退修（編案：Retreat，基督教的退修會，又稱「避靜」）中心時，眾人均心情沉重。這群組織者剛剛遭逢嚴重挫敗，不容再失。下一步，他們即將冒著生命危險，在美國南部一個最令人不寒而慄的城市：阿拉巴馬州的伯明翰市（Birmingham），發起連串反種族隔離的抗議活動。今次他們下定決心，必須得出一個能夠致勝的計劃。[1]

過去一年間，金的南方基督教領袖會議（Southern Christian Leadership Conference，SCLC）參與了喬治亞州的西南部小鎮奧爾巴尼的民權運動。持續數月的示威，導致兩千多名參與者被捕，然而全國傳媒的焦點，卻只落在奉行種族隔離主義的市政官員所表現出的明辨和克制。《紐約時報》說「警察對種族抗議活動做出靈巧處理」，另一份刊物則稱「沒有任何種族壁壘被推倒」。[2]

在多切斯特，金聚集了自己的核心幕僚，重整旗鼓、反思和制定戰略，當中包括金的至交好友及精神顧問拉爾夫・阿伯納西（Ralph Abernathy），以及三十三歲的南方基督教領袖會議執行董事懷亞特・T・沃克（Wyatt Tee Walker）。桃樂絲・柯頓（Dorothy Cotton）和安德魯・楊（Andrew Young）亦有出席會議，二人當時雖被視為組織內的初級成員，但其影響力卻正在攀升。柯頓已經成為組織培訓計劃的一股強大力量，是少數能夠躋身這個男性主導的組織司令部的女性之一。楊則為金擔當一把較溫和的聲音，以制衡金身邊其他較激進的顧問，例如詹姆士・貝維爾（James Bevel）

——他是激進的學生非暴力協調委員會（Student Nonviolent Coordinating Committee，SNCC）資深成員，擅長動員學生靜坐和進行其他高風險抗爭行動。[3]

小組審視了他們在奧爾巴尼的失敗原因，並著手策劃下一步行動，開始為隨後數月內即將實施的大膽計劃奠定基礎。今天，這項策略已被稱為「伯明翰模式」，但在早期只有少數人知悉這項準備工作時，曾被稱為「X計劃」，後來則稱為「C計劃」，而「C」代表著「對抗」（confrontation）。

※

一九六三年，伯明翰是個反民權運動的種族主義大本營。當地民權領袖的住所和辦公室常遭轟炸，其中一個著名的黑人社區更因此被稱為「炸藥山」。就在幾年前，非裔美國歌手納・京・高爾（Nat King Cole）在市政禮堂的公開表演中遭到襲擊。保安人員還未及將高爾從混戰中拉出來，白人至上主義者北阿拉巴馬公民委員會（North Alabama Citizens' Council）的幾名成員就衝上舞台將他從鋼琴凳上推下來。這位音樂家誓言再也不會到南方演出。此前，自一九六二年一月十五日起法院下令，該市的六十七個公園和八個公共游泳池本應必須向所有種族人士開放，然而公共安全專員、外號「公牛」的尤金・康納（Eugene "Bull" Connor）卻宣佈他會把設施完全關閉，不讓黑人居民使用。[4]

意識到他們即將進入險境，金在退修時慎重地提醒他的一眾顧問：「你們每一位都應該仔細考慮，決定是否參與這場運動。我必須說，根據我的判斷，你們當中會有部份人無法活著回來。我希望你們能想清楚。」[5]

雖然危機四伏，但組織者認為他們的行動可以產生重大的傳媒效應，能夠喚醒國民良知。正如金後來在伯明翰城市監獄所寫，他們乃意圖「創造一個充滿危機的局面」，把種族隔離的醜陋暴露在「人類良知和國家輿論的空氣之中」，令那些屢遭忽視的種族隔離措施得以解除。[6]

「製造公共危機」這個想法，並不僅僅是抗爭者的概念目標；追求非暴力衝突，亦不純粹基於正確的道德信念或精神決心。「C計劃」的概念於多切斯特開始構想，再經過隨後數月的精心策劃、開發、調整，當中包含了精密的計算：為了迫使商店和市政官員廢除伯明翰市中心商業區的種族隔離措施，這次抗爭揉合了以往曾經採取的幾種策略：蒙哥馬利巴士抵制運動（Montgomery Bus Boycott）期間給商人帶來的經濟壓力、一九六〇年在納什維爾等城市戲劇性的午餐櫃檯靜坐，以及奧爾巴尼的逼爆監獄策略。這次，組織者將這些策略融匯成一種多階段疊浪式攻擊，社會學家和民權歷史學家愛頓．莫里斯（Aldon Morris）後來稱之為「精心策劃的大規模干擾行動」。[7]

金指派沃克領導準備工作。他是一位手段靈巧的戰略家和要求嚴謹的管理人：在作戰藍圖上，他精確計算了參與者從他們的總部，即第十六街浸信會教堂步行至各個商店和公共設施所需的時間，並將這些地點仔細劃分為行動的主要、次要和再次一等的目標。同樣地，南方基督教領袖會議的組織者亦預計了對手可能會採取的法律行動，並權衡了違反任何法院禁令的成本。他們計算了保釋費用，並計算好被捕者在保釋之前應該關押多長時間——如何令他們的停留時間和釋放時間，能以最大限度保持逼爆監獄的狀態。沃克等人亦預估了在不同程度的抵制效果下，能為伯明翰的商店帶來多大的業務損失，並考慮什麼程度的損失才足以令商業領袖轉軚（編案：改變政策方向或立場，髮夾彎），且拆除試衣間及飲水機「只限白人」的標誌。[8]

民權運動人士料想，在伯明翰的大規模抗爭活動中，他們可以破解種族隔離主義者最堅定的堡壘——從而打開全國變革的閘門。金說，如果取得成功，這項運動「很可能成為驅使改變、推動自由和正義的原動力」。[9]

事實上，大多數人都認為南方基督教領袖會議在伯明翰的抗爭藍圖是癡人說夢。一九六三年一月，馬丁．路德．金剛滿三十四歲，自從一九五六年蒙哥馬利巴士抵制運動成功將他推上全國舞台後，已經過了七年。從那時起，與他對立的保守派以至與他競爭的民權組織，全都質疑他的領導能力。一些資助南方基督教領袖會議的基金會表示不滿，而公眾對其組織的方向亦缺乏明確認識。

在馬丁．路德．金身邊的人亦意識到他們的領袖還未站穩陣腳，於是嘗試彌補不足，例如組織內部的工作人員通常只以名字（不加姓氏）互相稱呼，但沃克堅持參與者任何時候都得尊稱他們的領袖為「金博士」（Dr. King）。「這一點非常重要，因為他真的很年輕——看上去更年輕。」安德魯．楊寫道：「如果我們沒有向他展示莫大的尊重，那麼其他人也不會尊重他。」[10]

除了質疑金的領導能力外，大眾對於大規模公眾「危機」能否被設計出來——即一場民眾起義，能否不是基於一個社會在某一段時期的時代思潮所催生，而是透過精心策劃而形成——對此概念亦心存疑問。社會運動在當時普遍不獲重視，學者尤其對非暴力抗爭抱持疑問，認為甘地在印度的例子放諸於美國般的國家幾乎毫無應用價值，也沒想到蒙哥馬利巴士抵制運動能被複製。一九六三年五月，沃克在三藩市的演講中解釋：「社會學家和一些末世論者對於蒙哥馬利巴士抵制運動的說法頗為有趣。他們認為：『嗯，這只是社會學中的一個畸形案例，這種現象永遠不會再發生。非暴力抗爭無法在美國產生影響，因為我們太過西化了。我們這個效率化按鈕式的社會不會接受。』又或認為：『這個講究自律的方式來自東方文化，他們崇尚冥想和反思，而我們卻太忙於謀生，被逼向前衝。』」[11]

安德魯．楊提到，在奧爾巴尼事件之後，全國傳媒「宣稱民權運動的直接行動階段已經結束」。[12]

然而，當伯明翰行動於一九六三年四月三日終於啟動時，事實卻證明「C計劃」的精心計算是可行的。短短六星期內，伯明翰的緊張局勢爆發，成為全國各地的頭條新聞。歷史學家米高．卡辛（Michael Kazin）說道，一幕幕警犬亂咬手無寸鐵的示威者及水砲射向遊行學生的場面，均「第一次說服了眾多白人轉向支持黑人自由的抗爭」。[13]

伯明翰故事的流行版本通常只聚焦於運動的高潮，而略過在多切斯特開始時的準備工作，然而這項策劃工序其實意義重大。這震驚全國、創下里程碑的民權起義，並不是一個社會學中的畸形案例；同樣地，與種族隔離主義者發生衝突，導致平日潛藏的種族不公義現象揭露人前，從而引發一場震撼美國北部傳媒的全國譴責，這個結果亦非偶然。相反，這些都是有預謀的衝突戰略所產出的結果。

而這種策略應用，亦絕不會是最後一次。

※

「隨機爆發」、「無從預計」、「不受控制」、「情緒主導」。無論是整個中東地區對獨裁政權的反抗、在西雅圖等城市針對企業權力爆發的抗議、魁北克的全省學生抗爭、一百萬人湧入洛杉磯街頭要求移民權利的運動、於前蘇聯共和國地區舉行新選舉的號召、佔領華爾街運動於全美以至全球掀起的數百個帳幕城市，又或堅持不懈的疾呼 #BlackLivesMatter（譯註：「黑人生命攸關」的意思），給人感覺都是一樣的：當我們在電視上看到群眾運動爆發的畫面，傳媒都會將之描述為有如病毒蔓延或風雨雷電一樣，突如其來，無從控制。

二〇一一年，阿拉伯之春、歐洲大規模反緊縮政策示威、佔領華爾街運動爆發。《時代雜誌》將這些起義描述為「無領導，無定形，隨機爆發的」；《華盛頓郵報》

則形容中東抗爭浪潮「像病毒般傳播」並「以無法控制的不同方式侵襲每個國家」。根據《紐約時報》報導，公民抗爭事件的激增「超出了任何情報部門的估算」。[14]

這類描述俯拾皆是。一九九九年，當塞爾維亞的學生和工會向斯洛波丹．米洛塞維奇（Slobodan Milosevic）政權發起挑戰時，新聞界評論罷工運動「伴隨著全國各地隨機爆發的公民不服從行為」。二〇〇四年烏克蘭人民抗議政府腐敗和選舉舞弊的橙色革命，《莫斯科時報》寫道「其核心是烏克蘭民眾隨機的情緒爆發」。二〇〇六年，移民權利運動號召了數十萬人走上美國城市街頭，《華盛頓郵報》將之形容為「社運主義隨機爆發的浪潮」。[15]

在民權運動期間，莫里斯亦指出，社會大眾普遍認為抗爭者「盲目地對無法控制的力量作出反應」、午餐櫃檯靜坐「是一種隨機爆發的現象」，歷史記錄亦充斥著這類描述。[16]

然而，如果大規模的起義，其實並非像一眼看上去般隨機爆發、無從約束？如果這些突然出現在頭條新聞中的社會變革，能像風暴般可以提早預測？如果有人懂得讀雲解雨、辨識徵兆？

又或者如果，其實我們能夠干預氣候？

※

對馬丁．路德．金和南方基督教領袖會議組織者而言，伯明翰的抗爭是一個莫大福音，印證了他們的信念：廣泛、有目的、非暴力的干擾行動，有可能改變國家政治的進程。伯明翰的勝利在全國引發漣漪：在他們宣佈與伯明翰商店達成和解並開始解除種族隔離措施後，短短兩個半月內，共有一百八十六個美國城市發起了超過七百五十次民權抗爭活動，導致近一萬五千人被捕。[17]

在南方基督教領袖會議的行動開始後不到一年半的時間，總統林登．詹森（Lyndon Johnson）簽署了具有里程碑意義的《一九六四年民權法案》。

但是這種時勢逆轉，卻留下了一個並未回答的關鍵問題：為什麼伯明翰能夠取勝，然而早前在奧爾巴尼試圖結束吉姆．克勞（Jim Crow）歧視政策時，卻會失敗得如此慘烈？

奧爾巴尼的問題並非因為缺乏創意的策略而致。與伯明翰的抗爭活動一樣，奧爾巴尼的抗爭亦採取了各種創新方法，將靜坐、抵制、遊行、群眾被捕和法律行動結合起來。事實上，奧爾巴尼是民權運動中首次以全方位角度部署的民眾抗爭，金更稱之為「迄今為止最具創意」的非暴力抗爭。[18]

即使戰術如此精細複雜，結果卻不盡如人意。金雖然一直試圖為奧爾巴尼運動塑造正面價值，然而他亦承認，經過一年多的抗爭，「人民感到非常沮喪和絕望」。全國有色人種促進會（National Association for the Advancement of Colored People，NAACP）的區域董事更直言不諱打趣道：「假如目標只是進入監獄，那麼奧爾巴尼運動是成功的。」[19]

許多因素導致失敗結果。在奧爾巴尼，南方基督教領袖會議被捲入一場盤算之外的衝突：當地的地方組織雖然已經開始對種族隔離主義者的權力架構進行分散而廣泛的攻擊，卻沒有充分分析好對手的弱點。正如全國有色人種促進會的誹謗評論所言，民權組織彼此競爭激烈，包括學生非暴力協調委員會在內的團體甚至允許他們與金及其團隊的分歧公諸於眾。此外，當地市政府由風度翩翩、作風克制的警察局長勞里・普利切特（Laurie Pritchett）領導，手腕相當了得，只進行足夠的逮捕以平息異見，而不會使監獄過分擁擠或使警察部隊無法負荷。

以上種種均導致抗爭失敗，然而加在一起卻指向一個更為基本的問題：在奧爾巴尼，他們欠缺一個明確的計劃，能夠利用非暴力衝突的穩步升級，為種族主義者的權力架構帶來無法承受的壓力。他們欠缺的是一個總體框架：令個人的犧牲行為轉化成協同效應，使緊張局勢升溫，並攻擊種族隔離政策的最弱處。不過來到伯明翰，這一切都已改善。

※

「沒有任何一套戰術理論，可以簡單如按一排按鈕般就能贏得一場公民抗爭革命。」在奧爾巴尼運動之後，金在一次深入的反思中寫道。「公民抗爭的機制，是由人類的所有缺點和優點建構而成的。人們必須從錯誤中學習，再犯更多錯誤，再重新學習。」[20]

世上不存在任何現成的神奇公式，能夠中止種族歧視政策或推翻獨裁者。非暴力衝突的動態是微妙而複雜的，而且任何群眾動員的運作，都必然存在不可預測的因素。然而，「C計劃」卻屬於某種抗爭流派的一部份，這個流派致力研究、制定和應用某種尚未被充分認識的藝術原則，而這種藝術現正成為當今世上最具影響力的一種力量——非武裝起義的藝術。

本書就是關於這項藝術的故事。這是關於創建「C計劃」所採用的戰略方式，以及為什麼伯明翰非暴力運動的設計者認為其逐步升級的計劃能夠發揮效果。這是關乎幾十年來不斷實驗並催生了「C計劃」的一項抗爭流派，以及這些抗爭經驗如何在此後持續完善，造就了連場成功的社會運動。最後，這是關於為何非暴力行動的傳統，或許會在這個世紀成為重塑政治生態的力量。

本書關注的是一個特定現象：勢頭驅動的群眾動員（momentum-driven mass mobilization）。本書認為，那些最仔細研究群眾動員運作的人——包括研究如何構建和維持大型抗爭的方法——其源頭均來自策略性非暴力（strategic nonviolence）的抗爭傳統。本書亦主張，觀察二十一世紀民主浪潮的政治分析員，必須將這個抗爭流派的見解納入他們對社會變革的理解之中。同時，那些希望推動社會蛻變的人，亦應將這些見解與他們現行推動社會變革的方法互相結合。

「非暴力」往往被視為過時而被遺忘，更被認為與國際問題毫不相干。然而即使每一次被摒棄在旁，策略性非暴力行動卻似乎總能重申其歷史力量。即使沒有拿起武器、只有少量資金和傳統資源，非暴力群眾運動卻能成功顛覆公共辯論的環境、改變國家的政治方向。這種形式的非暴力絕非被動的，而是一種抗爭策略。

經過年復一年的努力，手無寸鐵的動員運動創造了許多關鍵時刻。在美國，這包括一九三〇年代密芝根（編案：台譯「密西根」）汽車廠的靜坐罷工、一九六〇年代的反戰和校園言論自由運動、一九七〇年代的福利和婦女權利抗爭、一九八〇年代的反核能和愛滋病關注運動、一九九〇年代保育古老森林的直接行動和反對企業全球化的活動，以及在千禧年代初期反對伊拉克戰爭的示威。在國際上，策略性非暴力衝突對於協助智利以至波蘭、菲律賓以至塞爾維亞、貝寧（編案：台譯「貝南」）以至突尼斯等連串國家推翻不民主的統治者，均發揮了重大作用。

當此類爆發事件出現時，大家往往覺得那是一陣旋風般的活動，罕見而異常地干擾了日常政治的規範，恍如千載難逢的事件。然而神奇的是，一旦開始搜尋相關資料，卻會發現如此千載難逢的起義，總是以形式各異、意想不到的方式，不斷出現於歷史之中。二〇一一年，阿拉伯之春和佔領華爾街運動的興起，就是一個活躍的高峰期。運動爆發的餘波還未了，在墨西哥、土耳其、巴西和香港亦爆發了大規模抗爭，類似事例不勝枚舉。在美國，圍繞氣候變化的大型示威活動已經展開；反對種族主義與抗議警暴的抗爭，更在#BlackLivesMatter的旗幟下互相連結。

以勢頭驅動的群眾組織原則，有時會滲透到選舉政治之中。二〇〇八年，年輕的參議員巴拉克・奧巴馬（Barack Obama）就利用了這樣的動員技巧——借鑒了社會運動草根動員的概念，最終讓那些對總統大選典型戰略瞭如指掌的人莫不驚為天人。勢頭驅動的運動亦已成功應用於其他規模較小的環境，例如大學校園的生活工資運動，以及示威者包圍州議會大廈要求公職人員辭職等。在無數的報導、曝光和國會發言均無法取得進展的情況下，非暴力衝突卻成功將被忽視了的不公義，放到大眾意識眼前。

大多數權威人士，無論有過多少雄辯滔滔的言論，對於社會運動的爆發也幾乎沒什麼好說，這反映出他們對於社會變革如何發生的認知抱持偏見。同樣地，分析家總是把手無寸鐵的反抗浪潮描述為隨機爆發和不受控的，他們只會花時間猜測數年之後會有什麼候選人加入選舉，密切追蹤議會、法庭和白宮的發展，仔細研究競選、遊說和立法制定的政治交易過程和操作方式。這些環節主導了公眾對常規政治的理解，並受到精英價值觀及其實踐方式所影響，訴諸現實主義。他們告訴大眾，這就是系統運作的方式。正如俗語所說，「香腸就是這樣製成的」（This is how the sausage gets made）。

但改變真是這樣發生的嗎？上個世紀人文社會的各項重大進展，包括結束奴隸制度、婦女選舉權、限制童工、實施工作場所的安全標準，以及禁止各種形式的歧視等——社會之所以能夠接受這些改革，其實不太歸因於正式立法，反而更多歸功於社會運動將之帶到公眾議題層面。同樣地，在國際舞台上，愈來愈多未經選舉認受的領袖之所以失勢，並非基於傳統外交或軍事操作；相反，他們是被非武裝的群眾要求下台的。

儘管事實已證明非暴力抗爭的重要性，然而對於戰略運用，世人卻知之甚少。「非暴力」往往被視為哲學或道德準則，較少被視為一種政治衝突、干擾和升級的方法來研究，這實在錯過了莫大良機。如果我們總是對於公民抗爭起義感到驚訝、總是拒絕將之納入我們對社會革新的一種方法來看待，那麼我們就會錯失機會，無法了解這個關鍵現象以及利用這股力量。

※

對於金而言，伯明翰是一個啟示。雖然他是在蒙哥馬利巴士抵制運動中初次受到群眾行動的洗禮，但他寫道，只有在目睹抗爭者無視康納來勢洶洶的武裝部隊時，他才覺得「這是我第一次感受到『非暴力』的尊嚴和力量」。「C計劃」令他領悟到另一種方式的政治運作——在傳統選舉和遊說之外、在傳統社區或教會組織之外，還可採取的其他行動方式。這改變了金的公共生活；對於社會變革的可能性，他亦自此有著不同看法。[21]

在過去一個世紀，許多人也獲得類似啟示。見識過一次大型群眾動員的力量之後，他們不再對大規模的抗爭浪潮感到驚訝——不再將這些起義視為不可控制的個別例子——並開始更加關注其力學動態。這些社運份子和學者均對非暴力的運作方式深感興趣，而不再僅僅視之為一種道德哲學。有人甚至試圖應用非暴力抗爭的策略，以激起和引導公民抗爭行動的時機。

正如金所告誡，現實並沒那麼簡單，不是只按一下鈕就能改變歧視政策或推翻獨裁者；非暴力衝突的動態力學亦往往是微妙而複雜的。然而，也許正如伯明翰的組織者所堅持，危機四伏的局面其實可以經過精心策劃而釀成，令備受忽視的不公義展露於公眾眼前；又或正如莫里斯所斷言，有計劃的策略行動，其實是有可能創造出大規模社會運動浪潮的。

策略性非暴力抗爭的發展過程貫穿了許多傳記著作，有些被描述為個人頓悟的故事，例如年輕的莫漢達斯．甘地（Mohandas Gandhi）就受到托爾斯泰（Tolstoy）的啟發，放棄了律師的工作，並採取了不同類型的行動，一種他認為比起法律訴訟更具力量的集體抗爭方式。又例如吉因．夏普（Gene Sharp），一位本來醉心於和平主義傳統的學者，發現了「非暴力」不僅僅是一小撮反戰人士所抱持的個人信條，更是一種能被廣泛應用的實戰抗爭武器。又例如朱迪．巴里（Judi Bari），作為女權主義者和資深工會人士，她重塑了加州紅木保育的抗爭生態，為本來充斥著西部牛仔式大男人主義的激進環保運動，引入了一套更有效的新戰略。

無論群眾動員運動是由知名的領導者帶頭也好，由歷史書中無名無姓的人民推動也好，凡是體驗過非暴力抗爭運動的人，都會受到蛻變式的影響。當民眾發現勢頭驅動的組織方法是一種新的行動模式時，便能從根本上改變他們處理基本政治問題的方式：如何開展一項抗爭運動、如何構建一個社會變革需求？如何應對國家鎮壓、如何與傳媒互動？團體如何利用社會突發事件的公眾能量，將之化為組織所用？組織何時需將過往的收穫加以制度化？什麼時候是運動宣佈勝利的最佳時機、能帶來什麼持久的改革？

關於策略性非暴力的抗爭，其知識體系經過數十年的反覆試驗，在幾代人之間傳承至今。這個過程時而不連貫，時而不規則；不同地區、不同年代的社運組織者，對於如何帶領群眾行動、借鑒不同政治傳統和靈感來源等，均各自創建了專屬於自己的重大原則。有些社運份子並沒有周詳的計劃，許多更不曾詳細記錄其所學所得。「C計劃」是一個異數，當時團隊花了不少時間策劃行動，而他們對戰略關鍵的考慮亦有好好記錄下來。其他非暴力抗爭的試驗在世界各地獨立發生，有部份經過反思編纂，成為公民抗爭運動的重要案例。儘管這些紀錄雜亂無章，然而當中每個案例，均代表著大家對於非武裝起義這門功夫藝術，一步一步集體積累了經驗知識。

這種緩慢的知識增長過程，已經非正式地演進了超過一個世紀，然而近年卻開始衍生了更為深思熟慮的培訓和研究。在這個微妙的轉折時刻，一群學者和社運份子堅決認為，發展策略性非暴力抗爭尤為重要，不應只被動地留待環境醞釀而成。他們亦已決心動員起來，為此出一分力。

這一切，得先從一個堪稱「非暴力的馬基維利（Machiavelli）」的人物開始說起。

如果沒有能力實現自己的奮鬥目標，
那麼即使自我感覺良好、不參與暴力、願意犧牲性命，
亦改變不了行動失敗的事實。

——吉恩．夏普（Gene Sharp）

第一章・策略轉向——*A Strategic Turn*

互聯網的博彩世界無奇不有，幾乎什麼都可以拿來打賭，包括下屆諾貝爾和平獎花落誰家。考慮到獎項背後錯綜複雜的政治角力，得獎結果往往難料。然而過去幾年，莊家至愛之選卻既非一國元首，亦非某個非政府組織，也非魅力型的抗爭領袖，而是一位年屆八十、言談溫和的波士頓學者。他的名字是吉恩．夏普（Gene Sharp）。

一九五三年，年僅二十五歲的夏普是一名反戰主義者，他引以為豪的個人珍藏是愛因斯坦的一封來信。當時，夏普的父親是俄亥俄州基督新教的巡迴佈道牧師，夏普自己則剛在俄亥俄州立大學取得社會學碩士學位並移居紐約，本想寫一本關於甘地的書，卻很快便因拒絕韓戰的徵兵而被捕，關進了聯邦拘留中心。

受審之前，夏普與愛因斯坦建立了一段書信往來關係。愛因斯坦晚年致力於和平運動，當時寫信給夏普這位年輕的和平主義者說道：「我衷心欣賞你的道德力量，假如我設身處地，亦只能希望如你一樣行事。」夏普最終因拒絕徵兵而被判入獄，於康乃狄格州的丹伯里服刑九個月零十天，當時他視之為一項重要的政治表態。[1]

幾十年後，他對這次單獨的反抗行為卻持有截然不同的看法，並曾對一位採訪者說：「這件事情，對於擺脫戰爭系統毫無作為。」他於二〇一〇年更表示這個立場除了「保全自己的骨氣」之外，完全無用。[2]

多年來，夏普一直沒有摒棄非暴力行動的想法，但卻經歷了一種轉向——這個變化既改造了他的職業生涯，更於無數國家的社會運動中引起反響。他對非暴力的研究影響深遠，是備受公認的非暴力抗爭運動理論家，寫下了一系列具開創性的相關著作。除了被譽為「非暴力的馬基維利」之外，亦被稱為「獨裁者殺手」和「非武裝革命的克勞塞維茨（Clausewitz）」。他的生活簡樸，在東波士頓的排屋地面經營一所名為愛因斯坦學院（Albert Einstein Institution）的研究所，除他之外只有一名職員。夏普默默耕耘數十年，雖在細小的研究圈子裡備受尊崇，但在研究領域以外卻名不見經傳。

但與此同時，夏普的研究卻有著異常廣泛的影響力。他短短九十三頁的《從專政到民主》（*From Dictatorship to Democracy*），已翻譯成三十多種語言，是一本教授如何推翻獨裁者的手冊，濃縮了其核心理論的精粹，並屢屢在全球各個爆發抗爭的熱點出現。該書最初寫於一九九三年，目的是協助緬甸異見人士透過非暴力行動對抗軍政府，之後成為塞爾維亞學生推翻米洛塞維奇政權的錦囊，並於二〇〇三和〇四年格魯吉亞和烏克蘭的起義期間在社運圈子流傳甚廣。於二〇一一年突尼斯和埃及的大型抗爭運動期間，其阿拉伯語版本亦被廣泛下載。

伊朗政府曾點名譴責夏普和該書；二〇〇五年夏天，俄羅斯兩家獨立書店更因把最新的俄文譯本小冊子上架而被縱火。（一名反對派領袖告訴《華爾街日報》：「我的辦公室書架上，仍保留著被燒毀了一半的這本小冊子。」）[3]

特別在阿拉伯之春之後，夏普聲望日隆，成為了紀錄片《如何開始一場革命》（*How to Start a Revolution*）的主角，而該紀錄片發佈之時，亦正是二〇一一年佔領運動醞釀之初。夏普的思想蛻變，是在他反抗徵兵而被捕入獄之後才領悟出來的，這個領悟將一直引導他後來的研究和教學方向。當中的根據是一個簡單想法：「非暴力」不應只是讓一小撮人來尊崇的道德準則。

相反，夏普認為應把非暴力抗爭理解成一種政治策略和手段，一種可供社會運動選用、能有效推動變革的途徑。在此原則的基礎上，以圖理解非武裝社會運動「公民抗命」的現代研究應運而生。

夏普的思想蛻變可以說是理所當然。事實上，在非暴力社會運動的歷史長河中，這種轉化屢見不鮮。在過去一百年間，許多偉大的革命先鋒都得出同一結論：「非暴力」必須結合策略性的大規模社會行動，才可發揮真正力量。馬丁．路德．金就是其中一個佼佼者。他在一九二〇年代末出生，與夏普年齡相差不到一年。以金為例，他亦要花上多年的政治經驗累積，方能充分懂得把非暴力衝突用作政治鬥爭手段，並發動諸如「C計劃」的行動；然而最終奠定其美國歷史地位的，並非只是他的個人勇氣或精神信念，而是他對非暴力抗爭的技術掌握。

※

夏普初期的政治生涯，一直沉浸在和平主義傳統的主流之中，後期卻致力擺脫其影響。他在一九五四年出獄之後，曾短暫擔任著名激進和平主義者A. J.穆斯特（A. J. Muste）的助手，其後為英國的《和平新聞》周刊撰稿，再到奧斯陸做研究，探討二戰期間當地教師如何運用非暴力策略抵抗挪威實施法西斯教育。他憑非暴力研究獲得牛津大學博士學位，並寫下洋洋九百頁的論文《非暴力行動的政治學》（*The Politics of Nonviolent Action*）。此作於一九七三年出版，被公認為經典著作，目前仍以一書三冊的形式發行流通。

在此書發表的時期，夏普已經開始遠離曾經深交的和平組織。「和平主義」作為戰爭及暴力的道德對立面，已存在了數百甚至數千年，更可追溯至世界各個主要宗教的核心文本中。這個傳統在夏普年輕時代依然流傳，非暴力支持者亦往往強調其道德及精神層面。[4]

在一九五〇和六〇年代，夏普發現自己正朝著另一方向進發。他從舊報紙閱讀甘地一九三〇年在印度的抵抗運動，發現了一個令他困擾的事實，一個被他的著作忽略了的事情：他找到證據，證明甘地抗爭運動（satyagraha）的參與者中，絕大部份並非出於道德責任而採取非暴力行動，反而是因為認為這種行動有效。此一發現之所以令夏普困擾，因為這與他所認識的一眾「原則性非暴力」（principled nonviolence）支持者的信念背道而馳——他們一直認為非暴力行為需要強大的道德決心。夏普在二〇〇三年的一次訪問中說起他當時的躊躇：「我在想，我應該把這個發現寫下來嗎？還是最好不要碰？但我還是寫下來了。後來我意識到這並非一個威脅，而是一個良機：因為這意味著，許多從不相信道德或宗教式非暴力的人，可以出於務實理由而採取非暴力抗爭。」[5]

夏普選擇把他的發現寫下來，這個決定改變了他的研究軌跡，亦令他成為「策略性非暴力」（strategic nonviolence）的主要推手。雖然他個人繼續把非暴力奉為「生活哲學」，但已不再關心他人是否如此。他亦開始與和平主義者的朋友爭辯：人之所以轉向戰爭和暴力，並非基於邪惡或仇恨；人之所以訴諸暴力，是因為他們看不到其他能解決當前難題的方法。以「大愛與道德尺度來反對暴力」，根本無法贏得這些人的支持；相反，應向他們展示策略性的非暴力抗爭如何更有效替代武裝革命，才是更有用的——甚至是更好的選擇。[6]

夏普在其著作中，例如他於一九五九至七〇年間撰寫的論文合集《政治戰略家甘地》（*Gandhi as a Political Strategist*），就銳意不把甘地這位推動印度獨立的領袖描述成超凡脫俗的聖雄，而是把他塑造成一個觸覺敏銳且遠謀深算的戰術家。普遍觀念認為策略性的非暴力手段在某程度上是避免衝突，亦只能應用於民主國家；他則反駁這種思維，努力證明非暴力行動遠非一種消極行為，而可以是一種「利用心理、社會、經濟和政治權力的抗爭技術」，甚至能成功對抗暴力橫行的極權。[7]

夏普認為，一如武裝鬥爭，非暴力衝突亦同樣關乎「發動『戰事』，需要明智的策略和戰術，並要求『將士』的勇氣、紀律和犧牲」。他曾說過，或許正因如此，具軍事訓練背景的人士反比和平主義者更快接受他的想法。與夏普晚年最親密的合作者之一，正是退休的美國陸軍上校羅拔．赫爾維（Robert Helvey），他在哈佛大學看過夏普的演講後，就對非暴力起義的內部運作深深著迷。[8]

夏普對非暴力抗爭的精要分析強調堅定不移的決心。他知道如果抗爭對手是強暴極權，鎮壓就會非常嚴重。他寫道：「絕對不能心存幻想……在某些情況下，非暴力抗爭者不僅被毆打和殘酷對待，甚至遭到殺害……被蓄意屠殺。」夏普亦不保證成功：「非暴力行動只是抗爭手段的一種，亦不能保證勝利，特別是在短期之內。」[9]

儘管如此，夏普仍記錄了非武裝起義如何創造出令人嘆為觀止、時而出人意表的成果。對獨裁政權而言，武裝叛亂正中其懷——暴政擅長鎮壓武裝攻擊，而再以安全理由為名，製造警治狀態（police state）；相反，非暴力行動卻會令這些政權措手不及。利用夏普所說的「政治柔術」，社會運動可以將武力鎮壓轉化成當權者的弱點：向手無寸鐵的抗爭者進行暴力鎮壓，只會暴露政權的野蠻，削弱其執政的認受性，更往往釀成更廣泛的公眾不合作運動。馬基維利（Niccolò Machiavelli）早於一五〇〇年代就意識到這種角力。當一個君王試圖強行統治一群正在反抗的民眾，他寫道：「他愈殘酷，他的政權就愈弱。」[10]

對夏普而言，非暴力的成果不能僅限於崇高的犧牲行為。如果要使抗爭者的犧牲有價值，就需要產生真正的政治影響。他特別堅持非暴力行動的有效性，亦突破了和平主義及原則性非暴力主義的固有傳統。

早期的和平主義行動，通常是一小群抗爭者以「見證」或「向權力說真話」的方式進行，典型戰術包括拒服兵役、抵制戰爭稅、拒絕參加空襲演習等。參與者明知他們會被孤立或顯得不合時宜，但仍然認為自己能樹立榜樣，並以此為榮。自反越戰時期以來，有部份人採取了更為極端的道德見證行為。犁耕運動（Ploughshares Movement）的支持者，以及由基督教和平主義者桃樂絲．戴（Dorothy Day）和彼得．毛林（Peter Maurin）發動的天主教工人運動（Catholic Worker Movement）的成員，曾試圖頒佈聖經禁令，以「鑄劍為犁」作號召，反對戰爭和核武，當眾燒毀徵兵書，在戰艦的甲板上淋血，並越過警界進入軍事設施，企圖錘擊導彈彈頭以破壞核導彈。這些抗議行動充滿道德正義精神，並且反對政治計算。參與者有時會面臨漫長刑期，然而對於如何把大膽的反抗行為化成具體策略以推動變革，他們卻不太重視。天主教工作者圈子中流行一種說法，概括了這種行為：「也許行動參與者會說：『耶穌從沒告訴我們要成功……只是說要相信。』」[11]

二十五歲的夏普基於良心反戰，寧願坐監，也許當年的他會對此想法深表認同；然而二十年後出版《非暴力行動的政治學》的夏普，卻拒絕抱持相同想法。夏普在其著作中經常反駁「單憑善意足以創造變革」的觀念。正如他在後期的著作所寫：「如果沒有能力實現自己的奮鬥目標，那麼即使自我感覺良好、不參與暴力、願意犧牲性命，亦改變不了行動失敗的事實。」[12]

從夏普的觀點來看，值得注意的是，非暴力抗爭其實屢佔上風，甚至在面對頑強極權之時。原則性的非暴力主義者常說他們的目標是精神轉化、贏得敵人之心；夏普卻認為，這種良心反省也許可取，卻非必要。為了求勝，抗爭者不需對敵人表達憐憫，亦不需讓討厭的對手反省過錯。事實上，堅持「改造」敵人可能適得其反：「要

們走向暴力。」[13]對施暴者抱持『愛』，對於正在受苦而不能『愛敵如己』的人來說，這個要求會令他

再一次證明，夏普的觀點是更傾向實用型的。如果民眾抗爭能使獨裁者辭職下台，那麼這個暴君對於自己的失勢有何看法，就沒必成為這場社會運動的重點。夏普認同並引用民權領袖詹姆士．法默（James Farmer）的話：「如果我們無法影響施暴者的心，那就唯有制止其惡行。」[14]

夏普與和平主義者團體的分歧並沒得到完滿解決，他更形容當中的爭論「漫長而令人沮喪」。當他發現無法取得進展時，就決心制定自己的道路。他作為理論家的影響力與日俱增之後，開始認為「非暴力」一詞太過模棱兩可，充滿消極和宗教意味，因此不再將「非暴力」一詞單獨用作名詞，而是僅用作形容詞，如「非暴力行動」或「非暴力衝突」。這個做法影響巨大：近年一些研究策略性非暴力的學者，亦受夏普所啟發，於用語上有進一步的突破。他們現在形容非武裝的群眾行動為「公民抗爭」（civil resistance），明顯脫離了和平主義組織的影子。[15]

※

與夏普不同，馬丁．路德．金並沒受到和平主義傳統的影響。他對原則性和策略性非暴力的認識，是循序漸進的。

鮮有人知，當金仍是年輕的傳教士時，曾經申請攜帶隱藏式手槍的許可證。加州大學洛杉磯分校法學教授亞當．溫克勒（Adam Winkler）在二〇一一年出版的《槍戰》（*Gunfight*）一書中指出，金的居所於一九五六年被炸後，任職神職人員的他曾向阿拉巴馬州申請攜帶隱藏式手槍的許可證，然而當地警察不願向非裔美國人發放此類許可，因此認為他「不合適」而拒絕其申請。金亦只好把手槍留在家中。[16]

此事帶來的教訓，卻並非如美國國家步槍協會的部份成員企圖暗示的那樣，說要大家記著諾貝爾和平獎得主並推動槍械管制的金，其實自己亦希望持有槍械。恰恰相反，金在一九五六年申請攜帶隱藏式手槍許可證，乃正值他躍升國家舞台之際，這說明了他在其公共生涯中經歷了深刻的蛻變。[17]

這個轉變，雖可歸因於其奉行的原則性非暴力及個人和平主義，但卻遠不止此。如要研究非暴力運動如何產生政治成果，金的改變其實更關乎他對「直接行動」（direct action）的認同，即大規模、對抗性、非武裝的抗爭。他對這個模式雖則曾經猶豫，最後卻徹底接受。

正如夏普的蛻變深深影響了策略性非暴力的研究方向，金對非暴力衝突策略層面逐漸認同，亦對此類策略的實行方式帶來了持久影響。令金嶄露頭角的民權運動，即一九五六年的蒙哥馬利巴士抵制運動，並非像甘地式非暴力運動般，事前已有預先計劃。當時，金還未清楚了解這種運動背後的策略原則；相反，巴士抵制運動是隨著羅莎．帕克斯（Rosa Parks）一九五五年底被捕後群情洶湧而起，靈感則來自一九五三年在巴頓魯治市的一次類似行動。

當金仍是蒙哥馬利的一個新面孔時，便被他的牧師同道和社區領袖推選為蒙哥馬利協進會（Montgomery Improvement Association）的主席，負責監督這場抵制行動。選他擔任此位，是因為外界認為他不屬於市內的既定黑人派系。金對自己獲選感到驚訝，亦對如此重任及其負擔感到猶豫。風險的確是巨大的：他很快便接到不明電話，警告他說：「聽著，黑鬼，我們已從你那裡拿走我們想要的一切。下周之前，你會後悔自己來過蒙哥馬利。」在這樣的威脅之下，金的住宅於一九五六年二月遭受炸彈襲擊，其後更有武裝護衛看守，防範進一步的暗殺行動。[18]

當時，金對於非暴力行動的理論和實踐依然抱持懷疑。在群眾集會前的演講中，他宣揚著基督教的訓示「當愛你的敵人」。在大學讀過梭羅（Thoreau）的他，將巴士抵制行動描述為「大規模的不合作行為」，並經常呼籲「被動式抗爭」。金沒有使用「非暴力」一詞，亦坦然對甘地這位印度獨立領袖的事跡認識甚少。正如傳記作者泰勒・布蘭奇（Taylor Branch）所指，對「非武裝直接行動」的原理有所了解的外省客，例如和解團契（Fellowship of Reconciliation）的格倫・斯米利牧師（Glenn Smiley）及戰爭抵抗者聯盟（War Resisters League）的貝亞・魯斯丁（Bayard Rustin），都表示金和其他蒙哥馬利的民權份子「對於非暴力，他們有相關才能，卻仍不熟練」。[19]

在歷史學家大衛・加羅（David Garrow）描述的著名事件中，魯斯汀與記者比爾・禾菲（Bill Worthy）曾探訪金的住處，而這位記者更差點坐在手槍上。魯斯汀當時吃了一驚，立即警告：「當心，比爾，椅上有槍。」魯斯汀和金當晚熬夜討論，爭辯到底家裡的武裝自衛會否損害運動。魯斯汀相信會；金則不太確定。[20]

今天的美國國家步槍協會成員或許寧可抹掉之後的歷史發展：不久之後，金就與魯斯汀和斯米利立場一致，主張排除武裝槍械。在往後的四年間，斯米利多次到訪蒙哥馬利與金會面，而這些深宵對話亦影響了金的政治理念。[21]

一九五九年，金受甘地國家紀念基金會（Gandhi National Memorial Fund）之邀，到訪印度作朝聖之旅，研究甘地的satyagraha抗爭原則，並大受觸動。直到最後，他始終未有接受過夏普前任僱主A. J. 穆斯特的徹底和平主義。在「黑人力量」（Black Power）冒起的年代，金明確區分了「把槍械藏在家裡用作自衛」與「於有組織的抗爭活動時使用槍械在戰略上是否明智」之間的差別，然而他本人則一直聲稱非暴力為一種「生活態度」，即使在令人動搖的境況下，依然保持決心。南方基督教領袖會議的工作人員擔心金會被暗殺，故時常請求警方與聯邦當局確保民權集會的公共安全，但金卻經常拒絕武裝警衛一同出行，更表現出他已接受了「自己有天可能被殺」這個令人不安的想法。[22]

一九六二年九月，當金在大會上致辭時，時年二十四歲、身重二百磅的美國納粹黨白人成員羅伊・詹姆士（Roy James）突然跳上台，揮拳重擊金的臉頰。金的回應無畏無懼，令許多人留下終身印象，其中一位是著名教育家和社運家撒蒂瑪・克拉克（Septima Clark），她形容當時金如何「像初生嬰孩般」放下雙手，並冷靜地與襲擊者說話；即使隨後被進一步的衝擊擊倒，亦沒採取任何保護自己的措施。後來他的助手將襲擊者拉走之後，金在後台仍向詹姆士堅稱不會提告。[23]

和平主義的信徒時常認為，這種原則性的非暴力行為代表了人類道德進化的最高點；而那些非關道德約束、僅因戰術考慮而採取的非武裝抗爭，則只屬較低程度的非暴力形式。甘地也曾聲稱那些出於策略原因而放棄暴力的人是「弱者的非暴力行為」，而金亦曾附和這個觀點，寫道：「真正的非暴力，絕非僅僅出於權宜之計而使用的策略，而是人所遵循的絕對道德。」[24]

雖然金曾作出這樣的訓誡，然而與此相反的論述也能成立：如果只高舉金作為個人和平主義的象徵，我們就會看不到他的真正才能。就像夏普一樣，金作為民權領袖所能發揮出最大的影響力，正是他在領導大型干擾行動和集體犧牲運動之時。

在此之後，馬丁．路德．金會以最堅實激進的方式擁護策略性的非暴力，而這立場將會在伯明翰和塞爾瑪引發轟動歷史的抗爭。但要記住，這些事件都是在金經歷過蒙哥馬利的政治洗禮後才發生的，甚至很可能根本不會發生。巴士抵制運動成功後，金不斷想把蒙哥馬利的模式傳播至南部地區。他知道有些戰略家沉浸於大型抗爭的理論和實踐之中，但亦深知此項組織系統尚未紮根於民權運動。一九五七年初，金遇上詹姆士．勞森（James Lawson），一位曾在印度生活數年、對非武裝抗爭有深刻研究的青年。正如個人傳記作者泰勒．布蘭奇所述，金請求這位年輕的研究生退學：「我們現在需要你。我們在南方沒有任何黑人領袖了解非暴力。」[25]

雖然他希望採取非暴力抗爭策略，然而這種發動大型參與式直接行動的想法，卻遠遠超出了他的組織思維框架，而且在各個方面，他仍對大型群眾行動有所保留。金在蒙哥馬利巴士抵制運動之後不久成立的南方基督教領袖會議，被視為一個宗教領袖的聯盟。用一位歷史學家的話來說，組織把自己定位為「黑人教會的政治部門」。正如埃拉・貝克（Ella Baker）的傳記作者芭芭拉・蘭斯比（Barbara Ransby）所寫，典型的教會機構在爭取公民權利方面不太大膽，「一九五〇年代的黑人教士大多仍然選擇一條更安全、更少對抗的政治道路」。即使是金及其更加進取的夥伴，「亦以正派的美國主流為政治標竿，對任何左派組織持保留態度」。[26]

立場激進的伯明翰牧師弗雷德・舒圖斯禾夫（Fred Shuttlesworth），就曾批評南方基督教領袖會議在最初幾年的計劃是「花言巧語」多於公民抗命，更警告如果該組織不採取更積極的行動，其領袖「在不久將來就會被質疑其存在價值」。[27]

民權運動的下一個重大突破，不是來自猶豫不決的南方基督教領袖會議，而是一九六〇年春季開始席捲南部的學生午餐櫃檯靜坐，然後是一九六一年的「自由乘車運動」（Freedom Rides）。每當年輕的抗爭者懇求金加入他們的行列時，較為年長的金（雖然他當時才三十多歲）總是表現得模棱兩可。金只告訴學生自己的精神與他們同在，然而學生亦尖銳地回應：「那你的身體在哪裡？」[28]

根據當時的學生非暴力協調委員會負責人約翰・劉易斯（John Lewis）的說法，金在回應這些質問時，曾激動地提起耶穌被釘十字架之地：「我認為我可以為自己的『各各他』（Golgotha，編案：耶路撒冷城郊之山，耶穌被釘十字架的受難之地）選擇時間和地點。」[29]

金的南方基督教領袖會議終於直接參與大規模策略性非暴力行動的一次，是被中途捲入一項進行中的運動——始於一九六一年底的喬治亞州奧爾巴尼抗爭。然而即使到了那時，直至金和拉爾夫·阿伯納西（Ralph Abernathy）意外被捕之前，南方基督教領袖會議仍未全情投入。[30]

奧爾巴尼抗爭行動失敗，再加上自由乘車運動和學生靜坐的啟發，都在說服了金：時機到了。用安德魯·楊（Andrew Young）的話來說，金知道是時候要策劃一場按非暴力衝突原則進行、「可全面預算、計劃和協調」的社會運動。[31]

金選擇了自己的「各各他」：伯明翰，一九六三年。

※

金和夏普各以自己的方式承襲了甘地的非暴力傳統並發揚光大，而這個體系將在二十世紀後半段蓬勃發展。非暴力行動並非始於印度獨立運動，夏普就記載了各個更早的先例，最早可追溯至公元前四九四年羅馬人的不合作運動。研究非暴力的學者亦有其先驅，梭羅（Thoreau）和托爾斯泰（Tolstoy）同樣在十九世紀寫下影響深遠的著作，托爾斯泰甚至曾與年輕時的甘地書信來往。[32]

雖有前人開道，然而始終要待甘地於南非和印度的抗爭實驗之後，才大大改變日後策略性非暴力的應用模式。金和夏普均認為自己活在甘地的影響之中：金作為基督教牧師，以宗教的說法來描述這種影響：「甘地可能是史上將耶穌的大愛倫理提升至成為強而有效的大規模社會力量的第一人。」[33]

夏普用更世俗的語言作出類似觀察：「於長年間有意識地建立了一個抗爭運動的重要體系——此系統建基於一個假設：透過不服從、不合作和不聽命，權力架構系統可被改變甚至摧毀，甘地很可能是世上第一人。」[34]

對於金和夏普而言，甘地在印度的成就並非終點，而是一個突破性的起點，展現了非暴力抗爭的可能性。他們認為，某種政治參與的新型模式正在崛起，其巨大潛力才剛開始影響世界事務。甘地有時會把非暴力形容為一門發展中的科學，並認為自己在研究其獨特的規律和特性，甚至把自傳題為《我對真理的實驗》（*The Story of My Experiments with Truth*）。

從這個框架來看，金與甘地一樣，屬於推動革新的前線實驗者，而夏普則扮演另一種角色：以分類學家的身份，記錄最激動人心的發現。

夏普的其中一個標誌成就，他的「一百九十八種非暴力行動方法」（198 methods of nonviolent action），足以展現出他細緻分類的極端傾向。最初在其著作《非暴力行動政治學》第二卷中出現的清單，為可行的運動策略提供了詳細建議。當中涵蓋了多種方法：守夜、絕食、佔領土地、「裸體抗議」、展示旗幟和象徵顏色、模擬葬禮、幽默行動和惡作劇、故意的官僚低效、公民抗命，以及數十種不同類型的罷工和抵制形式。在二〇〇三年的一次訪問中，夏普說起這個現已成為經典的清單如何誕生：一九六〇年左右，他開始收集各種形式的抗爭例子。「我想最初我找到了十八種非暴力的行動手法。之前看過最長的清單應該有十二種。我在挪威時草擬的清單則上升至六十五種，並帶到加納阿克拉的一個會議上。在場的人均對這份清單著迷不已。」[35]

到《非暴力行動政治學》出版時，夏普的清單已增加至一百九十八種。他的仰慕者和敵人有時都會誤解這份清單。有些讀者以為是他發明非暴力策略，但事實上他只是把其他人曾經採用的方法記錄下來而已。當他投入研究工作時，把自己沉浸於案例之中，其寫作風格更顯示出他對分類的執迷程度。夏普的清單有著強大力量，鼓勵抗爭者在計劃抗爭時發揮創意，而非單純重複前人試過的方法。夏普將這一百九十八種方法比喻為常規部隊武器庫中的各種武器：每種方法都有不同的射程和效果，因應不同情況而有不同用法，可以單獨或混合使用，而機智的選擇足以決定行動成敗。當時很少有人關注非暴力戰術研究，夏普的龐大清單因而揭示了一個嶄新的領域及可能性——無論對實戰行動還是未來的研究方向而言。但這也只是他研究項目的一部份而已。

翻閱歷史，夏普發現了無數使用非暴力方法的例子，可是他亦看到，不同國家不同時期的大部份社運家，本質上都只是自創一些其實前人用過的方法而不自知。當前沒有一套有系統的研究，能夠闡明非武裝起義的發動原理。他寫道：「非暴力行動的技術發展雖然不獲關注，然而非暴力行動卻仍被廣泛使用。」當社會運動採取非暴力行動時，往往都是偶然發生——「或是靈機一動，或是只憑直覺，或是模糊地效法某成功案例。」[36]

如果公民抗爭能成為嚴謹認真的研究課題，其成效可有多大提升？夏普認為，假如對非武裝群眾行動的運作模式進行全面探索——即起義行動如何引發、其群眾力量如何利用——就很可能會在現實世界產生重大影響，他亦因而認定了自己的使命。他將自己的研究設想為「一項針對非暴力抗爭的性質、能力和要求所作的精密審視」。[37]

夏普堅稱，有了足夠的知識和策劃，非暴力抗爭可以製造那種常被視為「由時代思潮的擴散所引發」的動盪潮流。社會運動中的各種政治和經濟因素，許多都是抗爭者所無法控制的，但這並不意味著只能守株待兔、等待時機。精心的策劃加上大膽的戰術，有時亦可顛覆傳統對於變革的看法。夏普認為：「一些非暴力抗爭在非常惡劣的情況下仍能取勝，因為這些抗爭團體能成功發展自身的實力和技巧，以彌補外在的不利條件。」[38]

為了從事此項研究，夏普走上了一條孤獨之路。與傳統的和平主義組織決裂後，他轉向了學術研究，然而他卻從來不太適合教授的工作，亦沒有對學術期刊冗長乏味的同行評審過程感興趣，因此他的研究在學術界的發展相當緩慢。如果他身處現今世代而非一九七〇年代，那麼他應該很易便能聚集一個學術團體——但諷刺的是這其實要歸功於他自己的寫作在研究領域所作出的巨大貢獻。這個領域的專家、三藩市大學教授史提芬・祖尼斯（Stephen Zunes）曾評論說，在夏普之前，關於非暴力運動的講課幾乎只能出現在宗教和道德課程，後來則漸漸進入社會學範疇。如今，非暴力衝突和公民抗爭的研究，儼然已成為政治學和策略研究中一個備受尊重的領域，吸引了對「和平研究」課程毫無興趣的學者。[39]

學術界的發展太慢，對夏普的教授生涯無甚裨益，不過他至少可從學界以外得到安慰。夏普的理論非常實用，以致不僅影響了知識份子，更被廣泛應用於實際環境。受到新興的公民抗爭領域所啟發的人，以及在塞爾維亞、南非、波蘭和津巴布韋等地發起了非暴力衝突的人，均紛紛根據過去的經驗教訓，編纂了新的組織動員系統。今天的社運份子可受益於前人經驗，這在幾十年前是難以想像的。一如埃及示威者在二〇一一年告訴英國廣播公司所言，有人曾經向他傳閱這份「一百九十八種方法」的影印本，雖然對清單的出處不甚了解，然而許多從未聽過夏普名字的抗爭者，卻因而接觸到他的研究。[40]

夏普在一九七三年的巨著中做了一個大膽預測——就像棒球手貝比・路夫（Babe Ruth）將球棒對準棒球場圍欄、傲然預測自己能打出場外本壘打一樣，他寫道：「我們才剛剛開始留意到這類衝突方式的歷史，以及其龐大的非暴力抗爭武器庫。」他在研究中聲稱「這僅僅是個開端」，並希望這將開啟「非暴力方法的全新階段」。[41]

顯而易見，這正是即將發生的事情。

※

一九六三年，在伯明翰的土地上，金與其他民權組織者發現了能實踐夏普理論的方法，然而事情卻絕非紙上談兵那麼簡單。事後諸葛的話，會很易忽略他們在開展這場高風險行動時所面對的未知數。雖然「C計劃」反映了南方基督教領袖會議的精心計劃和準備工作，然而這班策劃者很快發現，遵循這項計劃，即代表要面臨巨大風險和不確定性。[42]

自伯明翰行動成功以來的數十年間，許多作家認為這場勝利應是理所當然的，而這想法早於一九六四年三月已經盛行。當時*Jet*雜誌刊出懷亞特．沃克（Wyatt Walker）的個人介紹，將這位年輕的南方基督教領袖會議管理者奉為「馬丁．路德．金背後的人」，形容他「衣冠整潔、高大俊朗、有著影星般的笑容……風度翩翩、有說服力而且口才了得」。根據這篇報導，沃克策劃的伯明翰計劃是如此完美，以至金「唯一所要做的，就是按一下沃克已經連接好的按鈕」。[43]

近年，伯明翰故事的流行版本則出現了另一種定論：南方基督教領袖會議之所以選擇伯明翰，是因為他們懂得利用「公牛」．康納（"Bull" Connor），知道這位火爆急躁的專員必會暴力鎮壓，並在新聞片段中擔當完美的反派。然而這種論述忽略了當中錯綜複雜的因由：南方基督教領袖會議確實計劃與伯明翰市官員進行抗爭，卻非僅僅因為康納或任何人的性格特質，而是因為欣賞舒圖斯禾夫牧師帶領的阿拉巴馬基督教人權運動（Alabama Christian Movement for Human Rights）對當地抗爭的精心準備。他們在多切斯特會面時，金和他的顧問認為康納有可能在「C計劃」啟動之前就被撤職，實際上他們亦希望如此。康納長期擔任公共安全專員的地位已漸被取替，彼時他正忙於激烈的市長競選，對手是較為溫和的候選人艾拔．布特威爾（Albert Boutwell）。南方基督教領袖會議兩次推遲計劃，以免干預選舉。當地的黑人社區熱切期望康納落選，這也是民權組織者的共同願望。金在伯明翰市監獄所寫的著名書信曾說：「我們也很想看到康納先生落敗，所以我們一再推遲計劃，以協助這個身處危難的社區。」[44]

選擇推遲計劃，亦不僅是為了當地居民。阿伯納西其後解釋：「我們之所以謹慎克制，並非只為伯明翰。我們還擔心著自己的盤算。」根據當時的計算，他們知道在接下來的示威活動中，「比起面對康納，我們面對由布特威爾領導的政府會更安全，而我們亦更樂意與一個新的警察局長周旋」。選舉如期舉行，布特威爾亦確實擊敗了康納當選，然而落選的康納卻提出訴訟，以致他於案件還在法院審議期間，仍能繼續控制警察部隊的日常運作。[45]

策略與準備，兩者均是伯明翰行動的成功關鍵。「C計劃」設下了一套路線圖，進行有計劃的干擾行為，令非暴力行動逐漸升溫。但要堅持此一路線，還得需要毅力與創意。社會學家愛頓．莫里斯（Aldon Morris）解釋：「南方基督教領袖會議的戰略家認為，伯明翰運動應該像齣戲劇。也就是說，開始之時節奏會較緩慢而低調，然後劇情逐步建立起來，直至到達危機點，當權『反派』將被迫屈服。」為了確保運動不會停滯不前，組織者必須努力保持示威的勢頭。他們憑其巧妙、堅定而熟練的策略，在抗爭能量可能消失之時，仍能維持緊張氣氛，證明了成功的起義絕非「隨機爆發」的。[46]

的確，即使計劃完備，然而當示威行動一旦展開，抗爭組織者必須在緊張的狀況下作出適時的應對和調整。金的傳記作者泰勒・布蘭奇寫道：「最終，『C計劃』不是一條社會科學的公式，而是一次一鼓作氣的飛躍。」[47]

一九六三年四月三日，當伯明翰行動正式啟動時，他們很快發現起義的條件不如想像中理想。隨著運動開始，當地黑人領袖宣佈對市中心商店進行經濟抵制，著名的非裔美國人教堂亦每晚舉行民眾會議。每天進行的午餐櫃檯靜坐和遊行示威，在初期導致約十來二十人被捕。然而以上活動，均沒帶來金和其他組織者所預期的效果。

事實上，南方基督教領袖會議要招募「入獄人員」需要艱辛努力，卻只取得微薄成果。幾個月前率先抵達伯明翰的組織人員，發現當地黑人領袖沒有想像中團結一致，市內的黑人中產階級成員甚至表現抗拒，有的更輕視金，認為他不過是一個「明星」而已。行動延期亦帶來沉重代價：在等待市長競選的期間，他們錯失了良機，無法在利潤豐厚的復活節購物期間，向種族隔離主義商人發動懲罰式抵制。[48]

在接下來的幾周中，此項行動仍需經過幾項關鍵突破，方能克服重重困難取得進展，最終得以實現願景。這一切需歸功於領袖階層的明智舉動，亦有賴地方社運家的無比勇氣。南方基督教領袖會議先幫當地各自為政的黑人社區修補關係，並贏得本來對行動有所保留的地區領袖支持，包括商人 A. G. 加斯頓（A. G. Gaston）和該市浸信會教士會議主席牧師 J. L. 威爾（J. L. Ware）。這些舉措並未扭轉當地黑人周刊《世界》對行動的持續批評——四月十日，該報形容激進的抗議行動「既浪費又毫無價值」；不過另一方面，當地著名人士如威爾等人表態支持，確實令夜間群眾大會人數急升。[49]

接下來，由於志願「入獄人員」的招募仍然緩慢，金決定身先士卒，選定於四月十二日的耶穌受難日，讓自己被捕入獄。這是一個艱難的決定：如果自己因為帶領遊行而被捕，即意味著直接挑戰法院，公然違反兩天前所頒佈的抗爭禁令。南方基督教領袖會議的組織者大多擔心行動將會失敗，而且欠缺資金支付數十名被捕人士的保釋金和律師費。組織內的部份顧問，例如金的父親（本身亦是一名備受尊敬的教士），均反對金的被捕決定。他們認為金更應該北行，為行動籌集資金，而不是貿然承受長期入獄的風險。經過仔細思量，金最後作出了決定：「前面該走的路對我來說很清楚。我必須走上街頭。」[50]

按照金的盤算，他自己以身試法，成為個人犧牲的榜樣，就可打動其他人加入抗爭，亦可令伯明翰行動進一步升溫。他的估算對了。隨著金被捕的照片在國際傳媒之間瘋傳，甘迺迪政府隨即介入事件。伯明翰市政府逮捕金之後，將他單獨囚禁，並禁止他接收外界消息。這種做法引起公眾恐懼，擔憂即使像金這種出名的黑人公民，亦有可能在深南部的監獄中「被消失」。為了提防任何差池，司法部長羅拔・甘迺迪（Robert Kennedy）和他的兄長總統約翰・甘迺迪（John F. Kennedy）同時公開表示密切關注事態發展，亦雙雙致電金的妻子哥雷塔・史葛・金（Coretta Scott King），向她保證聯邦調查局已確定金的安全。懷亞特・沃克則確保這些電話內容能登上全國新聞，令此項行動得到廣泛報導。金被拘捕，的確為行動暫時注入動力，然而「C計劃」要待取得第三次重大突破，方能全面升溫。隨之而來的決定，就是所謂的「兒童十字軍」（Children's Crusade），即允許高中生參與示威遊行。雖然詹姆士・貝維爾早前已招募了一些渴望挺身而出的青少年，然而較年長的領袖卻對此舉保持審慎。他們認為把學生抗爭者納入行動部署，或會招來外界抨擊，擔心輿論認為這些抗爭者太年輕，不宜走到民權鬥爭的最前線。最後，因為這班年輕人熱情投入，加上整場運動的勢頭需要持續升溫，結果衝破了這群領袖的顧慮。

金後來寫道：「我們受到了啟發……要讓我們的年輕人真正了解到，他們在自由與正義抗爭中也有自己的位置。」行動展開不到一個月，組織者宣佈允許所有人參與其中，而學生則傾巢而出響應呼籲。五月二日，「兒童十字軍」行動的第一天，一浪接一浪的年輕人湧上伯明翰街頭，唱著歌、手牽手。「C計劃」不再只是一少撮甘願被捕的激進抗爭者之事：僅在一天的行動中，就有五百多人遭警察拘捕。[51]

隨著伯明翰市監獄迅速逼爆，康納轉向以高壓政策鎮壓示威。這標誌了此項行動的最後一個關鍵進展：被廣泛報導的警察暴行。

康納或許以為堅決鎮壓「黑人搞事者」的舉動，可令他於阿拉巴馬州成為大受歡迎的政客。對他的州內支持者而言或許如是，然而全國人民對他的看法卻並非如此。雖然「C計劃」的組織者事先並不知道康納仍會領導伯明翰警隊，亦不知道官方對他們堅決的抗爭會如何回應，但他們深知武力鎮壓的畫面可以帶來多大力量。他們亦已作好準備，利用當局的戰術失誤，以獲取最大化的優勢。數周前，在示威活動開始後不久，康納就已祭出他最臭名遠播的武器：齜牙狂吼的警犬。四月七日，遊行示威者與咧嘴咆哮的警犬對峙，一個旁觀者嘲弄警犬，結果被警犬突然猛撲並壓倒地上。圍觀者連忙把他拉開，而警犬的襲擊亦隨即引起全國傳媒關注。[52]

那天晚上，當他們反思日間發生的事件時，南方基督教領袖會議的部份組織者為此歡天喜地。當晚，學生非暴力協調委員會的詹姆士・科曼（James Forman）來到這場運動的指揮中心加斯頓汽車旅館，遇上懷亞特・沃克及桃樂絲・柯頓。在這場後世著名的相遇中，科曼形容沃克和柯頓均「興高采烈」，反覆說著：「我們成功引發一場運動了……他們出動警犬，我們成功引發一場運動了。」科曼對於有民權人士因警暴而雀躍，感到有點不安。[53]

但是沃克和柯頓並沒輕視警犬帶來的暴力行為；他們非常重視這場行動的風險。正如金所主張，在伯明翰製造公共危機的目標，並非為了招惹康納或其他暴力鎮壓，而是要揭露種族隔離政策為黑人社區帶來的恆常暴力。金寫道：「我們只是將這些本來就存在的隱藏問題暴露在公眾面前，讓大家能親眼看見並著手處理。」[54]

沃克和柯頓深知，警犬的攻擊形象能有效象徵市內普遍的警察暴力，而康納的戰略錯判，更曲線暴露了白人至上的殘酷行為。而他變相的助攻才剛剛開始。

※

康納的暴行早前已經露了一手，不過要到黑人青少年湧上街頭之後，他所部署的公共暴力才全面上演。五月三日，即第一次「兒童十字軍」遊行翌日，更大批的示威者湧上街頭。由於監獄已經逼爆，康納的部隊放棄了大規模拘捕，改為選擇直接向示威群眾以警棍棒打、以警犬施襲、以水砲驅散。種種場面令人震驚：示威者被高壓消防水砲射得轉身躲避，背部衣服都被射破；舒圖斯禾夫牧師被水砲射得釘在牆上痛苦扭曲，最後被擔架送往醫院；醫生忙碌治理被警犬咬傷的示威者；至少一名黑人婦女旁觀者無故被警察刻意撞倒地上、毆打踢肚。甘迺迪總統向到訪白宮的客人表示，康納鎮壓民眾的照片使他噁心。然而，警察的暴行非但沒有壓止抗爭，反而大大刺激起伯明翰的黑人社區。看到示威規模愈來愈大，伯明翰的商人急切尋找解決辦法。[55]

在國際傳媒上播放的抗爭和鎮壓畫面，固然給聯邦政府帶來調停壓力，然而市內的商店老闆亦已意識到：絕大部份黑人顧客不再光顧，僅從人流的下降就足以轉盈為虧；在抗爭的氛圍下，白人家庭主婦在市內購物的意欲亦大幅下降。在康納和市內種族主義者的反對聲中，商人於五月十日宣佈與民權領袖達成協議，承諾開始解除種族隔離。

「C計劃」開始不到六個星期就結束了，亦永遠改變了這個城市。由於大眾普遍認為「非暴力」是一種精神力量，因此其最受矚目的信徒亦常被升格為聖人。馬丁·路德·金就是因此而備受敬仰。在每年的慶祝活動中，人們大多記念他那振奮人心的佈道和公開演說，卻甚少提到他作為凡人的特質——他的個人缺陷（例如婚外情）、幽默感和戰略上的巧妙應對。同樣地，像沃克這類進取大膽的將領及其精心策劃的妙算，卻被歷史遺忘忽略。一切都在強化一個觀念：抗爭的爆發歸功於神聖的介入，多於世俗的計算；社會運動實際的成功關鍵，卻因而被隱藏不見。

金和沃克都是傳教士，他們依靠自己的宗教信仰作為勇氣和決心的泉源，但是他們亦有意識地操縱傳媒的報導方向。大衛·加羅寫道，當金批准部署「兒童十字軍」加入行動時，至少有一位觀察員「對金強調實用主義而非精神思考而感到震驚」。金當時說：「我們必須有所作為。傳媒正要離開了，我們必須往前衝。」這只是其中一個例子，說明民權份子以一種理智務實的方式來進行非武裝起義，而此態度在後世亦被他人研究、學習、改進、完善。[56]

事實證明，「伯明翰模型」帶來了巨大影響。「C計劃」成功後，黑人民權運動激增，歷史學家亞當·費爾克勞夫（Adam Fairclough）寫道：「伯明翰的抗爭行動在南方造成莫大衝擊。在種族隔離政策最強硬的伯明翰，白人領袖竟被迫得讓步，這個成果為巴頓魯治、新奧爾良及其他種族隔離主義據點的黑人社群，帶來了新的希望。」[57]

大量捐款湧入民權運動組織，成千上萬的民眾受到阿拉巴馬州的事件啟發，自行發動靜坐、抵制和遊行，民權抗爭遍地開花。另一方面，政客也對形勢非常關注。費爾克拉夫解釋，在伯明翰行動的兩年前：「甘迺迪總統每每處理種族危機時，總是見步行步，試圖以臨時特設的方案解決問題。伯明翰最終令他明白，種族危機將會以如此頻繁和嚴重的程度再次發生。聯邦政府如不採取更為徹底的政策，將會不堪重負。」[58]

金的政治天賦，在於將一個重量級的全國民權組織機構，押注在雄心勃勃而不斷升級的公民抗爭策略上。以南方基督教領袖會議所擁有的規模和背景，如果選擇如全國有色人種促進會般的遊說拉票與法律行動的主流路線，前路肯定易走得多；可是這群組織者及其當地盟友卻反其道而行之，以「自由乘車運動」和學生非暴力協調委員會的學生社運家為榜樣，選擇了非暴力抗爭路線。

要超越和平主義純粹作為一種個人哲學的堅持，並反過來把自己的事業和組織的未來押注在「非暴力作為一種政治力量」的信念上，必須擁有巨大決心。馬丁·路德·金花了多年時間思考和拉扯，才踏出了這樣的一步，而當他最終做到這一點時，結果是決定性的：一個多次被捲入民權運動、於美國種族隔離的鬥爭中不太願意擔任主角的人，變成了歷史的塑造者。

※

由於公民抗爭現已成為一種組織傳統，因此有時會被一種陰謀論所混淆。在過去二十年間，使用非暴力抗爭推翻不民主政權的案例激增。比起其他案例，學者更加關注的是：南非反種族隔離政策的抵制活動；菲律賓的人民力量運動；智利總統皮諾切特（Pinochet）被逐下台；一九八九年波蘭、捷克和東德的革命；塞爾維亞、格魯吉亞和烏克蘭的「顏色革命」；一九八八和二〇〇七年緬甸爆發的起義及二〇〇九年的伊朗起義，以及二〇一一年席捲阿拉伯世界的「茉莉花革命」。部份社運的主要人物或曾受公民抗爭的訓練，或是本身就對這門傳統有一定認識；亦有其他案例，是抗爭者在沒有接觸外界的情況下，自行設計了自己的抗爭方法。一如既往的是，抗爭領袖總能利用自己獨特的政治歷史背景和在地的深厚知識，成功爭取社會的廣泛支持。

在這些出現抗爭的國家，夏普非但吸引了一些對他的理論感興趣的讀者，更惹來一眾反對者，例如伊朗政府。身為一個反對專制的知識份子，能在伊朗政治的宣傳影片中擔當一個備受批評的動畫人物，肯定是一項至高榮譽，而夏普就在二〇〇八年「獲此殊榮」：伊朗當局播放一段影片，由電腦動畫製作的夏普正與美國參議員約翰．麥凱恩（John McCain）和慈善家喬治．索羅斯（George Soros）策劃行動；夏普更被指控是中央情報局特工，「負責幫美國滲透其他國家」。[59]

極左派的暗角也有類似指控。二〇〇五年，《9/11：大謊言》（*9/11: The Big Lie*）的法國作者蒂埃里．梅桑（Thierry Meyssan）指控夏普「幫助北約和中央情報局訓練過去十五年間發動軟政變的領袖」。[60]

即使梅桑過往的出版履歷令人存疑，委內瑞拉總統烏戈．查韋斯（Hugo Chávez）卻仍篤信這些指控，並在二〇〇七年公開譴責，認為夏普有份參與美國策劃推翻其政府的陰謀。

這些只把夏普當成中央情報局工具的人，其實乃故意忽略一個事實：由美國政府所支持的獨裁政權，亦常成為公民抗爭的反抗對象，而巴勒斯坦抗爭者在一九八〇年代的初次起義就是一例。然而更重要的是，陰謀論的主張反映了他們根本誤解公民抗爭的運作方式。而且的確，非武裝起義的技術就像游擊戰一樣，能被不同政見或取向的團體所用，然而兩者其實有著重大區別——公民抗爭的核心是其內在的民主原則：非暴力運動想要成功，必須得到大眾的支持和參與，方能成事。[61]

公民抗爭運動既能挑戰專制政權，亦同樣能夠捍衛人民政府。為了回應委內瑞拉總統查韋斯的指控，夏普寫了一封信，推薦他閱讀自己的另一本作品《反政變》（*The Anti-Coup*），該書解釋了如何使用非暴力行動來擊退缺乏民眾支持的少數派武裝份子。將群眾運動歸咎於一個人，這個想法本身就是錯誤的。在阿拉伯之春期間，中東分析家批評某些西方傳媒急於把夏普推崇為美國的「阿拉伯勞倫斯」（Lawrence of Arabia）（譯註：即於一九一〇年代協助阿拉伯起義的英國聯絡官，其事跡被改編成電影《沙漠梟雄》），將抗爭行動的起因都歸功於他。夏普本人對此亦表示否定。當被別人稱讚時，他反而強調當地抗爭者的自發能力和創意才是重點，並認為每個地方的社會運動必須制定自己的策略。他曾這樣建議一個抗爭小組：「像我這樣的局外人無法告訴你該怎麼做。如果我說了，你也不該相信我。要信自己。」[62]

金的經驗，說明了策略性的非暴力手段沒有任何成功秘訣，亦非只靠單一的策劃者所能達成。公民抗爭的壯大，更多是由不同的抗爭者在各種艱苦條件下所試行的實驗結果。這些群眾的實驗結果，為非暴力抗爭，這門已經發展了超過一世紀的藝術，累積多一點修正和改善。夏普為這個進程作出了重大貢獻，然而為此出力的，絕對不只他一人。

無論是南方基督教領袖會議的行動，以至更廣義的民權運動，這種直接行動的模式，在美國已經成為一種現代抗爭傳統的標準：南部的種族抗爭影響了一群年輕人的政治觀，他們其後在新左派學生組織和反越戰的運動中，繼續發揮了重要作用，而他們的做法亦影響了一九七〇年代的反核運動和女權主義者團體；八〇年代的團結中美洲運動、反種族隔離組織和關注愛滋病團體；九〇年代的基層環保主義者。同一系譜的共同體驗，亦出現在千禧年間針對西雅圖世界貿易組織的歷史性抗議行動、喬治．布殊（George W. Bush，台譯「布希」）時代反對伊拉克戰爭的大規模示威遊行、奧巴馬時代的佔領華爾街行動。以上運動各有其特色，亦吸引了不同的支持者，卻均擁有許多共通點，因此這些運動全都發展出相同或類似的詞彙和戰略，而這現象絕非偶然。

世界各地的公民抗爭運動發展日趨成熟，亦對美國本土公民的直接行動模式提出了有趣的疑問：美國國內的抗爭者，能否從國外抗爭的創新手法汲取經驗，結合到自己的傳統之中，創造出新穎而更有力量的方法？夏普的研究主要集中在推翻專政；然而在民主社會的環境中，夏普的思想還有應用價值嗎？公民抗爭行動的各種概念，能應用到氣候暖化、貧富懸殊、種族不公、官商勾結等議題上嗎？

在夏普的研究生涯初期，那個年代普遍認為非暴力手段無法對抗專制政權，只在民主社會方有其效——民主政府至少在原則上尊重基本的公民自由。主流的權威人士認為甘地之所以能夠戰勝，是因為對手是英國；如果換成專制法西斯主義的政權，則肯定會被殲滅；黑人民權運動亦一樣，必須依靠甘迺迪和詹森政府來制衡南部種族主義者。夏普堅決駁斥這個廣泛流傳的觀念，而這個信念亦對他的研究生涯影響深遠。

相反，今天的政治情況卻大為不同。「民眾力量」推翻不民主政權的例子愈來愈多，傳統觀念對於策略性非暴力手段的看法亦隨之逆轉：現在一個普及的偏見，乃認為非暴力衝突只能有效挑戰暴政，然而在尊重民主自由人權的地方，由於民眾可以透過遊說拉票和選舉政治來表達異議，因此無法發揮作用。美國抗爭者現在的責任，就是把這種能在國外推翻暴政的戰略手段，運用到國內的公民抗爭之中。

群眾動員力量展現了能夠改變政治格局的力量，然而擁有一定規模的組織，卻往往不太願意奉行鬥爭型的非暴力策略。箇中原因，正如資深勞工運動策略師史提芬·勒納（Stephen Lerner）指出，略有規模的組織由於擁有一定的資產，因此造成一定的包袱：組織與主流政治人物的關係、對會員的財務義務、集體談判合同的資格等，均會成為他們的顧慮，擔心持續的公民抗命行動可能要付上法律代價及政治反彈。勒納針對工會所說的狀況，同樣適用於大型環保組織、人權團體和其他非牟利機構，因為

「他們的規模夠大，並且與政治和經濟權力結構之間的聯繫也夠緊密，因而受制於其中，無法帶領這類型的對抗式行動」，然而大膽的衝突正是非暴力運動賴以成功的要素。[63]

結果，無論是納什維爾靜坐以至埃及茉莉花革命的爆炸性直接行動模式，往往都是由資金不足的新進組織所領導。這種因應時勢而臨時特設的團體之所以能動員高風險的行動，正因為他們沒有什麼資源可輸，但亦由於缺乏資源，所以難令行動升級或維持數以年計的長期抗爭。抗爭運動分成兩派，一方是打算循序漸進贏得社會變革的成熟組織，一方是使用干擾手段及爆炸性群眾動員來改變現況的抗爭運動，而兩者之間的鴻溝，經常令抗爭群體關係緊張甚至互動責備，造成混亂。不過近年的公民抗爭運動發展，卻帶來了新的可能：這個過往難以打破的鴻溝也許能夠彌合，而草根基層組織的命運亦可能因此而產生蛻變。

自由應是每一代人根據自身環境和時代需要而重新定義、重新贏取的。

——索爾・阿林斯基（Saul Alinsky）

第二章・結構組織與群眾動員——Structure and Movement

對於草根力量如何促使社會變革，史上分成兩個對立學派，當中有兩位大師各據一方。

其一，索爾．阿林斯基（Saul Alinsky），被公認為社區組織（Community Organizing）之父，他於一九三〇年代初試鋒芒，將芝加哥肉類加工區的不同種族社群團結一致；由一九六〇年代的動盪時代開始，已成為全國知名的作家與「麻煩製造者」。另一位是弗朗西斯．福斯．皮文（Frances Fox Piven），她是聲名顯赫的社會學家，於一九六〇及七〇年代的社會福利及公民權益運動發揮了重大作用，隨後更促成改革，使美國選民的登記方式更為便利。

偶爾會有人將兩位大師有創意地相提並論，保守派評論家格倫．貝克（Glenn Beck）就是當中的佼佼者。二〇一〇年初，貝克不但是當時得令的電台主持和霍士新聞人物，更成為茶黨運動的推動者，是其生涯最具影響力的高峰時刻。他當時努力梳理左派著作系統，更經常展示其晦澀難解的神祕圖表，令人印象深刻。他在節目內曾向觀眾展出「激進主義與革命之樹」的圖表，詳列他認為左翼企圖接掌國家的巨大陰謀。他在樹根寫上「阿林斯基」，之後亦在樹幹寫上「皮文」，並在旁邊寫上皮文的已故丈夫兼共同作者「理查德．克洛沃德」（Richard Cloward）。皮文當時已年逾七旬，但貝克稱她不僅是「憲法敵人」，更是「世上九個最危險人物之一」。

貝克的偏執理論有著太多錯誤以及毫無根據的邏輯跳躍，不過至少正確認出阿林斯基與皮文均是極具開創性的社會運動思想家，只是錯在認定兩位在共謀一項奸險大計。實際上，將皮文與阿林斯基並列來思考時，最值得注意的不是他們的共通點，而是他們之間的差異。雖然兩位均是草根民主力量的推手，但二人提倡的變革手法截然不同，亦因此，他們各自的追隨者有時發現兩派之間大相徑庭。

阿林斯基是緩慢而漸進式的社區團體建設大師。像勞工運動的組織者一樣，他的方法側重於人傳人的招募、謹慎的領導能力發展，以及穩定的組織架構建設，令其成員能夠逐漸發揮力量。這種傳統可以稱為「結構式組織」（structure-based organizing）。

相比之下，皮文則致力維護不守常規的大規模公民抗命，而且認為運動不應受到任何正式組織所規範。她強調大規模動員所帶來的干擾力量（disruptive power），能夠迅速凝聚人群，吸引以前不曾參與任何組織的民眾，並打亂社會精英的步伐，逼使他們重新適應新的政治局面。與「結構式組織」為本的工會和「阿林斯基系」的團體作為對比，皮文的這種傳統方式可以稱為「群眾式動員」（mass mobilization）。

社會變革的未來，很可能來自這兩大方法的整合：把「結構式」和「群眾式」的優點合而為一，協調使用，令大規模的群眾起義與長期的組織活動相輔相成。新興的公民抗命運動，似乎有望將這兩種相衝的模式互為整合。但要做到這一點，我們必須先認識這兩個學派的獨特歷史和習性，並了解兩者分歧的因由。

索爾．阿林斯基於一九七二年逝世，其里程碑著作《激進者守則》（*Rules for Radicals*）雖已面世四十五年，但其著作所衍生的組織原則，卻依然影響著每一代以社區為本的社運份子。

在《激進者守則》中，阿林斯基提出各種戰術方針，當中令人難忘的名言包括「嘲諷是人類最具威力的武器」和「力量不僅是你所擁有的，亦包括敵人以為你所擁有的」；但他最影響深遠的原則，體現於他的組織實踐方法及立場傾向，一種從地區工作中凝聚力量的明確方法。如果你現在走進任何一個推動社會變革的組織，也必然會接觸到芝加哥模式的社區組織法則。資深勞工記者大衛．莫伯格（David Moberg）在二〇一四年就描述了其中幾個特色：「不談理念，只談議題……建立組織，而非群眾運動……專注地方社區和切實可行的目標。」[2]

這一系列原則，後來形成了一個龐大的社會變革團體網絡。阿林斯基本人創建的產業地區基金會（Industrial Areas Foundation，IAF）現在是一個全國網絡，約於二十二個州份擁有六十多個分支。他的直接影響亦體現於各個組織網絡當中，從太平洋社區組織研究所（Pacific Institute for Community Organization，PICO）、直接行動研究與訓練中心（Direct Action Research and Training Center，DART）、美國行動（USAction）/公民行動（Citizen Action）和卡麥利基金會（Gamaliel Foundation），以至隸屬於社區組織變革協會（Association of Community Organizations for Reform，ACORN）的前分支機構及全國人民行動（National People's Action）的現分支機構——其成員包括紐約的「社區之聲」（Community Voices Heard in New York）、麻省的「鄰與鄰」（Neighbor to Neighbor Massachusetts）和愛荷華州的「社區改善公民」（Iowa Citizens for Community Improvement），這些組織總共擁有數以百萬計的成員，其地區工作成績彪炳，曾成功爭取多項民生改善政策，例如可負擔的公共房屋、優先僱用當地勞工、公平借貸條款、生活工資和社區投資等。

阿林斯基出生於芝加哥，是俄羅斯猶太移民之子，受到工業組織委員會（Congress of Industrial Organizations，CIO）和礦工聯合會（United Mine Workers）的領袖約翰・劉易斯（John L. Lewis）所啟發，於一九三〇年代開展其社區組織工作。雖然得到劉易斯的指導，但阿林斯基卻認為勞工運動已經失去朝氣，而美國民主制度需要於工作場所以外建立「人民組織」——在地方社區紮根的公民團體。

讓他小試牛刀的場地，就是厄普頓・辛克萊（Upton Sinclair）於一九〇六年出版的話題小說《屠場》（*The Jungle*）中的肉類包裝廠。他於當地成立「後院鄰居委員會」（Back-of-the-Yards Neighborhood Council），把住在廠房背後的居民團結起來。為了應對社區面臨的貧民窟問題，他成立了地方領袖委員會，動員數百名憤怒的居民擠爆官僚的辦公室，並在當地官員的住所前遊行。行動相當奏效，作家瑪麗・貝芙・羅渣士（Mary Beth Rogers）寫道：「經過數月抗爭和多次衝擊，『後院』成功爭取新增警察巡邏、街道維修、定期垃圾收集，以及為一千四百名兒童提供午餐計劃。」[3]

到一九四〇年，在自由主義者馬歇爾・菲爾德三世（Marshall Field III）的資助下，阿林斯基創建了產業地區基金會，銳意刺激其他城市建立地區組織。一九五〇年代，阿林斯基和弗雷德・羅斯（Fred Ross）透過產業地區基金會支持的「社區服務組織」（Community Service Organization），計劃改善加州墨西哥裔美國人的生活待遇。

在此期間，羅斯在聖荷西招募了一位年輕組織者西薩・查韋斯（Cesar Chavez），又在弗雷斯諾招募了多洛雷斯・韋爾塔（Dolores Huerta）〔二人經過多年培訓後離開組織，後來組成聯合農場工人工會（United Farm Workers）〕。

其他阿林斯基有份參與的重大組織活動，包括於一九六〇年代協助芝加哥活倫社區的黑人居民向剝削他們的業主進行抗爭，以及要求改善學校人滿為患的問題，亦曾協助紐約羅切斯特市的社區，迫使伊士曼柯達公司（Eastman Kodak Company）制定一項錄用非裔美國工人的招聘計劃。

阿林斯基喜歡以故事說理，手法誇張，引人入勝。作家納特・亨托夫（Nat Hentoff）於一九七一年形容阿林斯基：「雖然他已年屆六十二歲，卻是我近年認識的人當中最年輕的。」[4]《花花公子》的採訪者艾力・諾登（Eric Norden）深表同意，寫道：「他總是精力過人，有一份原始旺盛的熱情，對周遭所有人所有事都充滿好奇，加上機智尖銳、極端自負、懂得自嘲和嘲諷世界，見識這些之後你才剛開始認識此人。」[5]

阿林斯基的首本著作《激進者號角》（*Reveille for Radicals*）於一九四六年出版時即成暢銷書，激起了自由主義者的慈善事業，並提倡以公民行動為基礎的美國本土激進主義。一九七一年阿林斯基過身前不久面世的《激進者守則：給現實主義激進者的實用入門》（*Rules for Radicals: A Pragmatic Primer for Realistic Radicals*），至今依然廣受歡迎。奧巴馬時代初期，共和黨迪克・阿米（Dick Armey）的組織「自由作用」

（Freedom-Works）為此書重新宣傳，並發給部份反對該書目標卻對書中方法好奇的茶黨成員。書中第一章即當頭棒喝：「以下內容，是為那些想把現行世界改變成理想世界的人而寫的。馬基維利（Machiavelli）的《君主論》（*The Prince*）乃寫給既得利益者，教他們保住權力；《激進者守則》是寫給一無所有的人，教導他們如何奪取權力。」[6]

弗蘭克・巴爾達克（Frank Bardacke）曾為聯合農場工人工會的歷史作傳，他解釋了阿林斯基建構民間力量的組織原理，是如何逐漸鞏固成一套可供識別的組織傳統：「以阿林斯基為源頭，社區組織已成為一門規範化的學科，有其核心理論主張，門下清晰劃分了支派和異端。」巴爾達克亦引用了中西部學院（Midwest Academy，阿林斯基系的組織者培訓中心）創始人希瑟・布芙（Heather Booth）的說法，稱阿林斯基為「我們的弗洛伊德（Sigmund Freud）」。[7]

「布芙的意思是，弗洛伊德和阿林斯基二人均自己創立了一個思想流派。」巴爾達克解釋：「但是當中還有另一個更深層次的相似之處，就是培訓和學派譜系的作用。正如心理分析家可以追溯自己的譜系根源至某位祖師（例如本人曾受弗洛伊德分析，或師承曾受弗洛伊德分析的人，或是由某位學者進行分析……）。同樣地，新阿林斯基系的組織者，亦能各自追溯至阿林斯基為同一源頭。」

這套體系造就了遍佈美國的龐大社區組織團體網絡，亦於國際公民社會中廣泛傳播，在歐洲、南非和菲律賓各地進行組織培訓。社會學家大衛・禾斯（David Walls）

寫道，現在每個活躍的重要網絡，均「或多或少受到阿林斯基本人及其產業地區基金會在芝加哥的早期組織項目所影響」。[8]

阿林斯基逝世之後，因為對華盛頓的政界名人產生間接影響而聲名大噪。一九八〇年代，當時剛從大學畢業的奧巴馬，就加入了阿林斯基系的社區組織、位於芝加哥南區的「發展中的社區計劃」（Developing Communities Project），以組織者身份展開其職業生涯。希拉莉・柯林頓（Hillary Clinton）亦對這位組織大師深感興趣，她在韋爾斯利學院（Wellesley College）的本科論文題為「抗爭就是唯一：阿林斯基模型之分析」（There Is Only the Fight: An Analysis of the Alinsky Model）。這些聯繫引起了格倫・貝克及其他右翼專家的關注，例如共和黨總統候選人紐特・金里奇（Newt Gingrich），就在二〇一二年的競選活動中經常使用阿林斯基作為煙幕。

這些政圈聯繫其實頗具諷刺意味，因為阿林斯基就是以反建制激進份子的身份而聞名，他亦盡量避免牽涉選舉政治。根據阿林斯基主義者的傳統，社區組織應要務實、無黨派、在意識形態上包容各種立場——應向所有政治人物施壓，不向某個政治人物或黨派效忠。阿林斯基本人並不反政府，正如社會學家大衛・芬克斯（P. David Finks）所寫，「對他來說，問題不在於擺脫政府，而是鞭策政府的無所為」。

阿林斯基的焦點完全置於選舉領域以外。雖然數十年來各式各樣的社區組織網絡都曾在選舉中表明立場（阿林基斯本人亦如是），不過產業地區基金會依然對其「獨立、無黨派」的立場深感自豪，只希望招募社區之中來自各個政治光譜的成員，而非僅僅吸引一群對某種意識形態已有既定立場的人。[9]

這種堅持「無黨派」的意識形態，與阿林斯基系傳統的一條有趣戒律相關：社區組織應與大型群眾動員運動保持距離。羅格斯大學社會學教授、社區組織變革協會的前組織者阿琳・斯坦（Arlene Stein）曾於一九八六年寫道：「當今的社區組織者通常傾向避開『運動』一詞，選擇稱自己從事『組織建設』。」[10]

為什麼促進社會變革的人，卻會認為自己要與群眾運動保持距離？

箇中原因甚多，而阿林斯基系對「運動」和「組織」的理解，與其派系的組織模型有關。對於接替阿林斯基擔任產業地區基金會主席的埃德・錢伯斯（Ed Chambers）來說，規避「運動」的這個立場，是他對社區成員的長期承諾。他在《激進者根源》（*Roots for Radicals*）一書寫道：「我們是為贏得勝利而努力的。這就是產業地區基金會的特色之一：我們不會每天帶領普通百姓討伐公共失誤，我們也不是在發起運動。社會運動時有起伏，就算運動效果再好，也無法一直持續。平民百姓需要的，是長年累月積習所得的成功。」[11]

阿林斯基亦看到「期待局勢急速動盪」的危險。他認為：「對於一個有效的組織而言，追求劇變的欲望是一種窒礙……要建立一個強大的組織是需要時間的，當中過程乏味無趣，但這就是遊戲方式。如果想在遊戲中獲勝，就不能只是大喊：『處決裁判員！』」阿林斯基在進入一個社區之前，必先計劃作長期參與。除非已經籌集足夠資金支付兩年或以上的員工工資，否則他不會貿然聘請組織者。[12]

除了規劃好時程，阿林斯基系組織者亦重視「建立組織，而非群眾運動」的概念：其一是他們與教會及其他大型機構的聯繫，其二是他們著重由下而上的訴求而非高調的全國議題，其三是他們對志願者及非正職社運人士的態度。

首先，阿林斯基認為必須確定一個社區的權力中心，尤其是教堂，並將之用作地區組織的基地。今天的產業地區基金會繼續遵此原則，成為以信仰為基礎的組織典範。

第二，阿林斯基認為行動應聚焦於範圍較窄的地區訴求，而非選擇那些激動人心、講求道德、甚至挑起對立的全國議題。馬克・華倫（Mark Warren）對產業地區基金會的研究*Dry Bones Rattling*表明：「與其根據既定議題來動員，產業地區基金會的做法相反：先將居民聚集，再一同討論社區需求，然後找出行動共識。」這類行動有時被稱為「交通標誌的組織方式」，即尋找一些訴求實在、有望成功爭取的項目，例如要求市政府官員在區內的危險路口放置停車標誌。其主張認為，小規模的勝利可以增強地區能力，讓參與者感受到自己的力量，促使他們採取更大規模的行動。[13]

這種模式亦能滿足當地社區的迫切需求，在阿林斯基看來，這比社會運動追求自由正義的遙遠理想更為可取。在阿林斯基的職業生涯中，他經常掛在口邊的是「切身利益」，銳意在一群想要改善切身環境的民眾當中建立民主力量。對於那些受到抽象價值觀或意識形態啟發的志願社運份子，又或被高調的正義之戰所吸引的人，他則心存懷疑。這種懷疑態度，就是阿林斯基系組織者不信任「運動」的第三項傳統概念。

埃德・錢伯斯認為：「社運家和群眾運動家所做的是動員，所搞的是娛樂，而非民主組織。他們重視自己的個人形象和目標議題，以自我為中心，其政治理解往往是膚淺或被傳媒所驅動的。」他亦認為群眾運動主義者對變革的時間期望太短了：「他們要求的時限是即時的。『我們想要什麼？』『自由。』『何時要？』『現在！』『沒有公義，沒有和平！』」他不屑地解釋：「群眾運動主義者能吸引年輕人、沮喪的理想主義者和憤世嫉俗的空想家，而忽略了世上其餘八成的溫和派……組織是世代相傳的，而非曇花一現的。」[14]

錢伯斯的觀點看似苛刻，但在早期參與社區組織的有志者中，這個想法卻很普遍。斯坦解釋：「在一九七〇和八〇年代阿林斯基系的復興潮中，組織都將自己定位為『與前十年的社會運動相反的』——尤其針對民權、婦女和學生反戰運動。他們認為這些運動是塑造集體身份認同，多於實現戰略目標。」[15]

承繼阿林斯基衣缽的社區組織者，被短期抗爭消耗透支，因而另覓一條較為沉實的變革之路。他們想要什麼？以社區為本的持久改革。何時要？經過漫長經營逐步實現。

※

詹姆士．梅雷迪斯（James Meredith）是一位前空軍軍人，亦是密西西比大學首位非裔美國學生。一九六六年六月五日，他在南部進行一個單人的「對抗恐懼之旅」

（Walk Against Fear）。他計劃穿越田納西州的孟菲斯市和密西西比州的積遜市之間的二百多英里，然而在行動第二天已遭狙擊手的散彈槍擊傷，倒在公路上，被送往附近醫院。而這所位於孟菲斯市的醫院，就在機緣巧合之下，成為「組織」與「運動」兩者角力的場地。梅瑞迪斯槍擊事件的新聞傳出之後，各方組織者和民權人士迅速聚集，對受傷的維權人士以示支持，亦紛紛計劃接力完成其「對抗恐懼之旅」。當中到達醫院的兩個人，一位是馬丁．路德．金，另一位是尼古拉斯．馮．賀夫曼（Nicholas von Hoffman）——與阿林斯基緊密合作的副官。

在孟菲斯，金把馮．賀夫曼拉到一旁，談起南方基督教領袖會議在芝加哥的工作進程。他們一年前曾到訪阿林斯基的陣地，展開了其第一個北方民權運動。馮．賀夫曼寫道：「他雖然沒有直說出口，但給我的印象是帶著疑慮的。」[16]

馮．賀夫曼向金提出他對芝加哥抗爭運動的建議：「我告訴他，我認為若要成功，他必須為長期陣地戰作好準備。要擊倒戴利（Daley）的集團，就需要緊密而能承受艱苦行動的組織來承擔。」他再補充：「而這不可能在兩年內完成。」

馮．賀夫曼進一步指出：「他是聽了，但我不知他是否曾經聽過這番建議而不相信，又或是出於他的過往經驗，所以不太看重戴利（市長）集團的絕對優勢。然後他說我們應該再找機會詳談，不過最終沒有再談。」

這次相遇，揭示了金的取態並沒有給芝加哥的阿林斯基派留下良好印象。馮．賀夫曼認為：「組織型的計劃，有如將小珠串成項鍊，需要耐心、持久性和心思設計。

金在芝加哥的活動缺乏珠子、缺乏設計。」他覺得金就只有一種技倆，只懂以戲劇性的行動吸引傳媒焦點，例如高調舉家搬往芝加哥最貧窮的社區。他不相信南方基督教領袖會議的團隊能夠展示他們有能力建立「穩定而持續發展的組織，寸步寸步爭取、逐年逐年推進」。

在馮・賀夫曼眼中，與金一起進駐芝加哥的外來團隊是「一群年少氣盛的白人理想主義者、大學生和業餘軍，他們對自己需要招募的民眾毫不認識」。他指出：「這與阿林斯基式行動的傳統有很大落差。我們一般不會錄用外來人，不僅因為他們礙手礙腳，更因他們沒與區內民眾承受一致的切膚之痛。自發幫人解決問題雖然值得尊敬，然而一個有效的組織，是要由一群需要爭取切身利益的民眾所建立的。」這樣的分析，亦反映了阿林斯基對南方基督教領袖會議的概括批評。阿林斯基在一九六五年的一次採訪中指出：「民權運動的致命傷，在於沒有發展成為一個穩定、紀律嚴明的群眾力量組織。」他雖沒點名批評，卻衝著金而補充：「圍著魅力型領袖而起的集體快感，並非一個組織，只是刺激的開始。」[17]

在一九六〇年代，與阿林斯基系互相抵觸的不僅是民權運動者，亦包括當時的學運份子。阿林斯基之所以著重建立強而有力的組織系統，部份原因是希望修補那個時代中期出現的明顯代溝。對他來說，那些大喊『處決裁判員』的人，指的是由年輕人主導的新左派。

阿林斯基覺得他那代人需要為年輕人的無知負上部份責任。在撰寫《激進者守則》時，他曾與一班經驗較少的社運份子交流，認為他們缺乏指導，而這是因為他那一代的組織者出現斷層：他的同輩之中，甚少能夠跨越一九五〇年代反共運動的「獵巫」迫害。他寫道，在麥卡錫主義（McCarthyism）中倖存下來的那些人，「他們當中，能理解和超越正統馬克思主義辯證唯物論的人就更少了。在我那代人中，那些本應將經驗和見解的火炬傳承給新一代激進份子的人，根本不存在」。[18]

由於這個緣故，阿林斯基認為年輕的新左派較為追求速效捷徑。在一九六九年重新發行的《激進者號角》後記中，他寫道：「當今這一代人的做法是如此支離破碎、充滿『對立』與危機，最終他們所做的不是行動而只是放電。像煙花一樣，剎那光輝，然後消失於虛空之中。」[19]

亦因此，阿林斯基選擇創建另一套方法，即斯坦所說的「高度結構化的組織模型，詳列步驟教人如何創建地區組織」，而此法則亦在實戰中鋒芒初露。建構基礎、招募成員、制訂長期策略和發展領導能力，循序漸進式的成功爭取——當中每個部份，均有助建立持久而具影響力的基層力量，正如阿林斯基經常說的，這是利用「有組織的人群」力量來對抗「有組織的金錢」。[20]

問題是，隨著時間流逝，這個組織模型會否僵化——阿林斯基最初所指的寬鬆原則，在他死後的數十年間，會否淪為一成不變的鐵則？再者，地區組織會否因而錯失機會，不懂善用民怨爆發所帶來的能量？

在大多數情況下，社會變革是一個緩慢過程。一如阿林斯基所建議，如果想看到自己的努力產生成果，那麼長期承諾就是成功關鍵。然而，有時事態卻會極速發展，每隔一段時間，我們總會看到大型抗爭爆發，運動高峰期更會令慣常的政治規則亦幾乎停擺。

※

用社會學家弗朗西斯．福斯．皮文的話來說，這些都是特殊時刻：當普通百姓「在憤怒和希望中崛起，違抗平時管治他們生活的規則，並以此干擾他們身處其中的制度運作」時，這些起義可以帶來深遠影響。皮文寫道，「此類事件充滿戲劇性，亦會帶來混亂狀態，能將新議題推到政治辯論的中心」，亦令慌亂的政治領袖為了「試圖恢復秩序」而推動改革。

皮文現年八十二歲，是紐約市立大學研究生中心的政治與社會學傑出教授，她致力研究民眾如何在缺乏資金及傳統政治影響力之下仍能創造重大抗爭，並於此領域作出開創性的貢獻。很少學者會像她那樣努力講解大規模干擾行動如何能夠改變歷史，更鮮有人像她那樣提出極具挑釁性的建議，說明群眾運動除了靠漫長時間累積訴求之外，其實在某些時點可以一躍而進、全速衝刺。

皮文於一九三〇年代在皇后區積遜高地長大，父母是勞工階層，從白俄羅斯移民至美國，並努力適應當地生活。她十五歲考獲獎學金入讀芝加哥大學，卻不認為自己是個認真讀書的學生，而是想辦法跳過閱讀、靠填選擇題通過考試。她大部份時間都在Hobby House和Stouffer's等營業至夜深的餐廳當侍應生，幫補生活費。[22]

一九六〇年代初期，皮文返回紐約，之後曾任職研究員、協助下東區的早期扶貧組織「青年動員」（Mobilization for Youth）組織集體抗租行動，其後被聘請至哥倫比亞大學的社會工作學院擔任教職。她在「青年動員」遇上了社會學家理查德・克洛沃德，二人之後結為夫妻並成為合作夥伴（克洛沃德於二〇〇一年去世）。

皮文說：「很多福利權益組織者都對阿林斯基深深著迷，然而當我和他們一起工作時，卻開始冒出一種批判思考。」皮文和克洛沃德於一九六三年合著的第一批主要文章中提出一個論點，反映了他們在「青年動員」的觀察：由於「窮人幾乎沒有資源能夠影響常規政治」，因此他們促進社會變革的能力，就取決於「激烈抵制、靜坐、堵路、罷租」等具干擾力的手段。重點不在於建立組織架構，而是參與者是否願意打破常規秩序。二人解釋，抗爭運動只有透過「引起官僚之間的震盪、刺激傳媒的強烈反應、使有權有勢的上流階級手足無措、為政治領袖帶來壓力」，才可產生真正影響。[23]

自此之後，皮文一直深化與闡述這個論點，而且需得經過十五年的努力後，方於一九七七年的《窮人運動》（*Poor People's Movements*）中以極具爭議性的姿態出現。當年社會運動理論的學術界方興未艾，此書因而被譽為大膽而具原創性，亦在許多方面被視為異端。

※

曾是邊緣激進份子的阿林斯基，至一九七〇年代已於組織圈子成為舉足輕重的人物，而其他關注大眾組織如何改革社會的同道學者，亦於學界取得重大進展。時至今日，社會運動理論已經成為社會學和政治學範疇公認的重點領域，然而在反越戰時代，卻在學界幾乎沒有立足之地。史丹福大學教授道格・麥亞當（Doug McAdam）回顧自己於一九六〇年代末的大學時期，當時他是一名學生社運份子，在自己的大學裡尋找有關社會運動的課程，可是翻盡政治學系的目錄卻毫無發現，最後反而在意想不到的領域找到社運行動主義相關的討論：異常心理學的課程。麥亞當形容當時「參與社會運動這件事，不被視為一種理性的政治行為，而是一種反常的人格類型，以及非理性『群眾行為』的反映」。皮文和克洛沃德在一九九一年的一篇論文寫道，社會運動被視為「無意識的爆發，與『有組織的社會生活』之間既不協調亦無連貫性」。[24]

在一九七〇年代，這種觀點開始失去支持，取而代之的，是傾向結構式組織的倡導者觀點。大學研究所進駐了一代的新左派學者，他們與民權、反戰和婦女解放運動有直接聯繫，因而對社會運動有更深共鳴，會試圖將之解釋為一種理性的集體行動，認為對於被體制拒諸門外的人來說，抗爭運動是另一種政治方式。這個學術氛圍孕育了一種新的思潮：資源動員理論（resource mobilization theory）。在各個層面，資源動員在學術上類似於阿林斯基的構想，即穩定持續地建立社區組織以建立力量。這個理論亦與工運活動聯成一線。資源動員理論的學者視「社運組織」為推動變革的核心，正如麥亞當和W・理查德・史葛（W. Richard Scott）所寫，資源動員理論家「強調如要維持社運，必須依靠某種形式的組織：領袖人員、行政架構、鼓勵群眾參與的動機，以及獲取資源和支持的手段」。[25]

這種觀點逐漸普及。根據政治學家悉尼・塔羅（Sidney Tarrow），時至一九八〇年代初期，「資源動員理論已經成為社會學家研究社會運動的主要基本範式」。即使往後其他思想流派相繼冒起，但麥亞當和希拉莉・雪弗・鮑德（Hilary Schaffer Boudet）認為，資源動員理論的偏向與重點仍然佔據「這個領域的一大部份」。[26]

※

皮文和克洛沃德於一九七七年發表《窮人運動》提出了「干擾力量」概念，即一種非植根於正式組織的群眾力量，這個思想不僅直接挑戰著當時得令（編案：得勢之意）的學術理論，更與許多國內組織發生衝突，無論是阿林斯基系的組織、其他工會以至社會主義的幹部團體。一九七九年出版的平裝本中，二人所寫的引言形容此書「對組織工作的批判，冒犯了左派學說的中心原則」。[27]

他們的立場建基於有力的依據。皮文和克洛沃德以四個案例來建立他們的論點，探究了二十世紀美國的重大抗爭：大蕭條（Great Depression）初期的失業工人運動、一九三〇年代後期導致工業組織委員會興起的工業罷工、一九五〇及六〇年代南方的民權運動，以及一九六〇及七〇年代全國福利權益組織（National Welfare Rights Organization，NWRO）的行動。皮文總結其結論時形容，這些抗爭經驗「表明了窮人很難透過常規的選舉和利益團體政治來爭取訴求」，因此「我們所說的『干擾行動』，即民眾違抗一些本來支配日常生活的規則及體制程序」，這種手段就是窮人爭取訴求的僅有工具。[28]

像阿林斯基這樣的結構式組織者，既不會反對於選舉政治以外建立力量，亦不會否定運用猛烈行動製造干擾，畢竟阿林斯基自己也擅長引起公眾注意、精通如何製造騷動；然而對於是否需要組織團體來支持變革，阿林斯基則與皮文和克洛沃德二人的想法截然不同。《窮人運動》使資源動員理論家和地區組織實踐者大為惱怒，因為此書認為正式的組織非但不能產生干擾行動，更對大型抗爭造成阻力。

皮文和克洛沃德的案例研究，對以往的社會運動提出了異於當時標準的看法。對於大蕭條時期爆發的勞工激進主義，他們的觀點有別於工會組織者所擁護的信念，反而認為「雖然工會存在，但一九三〇年代中期的罷工行動、示威和靜坐，很大程度上與工會無關」。二人的研究說明「工會領袖幾乎無一例外，都在抑制罷工，而非擴大行動」。[29]

他們亦在民權運動中看到類似情況：「參與抗爭的黑人，是以大規模的公民抗命帶來干擾效果，逼使政權讓步」，而非透過正式組織協商。[30]

皮文和克洛沃德承認，這樣的結論「不符合有關選區政治、策略和民眾訴求的常規定義」，然而他們願意為此而戰，並寫道：「民眾起義不是按照別人的規則或希望而進行，而是有著自己的邏輯和方向。」[31]

《窮人運動》提出了各種解釋，說明民眾為什麼及什麼時候會爆發民怨、反抗權威：「組織者非但沒能力抓住動盪升級所帶來的機會，更經常削弱或遏制這群低下階層得來不易的干擾力量。」更重要的是，這些歷史案例中的組織者都選擇反對抗爭升級，「因為他們忙於建立及維持本來發展中的正規組織，堅信組織會日益壯大」。[32]

在皮文和克洛沃德研究的四個社會運動中，結構式組織者表現出相似本能，而這些本能亦出賣了他們的自保意識。結構式組織者認為正式的組織是必不可少的，是籌募集體資源、實現戰略決策和確保架構持續運作所必須的；但是他們卻不知道，即使常規組織有其優勢，卻亦有其限制。因為組織必須顧及其自身的健全，所以較為不願冒險；當得到正式的權力渠道，他們亦往往高估了體制內部所能取得的成果，結果忘記了本來他們就是靠這種干擾力量而獲取權力的，因此反而經常窒礙抗爭。皮文談到工人運動時，認為：「是罷工行動產生工會，但是工會卻不會是罷工的主要推手。」[33]

對於窮人必須循序漸進才可以成功爭取權益，《窮人運動》提出了質疑。皮文和克洛沃德強調，組織者無論採取什麼行動，他們所能塑造歷史的能力都是有限的，反而社會現象背後的經濟和政治原因更為重要，而民眾起義亦往往「源於歷史的特定形勢」。日常生活的常規、人民的慣性服從、對反抗者的報復威脅——全都限制了干擾力量的發展。[34]

貧苦大眾起來反抗的時刻是異常稀有的，不過卻有著決定性的影響。皮文和克洛沃德認為干擾型的群眾運動不時出現在歷史之中。他們相信變革不是循序漸進產生的，而是突然爆發的，皮文在二〇〇六年的著作《挑戰權威》（*Challenging Authority*）形容為「大爆炸」時刻，可以極速爆發，隨後亦同樣瞬間消失。皮文和克洛沃德解釋，這些時刻為政治體系帶來持久影響，然而「叛亂永遠是短暫的」。「一旦平息下來，人民就會離開街頭，而臨時爆出的大多數組織……亦會隨之消逝。」[35]

※

「結構式組織」與「群眾式動員」之間的分歧，又或是「長期的組織」與「干擾式起義」之間的對立，絕非只屬兩個人之間的事。阿林斯基與皮文各自為此提供了精闢見解，而兩者之間的鴻溝其實貫穿了整個社運歷史，並在不同國家與時期，於不同的草根社運圈子之間，以驚人的規律屢屢出現。對於一九五〇及六〇年代的組織活動，社會學家查里斯・佩恩（Charles Payne）認為，當時的美國民權運動涵蓋了這兩種截然不同的行動模式：其一，他稱之為「社區動員傳統」，其源來自「聚焦於大規模且相對短期的公眾活動」，例如伯明翰和塞爾瑪的著名運動，此一派系依賴群眾抗爭的力量。與之相比的是「社區組織傳統」，即以結構為本的體系，與傳奇民權組織者埃拉・貝克（Ella Baker）等人所進行的漸進基礎建設和地方領袖發展相關。[36]

這兩個派別的分歧有時可演變成衝突。學生非暴力協調委員會領袖斯托克利・卡米高（Stokley Carmichael）後來寫道：「『組織』與『動員』之間的對壘往往是個嚴重問題，因為日常的戰術決策全都受到策略方針的影響，無人能夠例外。」[37]

學生非暴力協調委員會與馬丁・路德・金的南方基督教領袖會議，就曾因為兩派分歧而出現明顯爭執。一九六三年，學生非暴力協調委員會的組織者受埃拉・貝克所影響，決定作出長期承諾，於深南部地區某些偏遠位置的前哨基地建立社區組織，包括阿拉巴馬州的朗茲縣和密西西比州的各個小鎮，這些地方後來成為一九六四年「自由之夏」（Freedom Summer）選民登記活動的集散地。學生非暴力協調委員會的社運份子對南方基督教領袖會議抱持批評態度，認為以金為首的集團老是從一個城市轉移到另一個城市、製造傳媒狂潮，留下的爛攤子卻要當地人負責清理，亦沒有努力培育能夠持久抗爭的當地領袖。卡米高形容：「南方基督教領袖會議又來高談闊論，說要在這裡發動另一場為期兩周的群眾活動，靠的是我們的基地，以及金博士的名聲。他們帶來了傳媒的閃光燈、知名人士、各路政客……將這個地方弄得翻天覆地，然後就走了。」[38]

這個批評的正確之處，在於點出南方基督教領袖會議的大規模動員行動通常是短暫的，亦給當地組織帶來混亂後果；然而正如「C計劃」所展示，這些群眾抗爭亦帶來異常強大的影響力，能引發全國關注種族歧視問題，創造此場運動最令人難忘的影像，並猛力推動聯邦立法。

退一步看，無論是結構式組織還是群眾式動員，兩者均各有長短優劣。有趣的是，儘管阿林斯基和皮文在兩派之間立場鮮明，然而二人均對另一派系的價值予以肯定。結構式組織派認為大規模群眾動員都是轉瞬即逝且缺乏持續力，而且即使運動取得突破，仍需各類組織將所得的成果納入體系、將之制度化。以上觀點均屬正確。皮文和克洛沃德的批評者就強調了這個論點：《窮人運動》雖然很快被公認為該領域的里程碑著作，但亦引起一些激烈的負面反應，有評論稱之為「反組織的謾罵攻擊」，亦有人譴責該書呼籲「盲目抗爭」，比起異常心理學好不到哪裡去。[39]

《窮人運動》是一本充滿爭議的書，會引起激烈反響亦不足為奇，然而皮文的政治參與生涯，卻微妙反映了長期組織所能帶來的好處。數十年來，皮文與阿林斯基系的團體有著密切關係，她曾於一九八四年與克洛沃德為「結構派」的使用手冊撰寫前言，稱讚資深社運家李・史泰博斯（Lee Staples）所著的《權力的根基：草根組織手冊》（*Roots to Power: A Manual for Grassroots Organizing*）「對社區組織所產生的知識和技能作出典範解說」。皮文近年亦讚揚社區組織變革協會是「國內最大及最有效的貧窮人口及少數族裔組織代表」，並慨嘆右派對組織的攻擊造成巨大損失。即使《窮人運動》與一九六〇及七〇年代許多新左派撰寫的著作一樣，均批評了工會的僵化問題，然而此書亦認為工會有份捍衛抗爭高峰期所取得的進展，免其受到進一步侵蝕，對工會在這個環節發揮的作用予以肯定。在皮文的整個職業生涯中，她一直支持工會之中較為激進的組織派系。[40]

皮文和克洛沃德二人自己亦曾參與組織倡導工作，並帶來深遠影響。他們於一九八〇年代組成一個名為Human SERVE的組織，即「人本服務僱員登記與選民教育」（Human Service Employees Registration and Voters Education），促進低收入社區的選民登記，有助確保一九九三年《選民登記法》（亦稱為《駕駛執照選民法》）獲得通過，使市民能在福利機構及獲得駕駛執照之時登記成為選民。當柯林頓總統將該法案簽署成為法律時，皮文亦有在白宮儀式上發言。雖然「結構式組織」的貢獻與「群眾式動員」的效果不同，但皮文認為不同類型的群體可以專攻不同類型的異見活動。她說：「組織並非運動，但是組織可以將干擾行動所贏得的成果制度化和合法化。」[41]

※

結構式的阿林斯基組織系統抱持一個觀點：大規模抗爭運動通常無法長期維持進展；《窮人運動》則對這個批評作出合理反駁。

皮文敏銳地指出，長期組織者均普遍存在一種短視現象：當出現大規模的民眾反抗，例如二〇〇六年移民權利的大型抗爭或佔領華爾街運動爆發時，來自傳統勞工組織、阿林斯基系統的團體以致主流政治世界的人，通常都會覺得難以理解，有時甚至懷有敵意。在他們的社會變革模型之中，群眾式動員並非其中一環，因而對此抱持猜疑態度。所以，當社會運動備受矚目之時，他們很少協助運動升溫及獲得更多公眾支持。

數十年來，阿林斯基系統中的不同組織者，均曾挑戰這種僵化傳統。最近的一個例子是「全國人民行動」的執行董事喬治．戈爾（George Goehl），他鼓勵其網絡的團體擴闊視野，與新興群眾運動建立聯繫。阿林斯基本人也許亦會支持這個方向：當回顧許多社區組織基本原則的源頭，就會發現阿林斯基大概亦會反思某些六〇年代之後被奉為金科玉律的組織戒條。[42]

換句話說，如果阿林斯基尚在人世，那麼他很可能會打破自己創下的規則。社區組織的許多守則，其實並非出自阿林斯基本人，反而更多是繼任者把他的思想編成法規時所衍生的。阿林斯基去世後，產業地區基金會領袖埃德．錢伯斯、理查德．哈蒙（Richard Harmon）和埃內斯托．哥特斯（Ernesto Cortes）三人聚首，一同評估部份早期組織活動失敗的因素，並改良了他們建立地區組織的方法。在過程中，他們既尊重阿林斯基的創新，但亦提出了一些批評：即使阿林斯基為全國各地的組織播下種子，卻只有極少組織能存活三年以上。產業地區基金會的組織者米高．吉根（Michael Gecan）在其著作《走向公共》（*Going Public*）中寫道，「阿林斯基作為一名戰術家、作家、演說家和挑釁者，所發揮的效果超然，是第一位在城市社區進行公民組織的理論家與代表人物」，但是「即使擁有許多才華與能力……阿林斯基卻不曾建立持久運作的組織」。[43]

這項挑戰留給了他的門生，尤其是一九七二年接任產業地區基金會的負責人埃德．錢伯斯。「這是錢伯斯對公民組織領域以至整個美國的重要貢獻。他很擅長教人如何維持組織的長久運作。」錢伯斯在幾個關鍵層面把阿林斯基的模型系統化：將招聘和培育組織者的流程正規化、改善工作人員的工作條件以避免過勞、減少依賴大型基金會、加強聯繫信仰團體。其他社區組織網絡進一步發展這個模型：將地區組織納入全國聯盟、創建自己的培訓計劃以改善和傳播基層力量建設的法則。在各個層面，這些改變都是必須的，不過卻亦犧牲了阿林斯基的原始創造力。隨後的社區組織領袖，均著重維持組織的長久運作和建立堅固的組織架構，故此對於突如其來的民眾抗爭所帶來的潛力，不如傳統創始人般觸覺敏銳。

在組織實踐方面，阿林斯基的態度卻遠非他的「守則」那樣僵化。馮．賀夫曼在回憶錄中，把他的前任導師阿林斯基描述為「最不墨守成規、最靈活自如之人。阿林斯基認為『自由』應是每一代人根據自身環境和時代需要而重新定義、重新贏取的」。阿林斯基最愛講的一個故事，大概是杜撰的，說他自己參加某大學為社區組織課程學生而設計的考試，「其中三題與阿林斯基的哲學和動機有關，而我答錯兩題！」[44]

阿林斯基的靈活性，從他對某些大規模群眾動員運動的取態可見一斑；其中一次，他意識到自己有必要將起義運動的能量整合到社區組織的工作之中。一九六一年五月，馮・賀夫曼在阿林斯基的指導下，於芝加哥的活倫社區把民眾組織起來，並因此認識了特里・沙利文（Terry Sullivan）——這位二十三歲的年輕社運份子來自丹佛，是虔誠的天主教徒，亦是一位志向遠大的記者，此前曾在馮・賀夫曼試圖建立的社區組織中擔任志願者。其後，沙利文與一小撮白人前往南方，參加由種族平等會議（Congress of Racial Equality，CORE）支持的一項創新而有潛在危險的民權運動，稱為「自由乘車運動」。[45]

一九六一年，最高法院下令取消州際過境運輸系統的種族隔離政策，但南部大部份地區卻不予理會，就如其他長期存在的聯邦措施，例如南部黑人本應享有選舉權利的條例，他們亦一樣置若罔聞。商營巴士公司如旅途（Trailways）和灰狗（Greyhound）等，其車廂座位、車站候車室和餐廳依然按種族隔離乘客。[46]自由乘車運動就是想要挑戰這種非法歧視。第一隊自由乘車者由六名白人和七名非裔美國人組成，由種族平等會議總監詹姆士・法默領導。經過數月計劃，他們於一九六一年五月四日從華盛頓乘坐兩輛巴士出發。

在旅程的第十天，五月十四日，自由乘車者越過州界進入阿拉巴馬州。在當地警察的配合下，一百名三K黨（Ku Klux Klan，KKK）成員在安尼斯頓市郊襲擊第一輛巴士。三K黨員斥責自由乘車者為「混種」及「共產主義陰謀」，砍下巴士輪胎，關閉前門，在巴士後端縱火。就在他們以為巴士將要爆炸時，守著前門的施暴者逃跑，自由乘車者得以逃出，然而當他們還在喘氣呼救時，三K黨員繼續攻擊，在場的公路巡邏員則袖手旁觀，任由當地的施暴者以棒球棍毆打爬在地上的自由乘車者。這段「無警時分」持續了幾分鐘，最後一名巡邏員向天開了一槍，漫不經心地叫暴民離去：「玩得開心過了，回家吧。」少數旁觀者前來救助自由乘車者，其中一名是當時十二歲的安尼斯頓白人居民，她後來憶述：「那是地獄般的景象。」多年之後，她再說：「那是我所見過最淒厲的慘況。」[47]

隨著第一輛巴士在安尼斯頓市郊被燒剩外殼，第二輛巴士繼續前往伯明翰。在警察局長「公牛」康納的慫恿之下，巴士在該地遭到三K黨員和當地白人守護者的襲擊。預期自由乘車者將會到來，當地的三K黨呼籲全州各地的成員召集，準備「問候」這輛巴士。康納表示，襲擊者將有十五分鐘的「寬限期」來招呼自由乘車者，在此期間，當局將會袖手旁觀。數百名手持鐵通（編案：粵語，指空心鐵管）的暴民聞風而至，當巴士進入該市總站時，施暴者隨即猛烈攻擊。哥倫比亞廣播公司新聞記者侯活·史密夫（Howard K. Smith）目睹了這場暴力事件：「他們將一個白人男子撞倒在我腳下，對他拳毆腳踢，直到他一臉血糊。」其中一名自由乘車者查里斯·佩森（Charles Person）受了重傷，在被鐵通毆打後，頭上需縫五十三針，所受的傷在他的顱骨根部造成一個永久性的結痂。[48]

襲擊事件的報導與巴士被焚的圖片迅速成為國內乃至國際新聞。自由乘車運動的組織者呼籲全國各地的黑人和白人志願者繼續上巴士，並得到強烈回響。在接下來的三周，成群的自由巴士橫越深南部地區。事件不斷升溫，沙利文從新奧爾良撥了一個長途電話，與芝加哥活倫社區組織的馮．賀夫曼通話。沙利文說，幾位自由乘車者有意在北部公開露面，因此請託馮．賀夫曼的團體協助舉辦活動。

馮．賀夫曼最初頗為猶豫。他不肯定這個事件會否促進當地組織工作，亦考慮到以往芝加哥民權集會的參與者均寥寥無幾，但仍決定協助他們在聖西里爾教堂的大型體育館舉行演講。阿林斯基的傳記作家桑福德．賀威特（Sanford Horwitt）寫道：「那是星期五晚上，在計劃開始前兩個小時，體育館空無一人。馮．賀夫曼很緊張——他最初的憂慮恐怕即將成為事實。一小時後，一對長者夫婦來臨，然後更多人現身出席。體育館、大堂以至樓梯都擠滿了人，令馮．賀夫曼大感震驚。」[49]

馮．賀夫曼給會場外的數百人安排了擴音器廣播演講。離場後，馮．賀夫曼百感交雜：來客遠遠超過他的組織架構所能動員的人數，議題更在社區引發龐大能量。他半夜致電叫醒阿林斯基，向他解釋眼前事件：「我認為應該暫時拋棄我們在組織上所做的一切，並在這個旋風時刻的前提下行動，而我們不再只做組織工作，而是應該指導社會運動。」[50]

令他驚訝的是，阿林斯基回答說：「你說得對。明天就開始吧。」

活倫社區的組織隨即舉辦了自己版本的「自由乘車運動」，以一輛大巴士用作黑人選民登記。根據賀威特的敘述，這次活動產生了「市政廳有史以來最大的單一選民登記」，令該市的權貴大為震驚。與活倫的典型社區活動相比，這次行動帶來更高知名度，並為組織的進一步民權行動奠定基礎。[51]

當阿林斯基接受這個「旋風時刻」之時，他亦有所領悟：他看到「利用群眾動員來製造社會動盪高峰」的做法，與常規的組織工作有著截然不同的運作規則——群眾運動會容納一些更具廣泛象徵意義的訴求、引導廣大民眾參與而非謹慎栽培成員、願意以道德和理想的詞彙呈現議題。這些全都與推動地區組織的原則相反，然而阿林斯基依然願意嘗試去實驗其可能性。

※

結構式組織者一般都對群眾運動有所保留，原因之一是這種干擾力量的運作往往都模糊不清。到底大型反抗運動能否被刻意觸發和擴大？像皮文那樣的倡導者對此並沒有深究，然而這種態度卻促成一種觀念，令人覺得群眾運動更多是由時代思潮所觸發，而非精心設計出來的。《窮人運動》充分肯定由下而上的抗爭運動具有爆炸性的潛力，此一觀點極具遠見，甚至有時就像先知一樣，預視往後歷史諸如佔領華爾街和阿拉伯之春的起義過程；然而此書一方面鼓勵這種大規模動員運動，但另一方面卻頑固地拒絕為未來的社會行動作出指引。

實際上，此書認為社運份子的精心計劃往往注定失敗收場，甚至可能完全剝奪了人民權利。根據皮文和克洛沃德的論證，假如「抗爭是為了應對體制秩序的重大變化而爆發」並且「非由組織者或領導者所製造」，如此一來，那些尋求社會變革的人可以做些什麼呢？《窮人運動》在總結中提出了抗爭號召：「到底社會發展會在什麼時刻觸發民怨，無人能夠確切預測；但是如果組織者和領導者希望促使運動出現，那麼他們必須相信抗爭的可能性。他們或會失敗，時機或會不對，然而有時或會成功。」[52]

這算是一個帶有希望的結語，但也難怪社運份子會覺得《窮人運動》的建議太過含糊其詞。皮文和克洛沃德在後來的文章中指出：「阿林斯基說，組織者必須直接觸碰社會不滿的痛處，卻沒告訴我們是什麼瘡疤、誰的瘡疤、如何刺激傷口，以及當民眾決心採取行動時，該做什麼。」這點批評言之成理，可是皮文和克洛沃德自己的著作，卻更加拒絕給予任何社會運動的直接指導。亦因此，「如何策劃干擾式抗爭」的問題，唯有留給其他人提出更實用的見解。[53]

可幸的是，社運思想領域正朝往這個方向發展，而策略性非暴力的傳統更在討論中佔據重要席位。對公民抗爭而言，無論是環境還是技能，兩者均是製造大規模動員運動的重要關鍵。實踐此道的社運份子必會同意皮文所寫：「抗爭運動主要受到體制條件所影響」，而組織者能做之事亦往往「受限於他們無法控制的力量」。[54]

然而這個現實限制，卻反令社運人士知道必須提升自己的技能，做好他們「能做之事」：洞悉抗爭環境何時成熟、如何進行創新和挑釁性的公民抗命行動、動員後如何機智地令行動升溫，以及確保短期的干擾式衝擊有助進一步實現長期目標。

《窮人運動》的精髓所在，就是為了制衡傳統的組織思想而另闢門徑，為社運策略開啟了更具創造性的分析之門。此書將「結構式組織」與「群眾式抗爭」視為兩種截然不同的行動模式，促進不同的思想流派進行對話，甚至能令兩者合而為一。

許多新晉的社運人士都是因為大規模動員運動而投身政治的，但當運動突然降溫，就會頓感失落。對他們來說，如何將爆炸性的短期起義與長期的組織工作互相結合以維持運動長久運作，是一項重大挑戰。從相反的立場而言，對於經驗豐富的社區組織者來說，在感受過干擾式抗爭所產生的巨大能量之後，即使大部份能量都是轉瞬即逝的，但也足以驅使他們重新審視「建立組織，而非群眾運動」等組織格言。

兩個派系均有著共同意向，希望彌合「資源動員」與「干擾力量」之間的鴻溝。他們認識到，對大規模抗議活動的深入研究，並不會抹殺「體制架構」所能發揮的效果；正如對「干擾式抗爭」的關注，亦不等於要求社運家坐等下次民怨爆煲之時才採取行動。「公民抗命」的出現，展示了「融合」的可能性——結構式組織與群眾式動員之間的融合、快與慢之間的配合。策略性非暴力行動作為一種組織模式，尤其著重抗爭者如何實際利用干擾力量達成目的；此外，在處理制度化的問題時，阿林斯基與皮文兩大派系的社運人士之間亦有互相對話，各自從他們的系統中提出可供彼此配合的方法。

公民抗命的運動已經帶來一些具啟發性的模型，例如一九九〇年代塞爾維亞的一群學生革命份子，在沒聽說過阿林斯基或皮文的情況下，就處於「結構式組織」與「群眾式動員」的兩難之間。將兩個門派揉合融和，則造就重大突破：一種勢頭驅動的群眾動員運動型態，非但能將起義能量維持數年之久，更足以推翻暴政。

宣佈勝利是一件由你自己製造的事。
不是等人授予勝利或讓步。
必須由你自己來宣佈勝利。

——伊雲・馬羅維奇（Ivan Marovic）

第三章・混合模式——*The Hybrid*

那是一九九六年十二月，成千上萬的民眾正在塞爾維亞首都的大街小巷和城市廣場聚集。示威活動的主要中心貝爾格萊德大學的學生領袖感到目標在望：他們要把斯洛波丹・米洛塞維奇（Slobodan Milosevic）拉下台——這位強人自一九八九年以來一直統治塞爾維亞，而他的種族清洗政令更給他帶來「巴爾幹屠夫」的稱號。

在此之前一個月，一批反對派候選人組成了名為「同行」（Zajedno）的聯盟，在全國三十多個選區取得明確的大多數議席，但米洛塞維奇卻宣告他們的勝利無效。憤怒的塞爾維亞人民因此在數十個城鎮開始每日集會。到十一月下旬，全國最大城市的遊行活動每次都吸引十多萬人出席。外國記者報導當地的嘉年華氣氛，音樂透過汽車的揚聲器大聲播放，示威者均備哨子，每當喊起米洛塞維奇的名字時就大聲吹哨，尖銳的回聲響徹街頭。[1]

十二月二十七日，歐洲安全與合作組織（Organization for Security and Co-operation in Europe，OSCE）呼籲塞爾維亞官員讓當選的議員就任，更助長了示威活動的勢頭。那時塞爾維亞的抗爭活動已經吸引了境外的支持者；這一九九六年塞爾維亞的起義，可能是世上首次以「互聯網革命」之名來形容人民對抗極權的抗爭運動。[2]

許多在一九九六年參與集會的學運份子，都曾參與過一九九一及九二年間以大學為首的反政府示威活動；然而今次運動卻似乎一切皆有可能。一九九六年十二月三十一日的除夕大型遊行，是他們有史以來最大規模的示威集會。社運份子諾維卡・米利奇（Novica Milic）當時樂觀地寫道：「在經歷那麼多年的戰亂和民族主義黑暗之後，今天貝爾格萊德終於重拾靈魂。這是一個免於恐懼的自由之夜，是一個未來滿載自由的幸福之夜，這將永遠成為我們塞爾維亞民主抗爭者勝利的標記！」[3]

可惜這份喜悅來得太早。

示威活動一直持續到二月四日，米洛塞維奇終於讓步，承認反對派在地方選舉的勝利。這份聲明對於抗爭運動來說是一個高潮，可是贏得地方選舉卻從來不是他們的最終目標——他們要的是米洛塞維奇下台。然而事與願違，在接下來的一年半中，強人米洛塞維奇牢牢鞏固了自己的勢力，更巧妙放大反對黨之間的不和，「同行」聯盟迅速瓦解並互相交惡。

到了一九九七年底，米洛塞維奇繞過任期限制，策劃競選南斯拉夫總統選舉，然後安排了他的一位親信在名義上接任成為塞爾維亞領導人。不久之後，米洛塞維奇採取果斷行動，剷除了兩大抗爭力量：大學和獨立媒體。他通過一項新的《大學法》，提高政府對教職員的控制；又頒佈《信息法》，允許政權對任何被視為威脅國家「憲法秩序」的新聞機構處以巨額罰款。[4]

在看似勝利之後不足一年，國民起義的勢頭已像陳年往事，抗議活動的狂熱能量都消散無蹤；更糟的是，年輕的抗爭領袖發現他們無法令死灰復燃。當他們試圖號召新一輪示威遊行的時候，只剩下少數人響應。數月下來夜夜難眠之後，維權人士心灰意冷，筋倦力疲，有人脫離運動甚至遠走他鄉，有人陷入抑鬱甚至吸毒成癮。[5]

一九九七年底，在抗爭運動的失落之中，一些抗爭者開始不時聚集在市中心簡陋的咖啡館、裝潢樸素的校報辦公室以及彼此的公寓裡——即任何可以讓他們交談的地方。在無數的香煙和咖啡之中，他們一同剖析問題所在。一位與會者形容這是「絕望之友」的聚會。他們銳意找出一種新方法。一九九八年十月，他們決定成立一個名為Otpor（塞爾維亞文「抵抗」之意）的組織。[6]

伊雲・馬羅維奇（Ivan Marovic）是與會者之一。如今他已成為人父，自稱「退休革命者」，在肯亞的內羅比過著平靜生活；但是在一九九六年，他就讀貝爾格萊德大學機械工程系，一個意想不到會成為反政府份子避難的地方，其中原因是當時政府為年輕有為的工程師提供了延後徵兵的政策。馬羅維奇先成為學生抗爭領袖，後成為Otpor的創始成員，不僅以精明的策略運用見稱，更以抗爭運動的惡搞行動組長聞名。

在馬羅維奇的童年時代，塞爾維亞曾是東歐最開放的國家之一。馬羅維奇說，當時的國民能夠四處旅行並自由從事音樂和藝術活動，即「普通人可以做的一切事情」。然而到了一九八〇年代後期，正當蘇聯集團的其他國家開始放寬限制之時，塞爾維亞的局勢卻在惡化。「在南斯拉夫解體之後，塞爾維亞直接及間接捲入四場戰爭，最終導致美國及其西方盟友轟炸塞爾維亞。」馬羅維奇解釋。「當時我住在貝爾格萊德，我記得那時經歷了第二次世界大戰以來全球最嚴重的惡性通貨膨脹，我記得經濟制裁徹底破壞了我們的經濟……我記得犯罪集團與國家政府完全合併。無論是經濟還是社會層面，那是活在塞爾維亞最壞的時期。」[7]

他說：「除此之外，米洛塞維奇更以極為殘酷的方法來控制反對派。當時秘密警察組織的死亡小隊會四出殲滅敢言的人民，例如於國內最大報社任職編輯、斗膽指責政府的斯拉夫高・科魯維賈（Slavko Curuvija）。」[8]

馬羅維奇進入大學之時還只是一名不談政治的少年，但他發現群眾抗議活動令人亢奮，到了一九九六年，他已完全投入其中。「我們白天上街示威，晚上則在派對。我還因此得了單核細胞增多症（即所謂的接吻病），還遇上了我的現任妻子。」[9]

當抗爭的高潮結束，專制政權卻鞏固了勢力，馬羅維奇深感失望。他解釋：「我們嘗到一點勝利的甜頭，然後就狠狠遭逢挫敗。我們意識到，這不是短跑衝刺，而是馬拉松。面對馬拉松比賽，我們需要一種不同類型的組織方式。」[10]

這個認知將產生歷史性的結果。為了發動非武裝抗爭，Otpor的做法將與以往的大規模抗議運動截然不同，組織方式亦會有別於以結構式組織為本的當地團體——即塞爾維亞的反對派政黨及大型工會。Otpor將開闢一條中間路線，使用挑釁性的創新行動，為米洛塞維奇政權製造一連串管治危機，最終完成了以往行動無法實現的目標。

Otpor所發展的這個模式，獲其他多個國家的抗爭運動分析研究，更應用至世界各地的抗爭運動當中，也許是迄今為止成功揉合「結構式」組織與「群眾式」動員的最具說服力的案例：一個可稱為「勢頭驅動組織方式」（momentum-driven organizing）的有力例子。

※

每當民眾嘗試以策略性非暴力的方式開展行動，他們往往陷入一種兩難困境：如何調和「干擾式抗爭的短暫爆發力」與「持續抗爭以實現長遠目標的需要」。

甘地窮盡畢生精力創造了一種「混合模式」。他雖以大規模公民抗命行動（satyagraha）而聞名，但亦將這些行動與其持續進行的「建設計劃」（constructive program）相結合，令當地社區可從計劃中培育自治能力，更致力建立印度國民大會黨（Indian National Congress）與草根階層的聯繫，使其成為印度獨立的領頭組織。

馬丁・路德・金的南方基督教領袖會議亦是混合模式的另一典範。他們雖然專門從事群眾動員，但亦建立了組織基礎架構，能夠參與一浪接一浪的行動，亦因此可從奧爾巴尼移師至伯明翰再到塞爾瑪及其他地區，而不會在一次示威浪潮的高峰過後就煙消雲散。

Otpor把結構式組織和群眾式抗爭互相揉合，展示了一個創新例子，說明如何透過鬥爭型的非暴力策略向當權者逐步施壓，並以經年累月的多次起義令運動升溫。此外，塞爾維亞起義正值公民抗爭研究於學術領域日趨成熟之時，因此他們的抗爭經驗能與吉恩・夏普的研究成果相結合，令「策略性非暴力作為組織傳統」的方法邁進重要一步。

過去十多年間，塞爾維亞的抗爭者廣受讚譽，並非基於某個單一原因。一些評論員指出，Otpor活躍份子的風格大膽前衛，令抗爭變得有趣，亦擅長利用社交網絡吸引大量參與者；亦有人對他們的聰明策略和尖銳的幽默感留下深刻印象。以上種種全都屬實，卻沒一項算得上格外獨特：抗爭運動從來都以一種型格（編案：外型獨特，有格調、有品味的）氣質來招攬新兵；「諷刺」亦從來都是示威者的常用工具；所有社會運動在本質上都是社交性的——人際關係與抽象理念同等重要。

有一個特點較少獲得關注，然而Otpor最具特色的創新之處，就是他們所創的嶄新組織方式：既具干擾力亦極具策略性、形態分散卻結構嚴謹。

在整年的咖啡館腦力震盪期間，Otpor的一眾創始人集中討論如何創建一些與既有組織傳統有所不同的行動。他們全都曾經深度參與一九九六年的起義，熟知大規模動員所能帶來的興奮和能量，當中更有部份社運老手曾經參與一九九一及九二年的反政府示威。全部創始成員年紀都是二十七歲以下，卻有成員至少親歷兩次大規模社運浪潮的起伏，證明了這種逆權抗爭一瞬即逝的生態。

馬羅維奇說：「我所學習到的組織模式，來自學生抗議活動。這類組織模式全憑一時衝動，不會強調建立人與人之間的聯繫。」目標就是吸引最多人參與其中，並將他們帶上街頭。他解釋：「我們可以單從大學就招募到一萬人、有時甚至二萬人參與。這種組織方式的問題在於無法持久，也無法將他們的熱情帶到我們熟悉的領域以外。」——即大學周邊的城鎮去。[11]

接受過群眾抗爭運動訓練的馬羅維奇，算是來自群眾式動員組織傳統的一方；Otpor的其他創始人，有些則是在結構式組織中成長的。塞爾維亞有各個獨立工會，他們耐心建立自己的會員規模，並在各個工作領域發揮維權力量；同樣地，各個人權組織和專業協會亦動員相關群組推動改革。不過當中最具結構式組織典範的，是塞爾維亞歷史悠久的政黨：Otpor有幾位創始人曾在不同反對黨的青年支部受到栽培，學習建立政黨支持者的地區分會，亦知道自己可以如何在政黨架構中逐步向上爬、建立事業。他們所歷練的行動，是在政治系統的約束之下爭取微小的立法成果、服務黨員。[12]

馬羅維奇解釋：「這種組織模式的基礎是建立關係、建立網絡、逐步發展一個組織。」年輕抗爭領袖在這些組織汲取了重要經驗，但他們卻心有不滿。在一九九七年秋天的大選失敗後，這些青年對他們的政黨作出批評。馬羅維奇說：「我有一些參與政黨活動的朋友對他們的組織模式大感沮喪，覺得太過遲鈍，亦無法接觸政黨網絡以外的人。他們無法像我們的抗爭行動般，能夠引進外來的支持者。」[13]

討論之中，他們自然而然感到有需要把這兩種組織模式結合起來。馬羅維奇解釋：「正因為雙方都感到沮喪，所以當兩路人馬聚在一起時，我們開始思考一種能夠揉合這兩種組織元素的模式。這個過程無法迅速成事，我們歷經多個月的漫長會議，最後漸漸得出一個混合模式，後來被命名為Otpor。」[14]

※

Otpor揉合著不同組織系統的特質，令不少觀察者感到困惑，不確定如何對這場運動進行分類定性。回顧過去，有些人將Otpor描述為「真正的大眾主義運動」和「在志趣相投的年輕人的意識中引發的爆炸式動員」。其他像社會學家弗拉基米爾．伊里奇（Vladimir Ilic）般，則將這個組織視為一個「相當健全的結構」、具有「無形卻高效能的」領袖架構。[15]

兩者都是對的。Otpor開發了一種由勢頭驅動的組織方式，運用干擾力量作為部署，卻採取深思熟慮且紀律嚴明的態度對待大規模群眾動員。他們並不望天打卦、坐等下一個可能把群眾帶上街頭的「大爆炸」，而是建立一個能夠自己設計動盪高峰的組織網絡。他們先從小規模行動開始，最終創造出一場歷史性的起義。一開始，Otpor組織者就決定堅守非暴力戰術的承諾，理由很簡單：假如採取武裝起義，則定必遭到米洛塞維奇屠殺；即使能夠湊合一支雜牌軍，亦根本無法與正規軍隊和秘密警察匹敵，何況犯罪集團更與政權通力合作。武力對壘正是政權最擅長最安然最能穩操勝券的鎮壓方式；相反，抗爭者的目標卻是要令政權不安不穩。

前社運份子丹妮拉．內納迪奇（Danijela Nenadic）和內納德．貝爾切維奇（Nenad Belcevic）寫道：「開初，大家覺得Otpor不過是另一個沒有真正政治影響力的學生組織，所以沒怎麼受到政權和反對黨關注。然而當政權意識到Otpor的力量、影響和意義時，卻是為時已晚，無法阻止抗爭勢頭了。」[16]

從一開始，運動組織者就意識到形象和文宣的重要性。Otpor的創始人擅長借鏡廣告營銷策略，務求令那些對典型政治廣告和反對黨口號無動於衷的人民亦能接觸他們的訊息。當中最早期亦最具標誌性的就是Otpor的徽章：一個握緊的拳頭，由社運份子內納德．彼得羅維奇（Nenad Petrovic）以美術風格呈現。最初他把作品當成品牌設計課的作業提交，結果只獲丙級評分；兩年後，Otpor的拳頭卻成為塞爾維亞最知名的標誌之一。這個拳頭圖像帶有強烈的愛國主義聯想，使人想起二戰期間抵抗納粹軍的南斯拉夫游擊隊（Yugoslav Partisans）標誌。這個設計是對塞爾維亞的老一輩、對早期抗爭運動有第一手記憶的市民致敬的暗示，同時亦具流行文化的魅力：南斯拉夫游擊隊是廣受年輕人鍾愛的一九七〇年代電視劇主角，猶如美國電視劇《通天奇兵》（*The A-Team*）。

Otpor的拳頭標誌能夠輕易透過模版在牆上噴漆，也可製成貼紙貼到路牌上，於是很快便在全國各地出現，有時加上一個單詞標語「反抗！」；具有相同設計的T恤亦成為搶手貨，尤其受三十歲以下的塞爾維亞青年歡迎。

一九九九年三月，北大西洋公約組織（North Atlantic Treaty Organization，NATO）的美國及歐洲部隊對塞爾維亞進行了七十八天轟炸，以懲戒米洛塞維奇在科索沃發動戰爭。即使對米洛塞維奇心懷仇恨，但Otpor組織者仍然反對北約轟炸，亦目睹政權如何以此爭取民眾支持。在這段時間裡，加入Otpor行列的抗爭者一直在慢慢增加，組織者卻保持低調；等到夏天轟炸停止之後，Otpor又復出現，更利用公眾的不滿情緒，部署了一系列惡搞行動，嘲諷米洛塞維奇明明兵敗卻假裝是征戰英雄。

當時很多人都不相信有任何行動能夠對抗米洛塞維奇政權，Otpor卻部署了數百項小規模行動，給民眾帶來一個觀感：反抗是有可能的。當被問及組織在成立階段受到什麼事物啟發，Otpor的創始人喜愛引用電視喜劇《蹈低噴飯的飛行馬戲團》（*Monty Python's Flying Circus*）作為靈感來源。抗爭者在尼什鎮為米洛塞維奇舉行生日慶祝活動，向總統奉上各種禮物，例如送上手銬以及一張前往海牙國際刑事法庭的單程機票；當諾維薩德市政府想以官方盛典表揚戰後重建工作，而政府所起的新橋充其量只是一條跨越多瑙河的臨時浮橋——抗爭者就在市中心公園的小池塘築起一條玩具橋作為回應。這些惡搞行動給當局帶來兩難局面：如果為了一條發泡膠橋而拘捕市民，就會專制得太過滑稽；如果不作懲戒，卻會任由Otpor繼續嘲弄政權。[17]

在貝爾格萊德另一著名的惡搞行動中，抗爭者在市中心一處繁忙的步行購物街上，放置一個印上米洛塞維奇圖像的鋼桶，旁邊放了一支棒球棍，標牌邀請圍觀者「為米洛塞維奇的退休基金作出奉獻」；如果他們「由於米洛塞維奇的經濟政策」導致沒錢可捐，則可用球棒拷打鋼桶一下。十五分鐘之內，途人已經大排長龍輪流痛擊鋼桶。警方很快趕到現場，卻找不到抗爭者設置場景的證據，以致不知應逮捕誰，最終只能拘留那個鋼桶，令獨立媒體有機會興高采烈大造文章。[18]

這種嘲諷的惡搞行動讓愈來愈多Otpor的新參與者願意投入反抗行動，因為即使被捕，通常也只是在拘留所過宿一宵。這些惡搞行動無法增加Otpor的正式影響力，因此在傳統政治計算中被視為浪費精力，但是行動卻帶來極佳的宣傳效果，幫助抗爭者贏得普羅大眾的同情。他們的目標是消除自一九九六年起義消散之後瀰漫社會的恐懼和冷漠氣氛，而這些行動正逐漸發揮作用。

※

透過嘲笑政權，Otpor逐漸削弱了米洛塞維奇執政的認受性。米洛塞維奇成為眾人的笑柄，成為一個被嘲笑而不是被恐懼的獨裁者。Otpor最著名的口號如「擴散中」（It's spreading）、「他完蛋了」（He's Finished）、「時辰到」（It's Time），甚至沒有亦不需指明道姓。這種口號與一般政黨的標語截然不同，後者一般都是為某位候選人拉票或推動某些政策改革而設的。

Otpor還有更多跟傳統政黨截然不同的手法。政黨組織能為成員提供具體利益，例如協助成員獲得資助工作或為當地項目找到國家撥款；然而即使政黨在政制之內所獲資源有限，亦會令他們傾向規避風險。他們雖亦舉行示威遊行，並在選舉中與米洛塞維奇的候選人競爭，但卻抱持謹慎態度，盡量避免自己精心編寫的抗議活動升溫。他們知道假如採取更激烈的對抗行動，政黨領袖將遭逮捕，甚至下場更慘，畢竟政黨領袖很易就被找到。

Otpor卻並非如此。Otpor的一群創始人亦曾被「魅力型領袖」的觀念燃燒過、損耗過，因此他們決定Otpor不要有任何領頭人成為傳媒焦點人物，否則當局就能隨時輕易把他們的領袖監禁或勒索、威脅他們關閉組織。當然，Otpor是有領袖的——當中有些承擔更大責任並樹立榜樣；但是Otpor的做法卻是不斷輪換官方發言人，而且刻意避免任何人成為個人崇拜的對象。

政黨的其中一個關鍵要素就是建立明確階級，以龐大的會員基礎來支撐最高領袖成為地位顯赫的政治代理人；相反，Otpor創造了一個能讓地區小隊進行獨立行動的架構。內納迪奇和貝爾切維奇寫道，隨著組織日漸發展，「Otpor在全國各地建立了分支部門，並曾發動全國呼籲，一同採取協調行動；但是每個分支組織都是獨立自主的，可以根據當地情況計劃自己的行動」。[19]

Otpor既具政治魅力，亦具流行文化的叫座力。當抗爭者被國家主導的主流傳媒拒諸門外（只有被譴責為叛徒之時才被報導），一家名為Radio B92的另類搖滾電台則成為抗爭運動的主要廣播電台。一些Otpor的大型集會同時也是搖滾音樂會，由台上一眾音樂人在歌曲與歌曲之間讀出文宣內容。[20]

這些活動的觀眾以年輕人為主，例如國際知名樂隊Rage Against the Machine以及貝爾格萊德本地著名重金屬樂隊Eyesburn的演出，本身就吸引樂迷參與。雖然Otpor的核心支持者是年輕一輩，但創始人卻致力超越這個框框。「我們意識到，如果想要贏得勝利，就必須走出大學生運動的圈子，與普通百姓走在一起。」馬羅維奇說：「我們需要真正全面的攻勢以擊倒米洛塞維奇。」[21]

Otpor的組織者一方面希望超越過去學生運動的局限，可是另一方面亦不認為各政黨有任何可行的廣泛宣傳策略。一如其他結構式組織，政黨擅長建立地區委員會培育地區領袖以維持組織長久運作，勢力範圍亦可以覆蓋甚廣；但是每個組織都只能依靠範圍狹窄的群組作為核心支持，例如劃分為年紀較大的宗教保守派、自由派知識份子、某些派系的民族主義者等，卻無法接觸其他大部份政治冷感的塞爾維亞民眾。政黨的集會遊行有著既定程序，由領導層上台發言、忠實支持者派遣部份追隨者擔當觀眾，而黨外的人從來不會出席。

由於政黨都想擴張勢力，因此特別緊張自己的陣地。Otpor領袖之一的米里亞・喬瓦諾維奇（Milja Jovanovic）說：「他們既沒共同目標，亦沒共濟意識。」每個政黨都有執政野心，這意味著他們彼此總是互相競爭。馬羅維奇認為：「他們所有人均有一個共通點，就是都想掌權，因此浪費大量精力互相攻擊。」[22]

Otpor既沒興趣成為另一個加入競爭的政黨，亦沒興趣要把成員置入任何政治職位，因此樂意與不同理念背景的人士一起合作。「我們知道，擊敗米洛塞維奇和確保自由公正的選舉，兩者就是我們的共識。」馬羅維奇說：「因此我們同意先將其他分歧擱置，直到米洛塞維奇下台為止。」多年之後，社會學家弗拉基米爾・伊里奇對六百多名Otpor參與者進行調查，其中一位受訪者形容這種理念的多元化是一種解放力量。他解釋說，Otpor「所提供的自由，是任何政黨因為自身所限而無法給予的。這可能就是Otpor吸引許多政黨黨員參與的原因」。[23]

每當鄉郊或小鎮自發出現抗爭運動時，Otpor的活躍份子便會竭力擴大抗爭事件。對於傳統政黨來說，這種不滿情緒的爆發只是一閃而過，更會混淆視聽，因為這樣的抗爭只會挑起不相干的議題，對推進政黨的既定議題毫無助益。馬羅維奇說道：「傳統組織和政黨均嚴格遵守上級的議案。」但是Otpor則非常重視地區居民的自發行動，因為他們能因此接觸到新的公眾群。[24]

地區的不滿情緒，可能基於電力供應不足或地方官員貪污腐敗；Otpor將這些地區民怨提升至全國抗爭層面，因而贏得城鄉小鎮維權人士的支持——他們都是傳統組織以外的人。馬羅維奇解釋：「將這些地區抗爭納入全國抗爭戰線之中，好處就是令每個人都開始把地方問題與全國的整體問題聯繫起來，最終全都直指米洛塞維奇政權。」[25]

「擴散中」（It's spreading）——這個Otpor的挑釁口號正逐步應驗。

※

自二〇〇〇年代初以來，無論是社會運動還是商業、科技以至政治選舉，均對分散式組織結構感到莫大興趣。Otpor抗爭者領先潮流，他們的網絡設計旨在為最多的參與者提供最大的自由度。

分散式組織結構並不代表支部組織任意妄為；剛好相反，沒有大台、沒有等級制度的運動如要有效運作，往往需要更加明確的指引及操作程序作為藍圖。表面上看來，Otpor的旋風式抗議行動與過去的學生運動並無大異，同樣是揉合了別具創意的惡搞行動和大型示威遊行；然而兩者的區別，在於Otpor想要更擴散的滲透全國，同時更具針對性，將所有分散的地方行動納入統一的抗爭戰略。內納迪奇和貝爾切維奇說：「雖然Otpor呈現出一種結構流動、臨時決策的錯覺，但實際上我們組織緊密，只是分散行事。」Otpor沒有任何內部官僚機構或中央決策架構，卻把成千上萬的塞爾維亞人連結起來，建立一個有凝聚力的社會運動身份認同。當中兩個工具最為關鍵：一是「前載協調」（frontloading），二是「群眾培訓」（mass training）。[26]

「前載協調」意思是在前期先為運動建立明確的行動模式和做法，於實質操作時就能免卻一般政黨架構的層級監督。

十幾歲的攝影師內納德・塞古列夫（Nenad Seguljev）想要加入挑戰米洛塞維奇政權的行列，於是前往一個地區的反對黨辦事處應徵，卻很快發現新進活躍份子根本不可能在黨內策動任何抗議活動。塞古列夫告訴作家天娜・羅森伯格（Tina Rosenberg）：「你需通過一百項審批才可做任何事情。」而政黨高層對於他所提出的直接行動計劃，回應總是拖拖拉拉：「再看看吧……再看看吧……」[27]

在Otpor推動的運動中，塞古列夫發現了一種截然不同的文化：「所有『政黨高層』禁止我做的事情，我都可在Otpor進行了。只要我能設計得出或想得到的任何行動，我都可以去做。」

對於Otpor的成員來說，「自主行動」就是準則。參與者可在他們的學校或社區組成自己的支部，亦可號召集會、用抗爭海報鋪滿廣場、自行上演街頭游擊劇場，可能性幾近無窮無盡。Otpor領導者之所以能夠任憑參與者自由發揮，同時信任其行動與整場運動的大前提目標與信息一致，是因為他們早已先向參與者「前載」了整場運動的指導原則。Otpor的創始領導者有意識地為組織創造一種「基因」，能隨著Otpor的支部擴展而複製傳播。他們以多種方式建立這種「基因」，包括明確的策略、鮮明的品牌、清晰的願景；他們亦有一系列獨特的戰術可供參與者選用，亦有一個明確的框架讓地區團隊在框架之內發揮其獨立性。

從一開始，Otpor就只有一個目標，就是推翻米洛塞維奇政權。為了實現這個目標，Otpor亦有一個計劃：先以小規模的反抗行動來建立運動勢頭和打破公眾政治冷感，再以一套更具體的方案改變政治制度——簡而言之，他們要迫使政權進行選舉，而他們會動員群眾推高投票率，團結反對派支持某位單一候選人，再而與其他非政府組織連成一線，嚴密監測選舉結果以記錄他們的勝選；假如米洛塞維奇拒絕下台，就會採取大規模的不合作運動，促使全面大罷工。在與其他小組聯繫之前，Otpor已先預設這個「前載式」的策略。「我們建立聯盟的方針，並非將所有人都帶到談判桌上……然後謀求建立策略共識和共同目標。這樣做的結果只會慘不忍睹。」馬羅維奇說道。Otpor的創始領導者曾經參與這種形式的圓桌會議，卻發現討論最終只會淪為罵戰。他們的方法則是只針對所有人都能接受的最基本訴求，以此作為共識而展開行動。[28]

起初，其他民間團體認為這種推翻政權的策略根本是癡人說夢；但當看到志願抗爭者洶湧投向支持Otpor時，這種瘋狂的願景看來不再只是妄想，更隨著時間而變得愈來愈可信。

※

核心「基因」的擴散複製，往往會在群眾運動中自然發生。隨著抗爭活動的擴散，參與者會逐漸確立共同的信念、口號和做法；然而假如對運動規範缺乏清晰考量，則負面習慣會與正面習慣一同傳承下來。有些戰術在運動初期曾獲成功，可是經過重複使用後，往往變得不能吸引傳媒報導，亦無法令當權者措手不及，其中一個例子就是貿易峰會的創新堵路行動（例如一九九九年世界貿易組織在西雅圖舉行時的抗議活動），在歷經多次複製之後，已淪為刻板式、無了期的峰會抗議活動，輕易被警察遏制。而塞爾維亞的Otpor則意識到這種危險。由於Otpor採取了「前載式」策略預先設定了終極目標，所以不會受限於單一戰術行動。

一九九九年十一月，Otpor在貝爾格萊德舉行了第一次大型集會。警察到場並暴力驅散人群。衝突之中，逃跑的抗爭者高呼「明天！明天！」並誓言第二天捲土重來。但是組織者卻選擇了另一種做法。

「天天集會」是一九九六年抗爭活動的標誌，而Otpor領導者已經充分汲取教訓。馬羅維奇對作家馬菲・哥林（Matthew Collin）說：「如果我們天天如此，很快人們就會筋疲力盡。最好以不同形式出現，而不是每次都做相同事情，以免當局知道如何打壓行動。」[29]他們的目的，是以群眾的不合作運動迫使政權進行選舉，因此Otpor不選擇在貝爾格萊德集中群眾遊行；相反，他們得確保參與者的行動層出不窮且出乎意料。

隨著運動計劃的推進，政權開始意識到全國各地的惡搞行動不只是小小麻煩那麼簡單，於是加強打壓。即使Otpor使用的是幽默諷刺的手法，抗爭者卻仍會招致嚴重後果。二〇〇〇年初Otpor第一次全國行動日之後，十三個城市共六十七位活躍份子遭到拘捕和問話；一九九八至二〇〇〇年間，總共有一千五百多名Otpor成員被捕。當中一名抗爭領袖斯達・波波維奇（Srdja Popovic）更被維穩部隊多次拘留問話，並受到人身威脅。有一次，一名長官把手槍塞進他的口裡，更說希望他們身在伊拉克，那麼他即使開槍打死一個煽動份子，亦沒人會眨一眼。

政權亦以其他方式傳達這個信息。波波維奇的母親是一位著名記者，曾任國家廣播服務機構塞爾維亞廣播電視新聞總編輯，但隨著兒子的抗爭行動升級，她就被一次一次的貶級。波波維奇並非個別案例；馬羅維奇曾經三次被秘密警察綁架，更被威脅：「我們這裡有一位出色的牙醫，一位將要把你所有牙齒拔掉的大師。」[30]

米洛塞維奇的兒子馬高（Marko）曾向當地Otpor成員進行臭名昭彰的襲擊。小米洛塞維奇是一名花花公子，其金白色的頭髮、名貴的房車和大男人氣焰，在波扎列瓦茨鎮廣為人知。馬高在當地稱王稱霸，經營著一堆不太成功的生意，包括一家手機店、一家咖啡店以及一家著名夜總會「麥當娜」。他亦活躍於黑市，透過非法交易網絡販賣走私香煙和汽油。

無庸置疑，馬高完全恃著父親的總統職位在波扎列瓦茨為所欲為，他當然不會認同Otpor。當一個Otpor的隱藏支部在鎮上浮現時，馬高竭力追捕其中的領袖。在引誘一名涉嫌抗爭者進入他的夜總會後，馬高的同黨用棍棒及槍柄毆打這個活躍份子。馬高更親自手執電鋸貼近那人的頭顱，威脅他說：「你不會是我斬件（編案：原指將食材斬成細塊）丟進摩拉瓦河裡的第一個人，亦不會是最後一人。」另外一次，馬高的幫派狂暴毆打三名Otpor成員，直至他們鼻子被打斷、一臉鮮血，而馬高後來乘著他的寶馬到場，揮動手槍揚聲大喊：「殺死那班人渣！」更不公義的是，那幾名被打得頭破血流的活躍份子事後竟被關進監獄，而其中一位更被控企圖謀殺罪。[31]

效忠政權的忠實派努力鎮壓抗爭，卻使用了失敗的策略。伊里奇寫道：「他們沒有意識到，被拘留的活躍份子在社區內成了英雄人物，備受敬仰。警暴受害者的光環，反而鼓勵更多年輕人加入抗爭行列。」武力鎮壓導致公眾反感。在波扎列瓦茨的襲擊事件後，抗爭者血流披面的頭像隨著Otpor的海報廣泛流傳，上面寫著：「這是塞爾維亞的面孔。」[32]

「暴政令我們更易動員。」一名Otpor成員這樣告訴塞爾維亞當地的*Vreme*周刊：「每一個城鎮，當有抗爭者被捕，運動便迅速增長。每當事件發生後，隨即有新的志願者主動接觸我們，有時甚至是退休人士，準備加入接力抗爭。」[33]

新參與者的湧入，亦為Otpor帶來挑戰：如何使大量群眾沉浸在其組織文化中，並令他們理解這套能令分散式行動發揮作用的指導方針？

※

Otpor的方案是「群眾培訓」。

群眾抗爭運動往往無法吸收動員高峰期所產生的勢頭。當遊行示威成為頭條新聞時，運動的人氣指數高企（編案：高漲），受到運動感召的新晉示威者亦蜂擁而至；但當事件降溫後，這些參與者就可能很快散去，抗爭運動組織者亦無法重新動員新支持者。群眾運動總是困在非常短暫的盛衰生命周期之中。在黑人民權運動期間，南方基督教領袖會議處理這個問題的方法，就是每晚舉行夜間群眾大會。在伯明翰和塞爾瑪等地的教堂每晚都擠滿了人，數小時的集會填滿各種活動，包括牧師佈道、高唱自由歌曲以及戰術簡報，既為參與者提供實用指導，亦為運動確立了一致的身份認同框架，能把一場抗議行動演變成一個維持數周甚至數月的運動，持續向權力施壓。

為了把運動的勢頭持續更長時間，Otpor將新抗爭者的吸收過程作進一步推進。他們建立了一系列群眾培訓計劃，能令Otpor迅速吸納新支持者，並將本來隨閒幫手的參與者轉變為運動的堅定活躍份子，更不斷給他們提升技能。透過群眾培訓，Otpor那一套分散架構中通用的行動程序，就能迅速散播至新加入的參與者。

Otpor活躍份子早期的惡搞行動不但娛樂大眾、為新聞報導提供了焦點照片，更為自身製造招募新參與者的機會。Otpor成員每次行動均會邀請圍觀的人參與其中，甚至邀請他們參加培訓。一般在美國常見的非暴力培訓通常是兩三小時的短時間課堂，旨在為某一次示威作準備；Otpor的做法卻有所不同，他們的課程長達十小時或以上，令參與者有能力在自己身處的社區獨立組織行動、建立支部。在意識形態而言，Otpor的運動就像一個大帳篷，當新參與者通過最初培訓，他們就把運動的「基因」內化成自己的一部份。

一個典型的Otpor培訓通常橫跨一周，從周一至周五，每晚的課堂先由辦公室或教室的討論開始，之後往往移師至酒吧繼續進行（《紐約時報》記者稱Otpor為「半政治、半社交活動」）。在培訓結束後，學員需自行策劃並執行一項行動，將課堂所教的學以致用，才被正式確認為新成員。[34]

參與每一場培訓課程的人數可能很少，通常只得七至八名參與者，但是在重複數百次後，培訓工程孕育出數量龐大的參與者，於很短的時間內，就能把局外人培植成為地區領袖。培訓更以幾何級數傳播：新成立的支部得到總部的手冊和工具包，能夠開展當地的培訓課程。當Otpor培訓出兩萬名新成員之時，各地的培訓課程已多不勝數，以至聚會的熱門地點（如社區中心和青年俱樂部等）全被預訂，尋找培訓的場地反而比起尋找合適的地區領袖更有難度。[35]

※

二〇〇〇年二月，Otpor首次召開全國代表大會，匯集全國七十多個支部組織共一千多名成員參與，同年的稍後時間更達至組織的全盛期，擁有六萬多名成員。弗拉基米爾・伊里奇對成員進行問卷調查時，驚訝發現：「活躍份子在組織活動所花的精神和時間……絕大部份人每天抽出幾個小時來對運動作出貢獻。」[36]

成員對運動的投入程度，轉化成實在的影響力。到了春季，Otpor集中火力，凝聚全國的反抗力量，向著下一階段的戰略目標推進：將各反對黨團結在一名反對派候選人身上，使這個人能在民意調查中成功挑戰米洛塞維奇。Otpor頓時比任何政黨更受歡迎，亦令這場運動得以影響那群終日爭吵的政客。沒有一個黨派的領袖能夠承擔與Otpor公開決裂的政治風險，而Otpor的活躍份子亦無需對任何一位政客表示忠誠，因此Otpor能夠緊守立場，堅持以統一戰線擊倒米洛塞維奇政權。

二〇〇〇年初，十八個反對派政黨開始組成一個聯盟，後來名為塞爾維亞民主反對派（Democratic Opposition of Serbia）。Otpor要求政黨統一支持一位候選人，同時亦給他們一個相當的誘因：政黨最後選出任何候選人，都能獲得五十萬張選票。在利誘的同時，Otpor亦以威逼手段要脅：如有政黨領袖違背承諾，將有十萬人堵在他家門前。在多次內部磋商之後，反對派聯盟決定由憲法律師沃伊斯拉夫・科什圖尼察（Vojislav Kostunica）擔當統一候選人。

那個夏天，米洛塞維奇宣佈提早舉行總統選舉，投票日定於九月二十四日。反對黨開始認真動員，並與民間社會團體網絡連成一線。Otpor亦一同努力刺激選民的投票意欲，銳意推高投票率——以口號「時辰到！」團結行動。

Otpor亦自己發動了更為尖銳的文宣運動，以「他完蛋了！」作號召。這個簡潔的標語開始在全國各地的塗鴉悄悄出現，活躍份子更把印有標語的粗體黑白貼紙貼到各地路牌、巴士站，甚至米洛塞維奇自己的宣傳海報上。

隨著選舉臨近，政權將Otpor定性為「非法恐怖組織」。警察衝入Otpor的辦事處，搬走一車車電腦和文件。與此同時，政權更封鎖了獨立廣播電台和反政權的傳媒，例如Studio B電視。在高峰期的一個月內，平均每天有七名以上抗爭者被捕。內納迪奇和貝爾切維奇寫道：「幾乎所有抗議活動都遭到警察干預而收場。」[37]

事實一再證明，官方的鎮壓未能有效平息抗爭。隨著政權以莫須有的罪名拘捕更多年輕人，除了以言入罪的實況更加明顯，亦令當局指控被捕者乃「仇恨國家的叛國顛覆份子」之說法不攻自破。當年輕人身穿「Otpor——因為我愛塞爾維亞」字樣的T恤被追捕的時候，就更顯得這個指控無稽了。

圍剿Otpor貝爾格萊德總部的拘捕行動，造就了Otpor另一次經典的惡搞行動。警察突襲之後不久，組織者揚言會重新把成員的檔案儲入辦事處內，並邀請公眾見證他們的抗命行動。來到指定的時間，Otpor成員在新聞攝影師和數百名觀眾面前，開始把看似滿載檔案的紙箱搬運過來，志願者更刻意裝作紙箱過重而扭傷。不出所料，當局迅速行動，前來沒收檔案箱，結果令他們老羞成怒：文件箱全都空空如也。洋洋得意的抗爭者在圍觀者的歡呼聲中被警方帶走，而警察的濫捕則再次為Otpor帶來新一輪學員參與培訓計劃。[38]

※

選舉日終於在二〇〇〇年九月二十四日到來。在年輕人的熱烈參與下，塞爾維亞出現了破紀錄的投票率，三十歲以下的選民中更創出驕人的86％投票率，而且絕大多數投票贊成罷免米洛塞維奇政權。反對派早已準備就緒，組織了上萬名選舉監察員監督投票，並迅速公佈票站民調結果，表明科什圖尼察明顯已贏得總統職位所需的50％門檻。相比之下，米洛塞維奇只獲得35％選票。[39]

選舉結果非常明確，然而一如所料，米洛塞維奇政權並沒有輕易讓步。他們首先使出拖延時間的策略，辯稱需要進行次輪投票。Otpor與其他團體早有準備，馬上啟動了計劃中的大規模不合作運動。

選舉後的第二天，反對派向米洛塞維奇發出最後通牒：十月五日三時前必須把政權移交；限期之後，來自塞爾維亞各省的公民團隊將進入貝爾格萊德並癱瘓整個城市。Otpor的組織者進一步呼籲九月二十七日在全國遊行示威。二十萬人湧入貝爾格萊德的共和廣場，高呼「Gotov Je!」（即「他完蛋了！」）；全國各地的城鄉小鎮亦有成千上萬的市民聚集。[40]

接下來，反對派領袖向支持者發出呼籲，根據《紐約時報》的報導，這個指示是

「以任何公民抗命方式聲援不合作運動」。曾經參與競選時期遊行活動的塞爾維亞人，認真回應這個呼籲。九月二十九日，在貝爾格萊德以南四十英里外，為首都提供主要電力來源的科盧巴拉煤礦，率先有七百五十名工人進行大罷工；馬伊丹佩克的銅礦工人亦迅速加入聲援行動。在各地，國家電視台的工作人員打斷常規節目，要求公正報導反對派的行動，或要求將仍然維護米洛塞維奇政權的編輯革職。[41]

十月五日限期逼近，全國已作好準備決一死戰。關鍵在於軍方和警察會否使出實彈鎮壓示威遊行，以暴力阻撓群眾將米洛塞維奇拉下台。Otpor早有準備，長期以來一直著力消滅這個最壞的可能性。在這兩年不斷升級的運動中，抗爭者一直致力博取國安部隊的同情，不時向士兵們發送食品和香煙等慰問包，更與個別警官藉低劣的工資和工作條件噓寒問暖，盡量確保軍隊和警察在關鍵時刻轉向支持抗爭者。

隨著十月五日的太陽升起，全國各地的居民紛紛往貝爾格萊德進發，一排排的汽車、巴士和卡車駛入高速公路。警察架設路障阻止車隊進入，亦收到命令要向違法暴徒開實彈。但是他們沒有執行這些命令。眼見人群大比數超過警力，警察選擇撤離崗位，示威者則將路障搬走。平民駕駛大型黃色推土機把政權設置的路障推開的畫面，成為了革命的標誌。貝爾格萊德市中心總共聚集了五十萬人，當催淚彈無法驅散人群時，部份防暴警察開始逃亡。其他人看到大勢已去，亦興高采烈加入示威行列。

十月五日當日曾發生一些小規模的衝突，國會內一些辦公室被燒毀、市中心的警察局被搜翻，然而最令人擔心的大規模流血事件卻並沒發生。那天傍晚，科斯圖尼察站在貝爾格萊德市政廳的陽台上，向群眾發出勝利宣言。第二天，米洛塞維奇承認自己落敗。一年之內，他會被遣送到海牙國際法庭列為戰犯接受審判。

※

Otpor絕非獨力把米洛塞維奇政權推翻。反對派政黨、民間團體和各個工會都在關鍵時刻加入反抗行列、推動抗爭運動前進，然而Otpor在充當煽動者和催化劑方面卻起了關鍵作用：假如沒有Otpor的推波助瀾，這次運動不可能引發如此迅速廣泛的反應。Otpor的成功，顛覆了過往認為「最有規模、最多資源的組織必定最能推動重大變革」的想法；相反，這些組織正正因為結構穩健，對社會運動所帶來的機會反應不及，有時需要靠組織以外的新晉雜牌軍率先動員，才可以促使他們採取行動。

Otpor扭轉了塞爾維亞人的命運，所獲成就亦廣受國際關注，然而Otpor遺留下來的問題卻殊不簡單，而這被稱為「推土機革命」的後續亦引發連串難題。

雖然塞爾維亞發生了積極變化，但米洛塞維奇的下台只是解決國家根深蒂固問題的第一步。塞爾維亞作家兼分析師伊雲・韋伊沃達（Ivan Vejvoda）在二〇〇九年寫道：「事實證明，米洛塞維奇政權為制度、經濟和社會所帶來的破壞是極大挑戰。」因此塞爾維亞的民主進程一直緩慢。然而革命的確帶來了一些重大變化：一個飽歷戰亂的社會，終於有能力開始處理其他方面的問題。民眾能夠定期以選票踢走不受歡迎的政權，而當局亦會尊重選舉結果。馬羅維奇說：「以往的恐懼氣氛消失了。現在的管治比起過去的高壓政策溫和得多。」韋伊沃達亦進一步指出：「塞爾維亞人民對政客的行為保持高度警覺性。在這個國家甚至整個巴爾幹半島，沒有人希望回到災難性的一九九〇年代。」[42]

革命過後，Otpor在重建國家民主化的進程中發揮有限，其中一個原因，是他們在對抗米洛塞維奇期間曾經徵求外國勢力的財政支持。毫無疑問，塞爾維亞人民本身為組織提供了大量資源，包括時間、會議的空間、小額現金捐款、免費乘車服務，以及無數其他形式的援助；但從二〇〇〇年代初開始，大眾知悉原來Otpor以及反對黨和許多其他民間組織，均曾獲得外國政府和非牟利機構的資助，當中包括歐洲國家和美國政府的資助，例如美國國家民主基金會（National Endowment for Democracy）。這些資金資助了Otpor購買電腦、手機和傳真機，並支付了貼紙和海報的印刷成本。

馬羅維奇為他們尋求外部勢力資助的決定作出辯護：「那是一個艱難的抉擇，不過重大的決定從來都不容易。那些國家曾以槍砲轟炸我們，所以要與他們的政府代表和基金會負責人交談討論，也令我們感到不安。」但是Otpor認為，相比起那些支持其他政黨的犯罪集團或從戰爭謀利的奸商所提供的資金，則國外資助較為可取。馬羅維奇認為：「國內所有資金都是沾滿血腥的。面對這樣的現實，接受國外資助似乎是兩害取其輕之下的選擇。」他進一步指出，反對派候選人沃伊斯拉夫．科什圖尼察的反美和反歐盟言論非常堅決，所以說不上是受外部勢力所支配的傀儡；馬羅維奇本人亦曾與十幾個國家的社會運動合作，當中許多都在反對由美國所支持的政權。[43]

然而Otpor籌款的決策，在國內國外卻始終備受爭議，而這個問題亦使組織未能過渡成為長期的反對力量。

另一因素，則是因為組織在二〇〇〇年革命成功後失去了明確目的。Otpor參與者一直團結一致，肩負推翻政權的明確使命；任務完成後，組織的存在價值就陷入困境，雖曾轉型為監察組織，成員數目卻不斷下滑。事實證明，在革命後的塞爾維亞，結構穩健的政黨比起組織鬆散的Otpor，韌力更加持久——政客亦更精於瓜分米洛塞維奇垮台後的權力和利益，而Otpor無法在這種內部權鬥中競爭。到二〇〇四年Otpor正式解散時，組織的核心成員已經相繼離隊，有些任職於非政府組織，有些進入了主流政黨，有些則回歸平常生活。

※

Otpor無法回應「革命後如何自我制度化」的問題，而這個難題將留給其他人處理；但是Otpor所開創的混合模式卻極具價值，而這種力量亦很快得到國際認可。到Otpor解散時，部份忠實成員已成為非暴力抗爭領域中最受歡迎的導師。二〇〇三年於格魯吉亞發動玫瑰革命及二〇〇四年於烏克蘭發動橙色革命的抗爭者，此前均仔細研究了Otpor的案例；格魯吉亞率先出現一個把Otpor的拳頭略為改頭換面的徽章作為抗爭標誌，而Otpor這種混合模式的特質亦在不同地區以不同方式改良應用。

二〇〇四年，一些塞爾維亞人成立了非暴力行動和策略應用中心（Centre for Applied Nonviolent Action and Strategies，CANVAS）。來自菲律賓和南非的其他導師亦加入其中，以致一份刊物稱之為「國際人民力量」。學者史提芬．祖尼斯（Stephen Zunes）寫道，Otpor「在非暴力抗爭中汲取的教訓與成功經驗，透過全球各個為抗爭者而設的培訓及工作坊傳播開去，包括埃及、巴勒斯坦、西撒哈拉、西巴布亞、厄立特里亞、白俄羅斯、阿塞拜疆、湯加、緬甸和津巴布韋，以及美國的勞工、反戰和移民權利的社運份子。」[44]

開始組織Otpor時，其創始人並不熟悉這種在國際上日益成熟的公民抗爭傳統；但當他們接觸到這個系統時，則發現公民抗爭的指導思想和策略原則，與他們在實戰親身發現的運動動態不謀而合。二〇〇〇年春季，當塞爾維亞抗爭運動正值高峰之際，幾位Otpor領袖參加了由吉恩．夏普的合作夥伴羅拔．赫爾維（Robert Helvey）主持的研討會，並從中得到幾本書籍，包括夏普的《從專政到民主》。

雖然研討會並沒大幅改變Otpor的工作進程，畢竟他們當時已經投身於自己的非暴力起義實驗中；然而他們亦認為所得的教材肯定了他們的直覺。斯達．波波維奇後來對《華爾街日報》說：「聽到原來我們一路從苦戰中學到的一套，背後其實蘊含整個科學理論，覺得很有趣。」馬羅維奇補充：「我們運用非暴力抗爭策略已有好一段日子了，不過能看到我們所作的一切都統合寫在書上，那是非常有價值的。」[45]

公民抗爭的知識雖對塞爾維亞革命的發展沒有帶來什麼影響，然而當Otpor的活躍份子其後將所累積的知識系統化、回顧組織的成功與錯失時，就發揮了莫大影響力。就如金的南方基督教領袖會議一樣，Otpor亦證明了大規模群眾運動是可以被精心策劃出來的，但是塞爾維亞人卻更進一步，他們反思自己的抗爭模式並與他人分享經驗教訓，使得策略性非暴力的發展向前邁進。建立「混合模式」的重要性，正是他們在抗爭經驗中得出的關鍵貢獻。馬羅維奇說：「我曾到訪許多經歷大規模抗爭失敗的地方，而當地的抗爭者均得出這個領悟：他們既需要群眾抗爭，亦需要組織架構。」[46]

那些到訪世界各地領導培訓的導師都明白到，革命是不能「輸出」的。非暴力抗爭的成功，始終取決於當地人的能力和創意，以及身處抗爭中心的組織者如何自行發展出混合型的抗爭模式；然而抗爭的技術與知識卻是一門可以傳播的功夫藝術，而這一點能夠帶來廣泛的連鎖反應。Otpor的抗爭方法，將成為「勢頭驅動組織方式」的典範——使用策略性非暴力手段作為導航、揉合結構式組織及群眾式動員的抗爭模式。這門功夫藝術的實踐者對於政治生態中的各種關鍵議題，與傳統的組織者和政治競選顧問的想法有所不同，例如倡導者如何獲得公眾關注、需要怎樣的草根支持才可獲得成功、何時要為行動報捷等。

然而在解決以上問題之前，這些公民抗爭實驗者必須先面對最基本的問題：「社會變革到底是如何發生的？」他們的答案既具挑戰性又違反直覺，但同時提供了一種嶄新視角：「民主參與」（democratic participation）除了依靠純粹投票和選舉工程之外，仍有其他方式能夠改變社會根深蒂固的偏見。

只要有3.5%的人持續積極參與，
社會運動就不會失敗
——很多成功的運動甚至遠不及此。

——艾力卡・謝諾維斯（Erica Chenoweth）

第四章．權力支柱——*The Pillars*

在塞爾維亞，社會力量需從高壓的政治體制外部推動變革。正在對抗極權的其他地區抗爭者，均迅速意識到Otpor的成功可以作為榜樣；然而在已有代議政制的民主國家，卻普遍認為社會變革的過程會有所不同——改革必須透過體制內的高級官員推動、要與各個相關團體進行繁瑣漫長的閉門會議，而且即使改革實現，亦不會像獨裁者倒台的畫面般鮮明或戲劇性。

真是如此嗎？

事實證明，這種「一般常識」存在嚴重缺陷，只能片面說明社會如何取得進步，甚至可說是一個錯誤敘述，既對上個世紀的重大變革如婦女投票權、勞工法案、民權運動的爭取過程視若無睹，亦忽略了民眾如何在缺乏資源和權貴人脈下仍能推動改革——尤其是主流政客認為不切實際，其後卻被視為理所當然的變革。

近期出現的最佳例子莫過於同性婚姻的勝利。不久之前，大多數支持者均認為同性伴侶能在美國合法成婚的想法遙不可及。同性婚姻的倡議工作在美國非但不受歡迎，更可說是政治毒藥，任何斗膽觸及這個議題的政客，都可能賠上政治生涯。即使到近代的這幾十年，LGBT（即女同性戀、男同性戀、雙性戀和跨性別者，簡單統稱為性小眾群組）的平權運動亦曾面對很大的敵意，不過大家可能已忘記得一乾二淨。截至一九九〇年，四份之三的美國人也認為同性性愛是不道德的，只有少於三分之一能包容同性婚姻——當時世上還未有任何國家允許同性婚姻。

對於想要保住工作的公職人員來說，「躲在衣櫃裡」就是最安全的路線，而政客亦寧願與宗教保守主義派打交道，也不願與「同性戀說客」扯上關係。一九九六年，美國參議院以八十五比十四票的大比數通過《捍衛婚姻法案》（*Defense of Marriage Act*），將婚姻定義為男女之間的結合，並拒絕同性伴侶的聯邦福利。當時仍是民主黨參議員、後來成為副總統的祖・拜登（Joe Biden）亦有投票贊成。民主黨總統比爾・柯林頓（Bill Clinton）簽署法案並確認：「我一直反對政府承認同性婚姻。」[1]佛蒙特州最高法院曾於一九九九年裁定該州允許「民事結合」（Civil Union），當時的共和黨總統候選人加里・鮑爾（Gary Bauer）稱這個決定「在某程度上比恐怖主義還要恐怖」。州內選民迅速推翻法院判決，而法官看似超越權力範疇的判決亦引發全國的強烈反應。近至二〇〇四年，保守派策略顧問卡爾・羅夫（Karl Rove）亦看準機會，把「捍衛婚姻」的修正案加插到全美十三個州的選票上，結果全獲通過，而某報章更以「橫跨全國東西兩岸的選民均徹底否定同性婚姻」來報導。婚姻平等的目標似乎注定失敗。[2]

時至今日，以上種種就像是平衡時空的景象。二〇一五年六月二十六日，美國最高法院頒佈了一項判決，將同性婚姻在全國五十個州合法化。然而在此裁決之前，戲劇性的逆轉其實早已發生：當時已有三十多個州份允許同性婚姻，當中許多是通過公投或由民選立法機關通過的法律，而非透過司法裁決來制定的；全國民調亦顯示愈來愈多公眾支持婚姻平權。眼看時移世易，連堅持擁護「傳統婚姻」的共和黨參議員奧爾林・哈奇（Orrin Hatch）在二〇一四年亦不得不承認：「任何不相信同性婚姻將成為國家法律的人……不是生活在現實世界中。」[3]

令人驚訝的不僅是其看似突然逆轉的事態；同性婚姻議題能夠迅速擴大以致成功爭取，亦顛覆了「社會變革應如何發生」的普遍觀念。這場勝利不是循序漸進的，而是經過多年彷彿進退失據的爭取之後，有如洪水般破閘而出。這個改變並非靠參議院多數黨領袖施加壓力而得來，亦不是由魅力非凡的總統慷慨陳詞所帶領，而是透過廣泛參與的社會運動，逐漸令更多不同範疇的國民普遍接受同志平權，直至贏得足夠數量的民眾支持，才把「不可能」變成理所當然。一旦達到臨界點，同性婚姻議題明顯得到大多數人接受，社會改革就隨之以驚人的速度實現。

這也許就是最關鍵的一點：同志平權的成功，不是基於政治現實計算——即精密評估在當前的政治氣候下可能實現的目標；而是基於社會變革的願景——只要運動能夠贏得大眾支持，那麼法院和立法機關的立場終會與人民達成一致。

塞爾維亞推翻米洛塞維奇的社會運動與美國同性婚姻運動，兩者看似沒有任何共通點，但從公民抗爭的傳統而言，則均屬於過程相近的範例。這種抗爭傳統的核心理論，與大眾預想「權力如何分配及行使」的主流概念背道而馳。這個理論認為，當人民醒覺自己手上掌握真正的力量時，往往能夠超越政治學家的期望，甚至超出自己的想像。

※

一九七〇年代，當吉恩·夏普書寫他的里程碑著作時，他堅信非暴力行動不只是道德聖戰；事實上，他相信即使與暴政對抗，非暴力依然是一種非常有效的政治抗爭形式。他不希望被人看成癡人說夢，於是作出詳細解說，闡述了非暴力運動如何有效運作。

夏普在牛津大學當研究生時，突然意識到原來大多數人都錯誤理解政治權力的本質。按他後來的形容，他看到傳統觀點乃將權力視為「至尊無上且相對永久的」。根據這個標準觀點，權力掌握在少數人手中，尤其處於最高層的暴君、總統、行政長官，他們似乎坐擁一切籌碼，擁有權威、影響力和資源，而且在危急關頭更能指揮全副武裝的安全部隊，而最後一點尤其關鍵：傳統觀念認為權力終究「出自槍桿子」。夏普認為，活在獨裁統治之下的人民往往被這種「尊權論」潛移默化，因此感到無能為力，更被這種思想引導，認為要挑戰當權者是不太可能的，除非獨裁者願意聆聽訴求，又或人民屯積了大量軍火。[4]

夏普卻致力挑戰這種無力感背後的思想。他引用政治理論家的言論，從聞名於世的馬基維利（Machiavelli）到鮮為人識的十六世紀法國哲學家艾蒂安·德拉博埃蒂（Étienne de La Boétie），於一九七三年出版劃時代著作《非暴力行動的政治學》，指出這種「尊權論」對權力本身的理解極具誤導性，而且世上其實還有另一種角度，會對尋求變革的草根力量更有幫助。

夏普致力宣揚他的「社群權力觀」（social view of power），認為人民擁有的權力比他們普遍意識到的要多得多。他寫道：「服從性乃政治權力的核心。統治者或其他指揮與控制系統，無論表面如何，終需依賴民眾釋出的善意、所作的決定和給予的支持。」夏普的想法直接了當：如果人民拒絕與政權合作——如果公務員停止履行政府職能、商人停止經濟活動、士兵停止服從命令——即使是一個權力根深蒂固的獨裁者也會陷入困難；而如果民眾的抗命行動能夠廣泛而持續，則任何政權均無法生存。[5]

經驗證明，對於實地第一線的抗爭者而言，這個訊息強而有力，許多塞爾維亞人亦對此體會深刻。一位Otpor活躍份子告訴作家馬菲・哥林（Matthew Collin）：「即使獨裁者也無法獨自收稅。」這說法流露著「社群權力觀」的視角：「他無法派郵件，甚至無法擠牛奶。必須有人聽從他的命令，否則整個系統都會停止運作。我們的任務就是說服人民不要慣性服從。當人民改變立場時，政權就會開始倒台。」[6]

夏普的核心主張引起了學界對公民起義動態的廣泛研究。很明顯，對權力的理解愈是靈活多變，則愈能理解社會運動的運作方式；然而在夏普初次闡述理論之後的數年，不少學術評論者均反對他的理念，認為過於個人主義和志願主義，批評夏普對權力的理解太過側重個人意願，而對權力如何支配社會系統和集體制度則討論不足。[7]

「權力支柱」（pillars of support）的概念有助解決以上問題，亦能闡明「社群權力理論」如何應用於現實世界。這個概念由一群公民抗爭運動培訓師提出，當中包括極具影響力的貴格會（Quaker）活躍份子喬治・萊基（George Lakey），並在羅拔・赫爾維（Robert Helvey）二〇〇四年的《策略性非暴力衝突》（*Strategic Nonviolent*

Conflict）一書中，被納入公民抗爭領域的文獻中。赫爾維解釋，即使「權力支柱」正常屹立，權力仍需依靠民眾承認政權的合法性和遵守指令，而這種權力則體現於政府以內及之外的組織機構。[8]

軍隊、傳媒、工商界、宗教堂口、勞工團體、公務員團隊、教育機構和法院等，均是支撐政治體系結構穩定性的權力支柱，以某種方式為政權提供生存所需的支持。

這個「權力支柱概念」為社群權力理論提供了一個鮮明的視覺象徵。試想像一下，社會各界的組織機構就像一棟棟支柱，支撐著羅馬神殿般的屋頂，而社會運動則在拉動各條權力支柱。如果只拉倒了一兩棟支柱，神殿可能仍會屹立，但其架構必被削弱；當社會運動能成功拉倒足夠的支柱，那麼神殿必然倒下，運動就能成功。

再試想一下，一個面目可憎的獨裁者坐在神殿之上，不可一世的檢視其統治的領域，然後整棟建築物突然倒塌，獨裁者滾地葫蘆般倒下——這個畫面就更為大快人心。在民主社會，權力支柱倒下未必造成政權更迭，然而影響可以同樣深遠：成功拆除當前現狀的社會權力支柱，或許能夠終結諸如種族隔離政策等不公義的制度。

除了帶來有趣而視像化的想像框架，權力支柱概念亦在不同方面發揮用處。作為對夏普權力理論的進化模型，這個概念強調「人民不僅只與政權作個人互動」；反之，人民決定何時、如何、會否與政權合作，乃透過每個人不同的社交和專業角色而實踐出來。權力支柱概念為社會變革推動者提供更有效的策略思考框架：社運份子能更清晰預算他們需要怎樣才可推倒權力，從而計劃如何針對某個範疇的社會權力支柱，例如拆散教會對政權的支持，或促使新聞界採取更嚴厲的質詢——從而進一步動搖政權的基礎。

※

當Otpor運動正值如火如荼之際，幾位抗爭領袖參加了一次公民抗爭研討會，發現這個權力支柱概念一矢中的，既能提供一個實用框架來闡述他們已經在做的各種行動，亦令他們更有策略地接觸一些目標以外的社會群組。隨著塞爾維亞人的抗爭演進，支撐著米洛塞維奇政權的權力支柱逐一倒下，這個倒塌過程更能生動說明權力支柱概念在付諸實踐時的情況。

獨立媒體是倒戈支持塞爾維亞抗爭者的第一條重要的社會權力支柱。諸如B92電台的廣播機構不但傳播信息，亦協助確立Otpor挑戰主流文化的標記；紙媒方面，政權想要懲罰那些正面報導Otpor的傳媒如*Vreme*周刊和*Dnevni Telegraf*日報，此舉卻反而令主流新聞記者疏遠，其後更因米洛塞維奇企圖污衊傳媒行業，令一眾記者作出更加尖銳的批評。[9]

娛樂圈和流行樂壇是另一較早歸邊的權力支柱。一九九九年，名為《火藥庫》（*Powder Keg*）的舞台劇在國家劇院演出後，全體演員一同在台上舉起拳頭，在場觀眾報以熱烈掌聲。同樣地，搖滾樂手本身的音樂已被犯罪集團和保守民族主義者所藐視，認為是對他們較崇尚的傳統民謠音樂的衝擊，所以一直是抗爭者的盟友。[10]

知識份子和大學教授是第三支放棄支撐政權的權力支柱。一九九八年米洛塞維奇政權通過《大學法》，大幅削減高等院校本來享有的相對自主權，自此更多學界人士傾向支持抗爭運動。[11]

若要蠶食政權的其他支持基礎，需得經過艱鉅功夫。Otpor花了一年多的時間，致力贏取軍隊和警察的投誠。軍隊是較易拉攏的一方：許多年輕軍人經歷過米洛塞維奇戰爭之後，已對政權幻想破滅，因此紛紛加入抗爭運動的行列，而Otpor亦著力確保他們成為群眾焦點，經常讓他們在抗議示威的大台上公然譴責米洛塞維奇政權。贏取警察的關照則比較棘手：這些警官都是專業的紀律部隊，違反上級命令隨時會被革職；但由於Otpor的抗爭活動不斷產出被捕人士，於是某某地方的抗爭者很快便開始和當地警察混熟。馬羅維奇回憶說：「警察因此有機會認識示威者，發現這班敵人不過是一群想要和平改革非民主政權的孩子。」隨著抗爭力量的勢頭明顯增強，個別長官意識到如果盲從米洛塞維奇派系指揮官的指令，反而未必保得住飯碗。Otpor活躍份子斯坦高．拉森迪奇（Stanko Lazendic）向作家天娜．羅森伯格（Tina Rosenberg）說過，隨著二〇〇〇年十月總統大選逼近，一位警察曾經這樣問他：「你們接管塞爾維亞後，我們能保得住工作嗎？」[12]

這是一個難能可貴的徵兆，標誌著全國已經作好準備迎接最後一幕的抗爭。把權力支柱逐一拉倒的過程漫長漸進，然而神殿倒塌卻是瞬間之事。當米洛塞維奇拒絕接受選舉結果時，各單位極速割席，工會成員啟動罷工，宗教領袖呼籲總統下台。[13]

由於支撐政權的所有權力支柱突然倒塌，舊有秩序的權貴逼不得已接受新的現實。在大規模抗議行動中，軍隊和警察普遍拒絕了武力鎮壓示威者的命令。塞爾維亞政治評論員伊雲・韋伊沃達（Ivan Vejvoda）寫道：「有謠言指，一些將軍的子女也在抗爭行列，因此他們會避免任何大型暴力衝突事件。政權正從內部瓦解。」[14]

Otpor的活躍份子雖然相信大規模的不合作運動能夠奏效，但還需倚仗強大信念，方能相信政權真的已時日無多。馬羅維奇說道：「我等在監獄的，或在街頭的，都無法意識到這個時刻的來臨。」只有在獨裁政權崩潰之後，社會運動才看得到權力支柱實際上已被掏空及損毀至什麼程度。[15]

※

當塞爾維亞的社會權力支柱拒絕繼續支撐米洛塞維奇，暴政便倒台了；然而同性婚姻議題的演進過程，又能怎樣以權力支柱概念解釋？

在非民主政權，尊權論的觀點是認為所有權力都得經過獨裁者流通；在民主國家，尊權論的觀點亦同樣教導人民將注意力集中在權力頂端。絕大部份人自幼便被教育這種觀點，大多數歷史書都是敘述企業大亨或野心政治家的事跡興衰。當大部份政治記者都花盡筆墨報導這些人物的活動，就更進一步鞏固了這個觀點。一項社會變革通過立法程序成功爭取，大家往往歸功於最終把法案簽署為法律的決策者，而忽略最先為法案鋪路和創造可能性的社會運動。公眾不斷吸收這種偏見，誤將民主改革的過程與政客的政治魅力和權術混為一談。

在尊權論中，沒有政治特權的普通人如要影響民主政府的決策，唯一能做的就是以選票將觀點較為相近的候選人送入議會，然後期望此人當選後會在議會內推動他們關心的議題。無庸置疑，這個過程通常會令選民失望：無數眾望所歸的政治新星一旦進入權力中心的走廊，便馬上與草根支持者保持距離，維護既得利益的現狀。其他能發揮影響力的途徑，例如僱用說客或提出訴訟，乃取決於政治系統內的專才，亦很少有人負擔得起龐大支出。

對於如何影響政治和經濟事務，社群權力觀則開闢了其他可能性。不合作行動能引起原本反應遲鈍的政客和商家的注意，因此公民抗爭的許多經典策略均能應用至不同的政治環境。杯葛行動就是其中一例，無論在民主國家還是專制國家都能大派用場。一九六〇和七〇年代，聯合農場工人工會號召美國人民停止購買食用葡萄，成功展示了消費者如何透過退出經濟參與來行使權力。這種策略不論用在美國抵制強大企業還是在南非打破種族隔離政策，均同樣奏效。

結構式組織架構及勢頭驅動的動員運動（銳意利用群眾抗議力量的運動），兩者均於民主政治體制以外建立公民力量。雙方都認為草根力量能夠挑戰尊權論中的精英，然而對於如何運用社群權力，則兩者方式截然不同。

結構式組織的策略基本上是交易性（transactional）的：把社群力量聚焦到狹窄的範疇，以換取對方的讓步。如果一群工人威脅要集體辭職，或者租戶協會的成員開始集體罷租，便可在談判桌上增加議價能力；當組織的實力壯大，更可利用機構的份量為會員贏取更多利益。結構式組織或會針對其中一條權力支柱，以此顯示實力並在談判中贏得籌碼，卻絕少試圖推翻整個體制。以此手法獲得的勝利往往是含糊不清的務實妥協，反映了大家當刻對於何謂「政治現實」的普遍共識。

但如果把社群權力觀推到極致，則可催促倡導者作出更大膽的思考，讓他們擺脫純粹政治交易的觀點，注入蛻變式（transformational）的視角，想像如何創造社會變革。比起只借助體制力量於某一時段為某一議題累積寸進，蛻變式思維會試圖改變公眾議論的氛圍，從而創造社會深刻變革的條件。

那些著重啟發蛻變的社會變革推動者，不會只對準某政治權力集團以圖換取對方讓步，而是會著力影響普羅大眾對議題的關注。他們深信，公眾如果支持議題，無論是潛在的同情心理還是主動的發聲支持，均會逼使那些權力集團的精英有所行動，甚至不得不表態。作家兼律師米高．辛格（Michael Signer）指出：「很難把改變歷史的榮譽完全歸功於某一個人；更常見的是，現實情況之所以改變航向，正是因為海面下的暗湧已經徹底逆轉。」以蛻變思維作為根據的運動，就是試圖營造這些暗湧的轉向，即使他們未必完全放棄政治交易，但對於社運指標的考量，則必然超越了單從政治妥協中獲取短線權益的層面。[16]

伯明翰的抗爭運動，就是這種蛻變思維的典範案例。與其他南部城市一樣，伯明翰的民權示威者亦對當地的店主和政客提出了具體訴求，然而運動帶來的最大影響，卻非透過政治交易爭取得到的微小權益，而是大規模的改變了公眾看法。馬丁．路德．金在一九六七年寫道：「在伯明翰或塞爾瑪的行動奏效，令大家發現邪惡無處不在，激發公眾輿論與譴責。」公眾輿論的轉向，造就了更全面的變革：「當某處的射燈照出邪惡所在，立法保障權益的方案就能手到拿來，並適用於任何地方。」[17]

相對於民權運動的不合作行動，同性婚姻運動卻很少採用衝突式的抗爭行動，因此未能闡明公民抗爭如何在民主體制中發揮各種層面的作用；不過對於蛻變思維如何能把一個政治毒藥議題轉化成主流政客的聖戰，同性婚姻運動則提供了有力證明。如想一睹公眾輿論如何一個轉向就令權力支柱倒下而達成變革，只需看看美國一眾法官和政客如何忽然轉軚、擁抱一個長期被認為沒有出路的邊緣議題，就能對此過程略窺一二。

※

鑑於尊權論的觀點在社會佔了主流地位，自會有人試圖將同志平權的勝利以尊權論的框架來理解，認為同性婚姻是在法庭裡透過機智的法律行動而贏得的勝利。以尊權論的視角來看，最高法院是主宰議題命脈的決定性機關；以這種思維模式理解事件的分析家，亦將那些在法庭上為議題辯護的大狀如大衛・博伊斯（David Boies）和西奧多・奧爾森（Theodore Olsen）塑造成同志平權革命故事的英雄人物。

其中一本以此視角為出發點的書就是《迫出來的春天》（*Forcing the Spring*），由獲普立茲獎的《紐約時報》記者祖・貝克（Jo Becker）撰寫，劈頭第一句就說：「革命就是這樣開始的。」貝克指的是一位策略大師在二〇〇八年作出決定，以法律訴訟挑戰加州禁止同性婚姻的政策。這個案件最終在二〇一三年上訴至最高法院，並成為重要案例。

然而革命不是這樣開始的。即使此書從尊權論的角度精彩解釋了同性婚姻的議題如何在美國崛起，但書中論述卻存在嚴重缺陷。前《紐約時報》專欄作家弗蘭克・里奇（Frank Rich）發推文說：「作為一個記者卻聲稱婚姻平權革命始於二〇〇八年，就像說民權運動始於奧巴馬一樣荒謬。」同樣地，著名的保守派自由主義者安德魯・沙利文（Andrew Sullivan）長期參與同性婚姻運動，早在一九八九年已破天荒於全國雜誌撰寫封面故事為此議題辯護——說明了同志平權的草根工作，早在博伊斯與奧爾森訴訟成功的許多年前已經全面展開。[18]

如把焦點只放在一場由勢力強大的局內人推動的官司上，則完全不足以解釋同性婚姻如何從一個唐吉訶德式的狂想變成政治致勝之道。沙利文指出，在一九九六至二〇〇七年之間，即貝克所描述的訴訟出現之前，蓋洛普民意調查（Gallup polls）已發現公眾對同性婚姻的支持率從27％上升至46％。這是一個巨大轉變，亦是議題最終能夠勝出的決定性因素。單從一次在民意逆轉後發生的最高法院聆訊來審視事件，就只能看到社會變革的終極一幕，亦會錯過其背後具啟發性的蛻變故事。[19]

※

最高法院二〇一三年對同性婚姻的判決是一個里程碑，既撤銷了加州早前頒佈的禁令和聯邦政府的《捍衛婚姻法案》，更為二〇一五年的最終裁決鋪好了路；然而在此之前，其實已有一連串州立級的立法和法律鬥爭開闢先例，其中包括夏威夷（一九九三年）和佛蒙特州（一九九九年）的早期法律程序勝利，以及從二〇〇三年開始於麻省確立的婚姻平等政策。整場運動亦包括公民抗命行動，例如三藩市市長加文・紐森（Gavin Newsom）二〇〇四年公然無視加州法規，為同性伴侶主持婚禮。到了二〇一〇年，同性婚姻合法化的浪潮已蔓延至紐咸西州（編案：台譯「新罕布夏州」）、康乃狄格州、愛荷華州和華盛頓特區。

以循序漸進的角度看，許多早期的努力均以失敗收場：早期於夏威夷和佛蒙特州爭取的成果，就被州級立法所撤回（雖屬暫時性質），亦於其他地區引發了強烈反對。無論如何，這些努力都具莫大的象徵意義：就政治交易收益而言，這些早期的法律行動和立法程序雖沒太大收穫，然而作為倡導策略，其影響力卻反映在民意調查中穩步上揚的公眾接受程度上。安德魯・沙利文解釋：「當然，像所有民權運動一樣，從開始階段甚至中段時期，社會運動的法律挑戰總會有贏有輸。然而，亦像所有民權運動一樣，案件能引起更廣泛的公眾討論，從而影響民調結果，再進而增加下一個法律行動的勝算。那是我們看到的發展規律。」[20]

多數獲勝的法律挑戰，都是在公眾已經轉向支持同性婚姻之後贏得的，而早期訴訟案件的重要性，則更多在於製造機會動員支持者、教育公眾、向傳媒解說立場，而非能否贏取法官認同。「在現實世界中，於法院作出有利判決之前，相關議題的社會認受性幾乎必然會出現變化。」書寫美國性小眾權利抗爭史的作家琳達・赫思曼（Linda Hirshman）寫道：「民權訴訟通常會加快社會認受性的進程，因為能迫使人們在公開場合表達立場，但這幾乎絕不會是第一步。」[21]

即使詳細列出最高法院作出裁決之前的一連串州級訴訟清單，也無法呈現這場平權運動推進議題的廣闊度和多元化。早在取得任何有利裁決之前，一系列爭取性小眾的權益、認可和尊重的工作已進行得如火如荼。「婚姻平等」只是一個大規模運動中的一個訴求，而且還頗受爭議（許多性小眾活躍份子認為婚姻概念太過局限，提倡更超前的解放同志目標，因而對此問題進行了長期的內部辯論）；然而這場運動努力不懈的累積，造成公眾態度變化，令議題最終獲得法院和議會承認。

※

同性婚姻的平權運動，並非主要依靠公民抗命和群眾抗議來推動運動的勢頭（雖然也有明顯的例外，例如加文・紐森的行動、二〇〇〇年和二〇〇九年的華盛頓遊行、圍繞著具爭議性的「八號提案」（Proposition 8）在加州舉行的大規模示威遊行，以及神職人員違反官方禁令主持同性婚禮的各種事件），不過平權份子仍努力扭轉各個社會體制中的保守現狀。權力支柱概念能提供有用框架，展現各個領域的群組如何協助婚姻平權取得最終勝利。

在娛樂圈這條權力支柱，以往有些演員擔心自己的性取向會影響工作而一直躲於衣櫃裡，其後卻紛紛出櫃，當中最出位的就是於一九九七年登上《時代雜誌》封面的艾倫・狄珍妮絲（Ellen DeGeneres）。此外，著名電視節目和電影亦開始以更包容的態度加入一些公開同志傾向的角色，令數百萬計的美國人與性小眾的關係逐步正常化。這些流行文化的逆轉與社會運動的行動環環相扣：於二〇〇〇年四月三十日的華盛頓千禧遊行，在成千上萬的性小眾倡導者面前，艾倫・狄珍妮絲促請其他名人公開出櫃。她呼籲說：「這是你能做到的最重要之事，可以挽救生命。」[22]

在主要的宗教機構，對於「是否維持現狀」的爭論就曾出現激烈的內部矛盾。當性小眾的牧師和教徒開始推進這個議題，主流基督教教派就需討論是否歡迎同性戀教徒、是否允許公開同性戀身份的神職人員主持教會活動、是否容許見證同性婚姻的婚禮。在保守派和改革派的猶太教中，亦出現了類似爭辯。雖然大眾一般認為宗教團體是阻撓變革的壁壘（事實上，摩門教、天主教、東正教猶太人運動和基督教福音派均仍堅定反對婚姻平權），然而當更多教堂願意接納不同性傾向的信眾，這條權力支柱就被削弱了。

在一九九〇年代，主張社會進步的律師曾推動美國律師協會（American Bar Association）通過決議，支持同性伴侶領養孩子，並反對在子女監護權聆訊中對性小眾家長的歧視行為。他們非但成功，亦在法律界形成了支持性小眾權益的強烈共識，更對維護性歧視的法理論點抱持堅定的懷疑態度。這個趨勢非常明顯，以至最高法院大法官安東寧・斯卡利亞（Antonin Scalia）曾在二〇〇三年抱怨：「法律界已在很大程度上搭上了所謂的同性戀議程。」[23]

育兒與兒童發展的專家，則構成另一條早就倒下的權力支柱。國會內的保守派長期堅持政府有責任維護異性婚姻，原因是他們聲稱同志家長會危害小朋友的福祉。然而保守派愈是長期堅守這個立場，就愈難找到有信譽的學者支持他們的論述。[24]

其他國家的平權運動亦改變了國際格局，進一步削弱保守派的支持基礎。加拿大法院在一九九九年裁決允許民事結合，繼而在二〇〇五年通過了全面的婚姻平等法律。當其時，比利時和荷蘭均已正面接納同性伴侶，天主教據點的西班牙亦然，南非也緊隨其後。

最後，青年是決定性的權力支柱，亦早在同性婚姻運動的初期已開始動搖。曾幾何時，高中學生公開承認自己的性傾向這種事情幾乎不可想像，但在一九九〇年代，性小眾學生團體的數量出現創紀錄增長，為青年同志提供社群後援，這是前幾代青年同志所無法達到的。一九九五年，男女同性戀和異性戀教育網路（The Gay, Lesbian, and Straight Education Network，GLSEN）聘用了首位全職員工，並於一九九七年舉行了首屆全國代表大會，將這類學生團體匯集成一個不斷擴大的活躍份子網絡。民調顯示，報稱自己認識某同性戀者的人數從一九八五年的25％飆升至二〇〇〇年的74％，而當中的年輕人比例大幅高於他們的父母輩。「認識某同性戀者」乃支持婚姻平等的有效指標，因此十八至二十九歲的年輕人表示同意改變的機率，幾乎高於六十五歲以上人士兩倍之多。[25]

創辦「結婚自由」組織（Freedom to Marry）的艾雲．禾夫森（Evan Wolfson）亦是同志平權運動的領袖之一，他認為公眾態度的轉變最為關鍵。當年三十多歲的禾夫森為夏威夷的一單案件擔任律師，而這個劃時代的案件最終在一九九三和九六年獲得勝訴，法庭確認了該州的同性婚姻合法性。可惜夏威夷州的選民於一九九八年投票通過修改州憲法，駁回了法律行動所取得的成果。自此以後，禾夫森堅信只靠法律行動不足以贏得最後勝利，認為需要「一場真正將政治工作和公共教育結合起來的社會運動」。禾夫森於二〇〇一年創立「結婚自由」時，以變革的眼光描述了他的目標：「我不只為了改變法律，而是為了改變社會。」他進一步指出，僅僅爭取一些更易獲得的權益如家庭夥伴關係等，這個做法是錯誤的：「我所倡議的是，我們應該爭取我們應得的權利、講述我們極具感染力的故事、遊說我們接觸得到的盟友。或許離場時無法得到我們想要的每個訴求，但我們不要先與自己討價還價。」[26]

二〇〇五年，禾夫森和其他著名的性小眾組織者在澤西城會面，策劃在全國推動同性婚姻合法化。當時他們認為最高法院的最終決定權雖能令國民接受倡議，然而他們仍在各州份策動不同戰線，以建立公眾支持的憑證。他們下定決心，如要在聯邦法院取得進展，那麼就得像歷史學家約什・蔡茨（Josh Zeitz）所言，「需要投入一場數以十年計的運動，以贏取普通選民的心，從而創造有利的形勢」。[27]

一個一個州份的勝利，許多歸功於艱辛的草根動員。二〇〇三年麻省通過一項利好的法律裁決之後，蔡茨寫道：「為了阻止憲法修正案推翻之前的司法裁決，這場長期抗爭持續了幾乎四年。」蔡茨解釋，在麻省最具規模的性小眾權益組織MassEquality的領導下，同性婚姻倡導者「與當地的神職人員、商界領袖和知名人士建立了草根聯盟」，更不厭其煩地彙集了所有自二〇〇三年裁決以來的已婚同性伴侶，培訓他們成為平權大使和陳情者。緬因州亦有類似行動，由年輕的同志平權運動活躍份子帶領，逐家逐戶走訪了二十萬戶家庭，分享他們的個人故事，並與社區成員進行對話。不計其數的參與者有志一同，迅速創造了一個有利環境，使同性婚姻在全國獲得廣泛接受。[28]

※

在交易政治的世界中，社會進展由一場場的微小勝利累積而成；相反，蛻變式改革則經常發生在更戲劇化的間斷周期之中。勢頭驅動的社會運動，重心在於改變公眾輿論而非確保權益累增，因此進展主要透過民調數據來衡量，而非透過實際成果的業績。對於那些未及留意整體辯論氣氛的人來說，可能要到運動達至臨界點的一刻，才會意識到運動帶來的效果。即使倡導者已掏空部份權力支柱，但現狀結構仍然勉強屹立不倒；不過公眾立場一旦移動、權力支柱被削弱得夠多，那麼看起來穩健如山的架構則可能突然瓦解成為廢墟。

在獨裁統治的社會，政權倒台的結局可能發生得異常迅速。在這方面，塞爾維亞抗爭的成功絕非偶然或僥倖；相反，那場革命的終結階段，其實與一般公民抗爭運動進入尾聲之際經常出現的模式相同。警察和士兵拒絕遵循命令，即所謂「部隊變節」（security defection）的場面，通常會在運動進入最後階段時出現。對於任何獨裁者來說，這種不服從行為對他們相當不利。從菲律賓到東歐再到突尼斯，這些叛變跡象都是一種明確標示，證明政權正在瓦解。

然而在這條權力支柱倒下之前，通常已有諸多跡象顯示巨變即將發生。從米洛塞維奇在塞爾維亞垮台，以至阿拉伯之春及其他革命，跡象都差不多：教授和知識份子公開抗命、記者通過地下渠道散佈新聞消息以繞過審查、工人罷工、法官判詞指責統治者濫用職權違反法律、政黨要求在官方體制中取得更大代表權、宗教領袖宣揚抗爭的道德依據、音樂人在集會獻唱抗爭歌曲、青年團體走上街頭。在二〇一一年初領導起義的埃及抗爭者形容，那是「恐懼壁壘」被打破了——以往艱難漫長方可爭取寸進，如今卻看著各個範疇極速變節。叛變感染叛變。

透過同性婚姻運動，公眾有機會看到同一過程如何在美國發生。二〇一一年，民調首次顯示公眾對同性婚姻的支持率超越50％。從那時開始，我們目睹一個與極權倒台前的最後階段分別不大的過程。蓋洛普在二〇一四年的報導指：「對於同志平權的擁護者來說，多年的進擊終於得到回報，而近年的平權運動已達至臨界點——無論在法律挑戰還是公眾輿論上。」隨著神殿架構開始顫動，權力支柱就像骨牌般一個接一個倒下，包括地方政府、企業、宗教組織、軍隊、職業體育甚至保守的政治團體。[29]

紐約州、緬因州、馬利蘭州、華盛頓州。在二〇一〇至一四年之間，陸續有十多個州份相繼加入承認同性婚姻。隨著運動進展，更多勝利來自立法和公眾的選票，而不僅僅是法官的裁決。到了二〇一三年最高法院的案件進行聆訊之際，那已不是一場勢均力敵的對決。正如《國家雜誌》的理查德．金（Richard Kim）所寫，政府非但拒絕守護《捍衛婚姻法案》，更「提出了『非當事人意見陳述書』指法案違反了憲法的平等保護條款，實質上即是將法案交由一眾反對團體作辯護，包括眾議院共和黨和一些死硬派的恐同組織，例如韋斯特伯勒浸信會（Westboro Baptist Church）、美國女性關注組（Concerned Women for America）以及『前同性戀者和同性戀者之父母朋友』（Parents and Friends of Ex-Gays and Gays）。」至於支持促進同志平權的簽署名單，則遠遠超出了性小眾倡導團體的範圍，延伸至職業運動員、自由派的智庫以及谷歌（Google）、耐克（Nike）和威訊（Verizon）等企業。[30]

在軍部，「不問、不說」（don't ask, don't tell）的政策在一九九〇年代引起了激烈辯論和強烈反對，最終於二〇一一年九月被廢止，取而代之的是支持同志的「公開服役」政策。另一令人難以想像的逆轉，就是軍方牧師可以為同志主持婚禮。

二〇一三年七月，曾經聲稱能「醫治」同性戀的「走出埃及國際組織」（Exodus International）更在成立三十七年後關門大吉，震撼了整個保守基督教圈子。組織負責人向性小眾社群道歉，並指：「我們被監禁在一個既不尊重他人亦不尊重聖經的世界觀中。」[31]

長老會（The Presbyterian Church）在二〇一四年通過投票表決，允許其牧師在合法的州份主持同性婚禮；衛理公會（Methodists）亦讓曾於二〇〇七年主持同志兒子的婚禮而遭撤職的一名牧師復職。根據法學教授米高・克拉曼（Michael Klarman）所言，南方浸信會神學院（Southern Baptist Theological Seminary）的院長早於二〇一一年三月已承認：「很明顯，類似同性婚姻之類的東西……將會被正常化、合法化，並在文化中得到認可……基督徒是時候思考我們將要如何應對。」[32]

曾是傳統主義者的政客，突然紛紛打倒昨日的我，變得包容。截至二〇〇五年，只有俄勒岡州的羅恩・懷登（Ron Wyden）和麻省的泰德・甘迺迪（Ted Kennedy）兩名美國參議員公開支持同性婚姻；但是在民意逆轉後，政客們在公眾面前上演了一場集體感染的場面，立場出現「進化」突變。[33]

二〇一二年五月六日，副總統拜登高調接受新聞訪談節目《會見媒體》（Meet

the Press）的採訪，表明他已改變立場；此後不久，奧巴馬總統亦完成了他的「進化」。選票的恐懼障礙已被打破，洪水開始氾濫。在二〇一三年四月的短短一周內，六名美國參議員宣佈支持婚姻平等。環保主義者比爾・麥基本（Bill McKibben）嘲諷地指出，與此同時「柯林頓這個史上最強的風向標，亦終於決定那條由他簽署成為法律的《捍衛婚姻法案》——當年他曾在基督教電台廣告大張旗鼓，在二〇〇四年敦促其繼任候選人約翰・克里（John Kerry）要捍衛憲法精神的法案……原來是錯誤的。一旦民調清楚表明『進化』才是穩陣的立場，他就立即跟著『進化』。」一周後，希拉莉・柯林頓亦公開表示支持同性婚姻，即使她在二〇〇四年曾經宣佈「我相信婚姻不僅是一個締結，更是一男一女的神聖締結」。[34]

於二〇〇四年通過的州級「捍衛婚姻」修正案浪潮，只是曾經先興後衰的反對勢力所吐出的最後一口氣。到二〇一四年，即使堅定的保守派也開始轉軚，包括前副總統迪克・切尼（Dick Cheney）、俄亥俄州參議員羅伯・波特曼（Rob Portman），以及曾於一九九六年支持發起《捍衛婚姻法案》的前眾議院代表羅拔・巴爾（Robert Barr）。

「同性婚姻」在共和黨選民關心的議題清單上跌到最低位置；即使某些政客仍未改變立場，亦寧願保持沉默。曾任約翰・麥凱恩（John McCain）二〇〇八年總統大選顧問的保守派戰略家史蒂夫・施密特（Steve Schmidt）辯稱：「我相信共和黨應該重新審視我們對某些議題的立場……尤其是那些令我們與選民對立的議題，而我預期這些議題日後即使未成為社會共識，亦會成為大多數選民的看法。」[35]

權力支柱倒下的比喻，展示出婚姻平等運動在二〇一五年最高法院判決之前早已獲得壓倒性的支持，而這些進展是透過多種方式逐步推進的。如果僅將焦點集中於個別法院案件、選票結果和立法手段的政治交易細節上，就會錯過一個關鍵要點：以上鬥爭的勝利，乃發生在已經改變了的環境之中。理查德·金在二〇一三年寫道：「同性婚姻之所以節節勝利，並非基於某些具說服力的法律論點，而是因為戰場已從法院轉移到公眾輿論的法庭上。」[36]

又或者如禾夫森所言：「我們說服了這個國家，法院也跟著靠過來了。」[37]

※

在公眾輿論的法庭上，每個人都有最終的話語權；但是對於走在人前的倡導者，還是有一個特殊角色需要擔當。無論在塞爾維亞還是美國，都需要一個動員基地以推動民意改變。這反映了變革理論的最後一個重要觀點：要令權力支柱倒下，不僅需令大多數人被動地支持議題，更需建立一個頑強而活躍的核心參與群體，由他們多走幾步推動運動。這些支持者的熱心和奉獻精神，可以稱為「積極的公眾支持」。從數據上看，「積極參與」能決定一場非暴力抗爭運動的成敗，計算結果令人震驚；而這些數據的存在，很大程度要歸功於一位從未想過自己會成為公民抗爭專家的學者。

一九九〇年代後期，艾力卡．謝諾維斯（Erica Chenoweth）是代頓大學的本科生，她選修了一些軍事科學的科目，亦參加了由大學的儲備軍官訓練團（Reserve Officer Training Corps，ROTC）所贊助的培訓活動。她的志願本是成為美國陸軍軍官，然而最後卻決定不參軍。她解釋說：「我雖然喜歡游繩、軍隊制服、看地圖和射擊，但要我凌晨時分起床，然後跑到嘔白泡，則非我所愛。我還是放棄了，選擇了較不費勁的教授生涯。」[38]

謝諾維斯其後在哥羅拉多大學波德分校攻讀博士學位課程，在讀研究生的第一年就撰寫了有關政治暴力的文章。二〇〇六年，她收到一位同事的邀請，參加了由國際非暴力衝突中心（International Center on Nonviolent Conflict，ICNC）贊助的研討會。為期一周的研討會旨在向社會科學家介紹公民抗爭領域，希望與會的學者在課堂上使用這些教學材料。謝諾維斯後來寫道：「我既懷疑又好奇……食物和書籍還是免費的，實在有點吸引，於是我申請參加這個研討會。」[39]

謝諾維斯此前不曾聽說過夏普等理論家，而她離開工作坊之時亦未感信服：「我覺得工作坊所討論的事情都是出於好意，但卻幼稚得有點危險。」謝諾維斯覺得Otpor、印度獨立運動和其他非暴力抗爭的案例研究很有趣，然而她的實證研究訓練背景卻令她保持審慎，認為講者僅僅從一些軼事作為證據，所推論出來的結果過於空泛；她亦不確定社會運動所宣稱的勝利是否真的應該歸功於民眾力量，而不是基於歷史和地域政治的客觀條件。在整個研討會期間，她頻頻向講者提出尖銳問題：「可想而知，一周之後，我變得不太受歡迎。」[40]

研討會結束時，謝諾維斯與當時擔任國際非暴力衝突中心學術拓展統籌的馬利亞・史提芬（Maria Stephan）進行交談。讓謝諾維斯驚訝的是，史提芬亦同意公民抗爭的量化研究太少，無法從數理上辯證公民抗爭的有效性。經過一番討論，二人決定聯手著力糾正這個問題，一同發起一個以數據為依據的分析項目，比較在非民主政權下以非暴力手段抗爭及武裝起義之間的成果差異。國際非暴力衝突中心願意資助，更承諾無論結果如何，甚至即使結論顯示非暴力抗爭的效果強差人意，他們都會把研究報告公開。

謝諾維斯和史提芬共同開發了史上最廣博的公民抗爭實證數據庫。她們翻開一大堆百科全書，仔細研究新聞報導和歷史紀錄，並從中抽取數據點。謝諾維斯解釋：「無論屬非暴力還是武裝行動，我們所定義為『成功』的個案，也必須達致全面撤換最高領袖、在法律上和實質上實現分裂獨立，或完全驅逐外國軍隊。」另外，運動必須在其「高峰期一年之內」實現目標，才被認定為有效的。[41]

經過兩年研究，謝諾維斯整理了所得數據，並對眼前的結論大感驚訝：她檢視了前三百二十三個社會運動的數據，發現全球範圍內的非暴力運動成功率是武裝反抗的兩倍。她們其後增加更多案件，而新數據再次證實這個發現。二人亦觀察到，在過去的五十年間，使用非暴力運動的次數愈來愈多也愈來愈成功，即使是在殘暴的獨裁政權統治下亦然。同時，武裝反抗則已「愈來愈少見，且不太成功」。[42]

謝諾維斯和史提芬於二〇〇八年在《國際安全期刊》（*International Security*）發表了這些結果，後來將工作成果擴展成二〇一一年出版的《公民抗爭為何有效》（*Why Civil Resistance Works*）。二人的發現很快引起轟動回響。一向以數據主導的政治科學和策略研究領域以前不太注意非暴力運動；在此之後，公民抗爭課題則開始備受重視。此書贏得美國政治科學協會（American Political Science Association）頒發的二〇一二年伍德羅・威爾遜基金會獎（Woodrow Wilson Foundation Award），而同一獎項曾於一九五八年授予亨利・基辛格（Henry Kissinger）——一位與倡導非暴力相距甚遠的政治人物。二〇一三年，《外交政策雜誌》將謝諾維斯評為該年度「全球百大思想家」之一，並稱她「證明了甘地是正確的」。[43]

謝諾維斯其中一項尤其有趣的發現，就是關於「要維持社會運動成功的所需參與率」：一場運動的成敗，與其能否吸引公眾參與，兩者之間有著直接聯繫。在他們研究的一眾運動案例中，所有成功的運動全都爭取到廣泛的公眾同情；然而謝諾維斯亦發現，積極參與成功運動的抗爭者數量可以很少。她其後將觀察到的這種趨勢稱為「3.5％法則」。[44]

謝諾維斯解釋：「有研究員曾經說過，假如有5％的人口動員反對政府，政權將無法生存。」但是她卻發現事實上門檻甚至沒有那麼高。回顧數據，謝諾維斯發現：「只要有3.5％的人口持續積極參與，就沒有一個社會運動失敗過——很多成功的運動甚至遠不及此。」[45]

這並非一個微不足道的數目：以美國而言，3.5%的人口代表一千一百萬人的積極支持，但仍比起「過半數人口」的一億六千萬要少得多。對於逆權運動而言，將這群少數人口建成一個堅定基礎，其實與贏得公眾支持同樣重要。

「積極參與」所需的投入程度遠遠超過消極支持，而那3.5%的人需要全情投入、實在的展示立場。兩位作者在整合數據時，把「積極參與」定義為「個人在集體行動中的積極且可觀察的參與」。要動員支持者達到這種參與程度並不容易，不過與武裝起義相比，非暴力運動相對較易達到這個水平。「公民抗爭讓不同體格的人都能參與其中——老弱、傷殘、婦孺，基本上任何有意參與的人都可以。」謝諾維斯解釋。[46]

無論是否將「3.5%法則」視為創造變革的基本指標，這樣的量化計算始終揭示了一個重要概念：尋求社會變革的運動最終目標雖是贏得社會大多數的支持，然而一個運動的草根力量有多強大，卻是以真正願意為議題扑心扑命（編案：粵語，盡心盡力）的人數來衡量的。

在更深入的研究下，「積極公眾支持」包括以下幾個部份：首先是出席現場。運動的積極支持者會上街遊行、參與論壇、電話動員；沒有他們，運動的集會將無人出席。第二，在有選舉制度的社會，積極公眾支持者的投票方向會與運動立場一致，將運動的終極目標放在首位來進行投票。對他們來說，候選人在有關議題上的立場，無論是氣候變化、墮胎權、同性婚姻或移民政策，都足以決定他們的投票方向。換句話說，在選舉演算中，運動的議題比起候選人的其他政治能力更為重要。第三，積極公眾支持者會去說服他人，或在社交媒體表達意見，或在感恩節聚餐上與親友爭論，試圖影響身邊人的觀點。

最後，積極支持者會獨立行事，在他們的社交圈子、專業群組及影響力範圍內推進議題發展。這些人包括協助運動的義務律師、為街頭抗爭者創作歌曲的音樂人、把議題帶進課堂的教師、將議題注入講道裡的牧師、穿上表達議題信念T恤的球星明星，或在櫥窗貼上支持海報的小店老板。透過這些行動，積極支持者默默動搖他們範疇內的權力支柱。剛開始時，當議題仍然未受歡迎，他們的發聲姿態常會遭到冷嘲熱諷，被視為不切實際且無補於事。那些譏諷者卻忽略了重要一點：如果沒有這些不切實際的努力，處於弱勢的人就永遠無法以弱制強。

※

主流政客亦當然知道「多數人支持」的好處，但他們會以別的方式來獲得多數支持。選舉政治的「三角策略」（triangulation）或其他局內人手段，都是從政治光譜的中間位置出發，試圖拼湊出多數支持；社會變革運動贏取積極公眾支持的方法則與之大不相同。

「三角策略」是柯林頓總統在一九九〇年代中期奉行的著名戰略，由當時的白宮顧問和後來的霍士新聞評論員迪克・莫里斯（Dick Morris）所建議。這個戰略建基於兩黨政治的邏輯，根據莫里斯的說法，概念是「從兩黨的政綱擷取最精要的部份，再而找出凌駕於兩黨之上的一點，以此作為方案……形成三角形，這就是『三角策略』」。柯林頓在福利改革、貿易和軍事支出等議題上刻意右傾，試圖表現出自己的務實態度和超越純理論爭拗的能力，從而爭取社會的多數支持。美聯社將這種做法描述為「以中間著墨的方式縮窄分歧來制定政策」，並相信這樣可以創建出溫和立場，因而得到美國公眾的廣泛支持。[47]

很明顯，上個世紀在婦女選舉權、經濟公義和民權方面的主要成就，全都不是來自「三角策略」。

試圖拉倒權力支柱、以激發民眾支持的基礎，從而贏得公眾輿論的社會運動，採取了相反做法。環保記者大衛・羅拔斯（David Roberts）談及氣候變化策略時，引用了一句簡單格言：「如要移動中心，就得從一端拉動。」這種模式的推動者會提出一些高原則性、乍看不切實際的立場，然後著力動員公眾支持他們的願景。勢頭驅動的組織不會把自己局限於政治交易的既定框框內；相反，他們會試圖創造一些當局者難以想像的可能性。他們的目標是改變議題的辯論環境，建立一條新的民意基礎底線，扭轉所謂的政治可行性及權宜性。[48]

「從一端拉動」，令米洛塞維奇從權力核心被驅逐成為聲名狼藉的獨裁者，亦令同性婚姻從一個不受歡迎的邊緣議題變成一個時機成熟的平權運動。以一九九〇年代後期的塞爾維亞為例，Otpor和其他抵抗團體要得到大多數人認同米洛塞維奇應該下台其實不難，因為大部份民眾早已憎惡米洛塞維奇政權。經濟不景氣加上連場戰爭和動盪災難，抗爭者早已贏得公眾輿論，問題是百姓只有在私下關著門的時候，才願意低聲吐出反對意見。即使許多塞爾維亞人希望改革，但很少有人相信改變是可以實現的。Otpor的積極支持者則示範了抗爭的可行性。

就同性婚姻而言，活躍份子的積極工作同樣重要。在一九九〇年代，艾倫・狄珍妮絲的清談節目和處境喜劇《威爾與格蕾絲》（*Will & Grace*）雖令美國中間派對同性戀有所認識，但這些觀眾絕大多數不會在工作場所推動這個議題，也不會在投票選舉時優先考慮同志議題。那一小撮真正搖動權力支柱的人，包括請求他們的教會接受同性婚禮、呼籲他們的僱主向同性伴侶提供健康福利、參加集會、入稟訴訟（編案：粵語，訴請法院、上訴）、在學校的舞會上為同性伴侶辯護、敲門洗樓（編案：逐戶拜訪之意）、在選舉投票時展示性小眾力量的人，才是運動的積極支持者。

比起針對某一個權力人物以換取狹窄的訴求，社會運動選擇動搖公眾輿論以推動社會變革，而這條道路相對更加迂迴。

「傳統政治學關注的重點，是尋求致勝的最直接途徑。」馬羅維奇說：「但是在組織運動時，關注點是公民覺醒之後如何帶來更根本的改變。這是間接的，而且很多事情都會隨之而發生，事前無法預測。」皮文和克洛沃德亦有同樣論述：「大規模反抗的影響力……不是直接，而是間接地感覺到的。」最具蛻變力的社會變革運動，能帶來地動山搖的效果，然而若要準確預測什麼建築物或橋樑會因而倒塌，卻相當困難。亦因此，即使創造震盪的社運份子最終爭取到政策改變，卻往往得不到他們應有的認同。[49]

再者，在蛻變過程中，議題一旦贏得認同，其公義性便會變成理所當然的常識，在此之後，大家都不再覺得這個議題最初有何難度，甚至認為這種轉變是歷史洪流不可抗力的自然產物，即使沒有抗爭也會自然發生，因此當中沒有什麼值得汲取的教訓。就同性婚姻而言，大家經常聽到一個論調，認為這場勝利贏得輕而易舉，因為這個議題只涉及文化觀念的改變，並沒為企業或經濟精英帶來巨大的經濟代價，所以與氣候變化等社會運動無法相提並論。

環保份子要與全球石化能源巨頭抗爭，對手的確太過強大，而且處理氣候暖化亦實在非常棘手，然而結論卻並非僅此而已。傳統觀點認為，由於殖民主義帶來豐厚利潤，因此英國永遠不會放棄印度。當時許多人認為大英帝國是世上最強的力量，永遠不會動搖，然而這個經濟平衡卻終被打破，部份原因基於地域政治的變化，部份由於社會變革運動。一些歷史學家事後諸葛，現在認為英屬印度本來就不可持續，大英帝國注定會被驅逐。未來，氣候暖化導致嚴重暴風雨、洪水和生態混亂，造成數十億美元損失。因此，在氣候議題上爭持不下的兩個陣營，都會各自擁有強大的經濟力量支持。由於氣候變化的影響愈來愈嚴重和昂貴，對於回應環保運動的成本計算，亦會有所變化。

上世紀的公民運動，包括反對童工、重新定義婦女的政治權利、推翻種族隔離制度等，如果說這些運動有一個共同特徵，那就是他們都推動了一個主流政客認為是明知不可為的議題，然後創造出前所未有的條件和可能性，最終贏得勝利。當權力支柱倒下之時，那些長期被視為不可克服的障礙，都會突然變得可以凌駕。

在同性婚姻議題上，蛻變型的變革模式獲得了成功。到了最高法院作出裁定時，只是把已經取得勝利的議題正式制度化。之所以能夠帶來這種改變，是因為民眾不再服從那些基於偏見的舊有秩序。這種風向變化，在社會變革未被編成法律、在政客和領袖還未爭相「進化」之前，大眾已經感受得到。事實上，就像塞爾維亞的「保皇黨」會被貝爾格萊德的起義殺個措手不及一樣，美國一班被視為掌握國家大權的政治精英，亦往往是最後方知大勢已去的一群。

當談到公民抗爭運動時，主流政治操作者所犯的錯誤，不只是對尊權論的過度推崇。他們亦無法理解權力支柱為何忽然變得脆弱，亦對最初侵蝕權力支柱的危機掉以輕心。就如統治印度的大英帝國，他們亦無法理解為何甘地會將政治生涯押注在一個最無關痛癢的荒謬議題上：鹽。

非暴力行動能促進將死去的良知復甦並促使人們思考和行動。

——莫漢達斯・甘地（Mohandas Gandhi）

第五章・宣佈勝利然後離場——Declare Victory and Run

一九三〇年三月十二日清晨，莫漢達斯・甘地（Mohandas Gandhi）與一支訓練有素的七十八名追隨者團隊，開始步行往二百多英里以外的海岸進發。三個半星期後的四月五日，甘地在成千上萬的人群陪伴之下，涉水走到海岸邊緣，來到泥灘一隅，那裡蒸發的水份留下了一層厚厚的沉積物。他捧起了一手鹽。[1]

歷史記載「食鹽長征」（Salt March）為上個世紀抗爭運動的重大事件之一，是對帝國主義的一次決定性的衝擊。甘地的行為違反了英屬印度的一條著名法律——這個外來政權要求印度人向政府購買食鹽，禁止他們自己採鹽。不久，甘地的抗命行動激發了更廣泛的抗爭，掀起了一場大規模的不合作運動，席捲整個國家，並導致六萬多人被捕。

於一九三〇年五月十七日的《曼徹斯特衛報》，備受尊崇的印度詩人拉賓德拉納特・泰戈爾（Rabindranath Tagore）描述了這場運動的變革性影響：「那些遠離東方、身在英格蘭之人，現在必須醒悟：歐洲在亞洲已徹底失去昔日之威望。」泰戈爾認為，對於身處倫敦、不在印度的統治者而言，這是「一次嚴重的道德淪陷」。[2]

然而，如果單看當時甘地在談判桌上取得的籌碼，則很可能會對食鹽長征有著截然不同的印象。分析家彼得・阿克曼（Peter Ackerman）和克里斯托弗・克魯格勒（Christopher Kruegler）對甘地與印度總督歐文勳爵（Lord Irwin）在一九三一年達成的和解進行評估，認為「這場運動是失敗的」，是一場「英國的勝利」，並認為甘地

「讓步太多」。而這些類似的結論，有著很多先例。

最初當甘地宣佈與歐文勳爵達成協議時，印度國民大會黨（Indian National Congress）的內部人士均非常失望。國民大會黨於一八八五年成立，在全國佔有舉足輕重的地位，而甘地由一九二〇年開始於組織擔任重要的領導職務。國民大會黨的高層對於甘地與歐文的協議完全談不上雀躍；後來成為總理的賈瓦哈拉爾・尼赫魯（Jawaharlal Nehru）當時深感沮喪，根據他的敘述，他內心感到「莫大的空虛，猶如一些珍貴的東西失去了，幾乎無法拾回」。[3]

食鹽長征同時被認為是印度獨立運動的關鍵進展，卻又是一個幾乎沒有取得明顯成果的失敗行動，這似乎是個令人困惑的矛盾。更奇妙的是，這種現象在公民抗爭的世界裡並非孤例。當馬丁・路德・金和南方基督教領袖會議在伯明翰行動結束之時，該運動也呈現類似的矛盾結果：一方面，行動達成的協議遠遠未能打破種族隔離，令當地的活躍份子大感失望，因為他們要的不只是一些市區店舖的微小讓步；另一方面，伯明翰行動卻成為民權運動的重要一擊，對於促成《一九六四年民權法案》所作的貢獻，也許遠遠超過其他任何一個行動。這個自相矛盾的結論非常值得研究。勢頭驅動的組織形式與其他政治形式之間有一個重大區別，就是如何評估一個運動成功與否。從頭到尾，無論是如何建構食鹽長征的行動訴求，還是如何結束該次行動，甘地的策略均令當代的傳統政治運動家大感困惑，然而他所領導的運動卻又深切震撼了大英帝國主義的基礎結構。其行動的許多指導原則，時至今日依然具有實質意義，為後世提供有用的教訓和意外的收穫。

※

在食鹽長征中，甘地展示了由勢頭驅動的社會運動怎樣以非傳統的方式運用訴求。所有的抗爭行為、活動和訴求，全都有其功能層面（instrumental）和象徵層面（symbolic）上的意義。不同類型的政治組織，會以不同比例將之組合運用。在交易政治中，訴求主要是功能性質的，旨在於體制內產生特定而具體的成果。在這種模式下，相關組織會著力推動一些有利成員的政策或改革。這些訴求會根據當時的政治格局而定，從而謹慎選出有機會達成的方案。一旦選定了功能性的訴求，倡導者便會利用組織的力量，換取對手讓步或妥協，達成目標。如果他們能夠滿足成員的權益需求，就算是贏了。

結構式組織主要在選舉政治領域以外發揮作用（例如阿林斯基派系的工會和社區組織），而他們提出的訴求主要也是功能性的。阿林斯基以自己作為政治現實主義者而自豪，認為群眾不會受抽象的價值觀或意識形態所激發。他寫道：「在現實世界中，人類主要因為切身利益而行動。」作家兼組織者林古・臣（Rinku Sen）解釋，阿林斯基建立了一個長期準則，即「組織應以贏得即時和具體的成果為目標」，只處理組織成員的切身利益。在理想的情況下，訴求不應是分化性的，亦不應過份著重意識形態。[4]

在地區組織中，這種功能目標有一個經典例子，就是在居民認為危險的路口爭取加設停車路標：如果成功爭取，則地區組織不僅展示了自己的力量，亦能為居民的生活帶來實在的微小改善。停車路標只是其中一例；阿林斯基派系組織或會嘗試敦促當地的社會服務辦事處增加人手、要求銀行和保險公司停止對特定社區的歧視分類，或是爭取新增巴士路線以改善區內的公共交通服務。環保團體則可能要求禁止對野生動物使用已知的有害化學物質，工會可能爭取為某些僱員增加薪酬或改善工作日程安排。在這些議題上贏取循序而務實的勝利，能令組織團體獲得實際成果、鞏固其結構基礎。他們的目標就是使組織力量能夠日漸壯大，而長期累積的微小勝利能夠化為實際改變，就這樣深耕細作，實現社會變革。

勢頭驅動的群眾動員方式，則在運作上有所不同。對於追求社會蛻變的社運份子而言，最重要的是為抗爭建立一個具道德意義的論述，因此他們所設計的行動和選擇的訴求，必須突出一些具廣泛意義的原則。在這種情況下，訴求的最重點不在於潛在的政策影響力或最終成為和解條款的可行性，而是在於其象徵意義——即這個訴求能否令公眾強烈意識到社會急需解決某個不公現象。

最終用於制訂政策改革的建議和法律機制雖然非常重要，然而大部份決定性的談判和細節，卻都是在運動的後期進行：一旦公眾輿論發生轉變，當權者爭先恐後地應對抗爭所帶來的社會干擾，政治交易式的商討亦會隨之展開。在前期階段，群眾運動還在「集氣」，因此訴求的關鍵指標在於議題能否引起公眾共鳴和更廣泛的認同。換句話說，象徵訴求勝過功能訴求。

能夠說明象徵意義遠比功能目標重要的一個範例，就是一九五五年十二月五日開始的蒙哥馬利巴士抵制運動——這個事件挑戰了黑人種族隔離政策的不公義，震懾了全國的思維，以至令運動最初提出的有限度功能訴求，也差不多被人完全遺忘。

時至今日，這場抵制行動被紀念為一項非裔美國公民標誌性地拒絕「屈在車尾」的民權運動。有趣的是，民權領袖最初提出的訴求其實非常卑微。他們提出一項新的座位安排，只是修改而沒要求撤銷巴士上的種族隔離措施：在任何巴士上，白人乘客將從最前排開始入座，黑人乘客則相反地從最後排開始向前排坐，而且不會有任何人被要求放棄座位。組織者還要求「保證有禮貌的待遇」和「在黑人的主要巴士路線上僱用黑人巴士營運商」。換句話說，他們只是提出一種稍為友好、禮貌的種族隔離形式。[5]

蒙哥馬利巴士抵制行動之所以激發了當地以至全國非裔美國人的情緒，不是因為這些有限度的訴求細節，而是因為事件牽動了人權尊嚴被踐踏的呼號聲。五十三歲的家庭傭工兼全國有色人種促進會成員高西．內斯比（Gussie Nesbitt），回想她當時寧願每天長時間步行也拒絕坐巴士上班的原因：「抵制運動之前，我們屈在巴士車尾，就像牛群一樣。我想加入他們的行列，努力令事情變得更好。我不想別人替我爭取，所以我自己選擇步行。」[6]

由馬丁・路德・金擔任主席的蒙哥馬利協進會，要等到抵制持續兩個月後，其領袖才放棄他們之前堅稱「在這場運動中，我們從沒提出任何種族問題，亦沒把目標指向種族隔離政策的法例」的說法。結果他們正正以此提出訴訟。在案件通過聯邦法院審理之時，抵制活動已踏入一周年紀念，更維持著強大的社區支持。事件到了這個階段，頑固的市政府官員也許寧願自己之前就簡單答應了民權組織者的原始訴求了事。一九五六年十二月，最高法院採納了抵制者的主張，命令蒙哥馬利官員完全撤銷市內巴士系統的種族隔離措施。[7]

從此以後的幾十年間，不同思想家均認為，群眾運動有充分理由把訴求裡的象徵意義當成策略重點。

由於勢頭驅動的社會運動採取較為間接的方式創造變革，因此組織者必須創造一種說法，告訴公眾運動正不斷取得進展並為當權者帶來新的挑戰。資深社會運動培訓師比爾・莫耶（Bill Moyer）在二〇〇一年的《實踐民主》（*Doing Democracy*）一書強調「社會戲劇行動」（sociodrama actions）的重要性，因為能有效「向公眾清楚揭示當權者如何違反了社會的普遍價值觀」。透過精心策劃的行動，例如伯明翰的民權示威和塞爾維亞的惡搞行為，能令運動上演一幕幕「政治劇場」。用莫耶的話來說，這種戲劇「製造了一場公共社會危機，將一個社會問題轉變成一個關鍵的公共問題」。[8]

狹義訴求雖在交易政治的幕後談判能夠大派用場，卻通常不能觸發有效果的「社會戲劇」。關於這個主題，新左派組織者兼反越戰社運份子湯姆・海登（Tom

Hayden）認為，群眾運動往往由充滿象徵意義的議題所驅動，即「道德傷害迫出道德回應」。[9]

海登在他的《漫長的六十年代》（*The Long Sixties*）一書中列舉了幾個例子，包括伯克利言論自由運動的傳單權抗爭（right to leaflet）以及民權運動要求廢除種族隔離措施的午餐櫃檯行動。這些訴求雖亦具有功能性的成份，但卻遠遠超越即時實用的層面。海登寫道：「那些不滿，不僅是物質性的議題，所以不能以調整現狀的手段來解決。」這些訴求更為當權者帶來了獨特的挑戰：「撤除一張午餐櫃檯的種族隔離措施，將導致更廣泛的反隔離訴求；容許學生派發傳單，會使學生在決策中的聲音合理化。」衡量這些訴求的指標，不能單看是否滿足了組織者的某些短線權益，而是有否表現出強大的道德吸引力，使運動獲得更多積極支持者加入，並引起廣大民眾同情。

結構式組織所提出的功能訴求，針對的是一群特定對象，即組織內部的成員以及某些能夠回應訴求的權力代表。無論要求在十字路口增設停車路標，或是為員工爭取調整輪班時間表，都是為一些有迫切需要的特定受眾服務，而對當權者來說，這些要求亦容易滿足。不過這類訴求往往過於狹窄，或本質上流於技術化的政治操作，無法吸引廣大公眾。

蛻變型的運動需要建立廣泛的民眾支持，因此必須把抗爭的層面推得更廣，即使明知短期內沒有太大的功能價值，有時也會提出充滿象徵意義的訴求。

象徵訴求與功能訴求的反差會令不同組織系統的倡導者發生衝突，這或許可說是意料之中。索爾・阿林斯基對於那些僅產生「道德勝利」的行動深表懷疑，對象徵性的示威亦表示不屑，認為那只是公關噱頭。接任阿林斯基產業地區基金會主席的埃德・錢伯斯（Ed Chambers）亦一樣有此懷疑。在《激進者根源》一書中，他形容「一九六〇和七〇年代的民權運動、反戰運動、婦女運動全都鮮明生動，富戲劇性，極具吸引力」，然而錢伯斯認為，這些社會運動在推進「浪漫主義議題」時，卻太過專注於吸引傳媒目光，而不是追求功能性的收益。他寫道：「這些運動的參與者往往著重象徵性的道德勝利，例如在國民警衛隊的步槍槍管插花、使政治人物尷尬一兩分鐘，或激怒白人種族主義者。他們總是逃避反省，不去思考這些道德勝利有否轉化成任何真正的社會改變。」[10]

當年的甘地大概也聽過許多相似的抨擊，然而其食鹽長征所帶來的影響，卻是對此類批評的最強力反駁。

※

食鹽長征是利用不斷升級的非武裝抗爭來動員公眾支持以達成變革的經典案例，同時亦因為最初階段使用了象徵性的訴求而引來嘲諷和不滿。

當甘地為其公民抗命行動選擇目標時，他做了一個荒誕決定。對於當時的政界人士而言，印度國民大會黨以《食鹽專營法》作為反抗英國統治的關鍵，實在荒天下之大謬。英文報紙《政治家》嘲笑甘地對鹽的執著：「很難忍住不笑，相信大多數有思想的印度人亦與我們相同感受。」[11]

一九三〇年，當時的印度國民大會黨以功能性的訴求為中心，將注意力集中在憲法問題上——印度能否從英國贏得「自治領地位」（dominion status）而獲取更大的自治權，以及如何逐步逼使英屬印度政府對此讓步。他們的訴求都是圍繞著這個議題而提出的，而《食鹽專營法》充其量只是一個小問題。可是比起「英國人何時離開印度」這種大事，甘地卻把注意力放在食鹽這種小事上，似乎極為荒謬。

甘地不是輕率地作出決定的，而是來自他對群眾起義長期研究的累積。甘地初出茅廬之時，曾是一名律師，受過法理培訓，年輕時的職業生涯都浸淫在交易思想的觀念之中。他後來解釋：「我本來堅信請願行動、代議事機制和友好談判的政治成效。」但是當他先後投入南非和印度的公民抗爭實驗之後，取態就開始發生了變化。傳記作者謝菲・阿什（Geoffrey Ashe）形容甘地在一九三〇年選擇食鹽作為抗爭議題是「現代社會最『騎呢』（編案：粵語，唐突古怪之意）亦最靈光的政治挑戰行動」。[12]

這個策略的出色之處，在於「蔑視鹽法」的象徵意義。甘地認為：「除了空氣和水，鹽可能是生活中最重要的必須品。」鹽是簡單的商品，每個人都必須購買，而政府卻對其徵稅。自蒙兀兒帝國（Mughal Empire）時代以來，印度人對於政權管控食鹽的政策一直非常反感。印度人不許從自然沉積的鹽藏或從海中採鹽，這種政策清楚展現了政權如何不公義地以當地的自然資源榨取當地人的利潤。[13]

由於鹽稅影響著每一個人，因此所有人都為此而感到不滿。鹽稅對窮人來說比例上負擔更重，亦加深了民怨。阿什寫道，政府在鹽的定價上「有一項內置的鹽稅——雖不算多，但一年累積下來，卻足以是勞工階層的兩周工資」。這是教科書上典型的道德傷害。群眾亦迅速回應了甘地的行動。[14]

事實上，那些曾嘲笑食鹽長征的人很快就笑不出來。甘地的遊行隊伍途經每個村莊都吸引了大批群眾——有的多達三萬人聚集，一起觀賞朝聖者的祈禱，並細聽甘地講述印度獨立自治的必要性。正如歷史學家朱迪思．布朗（Judith Brown）所寫，甘地「直覺意識到公民抗命其實在許多方面都是政治劇場裡的一幕戲，而在這場戲中觀眾與演員一樣重要」。遊行結束後，數以百計原本任職帝國政府地方行政單位的印度人都相繼辭職。[15]

食鹽長征的隊伍抵達海邊後，公民抗命隨即爆發，運動擴散的規模令人震驚。大量抗爭者在全國各地效法聖雄甘地開始淘鹽和開採天然鹽藏。即使這樣製作的食鹽質量欠佳，然而購買非法的自家製食鹽卻成為數百萬計的印度人引以為豪的榮譽徽章。印度國民大會黨建立了自己的鹽庫；有組織的抗爭者以非暴力手段包圍政府鹽場，用自己的身軀堵塞道路和出入口，以此封鎖生產。示威者被毆打和受傷送院的新聞在世界各地播出。

不久，反抗繼續擴散，更結合地區問題，亦延伸出不同形式的不合作行動。數百萬人加入抵制英國的布料和酒類，愈來愈多鄉村官員辭職，某些省份的農民拒絕繳納土地稅。形形式式的不合作行為遍地開花，雖會遭到英屬印度當局逮捕、財產扣押甚至公開鞭打，但不合作運動仍在月復月的持續。

在一九三〇年的夏天，「英屬印度政權開始慢慢崩潰。」阿什寫道：「鎮壓措施沒完沒了……即使再加上言論審查和洗腦宣傳，卻幾乎沒有跡象民眾會恢復合作。」[16]

能激發這種程度的民族反抗，實在是項了不起的壯舉。布朗指出，「在一個內部存在著地區、宗教和社會經濟差異的國家」，要找到可以「吸引廣泛支持並保持運動凝聚力的議題，絕非易事」，然而食鹽正好切合這個條件。莫塔拉爾·尼赫魯（Motilal Nehru）曾兩次當選印度國民大會黨主席，也是印度未來總理之父，他欽佩地說：「神奇的是，竟然從來沒有人想過這樣做。」[17]

※

選擇食鹽作為訴求的這個決定存在爭議，而甘地結束運動的方式亦是一樣——至少以功能收益作標準的話一樣是存在爭議。到一九三一年初，經歷九個月的抗爭後，這場運動席捲全國，在各地引起了強烈反響，然而與此同時，運動卻亦開始降溫。在猛烈鎮壓下，民眾終究累了：印度國民大會黨的許多領袖先後被捕、被政府充公財產的抗稅者亦面臨巨大的財政困難。支持印度國民大會黨的溫和政客和工商界人士，均呼籲甘地尋求和解協議，甚至連組織內的許多激進份子，都同意是時候要進行對話了。[18]

於是，甘地在一九三一年二月與當時英屬印度最高級別的英國官員歐文勳爵進行了談判。三月五日，二人宣佈達成協議。在紙面上，許多歷史學家都認為這是一次反高潮。協議的主要條款看來沒有給予印度國民大會黨什麼益處：以中止公民抗命為交換條件，政府將會釋放被捕人士和撤銷控罪，以及撤回部份抗爭期間訂立的維穩法案。當局亦將退還政府向抗稅者徵收的罰款，以及償還尚未出售予第三方的充公財產。而抗爭者則獲允許繼續和平抵制英國布料。

但是這個協議卻將印度獨立的問題押後到未來的談判，而英國亦沒承諾放鬆對印度的任何控制權（甘地雖在一九三一年稍後出席了倫敦的圓桌會議繼續談判，但並沒有取得什麼進展）。即使印度國民大會黨活躍份子強烈要求，政府依然拒絕調查抗議期間的警暴行為。也許令人最震驚的是，《食鹽專營法》條文本身繼續維持有效，唯允許沿海地區的貧民，生產數量有限的食鹽供自己使用。[19]

一些最接近甘地的幕僚均對協議條款感到沮喪，不少歷史學家亦認為運動的目標失敗了。事後回頭再看，當然可以斟酌當年甘地在談判中是否作出了太多讓步，然而若只從功能性質來衡量協議內容，就會錯過當中最重要的成果。

※

如果不看短期收益，那麼我們如何量度一個採用象徵訴求或策略的運動是否成功？對於勢頭驅動的群眾動員，有兩個基本指標可以用來判斷進展情況。由於蛻變型運動的長遠目標是在某個議題上扭轉公眾輿論，因此第一個衡量標準是「有否令更多民眾支持運動的終極目標」，第二個衡量標準是「有否增強自身的動員及協作能力，使運動能夠進一步升級」。如果運動能讓抗爭者保留並增強實力、擇日再戰，例如招募到更多的成員、更好的資源、增強運動的認受性和擴大行動戰術庫，那麼組織者就有充分的說服力證明行動已經成功，不管運動是否已經能在閉門會議談判中取得什麼進展。

在擔任運動領袖的整個過程中，甘地一直強調願意對「非必要」的事情作出妥協。正如政治學家祖安・邦杜蘭特（Joan Bondurant）在她早期對甘地抗爭運動原則（principles of satyagraha）的研究中所觀察到，甘地的政治宗旨之一是「將訴求減少到與真實相符的最低限度」。甘地認為他與歐文勳爵的協議達到了這樣的最低限度，使運動能保持尊嚴地告一段落，並為未來的抗爭做好準備。對於甘地來說，總督同意了《食鹽專營法》的附加豁免條件，即使是有限度的，也代表了原則上的重大勝利。此外，他還成功迫使英國人進行了平等的談判——這開了一個重要先例，其影響延伸至隨後關於印度獨立的談判中。[20]

甘地的批評者許多都以自己的方式同意這些讓步有其重要性，認為這個協議是大英帝國棋差一著，為其管治權帶來深遠後果。正如阿什所寫，英國政府「此後……一直埋怨歐文勳爵為英屬印度政權帶來無法修復的致命錯誤」。大英帝國的主要捍衛者溫斯頓・邱吉爾（Winston Churchill）在一次演說中宣稱：「令人感到詫異和不安的是看著甘地先生……半裸的衣衫平步登上總督府……與大英帝國的代表平等對話。」[21]

邱吉爾更在其他場合聲稱，此舉使甘地這個他認為是「宗教狂熱」及「神棍」之人，能夠走出監獄、以「勝利者」的姿態現身。[22]

儘管印度國民大會黨內閣對行動的結果意見分歧，然而廣大公眾卻對行動的評價毫不含糊。蘇巴斯・錢德拉・玻色（Subhas Chandra Bose）是甘地組織內最初對協議表示懷疑的激進份子之一，但當他意識到鄉郊群眾的回響時，不得不修正自己的觀點。正如阿什所說，當玻色與甘地從孟買前往德里時，他「見證了前所未有的掌聲」。「聖雄的判斷是正確的。」阿什繼續說道：「根據任何政治規則，甘地都算是被攔截了，但在群眾眼裡，英國人被拉到平起平坐的談判對話而不是下達命令，這個明顯的事實已勝過任何細節。」[23]

路易斯・菲舍爾（Louis Fischer）一九五〇年出版、時至今日依然廣受讀者歡迎的巨著《甘地傳》中，為食鹽長征的傳奇寫下了最戲劇性的評價：「印度自由了。」他寫道：「從技術上看，從法律上講，沒有任何改變，印度仍然是英國的殖民地。」然而在食鹽長征之後，「英國將有一天拒絕統治印度，而印度將有一天拒絕被統治。這已變得無法避免且理所當然。」[24]

後世的歷史學家試圖更中肯地描述甘地對印度獨立的貢獻，脫離了第一代直把甘地譽為「印度之父」的傳記視角。朱迪思·布朗在二〇〇九年發表的著作中列舉了導致英國離開印度的各種社會和經濟壓力，特別是第二次世界大戰後的地域政治轉變；不過她亦承認，諸如食鹽長征之類的行動有助確立印度國民大會黨的組織本身及其認受性。儘管單靠群眾抗議並不能驅逐帝國主義者，但卻深刻改變了政治格局。布朗寫道，公民抗爭「有力的造就了一個政治環境，令英國必須決定何時以及如何撤離印度」。[25]

※

在伯明翰行動，馬丁·路德·金和其他民權組織者與市中心商人所達成的和解協議，也沒比甘地與歐文勳爵的協議有多出色。他們聲稱的勝利，很大程度上只是象徵性的，但卻無礙行動帶來強大爆發力。一九六三年五月三日，經過一個月的抗議活動，伯明翰「兒童十字軍」的年輕抗爭者遭到警犬和消防水砲的猛烈攻擊，暴力場面成為國內和國際的頭條新聞。接下來的一周，衝突進一步升級。五月七日，一千多名抗爭者被捕，更多人被水砲轟擊，但「公牛」康納（"Bull" Connor）並沒有為暴力感到不安。當康納得知伯明翰最著名的民權領袖——其時四十一歲的弗雷德·舒圖斯禾夫牧師（Fred Shuttlesworth）被高壓水砲擊中時，康納回應說：「我等了一周想看舒圖斯禾夫被水砲擊中。可惜我錯過了。」[26]

當地商人倒沒那麼自鳴得意。他們強烈意識到傳媒的負面報導正在損害城市的聲譽，而抵制運動亦在侵蝕他們的利潤。簡單而言，他們準備和解。當一些德高望重的長老開始接到甘迺迪政府官員包括財政部長道格拉斯・狄龍（Douglas Dillon）和國防部長羅拔・麥南馬拉（Robert McNamara）等的私人電話時，他們開始站在商人的一邊，並支持和解。[27]

抗爭運動產生的壓力正在發揮作用。然而經過了幾天的激烈談判，白人領袖的讓步卻相對微不足道。

五月十日，民權運動組織者和伯明翰白人官員之間宣佈達成和解協議，內容卻僅概述了輕度的改變。事實上，協議中的每個規定都似乎有某些附帶條件。市區某些商店的試身室的確將會撤銷種族隔離措施，但這點是從一開始就被認為是相對無關痛癢且毫無爭議的讓步。

市政府承諾啟動撤銷午餐櫃檯種族隔離的程序，並勒令拆除洗手間和飲水機上的「白人專用」標誌，但指令將如何執行，則沒有說明。店主同意了將會僱用「至少一名黑人銷售員或收銀員」，但對此規定的保守解讀認為，整個城市僅需僱用一名黑人，而並非每間商店都需至少僱用一名黑人。公共設施如城市公園等將維持不變。

無庸置疑，這些條款與全面撤銷種族隔離政策的訴求相去甚遠。相比起所有付出的努力和犧牲，包括成千上萬的被捕人士、無數受傷送院的抗爭者、拓至全國的推廣以及市內被完全擾亂了的日常生活，現在協議換來的權益似乎實在微不足道。

民權運動的反對者、傳媒甚至是南方基督教領袖會議自己的一些支持者均沒有忘記這個現實。知名白人談判代表兼權勢商人悉尼・史密爾（Sidney Smyer）在達成協議後不久表示：「金幾乎沒有贏得什麼。」

傳媒的評價亦加強了這種說法。五月十日協議宣佈後的第二天，《紐約時報》報導說：「和解條件遠遠低於金博士和其他黑人領導者的最初訴求。」報導亦指出這個協議在各方面均有局限性，包括伯明翰市官員對於實際執行協議內容所表現出的散慢態度。《時代雜誌》亦抱持懷疑，稱協議是「基於空白承諾的脆弱協議」。[28]

一些為了運動而令個人安危陷於險境的活躍份子，對協議的有限度條款感到極為憤怒。正在醫院療傷的舒圖斯禾夫牧師對協議尤為不滿。作家與記者戴安娜・麥禾特（Diane McWhorter）寫道，在宣佈協議之前，金和拉爾夫・阿伯納西（Ralph Abernathy）手忙腳亂地試圖「釐清他對和解協議不滿的傳言」。[29]

雖然舒圖斯禾夫牧師有充分理由對此感到不滿，但假以時日他將改變看法。批評這個和解協議的人指出，以功能性的標準來衡量，協議並未取得太大進展，這一點的確是對的。就撤銷伯明翰種族隔離政策所需要採取的措施而言，只能以最寬鬆的態度認為協議算是消除歧視政策的第一步；然而協議卻充滿著象徵意義，尤其讓組織者在抗爭難以繼續維持之際宣佈行動勝利。最終，組織努力的成果證明是影響深遠的。大衛・加羅（David Garrow）認為：「南方基督教領袖會議已成功將民權抗爭運動提升至國民的意識面前。這一個成功遠遠超過了和解協議是否能迅速撤銷伯明翰商店的種族隔離措施，或是黑人銷售員的僱用數量是否合理之類的訴求。」[30]

和解協議達成後僅一個月，甘迺迪總統在電視發表了重要演說，宣佈他將提出聯邦民權法。他解釋：「伯明翰和其他地方的事件使人們對種族平等的呼聲愈來愈高，沒有一個城市、州份或立法機關可以理直氣壯地忽略這些訴求。」對於民權組織者來說，這個場面意義非凡。安德魯．楊（Andrew Young）指出：「從來未有美國總統發表過如此明確支持非裔美國人權利的演說。」[31]

眾所周知，舒圖斯禾夫牧師後來改變口風，認為「若不是伯明翰運動」，則詹森總統簽署的《一九六四年民權法案》就不會存在。在過去幾十年間，這個準則已被廣泛接受。即使這場運動沒有取得即時明確的功能收益，所帶來的結果卻與最終目標相距不遠。伯明翰的民權運動推動了聯邦立法通過。在短短幾年內，由於聯邦政府的行動，歧視黑人的種族隔離措施被瓦解了，其速度比南方基督教領袖會議組織者在多切斯特初次會議時所敢想像的更快。

一如甘地在三十多年前所做的那樣，馬丁．路德．金亦一樣接受了功能價值非常有限的和解協議，卻令運動獲得象徵性的勝利並站穩陣腳。金在一九六三年的勝利並非整場運動的最後勝利，而甘地在一九三一年的勝利亦不是最終勝利，然而這些象徵勝利的重要性卻很快就顯而易見。加羅寫道，到了一九六四年的塞爾瑪行動之時，「伯明翰行動已經清楚顯示，即使只取得微小的實際收穫，亦可代表龐大的象徵勝利，甚至連最接近抗爭的人當時都可能無法體會到的。」[32]

亞當・費爾克勞夫（Adam Fairclough）補充說：「伯明翰行動以及緊隨其後的抗爭運動均改變了政治氛圍，讓民權法案變得可行；在此之前，完全不可能。」[33]

※

採取富有象徵意義的訴求，以及像甘地般「將訴求減少到與真實相符的最低限度」，兩者都不是勢頭驅動組織運動所堅守的教條鐵則，而是代表了公民抗爭組織者「為勝利定調」而採取的一些方法。

事實上，對所有社會運動來說，關於「行動是否獲勝」的判斷都是有些主觀的。在球賽中，球證吹雞完場（編案：粵語，裁判吹哨子結束完場），賽果就會公佈；同樣地，在民主選舉中，投票結束後的點票完成，就能讓當選者宣佈勝利。但是對於推動某個議題發展的公民運動來說，「階段性的成果」卻往往非常模糊。

在短期內看似失敗的行動有可能會被歷史判斷為勝利，反之亦然。有時勝利與否見仁見智；政界人士、公眾和社會運動參與者，全都有著不同方式來確定運動是否成功，而且他們的指標很多時候會互相矛盾。對於在政治交易框架內運作的政客來說，「勝利」就是達成協議通過最終立法又或簽署和解協議的一刻，而協議所體現的功能收益，就是取得成果的明確證據。從表面上看，這樣的定案很清晰，但事實上卻沒那麼簡單。交易政治所產生的各種妥協，永遠不會完全令人滿意，總會伴隨一些附帶條件和限制。幾乎無可避免地，某單一的讓步、改革或立法，都只是一場運動真正目標的一小部份；然而那小部份的進益是否值得花費整個運動的資源、時間和精力？還是應該視之為一次挫敗？這些問題沒有明確答案。不同的案例必須按不同的情況而定。

對於公眾而言，他們亦會用一套完全不同的準則來衡量維權運動的成敗。公眾對運動勝利與否的看法，很多時候取決於傳媒對運動的報導。對某一個抗爭行動或政治讓步的正面報導，可以使人感到運動取得了勝利而且勢頭正旺；以懷疑或諷刺的角度來報導同樣事件，則可能產生完全不同的印象，令人覺得運動停滯不前、沒爭取到任何成果。

運動參與者本身亦會根據另一套標準來判斷自己的進展：遊行示威有否令人感到能夠凝聚力量；運動能否吸引新人加入並帶來新的能量；和解協議是否符合預期，即使這些期望由一開始已是主觀的。

如果政治交易人士、公眾和抗爭參與者全都以不同準則來量度勝利，那麼不同的組織傳統如何處理這些參差不齊的觀點呢？

在結構式組織中，為勝利定調的問題是透過「單對單組織」和紮實的內部溝通來解決。

一個工會或地區組織，會與領導委員會密切合作，確保組織內部對於「是否接受回應訴求的方案」達成共識。有的時候這會是個高爭議性的過程，例如會員投票接受或拒絕擬議的工會合約之時，可能會爭持不下。但是如果組織能在架構內部達成共識，則可繼續前進並宣佈勝利。公眾或其他政治交易人士的看法，完全無關重要。

勢頭驅動的運動組織者，由於會試圖引導群眾抗爭干擾力量的方向，他們所面對的情況會截然不同。對於群眾運動而言，重要的是讓參與者感到運動能夠積極前進。在政治上，人人都想站在勝者一方。競選顧問最喜歡引用一句格言：「當你失敗時，你所做的一切都是錯誤的。當你勝出時，你所做的一切都是對的。」當群眾動員被視為勝利和正確的一方時，運動就會獲得動力。為了增強運動的實力，同時贏得公眾輿論的肯定，這個派系的組織者必須能令參與者和大眾相信運動正成功向著目標邁進。

※

提出象徵性的訴求和宣佈象徵性的勝利，都是實現這些目標的其中一種方法，但也有其他做法。塞爾維亞抗爭者則採取了第二種手法：一個不依賴當權者讓步的方法。

Otpor 十分重視向公眾展示抗爭的成功記錄。在高壓政權之下，這是絕對必要的。如要說明米洛塞維奇政權並非牢不可破，抗爭者必須向公眾展示運動逐步邁進的跡象，讓公眾相信抗爭是可以勝利的。與國內的傳統政黨不同，Otpor 並沒試圖爭取微小的立法勝利或換取政權漸進式的妥協。缺乏這些政治交易收益，運動需要一種不同的方式來展示其持續成功的進展。

Otpor 使出了一種創新的方式：抗爭者會事先張揚自己的目標與及成功達標的準

則，然後當達到這些目標時，他們就會大事宣揚行動取得勝利，利用文宣產生動力。例如，抗爭者會宣佈目標是啟動十個新支部，無論是花費數周還是數月來完成任務，一旦成功，就可大鑼大鼓展示已實現了的目標。又例如Otpor可能會宣佈目標是在某全國行動日在至少十二個城市同時舉行抗議。因為目標是他們自己定的，因此有把握能夠做到；一旦實現，他們就會大聲吹捧自己取得的勝利，務求令到全民皆知。隨著每一次報捷的新聞在另類媒體或運動本身的渠道發放，群眾對於抗爭的恐懼障礙就會被逐漸削弱了。

抗爭者稱這種宣傳勝利的藝術為「後期製作」，認為這是他們方法理論的核心部份。「你所做的一切都應該放大來寫。」一位Otpor活躍份子向作家威廉・多布森（William Dobson）這樣解釋：「第一，宣佈勝利；第二，確保潛在參與者和支持者知道勝利了。每周都需獲得勝利，即使是小小的勝利。如果你要為行動辯護，你就輸了。」[34]

這種方法的一個關鍵要素，就是由抗爭者主導著方向和步伐。「『宣佈勝利』是一件由你自己製造的事。」伊雲・馬羅維奇（Ivan Marovic）說道：「不是等人授予勝利或讓步。必須由你自己來宣佈勝利。」[35]

如果Otpor把公關宣傳只圍繞他們向政權提出的訴求，並任由傳媒根據政府的回應來判斷成敗，那就只會被牽著鼻子走，失敗收場。馬羅維奇說：「你的對手很少會完全接納你所提出的訴求。」如果大家的注意力集中在討價還價的談判混戰上，那麼別有用心的人總會找到抱怨的理由，而運動支持者亦難以受到啟發。Otpor的方法卻避免了這種情況。為求達到宣傳效果，Otpor銳意展示強勢，強調公民力量的成功，並將細節和政治角力的後遺症，留給政圈局內人去斟酌。

抗爭者以這巧妙的格言來概括這種方法：「宣佈勝利然後離場。」

這種方法的最佳範例，也許體現於Otpor如何處理他們與反對派政黨的關係，尤其各個反對黨之間一直爭拗不斷。運動的主要目標之一，是要把民眾力量團結在一位反對派候選人身上。在米洛塞維奇政權的最後一年，塞爾維亞民主反對派（Democratic Opposition of Serbia，DOS）成立，將反對黨連成統一的網絡。這是向前邁進的重要一步：理論上，這意味著他們已經同意合作。但是要讓他們真正團結起來支持單一候選人，卻是一件困難得多的任務。四月在貝爾格萊德舉行的DOS集會上，Otpor強行解決了這個問題。活躍份子弗拉達．帕夫洛夫（Vlada Pavlov）趁著各個反對黨領袖同處一台的時候，拿出了一面印著拳頭徽章的運動旗幟，然後要求每個反對黨領袖逐一拿著這面旗幟，並公開承諾支持單一候選人挑戰米洛塞維奇。當場在台上，任何一位領袖都不想第一個公開反對影響力大且穩步增長的Otpor運動。潛在的候選人一個接一個在台上作出承諾，有些人熱情宣誓，有些人卻像倒吞一口酸掉的奶般勉強。[36]

Otpor藉此機會宣佈「將反對派團結一致」的目標已經實現，並廣泛宣傳這次的重大勝利。這個突破，消除了過去阻礙人民挑戰米洛塞維奇政權的主要障礙。實際上，從功能性的角度來看，Otpor從政黨贏得的不過是異常模糊且非正式的團結承諾，而實質協調及整理承諾的操作，需在集會後花上幾個月的談判才真正達成。事實上，直到集會結束很久之後的七月中旬，反對派才確定了單一候選人的正式合作條件。馬羅維奇說：「我們宣稱勝利之後三個月，才真正取得成果。」[37]

但是Otpor的抗爭者沒有興趣等待那功能性的成果出現之後才宣示大功告成。他們認識到，雖然各個反對派黨魁對於單一候選人的確切條款安排都非常在意，但是公眾對談判的細節其實漠不關心。關鍵的突破已在四月發生——抗爭者想所有人都知道這一點。要爭取民眾支持推倒米洛塞維奇政權，團結是最重要的原則。

像這樣宣佈他們已經達成團結目標，不僅可以增加他們的勝利戰績，而且在各黨派解決功能性的政治交易細節之時，抗爭者便可把精神放到其後的動員任務上。對他們來說，最佳方法十分明確：「宣佈勝利然後離場。」

※

甘地和馬丁．路德．金接受了有限度、功能性的和解協議，然後強調其象徵意義；Otpor則採取了另一種方法，不必等待對手回應。年輕的組織者先宣佈了行動目標，然後在實現目標時宣佈勝利。

為勝利定調的第三種方法，建基於另一層面之上——個別抗議行動的層面。無論抗爭者喜歡與否，傳媒判斷一場抗議活動的成敗，通常會根據事件是否按照組織者的原意進行而定。如果組織者宣傳他們將會製造大規模被捕，記者就會根據是否真的有大量人士被捕來評論他們成功與否；如果組織者聲稱要阻撓某商店營業一天，傳媒就會關注該店在此期間是否能夠做到生意；如果組織者誓言絕食廿一日以抗議財政預算削減福利，那麼記者將會根據絕食是否真的持續整整三周來判斷他們的成功。[38]

這些抗議行動的真正目的無論是為了提高公眾意識或推進更廣泛的目標，全都無關重要。示威形式——或稱「行動場景」（action scenario）——本身就成為討論焦點。

這類例子多不勝數。一九九五年，具爭議性的「伊斯蘭國度」（Nation of Islam）組織領袖路易．法拉肯（Louis Farrakhan）帶頭召集「百萬人大遊行」（Million Man March），組織者試圖把非裔美國人帶到首都，創造華盛頓特區有史以來最大的集會。十月十六日，遊行正式開始時，國家公園管理局（National Park Service）估計參加人數為四十萬人。結果，因為實際人數與號召目標有太大差距，令人普遍認為行動失敗。國家公園管理局的人數估算令組織者大為憤怒。由於遊行以「百萬」命名，因此人數就成了衡量成敗的主要標準；對於這個行動是否有助統一民權組織或有否成功將國民注意力聚焦在黑人所面臨的問題上，這些考量在很大程度上都被忽略了。[39]

就佔領華爾街運動而言，這場運動的前提是參與者必須佔領公共場所，因此「佔領」有了決定性的意義。只要一日在曼克頓祖科蒂公園等佔領區的帳幕依然存在，運動就成功實現了其既定目標；然而一旦警察清場，「運動失敗了」的感覺就會迅速擴散。

社會運動參與者無法完全控制這種現象，但是如果有組織者意識到這一點，有時就可因應狀況而塑造出有利條件。雖然Otpor是以「自定目標定義並宣佈勝利」的方法而聞名，但他們有時也會使用「個別行動場景」的方式來顯示成功。

某次，隨著運動日漸升溫，貝爾格萊德的活躍份子宣佈要進行一項大膽壯舉：堵塞主要交通幹線以違抗政權。隨後，他們完成了，並將照片發送給傳媒，傳媒亦報導了他們的創舉。

組織者所沒提及的是，他們是在非繁忙時間進行堵路抗議，受影響的車輛相對較少，而且封鎖只持續了十五分鐘，夠時間讓他們拍攝精華片段，警察卻不夠時間到場驅散。這些細節並不影響行動的成功定性：組織者確實按照他們的承諾封鎖了高速公路，而他們亦可以在勝利戰績上再下一城。儘管他們聲稱取得的勝利遠遠未及拉倒米洛塞維奇政權的最終目標，卻的確啟發了更大的反抗。[40]

公民運動未必都需如此宣示自己的成功，然而如果不注重為抗爭定下故事基礎，就會很容易失去劇情發展的主導權——組織者將任憑傳媒去定性抗議行動的成效，而他們將來推進運動發展的能力亦會大受影響。

一九九九年，西雅圖世界貿易組織部長級會議的抗議活動成功登上了頭條新聞。示威者實現了一個關鍵的承諾，就是「關閉會議」。大批示威者組成人鏈，身上捆綁障礙物，成功封鎖了通往會議場地的出入口，並阻止了各國貿易代表參加會議的開幕禮。警察的催淚彈橫飛，催淚煙籠罩著附近街道。美國國務卿瑪德琳．奧爾布賴特（Madeleine Albright）等官員被迫滯留酒店房間內，開幕禮被取消。雖然貿易會議在隨後幾天恢復舉行，但抗議活動仍被認為是轟動的成功。

然而，幾個月後，同樣的行動卻適得其反。二〇〇〇年四月，世界銀行和國際貨幣基金組織在華盛頓特區舉行會議，抗爭者試圖在會場外進行類似封鎖時，「關閉會議」的口號卻反而變成了一種負累。

這次，警察成功在示威者的防線當中打開通道。由於會議的參加者能夠順利通過並進入會場，因此許多人認為這次行動是失敗的。即使這個「A16抗議」成功引起大眾空前關注世界銀行和國際貨幣基金組織政策的問題，而且相關議題更引發之後更大規模的全球公義運動，甚至在取消國債等問題上為南方國家贏得了數以十億美元計的勝利——然而這些更廣泛的後續影響，都只能算是這次行動的插曲。行動的劇目邏輯是要封鎖會場，讓與會者無法進入；如果失守，行動失敗的定性就會深入民心。運動參與者亦受到傳媒負面報導的打擊，行動之後，許多人感到士氣低落。

在以勢頭驅動的組織中，「為勝利定調」這件事情面對雙重挑戰。首先，對公眾而言，運動必須在尚未獲得明確的功能成果之前，策劃出戲劇性的行動，營造出抗爭力量能成功突圍而出的效果。第二，讓運動參與者清楚明白「變革理論」，令他們即使面對變幻無常的新聞報導時依然保持韌力。假如運動能夠影響民意，而行動亦增強了核心支持者的實力，那麼他們就應該相信運動正在推進，不管記者是否如此報導。

公民運動的訴求很少是純粹象徵性或純粹功能性的——運動結束時的協議亦如是。象徵性和功能性的元素往往緊密交織，但是若要了解不同的組織模式如何運作，就必須認識到他們對兩種元素各自的重視程度有所不同。結構式組織者的關注點在於從功能訴求中獲取收益：能在短期內為成員爭取到具體的權益，亦不會受到千變萬化的傳媒新聞影響。但是他們亦同時捨棄了一些可能性：爭取更廣泛的支持，並透過公眾輿論的逆轉來實現更全面的變革。

勢頭驅動的運動組織者，則必然將更多注意力放在象徵訴求上。大規模動員行動中，組織者不必完全放棄爭取具體功能收益，但是他們除了以政治交易談判結果作為量度標準外，還可以監測其他指標：民意調查的動向、積極支持者的增加數量、草根動員產出資源的能力，以及權力支柱對於運動的反應是否敏感。公民抗爭運動組織者不能滿足於空泛的勝利宣言，也不能僅僅滿足於「向權力說真相」。他們必須勇敢評估自己從直接網絡以外所贏得的支持與同情的進程，避免淪為孤立的「野外之聲」。

許多高效的策略性非暴力組織者，都直覺地意識到這些動態。他們憑藉天賦的判斷，創造了一場場帶來強烈公眾回響的標誌行動，凸顯了抗爭的象徵成果，在大眾意識中建立了彪炳的戰績。

塞爾維亞抗爭者丹妮拉．內納迪奇（Danijela Nenadic）和內納德．貝爾切維奇（Nenad Belcevic）寫道：「Otpor很有技巧地吸引了傳媒關注，定調了議題的框架，並保持了公眾對運動的關注。」吸引傳媒焦點的行動「主要是挑釁性的，旨在提高公眾意識，讓人們明白到有需要改變政權，從而動員他們參與抗爭」。[41]

過程中，塞爾維亞抗爭者緊隨了過去大師們的腳步。歷史學家亞當・費爾克勞夫（Adam Fairclough）說道，馬丁・路德・金「至死仍然一直堅持，比起草擬精確具體的法案更重要的，是戲劇化地展示更廣泛的議題，從而對當權者構成變革的壓力。南方基督教領袖會議無需太在意聯邦政府應對種族歧視問題的確切措施，重要的是他們對措施的回應必須決斷、有力而徹底。金理解到，政府只會回應壓力，不會回應議案」。[42]

朱迪思・布朗同樣寫道：「對甘地來說，精心策劃和經營的行動，不僅是為了建立及塑造抗爭的道德形象，更是關乎如何設計策略……向目標對手施加壓力。」在甘地的全國抗爭行動中，「個別行動的成果，每每與非暴力公民抗爭運動的終極目標沒有直接及即時的聯繫，因此嚴格來說，可以被認為是『失敗』的」，然而「這些行動卻動員了更廣泛的積極參與和被動支持，遠遠超越以往印度任何一場政治運動」。這，比起甘地與歐文勳爵的私會，更令英屬印度政權無法翻身。[43]

當然，世上既有一個像食鹽長征般膾炙人口、成為國際知名現象的壯舉，就有成千上萬無疾而終的抗爭行動。最爆炸性的那些行動，最常見的共通點是什麼呢？主流政治專家認為成功的都是擁有最多資源和最強大組織聯盟的行動。策略性非暴力抗爭理論則揭示了完全不同的看法：即使是微不足道、寂寂無名的組織，只要願意承擔合適的風險，也可引發起公眾的強烈關注。

「讓佔領遍地開花！」

——#佔領華爾街・帶備帳幕（#OccupyWallStreet. Bring tent.）

第六章・干擾行動——*The Act of Disruption*

無論是想理解社會變革還是企圖創造變革，有一個問題至為關鍵：為什麼有些抗爭會被忽視遺忘，有些抗爭卻能爆發成為轟動的公共事件？這個問題在二〇〇八年金融風暴後變得尤其重要。

金融風暴過後，美國陷入七十五年來最嚴峻的經濟危機。失業率高達雙位數，是列根時代（Reagan era，台譯雷根）以來從未發生過的狀況。物業因斷供而變成銀主盤（編案：台灣稱「法拍屋」）的紀錄創新高，州政府報告亦顯示申領公共援助（食物券）的需求激增。可是到了二〇一一年，因受到茶黨積極行動的影響，華盛頓的辯論卻仍圍繞著如何削減預算和社會保障計劃的開支。經濟學家兼《紐約時報》專欄作家保羅・克魯格曼（Paul Krugman）表示：「這場國家討論根本就是瘋的。」[1]

直到一場爆發性的群眾運動，才終於扭轉這個局面。而那次爆發亦以出乎意料的形式呈現。

踏入經濟衰退後的第三年，二〇一一年的秋天，克魯格曼等政治觀察家一直在想，到底情況要惡化到什麼時候，民眾才會因為失業和負資產問題爆發公眾抗議。工會和主要的非牟利機構曾試圖藉這些問題凝聚群眾運動力量。一年前，即二〇一〇年十月二日，美國勞工聯合會及工業組織大會（American Federation of Labor and Congress of Industrial Organizations，AFL-CIO）和全國有色人種促進會發起了「一國一家」（One Nation Working Together）大遊行，十七萬五千多人聚集華盛頓特區，強烈要求政府解決財富不均的猖獗現象；翌年，充滿政治魅力的長期組織者兼前白宮官員範・

鍾斯（Van Jones）亦發起了「重建夢想」（Rebuild the Dream）計劃，一個動員抗衡茶黨的大型活動。[2]

根據結構式組織法則，以上活動其實都做得盡善盡美。他們聚集了大量資源，善用會員基礎雄厚的組織實力，提出了專業的政策訴求，更組建了強大的聯盟，然而他們卻一籌莫展。由他們發起的最大型動員行動，也只能引起極冷淡的傳媒關注，並迅速被公眾遺忘。

最終奏效的，卻是與此不同的另一種做法。「有一群人開始在祖科蒂公園紮營。」佔領運動發起後數星期，克魯格曼解釋：「突然之間，話題就朝著正確的方向逆轉了。」

他補充說：「這是一個奇蹟。」[3]

對於研究公民抗爭的人來說，佔領華爾街運動的突然崛起固然令人眼前一亮，但卻並非一件不可思議的奇蹟。在佔領旗幟下聚集的抗爭者，並沒有遵循社區組織源遠流長的規則，但他們的行徑卻與勢頭驅動的運動組織非常吻合：他們願意策動極具干擾性的抗議行動，參與者亦表現出高度的犧牲精神，而組織者更會將行動升級，建立層面更廣的活動鼓勵參與。這些做法為運動提供了動力，使這班組織鬆散、缺乏資金的示威者能改變全國對於這個議題的討論環境，即使那些遠比他們實力雄厚的組織，也望塵莫及。

在每個成功奪取民眾注意、揭露社會不公的運動裡，我們一次又一次看到三個要素——干擾、犧牲、升級——以強而有力的方式結合在一起。這三個元素如此持續地反覆出現，令我們不得不追查箇中奇特而具爆炸力的化學作用。

※

「干擾」（disruption）——是把抗爭運動推上頭條的首要因素。干擾行動所帶來的社會動盪程度，可與抗爭運動所產生的動力能量直接掛勾。抗議行動對公眾的直接影響愈大、對目標對手的運作干擾愈大，那就愈有可能引起廣泛關注。堵塞道路、打斷公共活動、阻止會議進行、妨礙工程項目、在購物中心擾攘、中斷工廠運作——全都反映出不同程度的干擾。

在企業主導的傳媒機構，遭受壓迫的群體及其社會運動絕少能夠打入主流新聞，而正面的報導就更罕見了；唯有抗爭所帶來的動盪，才可令無權無勢者有機會打破公眾冷漠，彰顯社會和政治上的不公義。著名民權組織者貝亞．魯斯丁（Bayard Rustin）認為：「我們的力量就是令系統癱瘓至無法操作。我們唯一的武器就是我們的身體，所以我們需要把身軀塞入適當的位置，令齒輪無法運轉。」[4]

許多社會運動理論家的研究工作，都與魯斯丁的見解互相呼應，尤其是弗朗西斯．福斯．皮文的干擾力量理論。對於皮文而言，當人們願意「打破常規」並離開日常的崗位與角色時，「干擾」就會隨之發生。在《窮人運動》一書中，皮文和理查德·克洛沃德解釋：「當工人行出來或靜坐時，工廠就會關閉；當人群要求救濟時，福利機構就會陷入混亂；當房客拒絕交租時，房東就會破產。在上述的每種情況下，人們都不再遵循制度內的慣常角色，放棄了平日的慣常合作。這樣會為系統帶來干擾。」[5]

皮文強烈主張這種動盪就是社會變革的引擎。她在二〇〇六年出版的《挑戰權威》一書中指出，「美國政治歷史上許多實現平權改革的偉大時刻」都是在干擾力量遍地開花之際為了回應民眾訴求而出現的。[6]

吉恩·夏普亦強調了不合作和干擾行動的類似面向。夏普在制定他那著名的「一百九十八種非暴力行動方法」清單時，將戰術分為三類：第一類涵蓋了「抗議和說服」的方法，包括公共集會、遊行、展示標語和組織發表公開聲明。這類型的行動佔美國例行抗議活動的大部份，所帶來的干擾最小。

夏普的其他兩個類別，則屬於對抗性更強的做法。

第二類的「不合作方法」，包括經濟抵制、罷課和罷工。第三類的「非暴力干預」，包括靜坐、佔領和公民抗命。

在最後一類行動，民眾不僅拒絕參與慣常的政治或經濟活動，更意圖主動干擾日常活動。夏普寫道，這種干擾構成了「直接和即時的挑戰」。畢竟，對於一家餐廳來說，午餐櫃檯靜坐抗議肯定比起杯葛運動來得逼切。而且，夏普認為由於「行動造成的干擾難以長期抵禦」，因此與其他非暴力衝突手法相比，這些行動可以更快見效，成果顯著。[7]

※

從長遠來看，抗爭運動參與者的廣泛程度是個重要指標，但從短期來看，運動的戲劇性和勢頭則可勝過人數。由於「一國一家」大遊行在周末舉行，亦被視為華盛頓特區的例行示威活動，尤其華盛頓特區在幾個月內已舉行了幾次重要集會，因此即使聚集了十七萬五千人之多，也很容易被忽略。

佔領華爾街運動所提出的抗爭方式，則屬於夏普所說的第三類，所以跟此前的遊行和集會相比，有著很不一樣的調子。參與佔領的人數在一開始時相對「一國一家」大遊行要少得多，但是所產生的干擾性卻大很多。抗爭者刻意走到曼克頓金融區心臟地帶的投資銀行門前築起帳幕，以此干擾那些需要對金融風暴負上最大責任的人，讓他們的業務無法正常運作。

示威者最終雖在距離華爾街數個街口以外的位置紮營，但是祖科蒂公園的佔領行動已令當權者陷入困境：當局既可選擇允許示威者無限期佔領公園，任由佔領區成為民眾向金融機構持續抗議的集結地；警察亦可代表最富有的1％人口採取行動清場，然而此舉卻反會印證了示威者指控「民主制度被商業利益挾持」的說法。對於當權者來說，這是一個兩難局面。

當市政官員陷於這個棘手選擇之時，公眾開始關注「佔領能夠堅持多久呢？」，形成了一種戲劇性的緊張狀態。

佔領策略的另一項優勢，就是可以複製。佔領運動展開數周之後，組織者開玩笑的發出一個呼籲：「讓佔領遍地開花！」令他們吃驚的是，群眾竟然真的一呼百應：佔領運動的干擾力量隨著全國各地市中心搭起的帳幕營地不斷擴張，甚至在國際萌芽，包括於倫敦證券交易所外搭起的「佔領倫敦」行動。

隨著佔領運動的發展，示威者策動了銀行靜坐及堵路堵橋的遊行活動。直至年底，與佔領運動相關的行動已導致估計五千五百人被捕，從加州的弗雷斯諾市到阿拉巴馬州的莫比爾、從哥羅拉多泉到檀香山、從波士頓到安克雷奇，幾十個大小城市全都戲劇化地上演著「99％對1％」的抗爭。[8]

這樣的行動雖然推進了佔領運動的發展，然而就像所有干擾行動一樣，也會帶來風險。

這種干擾日常運作的策略，雖然最能引起公眾關注，但卻不一定是正面關注。由於這些行為會給市民帶來不便並造成混亂，因此有可能招致負面回響，更可能使民意逆轉、輿論反彈，甚至反而加劇現狀的不公義。因此，干擾行動的組織者處於一個極之不穩定的位置：在策劃政治衝突的場景時，必須小心培養公眾的同情心，以確保他們認同行動的合理性；亦需作出審慎的戰略判斷，以盡量發揮干擾作用的變革潛力，同時盡量減少輿論反彈所造成的反效果。

※

正因如此，「干擾」與第二個要素「個人犧牲」（personal sacrifice）成了絕配。當示威者身體力行證明自己的抗爭決心時，運動就可一觸即發。其中一種主要方法就是表現出願意忍受苦難，無懼面對逮捕，甚至冒著皮肉之苦和生命危險，以此凸顯社會的不公義。

夏普為了將自己的思想與道德和平主義的宗旨區分開來，尤其強調策略性非暴力行為既不迴避對抗，亦不鼓吹消極情緒。相反，當回顧甘地的大規模動員經驗時，支持者認為可更準確地視之為一種「不對稱的戰爭」。

克里希納拉爾・施里達拉尼（Krishnalal Shridharani）在一九三九年發表的甘地戰略早期研究《沒有暴力的戰爭》（*War Without Violence*）指出，戰爭和非暴力衝突都將「苦難」視為力量的泉源。在戰爭中，這個概念很簡單：「戰士對敵人施加苦難，以此破壞敵方意志，逼其投降，將之殲滅，摧毀他的一切。苦難因此成為具有脅迫性的社會力量來源。」[9]

當然，非暴力行動的主要分別，在於抗爭者並非試圖給對手施予苦難，反而是自願承受苦難。

「甘地的整套理論，以苦難作為……社會力量。」施里達拉尼解釋：「在甘地的抗爭運動中，『苦難的力量』是邀請當權者向抗爭者施加苦難而激發出來，而不是抗爭者遭受苦難之後才被產生的。基本公式相同，卻呈反方向運作。好像把車子轉到後波驅動。」

公民抗爭運動的權威強調，策略性非暴力行動或會造成嚴重衝突，並有可能導致嚴重傷亡。事實上，非暴力倡導者有時在這一點上甚至表現得異常冷酷。

「游擊戰的平民傷亡率很高。」夏普在二〇〇五年的一次採訪中解釋：「然而哲・古華拉（Ché Guevara）並沒因為有人被殺而放棄游擊戰。」夏普認為非暴力抗爭者的行為亦不會有所分別。[10]

對於抗爭運動的潛在後果，甘地則持坦率態度。在爭取印度獨立的過程中，他認為：「從沒有一個國家能夠不經歷苦難與火海淨化而能崛起的。」[11]甘地的解釋帶有強烈的精神意念成份。一直以來，他這方面的思想吸引了熱衷宗教信仰之士，亦令較為世俗的人卻步。甘地的思想範圍很廣，從印度教的禁慾苦行觀念以至基督教強調耶穌的救贖之苦——這些自願接受苦難的行動，激勵了幾個世紀以來的宗教運動，有著塑造歷史的力量。

現代公民抗爭的系統則把重點放在另一面向，從甘地的思想當中抽取出更實際的一面。即使不從靈性角度考量，單看實證結果，這些自願受苦的行為也能產生深刻影響，無論抗爭者是犧牲專業聲譽還是承受人身傷害。

非暴力行為會令抗爭者面對被捕、秋後算帳或身體創傷的威脅，使願意承擔風險的人能夠表現出勇氣和決心。當參與者必須問自己願意為抗爭運動犧牲多少時，就會更清楚自己的價值觀，並增強了抗爭意志，促成個人蛻變。在成功的社會運動中，組織者不斷要求參與者作出犧牲——時間上、精神上、資源上的付出，又或與鄰居家人因觀點不同而導致關係緊張，甚至因為在工作崗位挺身而出、冒險舉報而危害生計。非暴力抗爭運動常會把這種犧牲形象化，創造一個公開場景，讓當事人可以表現抗爭意志。因此，個人犧牲行為會帶來公共效果。

這些犧牲行動，會吸引公眾關注並引起公眾同情：一個抵制巴士運動的參與者願意步行五英里，卻拒絕乘坐設有種族隔離措施的巴士；一個老師為了反對學校預算削減開支，進行絕食抗議；一位環保主義者為了保護一棵老樹免遭砍伐，堅持坐在樹上數周；一個原住民權益倡導者為了阻止聖地的動土工程，將自己綑綁在推土機上。甘地認為這些公諸於眾的非暴力行動能夠有效激發公眾輿論、「促進將死去的良知復甦」並「促使人們思考和行動」。當旁觀者看到眼前的人遭受苦難時，他們很難完全置身事外。這些場景會促使他們選擇歸邊。[12]

許多人對非暴力行動有一種普遍誤解，以為那是透過犧牲行為打動對手的心，以此創造談判空間。實際上，犧牲行為不是為了改變對手的觀點，反而更多是為了影響身邊朋友。當一個人決定冒著個人安危或面臨逮捕時，這份決心就能撼動身邊的社區群體。

在民權運動期間，於田納西州的納什維爾等城市組織午餐櫃檯靜坐的黑人學生，就曾經歷這種現象。一九六〇年二月，來自費斯克大學、田納西州立大學和浸信會神學院的學生曾經受過甘地戰術訓練，他們走進市區的大型商店如胡禾夫（Woolworth）和卡利斯（Kress），先作小額購物，然後來到商店的午餐櫃檯坐下。一如以往，店主拒絕為黑人提供服務，於是學生就此坐著靜靜閱讀、做作業。員工試圖不作理睬，於是他們連續坐上好幾個小時，然後連續幾天重複靜坐。緊張氣氛隨即加劇。抗議之聲自然而然傳遍了納什維爾，而靜坐行動亦開始引來了白人暴徒。這些白人暴徒嘲弄學生，甚至在他們頭上倒奶昔。有時，暴力會來得更厲害。當年的靜坐組織者與未來的國會議員約翰·劉易斯（John Lewis）在他的自傳《隨風而行》（*Walking with the Wind*）中，回憶起憤怒的白人暴徒開始進攻的一刻：「我被擊中肋骨，不算太猛烈，但也令我倒在地上。跌下時，我看到其中一個白人暴徒把一根點燃著的香煙，燙在我們小組的一個男生背上。」即使學生保持克制、沒有回應這些挑釁，但是這群受害者還是因為違反警察要求他們離開商店的命令而被捕。[13]

當遇上這樣的報復對待時，學生們發現自己的父母、牧師和同學都被他們的行為所感動，這些都是以往不太夠膽發聲的人。紀錄片《矢志不移》（*Eyes on the Prize*）解釋：「當地黑人社區開始團結聲援學生。黑人商人向被捕人士提供食物、黑人屋主為籌募保釋金而抵押物業、著名黑人律師Z·亞歷山大·盧比（Z. Alexander Looby）代表學生作辯護。」家族成員亦互相勉勵扶持。「父母擔心被捕記錄會損害孩子的未來，也擔心孩子的安危。」他們以「自己錢包的力量」發起經濟抵制以支持靜坐活動。學生們的犧牲精神創造了一個良性循環，吸引了更多參與者，造就了更大的干擾力量。不久，市長被迫干預事件以平息動盪，而且在數月之內，納什維爾的店主更同意永久撤銷午餐櫃檯的種族隔離措施。[14]

※

「犧牲」和「干擾」各自都可產生強大力量，若把兩者放在一起，則能形成更加有效的配方。犧牲精神有助解決干擾行動帶來的兩個重大危機：公眾的強烈反感、迅速嚴厲的鎮壓。首先，犧牲精神可以引起公眾共鳴，從而減輕負面反應，亦有助動員更進一步的干擾行動；此外，犧牲精神可把干擾行動所帶來的鎮壓，轉化成為意想不到的能量。

佔領運動就是這種情況，「犧牲」與「干擾」互相配搭、相輔相成。從一開始，抗爭者就表示甘願忍受艱鉅困難，也要持續控訴華爾街的惡行。

這場運動最早的文宣圖像之一，是在加拿大雜誌《廣告剋星》（*Adbusters*）發佈的宣傳海報。畫面上是著名的華爾街銅牛，上面站著一個姿勢曼妙的芭蕾舞蹈員，後面聚集了一群帶上防毒面具的防暴警察。銅牛腳下只寫上簡單標句：「#佔領華爾街。九月十七日。帶備帳幕。」（#OccupyWallStreet. September 17th. Bring tent.）。

宣傳海報清楚建議參與者帶備帳幕，亦提示著防暴警察武力清場的潛在危險，頓時將行動與其他示威活動區分開來。那些慣常的示威活動，參與者可能會在某個下午攜帶一些標語出席，在指定示威區喊喊口號，一兩個小時後便收工回家。在佔領行動展開之際，記者和參與者都被組織者的號召所吸引，作好準備在曼克頓下城的混凝土地上打地鋪，於那些需為金融風暴負責的機構門前展示不滿。最初的佔領者所表現出的奉獻精神吸引了朋輩支持，亦引來一群對祖科蒂營地好奇的同情者。

但是外界的關注並沒立即建立起來。新聞頻道MSNBC的基夫・奧爾伯曼（Keith Olbermann）指出：「連續五天的靜坐、遊行、叫喊，亦有些人被逮捕，而北美報紙對佔領運動的實際報導，即使是批評行動為鬧劇或失敗，也僅限於曼克頓的免費報紙的一則報導與及《多倫多星報》的一個專欄評論。」[15]

這場運動此後還要經歷兩次重大進展，方能突破傳媒的實際新聞封鎖，而每次進展均因為抗爭者受到更大的個人傷害，令民眾對警察處理言論自由的方式感到強烈憤慨。

※

第一次關鍵事件發生於九月二十四日，這個炎熱的一天標誌著佔領運動已踏入一星期。那天，抗爭者徒步兩個半英里到達聯合廣場，然後轉身返回祖科蒂，但在回程之前，警察展開拘捕行動，總共拘留了八十人。

拘捕行動本身雖亦是一件重大事件，然而當日行動最具爆炸力的影響，卻是來自一段影片，當中記錄了隨後被確定為副警官安東尼・博洛拿（Anthony Bologna）的暴力行為：兩名女子被橙色的警察圍網所包圍著，並未有任何激進行動，博洛拿卻突然無緣無故靠過去，以胡椒噴霧近距離向著她們的臉部噴射。畫質粗糙的手機影片，捕捉到兩名女子痛苦跪地、掩眼慘叫的畫面。

警暴影片立即在網上瘋傳，四天內累積了超過一百萬次點擊，使佔領華爾街行動轟動全國，有關運動的文章大量湧現。警暴影片不但沒有對參與者造成阻嚇作用，反而激起了民憤，更刺激了新佔領者加入祖科蒂的大本營，亦促使紐約市以外的民眾思考如何為運動提供支持。

一周之後，佔領運動搖身一變，成為一個名符其實的新聞事件，而組織者亦能策動更大規模的遊行，以標誌著佔領邁進第二星期。

這次遊行，示威者朝往布魯克林大橋進發。當遊行隊伍接近大橋時，紐約市警方把示威者引導至橋面的主要道路上，然後迅速包圍了集會人士，有系統地圍捕了約七百人，並以索帶綁住被捕人士的手腕。在行人通道上的幾名抗爭者立即把圍捕過程即時網上直播，令拘捕行動在進行之際已成為轟動互聯網的事件。

這次搜捕行動是當時佔領運動最多人被捕的一次，也是紐約市歷史上最大規模的逮捕行動之一。但是，就像一周前的影片一樣，警方在布魯克林大橋上的濫捕畫面並沒有減退抗爭者的熱情，反而令運動成功建立了不斷升級的動力，吸引新參與者加入。數天之後的十月五日，佔領運動舉行了當時為止最大規模的遊行，參與人數達一萬五千人，當中包括紐約市最著名的工會代表團。

鎮壓對運動帶來助力而非阻力——這一點顛覆了傳統權力思維的常規觀念。對於非暴力抗爭者如何從當權者的鎮壓之下得到助力，此一課題其實已在公民抗爭領域得到充分研究。這種現象被稱為「政治柔術」。

柔術武者乃借用對手擊出的力量，反令對手失去平衡；策略性非暴力行動，則在政治衝突領域中發揮類似作用。

獨裁政權與武裝警隊均有充分的部署來應對武力衝突，而武力衝突亦為當局的暴力鎮壓甚至警隊武裝化提供了合理辯解和便利。這種情況下，主流傳媒都會非常樂意與之合作，當地新聞會針對抗爭者的暴力行為，為政權止暴制亂恢復秩序護航。

使當權者感到困惑和動搖的，是這種非比尋常的大無畏精神。吉恩・夏普說：「當非暴力抗爭面對政權的暴力鎮壓之時，會迸發出一種特殊的『不對稱衝突』局面。」在這種情況下，當權者使用武力可能適得其反，變相促進了反對者的決心。夏普解釋：「對非暴力抗爭者嚴厲鎮壓，會被認為不合情理、令人反感、不人道或危害……社會。」因此，武力鎮壓會激起民眾反抗，令同情的旁觀者加入示威行列，甚至使那些平時反對抗爭的群體變節支持抗爭。[16]

隨著佔領運動的發展，組織者不斷有機會在這種特殊的『不對稱衝突』中發揮所長。其中一次受到傳媒高度關注的事件，是加州大學戴維斯分校的示威行動。二〇一一年十一月十八日，全副武裝的防暴警察到場，開始清理學生架起的帳篷。一群約二十多人的學生團隊互相緊扣手臂，組成人鏈在通道上靜坐，企圖阻礙警方清場。

數分鐘之內，校園警官約翰．派克（John Pike）拿來了軍用級胡椒噴霧往學生噴射。影片顯示，派克隨意地走到示威者行列前面，噴灑有毒的胡椒噴霧，學生則彎下身體嘗試掩護雙眼。施暴的畫面再次在網上瘋傳。事件發生後，憤怒的學生和教職員呼籲負責襲擊行動的大學官員辭職。事件亦令運動繼續佔據全國的頭條新聞，更令派克成為「網紅」。派克隨意向蒙娜麗莎、披頭四甚至美國開國元勛噴射胡椒噴霧的改圖，在社交媒體Facebook和Twitter上瘋傳。

武力鎮壓反令運動壯大——佔領運動的這種發展其實不算獨特。抗爭運動之中有太多因素在發揮作用，所以很難確定「遭受苦難」是否值回代價；然而歷史當中卻經常出現這種案例：高壓手段往往成為變革運動的轉捩點。

塞爾維亞Otpor抗爭者被當局逮捕和毆打的事件，反令運動注入新血，使年輕人看到政權的妄作非為，因而意識到抗爭的必要性。作家馬菲．哥林（Matthew Collin）寫道：「他們認為他們這一代人正受到攻擊，因此決定是時候該反擊了。」[17]

在種族隔離制度下的美國南部，爭取公民權利的情況亦是如此。眾議院司法委員會主席伊曼紐爾．塞勒（Emanuel Celler）在一九六六年說：「有時候，民權運動的敵人反而是最佳『好友』，因為公民權利的敵人一次又一次給出證據向大眾證實……我們不能再停滯不前。」索爾．阿林斯基亦同樣說道：「『公牛』康納（"Bull" Connor）在伯明翰使出的警犬和消防水砲，在推動民權方面比民權運動人士本身更有效果。」[18]

※

阿林斯基指出康納錯判形勢，這一點的確是無可厚非，然而他卻同時低估了民權份子的功勞：民權組織者有技巧地製造了一個局面，使康納的暴政表露無遺並遭到廣泛譴責。雖然犧牲精神和干擾行動的確威力強大，但事實上社運組織者甚少會冒這麼大的風險，更少會連環採取干擾和冒險行動、在運動過程中持續展現更大膽的不合作態度。

而這正是「升級」（escalation）——除了「犧牲」和「干擾」之外，「升級」是鍊出爆炸性抗爭化學作用的第三個關鍵元素。

在公民抗爭領域，理論家和實踐者都強調了「兩難行動」（dilemma action）的概念，意思是如果示威行動能為當權者帶來左右為難的困境，則運動效果會更加顯著，令當局無論選擇採取任何反應，都只會有助運動推進。學生午餐櫃檯靜坐行動就是經典例子，如果學生被允許繼續坐在午餐櫃檯，他們就會成功實現目標：他們於白人專區靜坐，這個行動本身已打破了餐館的種族隔離措施；如果學生被強行驅趕，就會造成傳媒轟動，為種族隔離主義者帶來負面報導。行動亦令南方普遍流傳所謂「黑人和白人其實更樂於保持隔離」的說法被完全攻破，亦暴露了種族主義的醜陋、暴力和普及。面對這個進退維谷的兩難選擇，警方和商家都糾纏了好幾天，絕望地奢想抗議活動會自行消失。[19]

「兩難行動」在許多其他公民抗爭運動中也佔有重要地位。Otpor的惡搞行動就是另一個例子，使米洛塞維奇政權看起來不能開玩笑，亦凸顯了當局經常濫權的事實。同樣地，甘地的食鹽長征也令英屬印度政府沒什麼選擇餘地。某份民族主義報紙如此描述當時的兩難局面：「如果拘捕甘地就會燃點起整個印度的怒火，如果不拘捕他就會讓他成功以星火燎原……無論哪種情況，政府必輸，甘地必勝。」[20]

佔領華爾街運動所造成的兩難局面雖沒以上的例子那麼明顯，但某程度上亦逼使警察不得不在「尊重言論自由」和「維護華爾街銀行業利益」之間作出取捨，使他們處於尷尬位置。

「兩難行動」的重點，在於組織者所設計的抗議行動需令當局無法視若無睹，而且一旦遭到攻擊逮捕，亦會獲得公眾同情。「干擾」和「犧牲」都可在此派上用場：「干擾」能令示威行動無法被當局忽視，「犧牲」則使公眾更有可能站在抗爭者而非施暴者的一邊。為對手製造「兩難行動」，有助組織者設計出更有效的抗爭手段，然而完美的兩難局面其實不易構建。實際上，任何單一行動所能做到的影響都只是有限的，因此與其構思一個精彩絕倫的單一行動，更重要的是用心創造一連串行動，建立一種運動正在戲劇性地升溫的氣勢。

這就是逐步「升級」的重點。

學者祖安・邦杜蘭特（Joan Bondurant）鑽研甘地群眾運動的基本原則後強調，運動必須透過階段性的新行動逐步推進，避免停滯不前。

夏普受此分析影響，亦強調如要維持長期抗爭，組織者不能獨沽一味只懂採取同一戰術。反之，他們需要策劃一系列逐步升級的行動。他引用猶太拉比兼作家亞瑟・華斯科（Arthur Waskow）的話，說明目標是「令社會混亂升級而不使用暴力」。[21]

非武裝起義的組織者亦得出相似結論。一九七〇年代後期的反核能運動，是美國發展出現代非暴力直接行動的關鍵時期。在這個運動中，組織者試圖遵循一位激進主義者所說的「十的力量」（power of ten）原則。

當時他們召集參與者，企圖佔領紐咸西州西布魯克的一個正在計劃興建的核電廠地盤。組織者的目的，是確保每一輪行動的干擾程度都比上一次行動以幾何級數增大。他們深知這個計劃殊不容易，但卻真的成功了。歷史學家芭芭拉・愛潑斯坦（Barbara Epstein）報導：「一九七六年八月一日，十八個人沿著廢棄火車軌步行前往核電廠地盤，之後被捕。八月二十二日，在傾盆大雨中，有一百八十人被捕，當中包括來自波士頓和麻省西部的參與者。」這些都為翌年春天更大的行動鋪路。從一九七七年四月三十日開始，先後有約二千四百人抵達西布魯克核電廠地盤，並開始築起營地。國民警衛隊隨後逮捕了超過一千四百名示威者。被捕人士拒絕繳納保釋金，被關押在軍區拘留所內長達兩個星期。由於參與行動的人數愈來愈多，他們所表現出的紀律和決心也愈來愈堅決，令反核能運動成為了全國性的新聞故事。[22]

通過不斷「升級」獲勝的案例雖然戰績彪炳，然而出於各種原因，很少有人嘗試如此。首先是恐懼——參加一個可能帶來人身傷害或法律制裁的抗議活動，實在需要莫大勇氣。單冒一次風險已經不易，如要重複衝擊、以身試法，則需要非比尋常的信念。

對於結構式組織而言，公民抗命行動或會帶來嚴重後果：機構領袖和執行班子可能會被正式起訴、資產會被沒收、得來不易的常規政治籌碼會被損耗。

資深勞工策略顧問史提芬・勒納（Stephen Lerner）認為，這解釋了為什麼主流工會都不太願意嘗試更具干擾性的行動：「一些工會擁有數億資產、涉及數百萬工人的集體談判協議，他們不會貿貿然冒著法院禁令和政治打壓的風險，策動大規模靜坐、佔領或其他形式的公民抗命行動。」[23]

但這並非指工會沒有能力策動大規模的干擾行動。在某些特殊狀況，例如罷工期間，他們會投入龐大的人力、物力、資源來進行大規模不合作運動，他們的動員能力驚為天人。然而如此進取的非暴力行動很可能會帶來負面後果，存在顯然風險，因此穩健的工會團體領袖很少看到行動升級的好處。由於大規模動員運動可能不會在短期內產生功能收益，因此以政治交易為基礎的組織者或會看不到行動升級有何意義。

簡而言之，在面臨「是否行動升級」的決策時，工會等團體有太多理由要保守處理。因此，當他們選擇一條更為動盪的路線時，則尤其難能可貴。

※

以佔領華爾街為例，運動往往在缺乏周全而有意識的計劃之下自行升級。在意外地成功號召「讓佔領遍地開花」之後，帳篷城市在祖科蒂以外的地方廣泛擴散，從奧克拉何馬州的塔勒奎赫到尼日利亞的拉各斯，如雨後春筍般冒起。一項追蹤佔領運動發展的研究，在最高峰時期總共列出了一千五百一十八個營地。隨此之外，佔領運動也以其他方式升級。營地本身固然重要，然而佔領區亦充當了其他抗議活動的跳板：佔領者發動了干擾銀主盤拍賣、銀行接待處靜坐、設立封鎖線保衛遭受掠奪性貸款計劃侵害的家庭免被封樓逼遷等行動，更夥拍勞工團體和地區組織動員遊行。二〇一一年十月五日，服務業者國際聯盟（Service Employees International Union，SEIU）、美國僱員聯合會（American Federation of State, County and Municipal Employees，AFSCME）和美國通信工人（Communication Workers of America，CWA）等工會加入遊行，吸引了數千名參與者。那個秋天，形形色色的抗議活動一浪接一浪，使人感到佔領運動正在不斷升級。[24]

佔領運動的升級或許並沒經過精心設計，然而其他重大的公民抗爭運動則打從一開始就計劃要逐步擴大規模。在塞爾維亞，以叛逆文化及惡搞行動起家的Otpor，其抗爭行動的每一個項目都緊扣著他們的終極戰略目標。當運動達到頂峰時，全國的大規模公民抗命行動就是為了迫使米洛塞維奇承認總統選舉結果。

在伯明翰，組織者亦是從一開始就計劃要把行動逐步升級。在運動的過程中，組織者屢次重申要推進行動升級及擴大規模。他們並非單憑一項行動向市內店主施加壓力，而是透過一系列的戰術部署，有計劃地循序推進，當中包括店鋪內的靜坐抗議、全城杯葛行動，以及導致大量抗爭者被捕的大規模示威遊行。

社會學家愛頓・莫里斯（Aldon Morris）寫道：「南方基督教領袖會議曾預計伯明翰會是一場漫長的抗爭。『C計劃』是根據精確的時間表而作出準備的，旨在令行動的戲劇效果最大化。」當預計的時間表遇上了突如其來的波折而需作出調整時，民權組織者就必須面對艱難的形勢，決定如何繼續將行動升級。換句話說，伯明翰行動的許多關鍵決定，都圍繞著「升級」這個問題。[25]

馬丁・路德・金當年排除眾議，決定在耶穌受難節當日冒險參與行動，就是一個艱難的決定。事實證明他的直覺準確無誤：當地的抗爭者因為他親自落場與康納正面對抗而大受鼓舞，而且僅僅宣佈他將面臨逮捕的消息，就已贏得全國報紙的頭版報導。[26]

然而，因他被捕所產生的能量卻只持續了一段時間。三個星期後，運動再次面臨停滯不前的危機，伯明翰的組織者再次做出了艱難而富爭議性的決定，允許本來就渴望參與運動的高中學生加入行動。這成為了運動最關鍵的升級，使康納的暴政表露無遺。歷史學家亞當・費爾克勞夫（Adam Fairclough）寫道：「動員孩子加入示威行列，為運動力挽狂瀾。」[27]

印度的食鹽長征則是另一例子，展現非暴力抗爭組織者如何逐步把行動升級、向目標對手施壓。甘地出海採鹽的行動，只是一場更廣泛的公民抗命行動的第一階段，運動很快爆發至數百萬人參與。後來成為印度總理的賈瓦哈拉爾．尼赫魯（Jawaharlal Nehru）寫道：「感覺就像春天突然被釋放了。」運動雖遭英屬印度殖民當局嚴厲鎮壓，然而抗爭者重新動員抵制英國布料，由英國任命的印度官員紛紛辭職，全國各省更發動罷工行動。不久，著名官員如加爾各答市長等因在公共場合閱讀煽動性的文學作品而被捕。[28]

歷史學家朱迪思．布朗（Judith Brown）認為食鹽長征引發了一種「道德熱情，催使抗爭者對抗不公義的法律，即使可能會遭受警暴的報復行動而招致嚴重的人身傷害」。一九三〇年五月，甘地在食鹽長征之後策動了另一次非暴力行動，號召民眾衝擊達拉薩納鹽場。結果僅在一項行動中，在示威者毫無反抗之下，因警方的暴力圍剿而導致兩人死亡、至少三百二十人送院。公民抗命行動持續全年，據估計，全國各地的被捕人士迅速超過六萬人。只有當甘地察覺到運動無法再進一步升級之時，他才與歐文動爵尋求和解方案。[29]

※

連同「干擾」與「犧牲」，「升級」已成為重大公民抗爭運動的一條命脈。從印度到伯明翰再到塞爾維亞，其影響力無庸置疑。佔領華爾街運動又如何？一如阿林斯基沒有把功勞歸於民權運動組織者巧妙將種族隔離議題推上頭條，佔領運動組織者亦遭受同樣待遇。他們雖把貧富不均問題推至全國討論層面，其貢獻卻常被忽視。實際上，有學者甚至質疑佔領運動有否真的成功爭取到什麼成果。政治分析家安迪・奧斯特羅伊（Andy Ostroy）在二〇一二年提出結論，狠批佔領運動「對美國生活沒有任何實質影響」；同樣地，《紐約時報》的安德魯・羅斯・索金（Andrew Ross Sorkin）在祖科蒂公園佔領一周年紀念之際寫道，佔領運動無非是「一時風行」，「即使會被歷史記載下來，也只是一個備註點而已」。[30]

佔領華爾街運動的確可能無法在歷史上得到應有的重視。佔領運動雄心勃勃，願景甚為遼闊，因此容易令人感到失望。歸根究底，參與者渴望實現的是經濟結構的革命性轉變，以及民主政制由下而上的徹底改造，因此若把佔領運動實質成功產生的政治回響與其宏大的初衷相比，則會很易得出「運動沒有達標」的結論。

即使以較現實的標準來判斷，佔領運動有否充分發揮其動員潛力，也是一個爭議問題。勢頭驅動的組織與全無組織的大規模抗議活動之間的分別，在於有否試圖刻意利用和維持干擾行動爆發的力量，目標旨在持續推進一浪接一浪的行動。佔領運動則並未做到這一點。

像許多其他大規模抗議活動一樣，佔領運動沒有足夠裝備以延長群眾起義的短暫周期。雖然組織者透過討論大會和工作小組來組織參與者，他們卻很快發現了結構性的局限：運動因為沒有前載協調，所以難以向分散的參與者傳達整體戰略；由於缺乏群眾培訓的文化，因此只能以非正式的渠道把運動基因與原則傳遞給新參與者；各路佔領者亦從來沒有就變革的理念達成共識。

因此，運動的大部份行動升級均只屬意外收穫。對於某些佔領者來說，擴大抗爭層面甚至不是運動目標。他們著重的是佔領區內的社群建立，而不是創造社會變革的策略行動。他們甚至敵視主流傳媒，亦不關心如何贏取公眾支持。

最後，勢頭驅動的組織會非常關注如何與結構式組織互相合作：組織者會試圖拉攏那些本來不願冒險的大型團體，以此擴張聲勢。相比之下，不少佔領常客對「被收編」的戒心甚重，以至無法與佔領區以外的界別合作。

不只外界評論員注意到這些問題——運動消散後，一些對運動組織模式感到不滿的中堅份子進入了一段自我反省期，就像最終在塞爾維亞發動Otpor的學運參與者一樣。

佔領運動雖然確有不足，但亦不該讓缺點完全掩蓋其正面影響。需知道佔領運動最初發起之時，財務資源極為短絀，既沒員工亦沒辦公室，連成員名單也欠奉，而且在為時數月的高峰期間，主要是靠運動本身的勢頭而非任何外部支持來推動進展。

然而即使缺乏架構支持，佔領運動仍能成功把核心議題帶上全國討論的熱點，這是過去幾年即使更強大的組織也無法達到的成果。「干擾」、「犧牲」和「升級」的化學作用，最終產生了大大小小的具體影響。

佔領運動其實亦有為民眾爭取到直接的權益，尤其在房屋問題上收穫甚豐。

佔領運動的爆發，為當時既有的一些反對銀主收樓行動注入了強大動力，吸引了大量關注和志願者支持。在紐約布魯克林區，一個名為「組織佔領」（Organizing for Occupation）的團體，以歌聲和口號打斷了至少一場公開的銀主盤拍賣；在俄亥俄州克利夫蘭，佔領者在一名婦女家前的草坪上紮營，成功阻止了收樓和逼遷令；亞特蘭大的佔領者合力協助受了傷的伊拉克退伍軍人布里芝特・沃克（Bridgette Walker），既守衛了她的家園，亦同時向大通曼克頓銀行施壓。沃克在債務重組談判成功後表示：「他們讓普通人也參與其中——這些和我一樣的普通人幫手聯絡大通銀行，為我爭取權益、和平示威、打電話和寫信。」一項名為「佔領我們的家」（Occupy Our Homes）的行動，在全國各地追踪並協助類似案件。[31]

佔領者亦在銀行服務方面成功爭取了一些功能性的用戶權益。二〇一一年十一月五日舉行的「銀行轉帳日」行動，鼓勵那些在主要銀行（尤其是美國銀行）開戶的人將業務轉移至信用合作社。隨著佔領運動的勢頭增強，行動的參與率亦因而激增。當「銀行轉帳日」到來時，有六十五萬客戶將四十五億美元的資產從主要銀行轉移到信用合作社。新聞網站《沙龍》的安德魯・倫納德（Andrew Leonard）說道：「這裡四十五億美元、那裡四十五億美元，很快，即使對於摩根大通銀行那也算是『真錢』了。」

貝思佩奇聯邦信貸聯盟（Bethpage Federal Credit Union）的行政總裁卻克・高德列斯基（Kirk Kordeleski）告訴《紐約每日新聞》：「對於信用社來說，這是非常好的時期。」相反，美國銀行家協會（American Bankers Association）的行政總裁黛安‧卡西－蘭德里（Diane Casey-Landry）則稱，佔領運動所產生的反銀行情緒，是對銀行業「聲譽的一記重擊」。[32]

但這並非僅僅是個公關問題。當美國銀行宣佈將對賬戶餘額低於二萬美元的銀行卡持有者收取五元月費時，身兼兩份保姆工作卻仍屬就業不足的二十二歲應屆大學畢業生莫莉‧卡切波爾（Molly Katchpole）展開了網上請願行動，抗議這項剝削貧窮用戶的政策。在佔領運動帶領下的反銀行氣候中，請願行動極速蔓延，瞬間獲得三十萬個簽名。卡切波爾現身當地銀行分行，當眾剪斷了銀行卡，片段在YouTube視頻上熱播。未幾，她就接到了ABC和CNN等新聞頻道的電話，希望跟她做專訪。到了十月二十八日，美國銀行「重新調整」其服務收費，更終止了低餘額月費計劃。富國銀行和摩根大通銀行亦隨即跟隊。[33]

最後，佔領運動更為工會團體作出了具體貢獻。佔領者組織了勞工外展委員會（Labor Outreach Committee），利用運動所凝聚的能量和志願者資源，協助工友爭取權益。威訊通信（Verizon）的員工、西岸的碼頭工會（Longshoremen）、哈珀柯林斯（HarperCollins）出版社的員工、哈佛大學飯堂員工以及蘇富比的藝術品處理員，全都因為佔領運動的關係而受益。碼頭工會成功為五萬名港口工人贏得了首份工會合同，工會的波特蘭代表積克‧穆卡希（Jack Mulcahy）認為，佔領運動是「把企業帶到談判桌上、令他們願意達成和解的關鍵要素」。[34]

他補充說：「無庸置疑，是碼頭工會與佔領運動之間的團結和組織力，贏得了這份合同。」

※

這些直接而「貼地」的勝利固然重要，然而佔領運動最深遠的影響，就是改變了全國對於財富分配失衡的政策討論方向，並因而促使了相關政策和選舉政治的變革。佔領運動前，於二〇一一年的夏天，國會共和黨人成功把公眾注意力導向至控制聯邦預算赤字、設定債務上限、監督政府項目和社會服務實行緊急大幅削減等議題上。新聞網站*ThinkProgress*的一份報告顯示，在佔領者抵達祖科蒂公園的前一個月，CNN、MSNBC和Fox News等新聞媒體提到政府債務問題的頻率，是失業問題的十五倍。[35]

兩個月後，隨著佔領運動的爆發，這個趨勢被完全逆轉。《商業周刊》記者丹・比克（Dan Beucke）寫道：「夏天之後，華盛頓的經濟議題主要圍繞削減財赤的討論——不是裁員問題，不是貧富懸殊問題，當然也不是金錢掛帥的政治生態問題。但是今天情況轉移了。我在這裡每天早上的工作，就是收集有關財富分配議題的故事。可選材料的數量之多，令人印象深刻。」[36]

這些變化比起佔領營地的壽命更為持久。二〇一二年一月，在佔領運動被清場了一大段時間之後，皮尤社會與人口趨勢研究中心（Pew Social and Demographic Trends）

的高級編輯理察・摩連（Richard Morin）告訴《紐約時報》：「『收入不平等』不再限於經濟學家的討論……這個議題從財經版躍升至頭版。」在此之後的幾個月，數據庫搜索顯示，美國報紙上提到「收入不平等」的次數仍然是佔領運動開始前兩倍之多。[37]

想以付費廣告達到這個效果，得花上數千萬美元，而且就算廣告商或傳統政治宣傳運動願意花費這筆資源，亦無法保證能夠影響公眾討論方向，但是他們仍會願意大花手筆，因為只要公眾稍微改變取態，已能產生重大影響：扭轉選舉結果、動搖公投意向、大幅改善產品的銷售趨勢。

在佔領運動爆發的同一年秋天，俄亥俄州的保守派議員正在推動一項反工會的立法，與共和黨州長史葛・沃克（Scott Walker）在威斯康辛州所通過的立法極為相似。如果這項被稱為「SB5」的議案獲得通過，將會限制工會從俄亥俄州的會員收取會費，並嚴重削弱公共部門的工會勢力。這個問題最終付諸十一月的公投表決，讓選民有機會廢除議員所提倡的議案。由於威斯康辛州和密芝根州已先後經歷重大失敗，因此全國工會的優先事項，就是贏得公投選票。

佔領運動改變了工會行動的形勢。「十一月初，我在俄亥俄州花了一周時間採訪了數十人，並報導了『SB5』公投前的情況。」《鍾斯夫人雜誌》記者安迪・克羅爾（Andy Kroll）寫道：「我拜訪了民主共和兩黨的據點，與自由主義者和保守派、工會領袖和社運份子進行交談。令我震驚的是，這個議題在俄亥俄州發生了巨大變化，這很大程度上要歸功於佔領運動所產生的能量。彷彿一場大浪潮把撤回議案的支持力量全面提升了，而要完全領略箇中微妙之處，可必須身歷其境。」[38]

當服務業者國際聯盟的總裁瑪麗．琦．亨利（Mary Kay Henry）逐家逐戶拍門洗樓拜訪選民時，她告訴克羅爾：「每次談話都總會帶到『99%比1%』的概念，這是一個由佔領運動所引發的議題。」在投票當日，勞工團體大獲全勝，「SB5」議案慘敗。隨後，亨利說：「佔領運動為這場鬥爭奠定了基礎。他們在三十天內徹底改變了討論的框架。」[39]

不只俄亥俄州發生轉變。紐約州州長安德魯．古莫（Andrew Cuomo）被佔領者戲稱為「1%州長」之後，他也改變了立場，轉軚支持州內擴大「百萬富翁稅」的議案，把高收入人士的稅率提高，為勞工階層和中產家庭帶來減稅優惠。該法案一度被認為已是壽終正寢，但在示威者於州議會大廈外豎起「Cuomoville」（古莫村）的標語之後，法案得以死灰復燃。《紐約時報》報導，各州立法會議員「高度讚揚佔領運動改變了奧爾巴尼的政治氣氛，本來當地議員是打算讓『百萬富翁稅』到期後自動失效的」。加州州長謝利．布朗（Jerry Brown）於同月亦在加州採取了類似措施。美聯社標題報導：「你可以感謝佔領運動使加州和紐約的『新百萬富翁稅』得以訂立。」[40]

在洛杉磯，佔領者協助推動「負責任銀行」條例，迫使與該市有業務往來的銀行發佈有關其貸款業務營運守則的數據。《洛杉磯時報》解釋，多年以來「條例草案……一直萎靡不振，但打從去年十月市政廳外示威者的來臨，就為議題帶來了新的動力」。議案成為了法律，加州的屋主權益法案也成為了法律，為面臨銀主收樓的家庭提供了一系列權益和保護。這些州級議案在過去幾年一直遭銀行說客擊敗，但在佔領運動的帶動下，關注房屋議題的活躍份子卻把議案成功推進。[41]

以上的每個案例，或會有人認為佔領運動並非其勝利的唯一原因，然而草根動員力量爆發所作出的貢獻卻的確不容忽視。隨著類似的項目往前推進，《紐約時報》報導：「顯然，我們已感覺到佔領華爾街運動的影響。」[42]

在全國各地，佔領運動的文宣滲透到許多重要的競選活動當中，提升了候選人的勝算，例如麻省的伊麗莎白・華倫（Elizabeth Warren）就在採用了「99%」的口號後贏得參議院議席。

在挑戰奧巴馬的總統大選中，身為共和黨總統候選人的億萬富翁米特・羅姆尼（Mitt Romney）原本計劃高調以自己投資銀行負責人的背景作為二〇一二年大選的主要賣點。最後，他與投資銀行的關係反而成了負累。[43]

的確有太多因素影響著總統大選的結果，所以不能說佔領運動起了任何決定性的作用；然而一些本身對佔領運動持懷疑態度的政治評論員，卻提到佔領運動對大選選情帶來了部份影響。

《華盛頓郵報》記者克里斯・西里薩（Chris Cillizza）雖然質疑佔領運動是否有任何「深遠影響」，但他總結道：「運動有助重新建構及強調奧巴馬總統乘著民眾主義而來的選舉路線。」同樣地，安德魯・羅斯・索金亦在《紐約時報》上承認，佔領運動的信息「在奧巴馬總統競逐連任期間，無論是關於向最高收入者徵稅還是學生債務飆升等議題，都巧妙地滲透至民主黨的立場裡」。[44]

佔領運動既未能引發翻天覆地的變革，亦沒有把大銀行的勢力連根拔起，所以即使最堅定的佔領者也無法宣稱他們完成使命——尤其當中許多人都不是民主黨的支持者。然而若要評論佔領運動的意義，就必須連同上述的連串影響和成果一併衡量，以此平衡那些認為運動一無是處的斷言。

在二〇〇八年金融風暴之後，政治分析員等了好幾個年頭看民怨何時爆發。美國一些最有規模的團體都曾竭力發動抗爭，但卻苦無成果，民怨無法被煽動。最終爆發出來的公民抗爭改變了這種冷淡局面，雖非毫無缺陷，然而佔領運動卻展示了非武裝起義如能善用「干擾、犧牲、升級」的化學作用，就能發揮莫大能量和潛力。

策略性非暴力衝突並非每次都能像佔領運動般誘發熱烈參與和活動，但是佔領運動的經驗表明，這種現象在許多公民抗爭運動中重複出現。如果把勢頭驅動的組織能力發揮到極致，就能為公共空間創造新的可能，令慣常的政治規則似乎暫時中止，令群眾懷著滿腔熱誠的希望和創造力，以行動作出回應。

歷史一次又一次爆發公民抗爭熱潮，置身其中的人都總是覺得既振奮亦茫然。不是每個人都能理解眼前現象，但他們全都毫無例外，知道自己正在經歷一個非比尋常的時刻。

他們遇上了「旋風」。

公民抗爭乃社會運動組織者與當權者之間的長期角力，以爭取大多數人的民心、想法和支持。

——比爾・莫耶（Bill Moyer）

第七章・旋風時刻——The Whirlwind

二〇〇一年四月十八日下午，哈佛大學學生勞工團結小組的四十八名成員走進了麻省堂，這是大學校長辦公室的所在地。學生們佔據了會議室、大堂、一間辦公室、一個洗手間及外面的走廊後，坐下來，宣佈不會離開大樓，直至校園的管理員、保安員和餐廳工作人員的最低工資達到時薪十．二五美元的水平為止。這是「哈佛生活工資靜坐行動」的開始。[1]

在過去的兩年半，學生對當地的生活成本以及外判商支付給校園工作人員的薪金進行了詳盡研究。他們曾到宿舍洗樓遊說，亦通過了請願行動；他們曾與校園工會協調，與大學職員、教職員和校友舉行了無數次單對單的會議，又舉行了公開演講和私會代表團。所有活動都是為了向大學校長尼爾．魯登斯汀（Neil Rudenstine）和哈佛大學公司施壓，要求他們正視問題：在這間全球最富有的大學，其服務員工的工資卻被剝削。二〇〇〇年底，也就是哈佛大學宣佈其基金會收益超越一百九十億美元的同一年，校園裡約有一千名員工每小時收入不到十美元，當中主要是新移民和有色人種，有些員工的收入只是僅僅高於麻省最低工資規定的六．七五美元。如此微薄的時薪導致一名員工與其孩子生活在貧窮線之下。[2]

哈佛大學坐擁巨額財富，其最低薪的員工卻每天面臨溫飽問題，兩者之間的對比相當驚人。靜坐學生為員工製作口述歷史，四十歲的清潔工人卡羅爾．安．馬拉泰斯塔（Carol-Ann Malatesta）講述了自己的故事：「這工作本身就夠爛了好吧？很累，很辛苦，但只要打掃乾淨、掩住鼻子，然後跟自己說：『我有三個孩子，我愛我的孩

子，我愛我的孩子。我希望孩子們快樂。』財政上，我現在還可以……我能夠搬出了貧民區，但你知道吧，交完稅、日托費用和汽車保險後，晚上就得去食物中心和慈善食堂找吃的，然後從垃圾堆中為孩子找衣服、玩具和家具……我的意思是，孩子們都不覺得自己很窮。當我們去慈善食堂時，他們還覺得自己是上餐廳。管他的！那是免費食物……不浪費，不要求。」[3]

六十歲的保安弗蘭克・莫利（Frank Morley）談到了開兩班工的壓力：「我在哈佛工作到下午四時，然後上火車，喝杯咖啡，吃份甜圈餅，下火車，從車站步行二十分鐘到我的第二份工作——超級市場。這也沒賺到幾多……但算是幫補一下，所以我會做到晚上十點半，都是包裝、入袋和點貨……通常會很累，一躺上床就直接睡昏了。但你試過累到睡不了嗎？有時也會，真叫我發瘋。無論如何，我零晨四點又起床了。我不是需要高薪厚職的人……都只不過在說謀生而已。」莫利總結道：「堂堂哈佛大學，擁有這麼多錢，卻只給員工付八・五美元時薪，試問如何說得過去？他們應該感到羞恥。」[4]

※

哈佛行政部門無動於衷。雖然這樣的員工故事產生了道德上的緊迫性，但學生的行動卻遇到了官僚主義的阻撓。此前，大學成立了臨時聘任政策委員會，由校長辦公室屬下的管理人員和教授組成。委員會成員花了一年時間討論大學作為僱主的角色，最終拒絕了生活工資標準的政策。經過兩個多月的計劃，學生希望透過靜坐抗議，打破這種固步自封的態度。[5]

起初，校園反應平淡。學生組織者召集了支持者每日在哈佛草坪集會，而代表校園員工的工會成員也會出席。一開始，參加者都是已經參與工會或較進步進取的學生團體的人，然而在接下來的幾天，靜坐活動開始逐漸受到關注。

在佔領麻省堂的第三天，參議員泰德．甘迺迪（Ted Kennedy）出乎意料地現身到訪以示支持，更隔著窗戶與學生握手。美國勞工聯合會及工業組織大會（AFL-CIO）的高級官員在一周內也對運動表示支持。然後，即使一隊學生仍然留守大樓，組織者還是決定將行動升級，在外圍築起帳篷，佔領平日園藝精緻的哈佛草坪。此舉不僅使佔領行動變得更加明顯，更令那班致力維護校園完美景觀的校方管理人員不是味兒。未幾，臨時營地迅速膨脹，駐紮了一百多個帳幕，當中不僅被學生使用，還被周邊社區人士進駐。

一個奇特的轉向開始發生。

不久之後，行動所產生的能量已明顯遠遠超出了校園學生勞動組織一般所能發動的效果。「我們努力為靜坐行動作出精心組織和計劃。」當時大學四年級的其中一位行動負責人艾米．奧弗納（Amy Offner）說：「但是一周之後，整個運動擴張至一個地步，令我們每個人都只能掌握當中一小部份。」[6]

運動開始得到全國傳媒關注。在靜坐行動之前的兩年間，學生們一直與當地和全國傳媒認真交流；當行動展開時，他們亦持續與傳媒加緊聯繫，因此當行動開始獲得動力時，這些努力就得到了很大回報。到了第二周，行動在主要網絡的晚間新聞均有報導。大學官員堅決表示他們不會屈服於學生的訴求，但對於武力清場亦顯得相當猶豫。局勢開始緊張，新聞媒體亦意識到這個轉向。示威學生佔領校長辦公室的大樓、在窗邊懸掛橫額的影像被廣泛傳播。《紐約時報》專欄作家鮑勃・赫伯特（Bob Herbert）花了數篇文章支持靜坐行動：「無論最終如何完場，示威學生已為我們作出了重大貢獻。對於勞工階層男女工友被剝削的事實，甚至在哈佛這樣宏大的學府也如此，我們不能再視而不見、袖手旁觀。」[7]

在靜坐行動之前，運動一直堅持不懈地與其他學生團體接觸，說服他們支持生活工資的訴求。靜坐行動展開後，事態有所不同。以前對服務人員工資一無所知的學生，現在都積極談論這個議題，更有大量學生希望參與協助運動。其他校園小組舉行會議時，無論事先是否被列入原定議程內，靜坐行動都會變成優先討論事項。哈佛大學黑人學生協會的一位領袖更把小組帶到麻省堂的佔領區外，進行種族和貧窮議題的義教。奧弗納說：「是他自發做的。無論我們是否成功與他聯繫，他都會這樣做。」

最終，全國各地的主要新聞網絡及著名報紙都報導了靜坐行動。奧夫納說：「靜坐期間所獲的新聞報導，要比兩年來累積的還要多。」哈佛的總法律顧問在靜坐展開時正在亞洲度假，所以還未得悉事態發展。據報導，她是在東京機場的電視新聞，看到靜坐行動的片段，方才了解到校園的情況。

突然之間，靜坐行動成為了流行熱話，大家爭先公開支持運動。一些力撐運動的教授，更說服了近四百名教職員簽署並籌募款項，在《波士頓環球報》上刊登了全版廣告表態支持生活工資；更有幾位教授戲劇性地在麻省堂大樓的窗外講學，以示支持。

學生運動組織者事前早有意識，知道不能讓校園工會被視作需為靜坐負上法律責任，但工人自己卻將這場運動當作自己的運動。飯堂服務員為佔領學生送上薄餅、保安人員接受記者訪問親述經歷、清潔工人自發遊行堵塞哈佛廣場的交通。約三百名正與大學進行合同談判的食物服務工人作出了罷工投票，然後遊行到哈佛草坪匯合靜坐參與者，拼湊成聲勢高漲的場面。他們的投票意向，令管理者擔心大學會面臨進一步的全面工業行動。

靜坐進入第三周，約一百名哈佛校友亦在紐約市的哈佛俱樂部進行為期一天的靜坐聲援行動。研究生在草坪懸掛標語，以示各個部門聯成一線，例如「法律學生支持生活工資」、來自教育學院的「教師支持生活工資」，以及令人一見難忘的神學院標語：「上帝支持生活工資」。[8]

到了這個時候，麻省堂外面的營地已經有了自己的生命。「哈佛草坪已經從一個恬靜的園藝環境，變成了一個陣營龐大密密麻麻的帳幕城。參與者之多，甚至需要一個輪候名單供希望在營地露宿的人登記。」大學三年級學生賓．麥基恩（Ben McKean）寫道。愈來愈多人以「帳幕城」作為地址。靜坐行動未結束前，帳幕城的居民甚至舉行了市長選舉，而美國郵政總局更會派送信件至城內。有一次，有人發起在哈佛草坪為佔領者舉行燒烤大會。「這是最瘋狂的事情。直到今天，我仍然不知道這是怎樣組織出來的。」奧弗納回憶道：「有一位參議員帶了蔬菜出現。」[9]

靜坐行動之前，校園裡的學生勞工關注組會議平時約有二十五人出席。奧弗納說：「較差的時候，可能只有十至十五個核心人員參與。」相比之下，當靜坐如火如荼之時，有數百人積極參與其中；組織號召的示威遊行，更吸引多達兩千人參加。

進入第三周，在較早之前曾堅稱辭職也不會讓步的魯登斯汀校長，正落力尋求挽回面子的方案。行政部門與學生進行深入談判，而學生則由AFL-CIO的頂級律師無償義務代理。二十一天之後，他們宣佈達成和解協議。

佔領者在眾多校園工作人員、同學和社區支持者的歡呼聲中，從麻省堂走出來，在哈佛草坪沐浴於日光之中。運動接受了象徵性的勝利：在主要條款中，學生與校方協定暫停外判，並成立一個真正有工會和學生代表參與的委員會，負責建議新的工資和福利政策。和解協議中雖沒保證能夠達到生活工資，然而事後還是成功達成此項訴求。在一年之內，談判有了實質成果，新合同保證了校園中收入最低的服務人員也可獲約十一美元的時薪。當年秋季，在新學年開始之時，全國各地至少有四十間大學爆發了生活工資運動。[10]

※

「我覺得我三個星期都沒睡過覺。」奧弗納回憶靜坐的時期：「我覺得所有組織者都如是。」建立學生勞工組織的運動核心成員當然會全情投入、不眠不休，然而令她驚訝的卻是那些不請自來、熱心參與的人們。

「兩星期之內，神奇的事情發生了，簡直可說是個奇蹟——那些不怎麼參與行動、甚至以前從沒參與學生運動的人，也同樣不眠不休，將所有時間心機都花在帳幕城上。太不可思議了。」[11]

每隔一段時間，我們總會目睹一場場看似違反政治常規的激烈抗爭出現眼前：公眾突然不再政治冷感，抗爭運動忽然遍地開花，組織者看到集會擠滿新參與者，亦不需費盡心思激發支持者主動參與，因為公眾全都自動自覺熱情投入，令社運老手也大吃一驚。主流分析員則更為愕然，會將之描述為類似即興爆發的事件；當權者亦發現，他們原先對一些社會不公義的合理化辯解，也被重新挑剔檢視。

正是在這樣的一個高峰時刻——乘著一九六一年自由乘車運動的民權抗爭熱潮，阿林斯基半夜接到門生尼古拉斯．馮．賀夫曼（Nicholas von Hoffman）的激動來電。在芝加哥聖西里爾教堂舉行的自由乘車運動集會逼滿觀眾，令這兩位結構式組織者專家一致決定：暫時擱置其結構主導的常規方針，善用那段非常時期的龐大動力。他們稱這種不尋常的狀態為「旋風時刻」（moment of the whirlwind）。[12]

這是一個恰當的名堂。雖然旋風時刻經常發生在不同的社會運動中，但卻甚少被認真反思研究，甚至沒被命名。然而，光從千禧年打後，我們已經看到各種規模的旋風時刻出現眼前。哈佛大學生活工資靜坐行動激發了整個校園，在大學社區掀起了澎湃的抗爭和公眾參與浪潮；被稱為二〇一一年威斯康辛州起義的抗議活動以州首府麥迪遜為中心，鼓動了全州民眾的支持，聲討保守派州長破壞公共部門工會的舉措；佔領華爾街運動掀起了全國旋風，佔領營地橫跨東西兩岸，更蔓延至其他國家地區；席捲中東的阿拉伯之春亦是影響全球的旋風，讓人聯想起一九八九年橫掃東歐的革命浪潮。

旋風時刻的主要特徵，就是必然涉及一件戲劇性的公共事件又或一系列事件，從而引發翻天覆地的連鎖反應，而事態的發展會迅速擴大，超越任何一個機構所能操控的範圍，亦會啟發一些洶湧而來的分散行動，凝聚一群從沒參與社運組織的人。

個別學者早已觀察到這些非典型狀態。政治學家阿里斯蒂德·佐爾伯格（Aristide Zolberg）將其形容為「瘋狂時刻」，即一段政治氣氛極為活躍的時期，能令「生活在現代社會的人相信『一切皆有可能』」。大多數長期參與社運的人均曾至少經歷過一次這樣的時刻，當他們回溯自己最初投入政治活動的契機，往往就是基於這種高潮時期。當被問及當時的社會狀況，他們通常會以夢幻的感覺回憶起當時充滿奧秘又激盪人心的氛圍。[13]

然而，旋風時刻顯然未被深入研究。大多數的社會變革模型均沒將之納入考慮，因此旋風時刻更常被認為是一種異常狀態，不被視為一種成功社會運動的常規特徵。傳統政治分析家認為，大規模干擾行動的爆發是一種歷史潮流的產物，沒人能夠有意識地策動這樣的風潮。大部份社運組織的系統均無法抗衡這種論述。

專門研究干擾式抗爭的理論家弗朗西斯・福斯・皮文和理查德・克洛沃德，一直強調大規模動員浪潮的歷史偶然性，很少提出如何刻意引發狂潮的方法。社運參與者本身亦被這種偏見所薰陶。當超乎常規組織的群眾抗議活動爆發時，許多新晉示威者都把運動的突然崛起看作是獨特的命運使然——既沒先例可循，亦無從預測發展。他們只是在想：「人民終於覺醒了。」[14]

地區組織和勞工團體方面，結構式組織者認為這等爆發過於零散和不可預料，所以無法依靠。因此他們不會嘗試了解旋風時刻，也不會思考如何將群眾的熱潮納入其組織策略之中。

勢頭驅動的組織則提出了幾點主張，以此挑戰上述觀念。一些研究非武裝起義如何運作的人認為：第一，旋風時刻並沒想像中那麼罕見；第二，當旋風時刻自然爆發時，是有一套技巧能夠有效將之駕馭利用的；第三，組織者如果有策略地將非暴力行動不斷升級，有時足以引發歷史浪潮。

※

如果不想總是在政治活躍浪潮的爆發之中隨波逐流，那麼第一步就必須先認清楚這些浪潮絕非純屬巧合；相反，這些浪潮其實相當常見，亦對社會運動的起伏周期起著重要作用。

社運家、教育家兼作家比爾・莫耶（Bill Moyer）一生致力研究社會運動周期的典型波動。莫耶出生於一九三三年，在費城東北長大，父親是個電視修理工，他小時候的志願是成為長老會的傳教士到非洲宣道。但是他「製造麻煩」的天賦卻令夢想觸礁：「一九五九年三月，我被逐出長老會，因為我邀請了一個天主教徒和一個猶太人來到教會的青年團進行交流。」[15]

被逐出長老會後，莫耶投入了貴格會的懷抱。當時他從賓夕凡尼亞州立大學畢業才三年，一邊任職管理系統工程師，一邊尋找人生的意義。在費城的貴格會活動，他認識了一群熱衷社會參與的成員，並在一對年長夫婦的指導下，開始學習非暴力理論。這些際遇改變了他的終身事業。莫耶後來寫道：「我當時完全沒有意識到那就是『六十年代』的開始，而且從沒想過自己正開展了全職社運份子的生涯。」[16]

一九六〇年代，莫耶任職於芝加哥的美國教友會（American Friends Service Committee），協助說服馬丁・路德・金在芝加哥發起一項開放住屋的運動，之後參與了金的最後一次行動，即一九六八年華盛頓特區的「窮人運動」。在隨後十年，他竭力投入反越戰的抗爭、支持美洲印第安人的傷膝河行動（譯註：一九七三年，抗議聯邦政府未有履行與原住印第安人的條約，在傷膝河鎮爆發的佔領行動），亦參與了新興的反核能運動。

在公民抗爭漸漸成為一門學術研究的早期，莫耶也為美式策略性非暴力派系的發展作出了貢獻。在整個一九七〇和八〇年代，由他發起的費城社群「新社會運動」

（Movement for New Society）一直積極參與女權、同性戀平權、反種族隔離和中美洲團結運動，亦經常培訓新組織者。他們在美國發展出一套獨特的非暴力直接行動系統，當中的原則和策略貫穿著一九九〇和二〇〇〇年代的各大環保議題、全球公義和反戰運動。

在培訓其他組織者的過程中，莫耶發現了一個空隙。他在一九八七年寫道：「無論是焗蛋糕、打網球、感情關係甚至戰爭策略，大多數的人類活動都總有相關的教學示範、手冊、分步指南。」偏偏在公民抗爭的世界，這種典籍卻一冊難求。[17] 學術界理論家雖然也有書寫關於公民運動的文章，可卻往往乏味離地。莫耶說道，即使這些理論偶爾會提供一些有用資訊，但「大多數都無法幫助我們理解社會運動一呼一吸之間的起伏變化」。而在社運圈子，阿林斯基的追隨者有製作培訓手冊傳授他們的社區組織方法；亦有人以甘地和馬丁．路德．金的經驗教人如何建立非暴力抗爭行動。然而莫耶認為，坊間缺乏相關的模型系統來說明抗爭運動的漫長路線，無法捕捉參與者所經歷的高潮與低谷。[18]

為了解決這個問題，莫耶創建了一個模型，有系統地列明一個成功的社運行動所經歷的每個階段——他稱之為「社運行動計劃」（Movement Action Plan: MAP）。這個模型最初於一九八六年在社運雜誌《蒲公英》刊載，透過草根網絡發放了一萬二千份書刊，在地下組織圈子內迅速火熱。莫耶的藍圖就這樣以手傳方式散播開去，更廣被翻譯成其他語言，在培訓課程中流傳了十多年，直至莫耶過身前不久，才於二〇〇一年出版的《實踐民主》（*Doing Democracy*）一書中以最終形式出現。[19]

根據莫耶的模型，社會運動在最初階段往往保持低調。在運動開展的初期，組織者會努力向公眾展示一個真正存在的社會問題，而且努力循所有正式渠道尋求解決方法但亦徒然，就像哈佛學生在生活工資靜坐行動之前所做的研究、教育、外展和請願行動一樣。在這個階段，運動的積極支持者數量很少，組織者尚未贏得廣大公眾的青睞。

但莫耶指出，這種情況可能會因某些「觸發事件」（trigger event）而迅速改變。莫耶將觸發事件描述為「廣被傳播、令人震撼的事件」，能以「生動的方式、戲劇性地向公眾揭示關鍵的社會問題」。觸發事件可以來自不同事情：天災人禍、新聞曝光或戰爭行為。莫耶認為這些事件是每個社會運動周期的重要組成部份：「一夜之間，以前不被重視的議題，突然變成了每個人都在談論的社會問題。」觸發事件將公眾的目光聚焦於社運份子身上，令社會運動能夠凝聚群眾參與、快速爭取公眾支持。[20]

觸發事件的例子比比皆是。對於莫耶來說，其中一個重要例子是一九七九年三月二十八日發生的三哩島核洩漏事件，一下子將核安全問題從一個冷門議題變成了熱門話題。事發數天之後，原先已計劃在三藩市舉行的反核能集會，按以往預計只會有數百人參與，然而三哩島事故卻使集會人數激增至兩萬五千人。莫耶寫道，在六個星期內，「全國示威活動達到高潮，一九七九年五月六日，十二萬五千名示威者遊行到美國國會大廈」。[21]

那次之後亦有無數觸發事件出現，近年較為突出的例子，就是小布殊政府在二〇〇三年初意圖入侵伊拉克所觸發的連場反戰浪潮。抗議行動包括當年二月十五日舉辦了史上規模最大的全球協調示威活動，近八百個城市、多達一千二百萬人參與其中。此外還包括較為勇武的非暴力行動：二〇〇三年三月十九日伊拉克戰爭正式開始後，三藩市進行了為期一周的行動，癱瘓了市中心的金融區，光在第一天就有一千零二十五人被捕。之後，抗議活動堵塞了主要十字路口，干擾了軍人招募中心，並試圖佔領標誌性的灣區大橋。[22]

新移民權利運動方面，數年後亦發生了關鍵的觸發事件。二〇〇五年十二月中旬，眾議院的保守派共和黨人推出嚴苛的《森森布倫納法案》（*Sensenbrenner Bill*），規定即使只為無證移民提供食物和基本服務的市民也會被定罪。隨後的幾個月間，民眾預計參議院可能會通過法案，於是全國各地的新移民社區爆發了連串大規模抗議活動。[23]

二〇一四和一五年，非裔美國人因警暴而死亡的案件包括密蘇里州的米高·布朗（Michael Brown）、紐約市的艾力克·加納（Eric Garner）和波地摩的弗雷迪·格雷（Freddie Gray）等，引發了一連串示威活動，將「#BlackLivesMatter」（意指：黑人生命攸關）運動推至全國。

對於類似事件發生之後所爆發的情況，莫耶作出了獨到的描述：「此類觸發事件能令普羅大眾初次清楚看到某些社會問題的嚴重性，以及當權者的政策和運作如何刻意造成問題、延續不公。這些事件在大多數市民心目中產生了深刻的道德憤慨，因此公眾反應激烈……並豎起耳朵熱切關注公民運動的訊息。」[24]

在這些時期裡，新晉參與者會受到啟發，參加人生第一次示威活動；以往默默耕耘的社運組織團體，亦會突然發現自己置身於群情洶湧的浪潮中，被接踵而來的緊急行動包圍著。觸發事件有時是隨機爆發的，並且往往出人意表，畢竟沒有人能夠預料三哩島核電廠何時突然熔毀；然而，並非每個觸發事件均如此隨機和偶然——有些事件遠比乍看之下複雜得多。

※

一九五五年，一名美國非裔年輕女士在阿拉巴馬州蒙哥馬利市上了一輛市區巴士。天色已晚，經過漫長的一天，她踏上了回家的路途。付過車費後，她找到一個空位坐下來。巴士在沿線各站有更多乘客上車，開始滿載了。最終，巴士司機要求這位女士放棄座位：因為當白人沒有座位時，黑人必須讓座。那天的她身倦力疲，加上被歧視為二等公民，尊嚴受到侮辱，驅使她拒絕移往巴士後方。司機把巴士停了下來。幾分鐘之後，警察趕到現場，將這名黑人女士戴上手銬拖入監獄。幾十年後她回憶起那一天：「我只記得，我不會自願下車。」[25]

「我就是動不了。」她補充說：「歷史讓我粘在座位上。」這位女士的名字是克勞黛特・高文（Claudette Colvin），已被歷史幾乎完全遺忘。九個月後，類似的事情再次發生，結果卻大不相同。羅莎・帕克斯（Rosa Parks）是蒙哥馬利非裔美國人社區中備受尊敬的人物，也是當地全國有色人種協進會的秘書，她同樣拒絕移到巴士後方。她的反抗卻誘發了歷史性的巴士抵制運動，掀起了全國對於美國深南地區種族隔離政策的辯論，並成為上個世紀其中一個最偉大的個人抗爭行動。

實情是，在實施種族隔離措施的蒙哥馬利，多年以來許多當地黑人也曾憤慨地拒絕讓出他們的巴士座位。大多數情況下他們會被罰款，然後卻只為種族隔離暴政下的區內社群增添一絲憤慨情緒。在高文被捕之時，當地民權組織一直在尋找一個測試案例作為抗爭焦點，但是由於種種原因，包括高文被指控毆打警官，而且她才十五歲——於是他們決定放棄案件。另一方面，當帕克斯被捕時，民權領袖則認為她是團結社區的理想人選。

這並非一個特殊例子。在某個時點能產生巨大影響的觸發事件，有可能在另一時空卻影響甚微。二〇一〇年十二月十七日，二十六歲的突尼斯街頭小販穆罕默德・布阿齊茲（Mohamed Bouazizi）作出極端行動，他將自己淋滿汽油然後點火，以此抗議政府的逼迫。他的自焚引起民怨沸騰，激發了廣泛的逆權抗爭，推翻了突尼西亞的統治政權，更掀起了阿拉伯之春。然而，當四十三歲的商人雅各布・烏爾德・達胡德（Yacoub Ould Dahoud）一個月後在沙特阿拉伯作出同樣行動時，他那慘烈的犧牲卻沒有產生能夠相提並論的效果。實際上，世界各地在布阿齊茲行動前後均有許多自焚事件，其中大多數都沒有引起關注，例如七十九歲的衛理公會牧師查理斯・摩亞（Charles Moore）於二〇一四年六月下旬在德薩斯州達拉斯七十英里外自焚，抗議教會的種族和性傾向歧視，卻就這樣無疾而終。[26]

實際上，潛在的觸發事件一直發生，但卻只有一小部份能夠產生旋風時刻。油污洩漏事件、校園槍擊案、金融危機，全都以令人不安的規律不斷發生。同樣地，調查人員不斷揭發官商勾結的貪污腐敗事件，卻大多數只在新聞報導中瞬間略過，或完全沒有人留意到。人們可能會在驚訝、厭惡、憤怒中搖頭嘆息，但是隨後便繼續各自忙碌。什麼也沒發生。

那麼，到底是什麼因素，導致有些觸發事件只能一閃即逝，有些卻能爆發出轟動回響呢？

主流政治學專家會把焦點放在該事件的社會、經濟和地域政治情況上。當群眾抗爭爆發時，評論員傾向將之描述為歷史條件的產物，而不是由公民自決所產生：他們認為那就是時機已成熟。鑑於時代本身的發展，革命是必然會這樣的發生。

公民抗爭領域的分析家則提出了不同的看法。無可否認，經濟和政治狀況的確是造就社會動盪的重要環境因素，但是他們亦強調外圍環境與抗爭者技能之間的相互作用，更著重組織者對於事態的塑造能力，以及在戰略選擇和實地執行上所反映出的技巧。[27]

一場起義需要事隔多年，歷史學家才有空間作出回顧、得以分析事件成敗所牽涉的結構因素和歷史狀態；相比之下，實戰中的運動組織者則完全沒有事後諸葛的餘暇，必須充分利用眼前遇上的任何條件與機遇。非暴力衝突學者兼培訓師哈迪・梅里曼（Hardy Merriman）寫道：「組織者的能力和技巧足以影響事態，甚至令運動能夠克服、避免或扭轉不利條件。」[28]

換句話說，時機之所以成熟，有時正是有人刻意營造的結果。

像羅莎・帕克斯的案例一樣，一件觸發事件到底會瞬間消逝抑或能夠產生旋風時刻，兩者之間的最大差異，或許在於「是否有一個現存的社會運動決定採取行動」：即一個有組織的群體，選擇有意識地為該事件動員群眾集會抗議，尤其當這個群體能夠藉此事件給予運動合理升級的理由。他們的行動可以將短暫的民怨爆發轉化成持續的抗爭運動，足以動搖政治體系。莫耶指出，在三哩島核洩漏事故的十幾年前，底特律的費米反應堆也發生了類似的核故障，可是事件卻不了了之，而原子能委員會亦成功壓制了有關事故的關鍵細節。很大程度上，這是因為當時未有行動組織準備就緒、能對事件作出回應。[29]

始終，組織者技能和歷史條件，兩者需互相結合，缺一不可。歷史隨時都可能出現觸發事件，能夠引起廣泛不滿、把民眾推上街頭；然而也得靠運動組織者努力不懈地把事態升級，延續議題成為討論焦點，策劃抗爭行動，令更多參與者能夠加入，並反覆加強公眾對事態發展的逼切感。

機遇為抗爭提供了可能性；運動促使了旋風時刻的降臨。

※

當然，抓緊隨機而來的觸發事件是一回事，要通過精密計算策動出一個浪潮是另一回事，而策動浪潮正是勢頭驅動組織最終極的志向。在非暴力衝突的周期中，「犧牲」和「干擾」能夠做到微小但有效的成果，建立了一個切入點；「升級」則把個別行動累積成一場運動，製造緊張局勢，形成一種持續性；「旋風時刻」雖然很少成功實現，但一旦爆發，就能見證運動推上高峰狀態。

伯明翰行動和食鹽長征均創下了群眾運動高峰時刻的典範，然而兩者皆不是由隨機發生的事件所觸發的；相反，公民抗命行動本身就是觸發點，將不公義的現象戲劇化地呈現人前，並牽動更大規模公民抗命的爆發。令阿林斯基和馮・賀夫曼驚嘆的自由乘車運動也是如此，近代的佔領華爾街運動和哈佛大學生活工資靜坐亦然。

這就是組織者技能所發揮的作用。勢頭驅動的組織原則，不僅在於組織者學會如何塑造並善用外來的觸發事件，更在於懂得如何擦出自己的火花來。透過研究公民運動如何成功爆發，就會學懂如何更準確地瞄準時機、策動觸發事件。

甘地和馬丁・路德・金都是非常時期的政治專家。與傳統政治家及同期組織者不同，他們會精心琢磨一種製造危機和爆破點的技巧。金在一九六八年出版的《我們從這裡往何處去：混亂還是社區？》（*Where Do We Go from Here: Chaos or Community?*）一書中，把勇武的非暴力民權組織描述為「擅長煽動性和戲劇性的行動」，製造「轟動事件」以「引起廣泛的公眾同情和支持」。然後他亦自我批評地指出，要建立可持續的長期抗爭需靠組織架構，這是轟動事件所無法替代的。儘管如此，他在伯明翰和塞爾瑪等地的起義行動，仍然成為了推動民權發展的標誌事件。[30]

「C計劃」製造了一次典型的爆破點，不但帶來了大量新晉參與者投入民權運動，亦引發了各種仿傚「C計劃」的抗議行動。組織者詹姆士．法默（James Farmer）解釋：「伯明翰式的行動相繼湧現。」根據某些統計數據，一九六三年夏天發生了上千次示威，導致約兩萬人被捕。經過精心設計的「C計劃」作為最初的行動，引發了此後一連串的分散行動。歷史學家亞當．費爾克勞夫（Adam Fairclough）認為：「在伯明翰行動發生之後，非暴力抗議浪潮席捲南部，大部份都是計劃以外的，既沒協調，亦無從預見。」但這並非指這些個別行動是沒有組織的：在南方基督教領袖會議以外，學生非暴力協調委員會、種族平等會議和當地民權組織等，均仿傚了伯明翰行動。就連平時穩重如山的全國有色人種促進會，在一九六三年的夏天也認可了公民抗命直接行動。擴散中的抗爭行動，超出了民權團體既有的成員名單和組織架構，甚至以往不活躍的民眾也受到啟發，為運動作出巨大犧牲。[31]

幾十年之前，甘地亦曾闡明如何有意識地利用非暴力衝突來引發社會危機。克里希納拉爾．施里達拉尼（Krishnalal Shridharani）一九三九年關於甘地抗爭運動的《沒有暴力的戰爭》指出，非武裝起義與戰爭之間的共通點，反而比起與常規利益集團的政治角力之間的共通點為多：「歸根究底……暴力與非暴力也好，都有一個基本假設，就是認為某些深層次的社會變革，只能透過大規模群眾行動激起集體情感危機，才有機會實現；而且只有在徹底打亂單調的日常生活後，人們才得以作出改寫命運的決定。」[32]

他亦認為，嚴重的不公義「必須成功且充分地透過戲劇化處理，從而喚起公眾的興趣和熱情，讓社會做好準備達成關鍵決定。這不僅需要公眾對相關議題有深刻意識，亦需從社群生活中凝聚一種集體情感危機」。[33]

一九三〇年，印度國民大會黨選定甘地作為策劃人，負責向英屬印度政府發動直接挑戰行動。國會黨的領袖之所以選擇甘地，並非因為他們是甘地的門徒；事實上，他們當中許多人都不認為甘地的信仰力量能在這種問題上用得著。然而他們還是冒險選出甘地，原因很簡單：甘地的輝煌往績，證明他能製造旋風時刻。

觸發事件是真實發生的事件，然而無論那是來自外在因素還是運動本身，事件也只是一個起點。一場公民運動要真正獲得動力，絕非單憑一次事件，而是要經過多重複合的危機中累積而成。當中許多危機更是刻意營造的努力結果。

一場成功的公民運動，能夠形成有效的反饋循環，做到相輔相成的效果：先建立在一個觸發點之上，然後運用干擾行動和政治柔術，塑造出新的頭條新聞，促使當權者對兩難狀況作出反應，從而吸引更多參與者，形成一場規模更龐大、行動更分散的社會運動。

從這個角度看，旋風時刻就是行動升級的終極點。雖然即使透過非暴力衝突來加劇緊張局勢，也不能保證必然會達到這種高峰時刻，然而組織者至少有一套理論方法，可以進行有系統的嘗試。有時他們的成功甚至會超乎想像。

哈佛大學的學生組織者也不曾想過靜坐行動會引發如此廣泛的社會運動，然而他們堅定將行動逐步升級——佔據麻省堂，進而將佔領區擴大至哈佛草坪，再呼籲更廣泛的支持，最終凝聚了強烈的旋風。對於學運組織者來說，佔領行政大樓的策略，在過去許多學生運動中已被證明是有效的觸發事件。一九九九年春天，於哈佛大學生活工資靜坐行動的兩年之前，「反血汗工場運動」的組織者曾分別在杜克大學、密芝根州立大學、亞里桑拿州立大學和北卡羅萊納大學進行了靜坐行動，在往後的幾年間牽動了美國大專學府罕見的學運浪潮。二〇〇〇年，約翰．霍普金斯大學和衛斯理大學的學運組織者，亦曾為校園工作人員爭取生活工資而佔領大學建築物，給哈佛大學的行動升級提供了示範作用；而到了麻省堂靜坐抗議爆發時，亦再觸發更多年輕抗爭者加入行動。[34]

在更廣泛的層面，公民抗爭的組織者有時會找到一些異常有用的觸發事件，例如一早看準機會、成功騎劫（編案：粵語，引申為議題被外力綁架、失去原意）一些將會成為傳媒焦點的事件。

一九九〇年代末和二〇〇〇年代初的全球公義運動，本來較難令議題成為公眾輿論焦點：全球化經濟的不公義問題，令人感覺過於分散和抽離，難以引起廣泛關注；然而全球矚目的貿易峰會卻為此創造機會——大型新聞機構本來就會派出記者報導，而世界各國領袖出席會議，亦自然會引起公眾興趣。組織者於是順勢策劃大規模的直接行動，將這些國際峰會轉化為可以預測的觸發事件。

就是這樣，世界貿易組織在西雅圖舉行的部長級會議、國際貨幣基金組織和世界銀行官員在布拉格和華盛頓特區的聚會、在邁阿密和魁北克市以及阿根廷的馬德普拉塔舉行的美洲自由貿易區談判會議、在德國科隆和意大利熱內亞的G8部長級會議，全都成為了抗爭者引發公眾關注的熱點。

在塞爾維亞，抗爭者則利用了總統大選作為觸發事件。他們清楚知道倘若當局強行宣告選舉結果無效可以激發大規模反抗，因此他們的戰略重點就是促使米洛塞維奇舉行總統選舉。

這種方法成為此後抗爭者在高壓政權下開展公民抗命的基石。作家天娜・羅森伯格（Tina Rosenberg）寫道，獨裁者「假設就算他們沒有足夠選票，仍可強行操縱點票聲稱取得選舉勝利……但是這樣的想法卻經常失敗」。即使選舉只是獨裁者製造政權合法性的橡皮圖章，也有機會轉化成民憤爆發點：「反對派組織能夠透過選舉凝聚民眾焦點……催化了公民意識的覺醒，凸顯了『國家由誰來話事』的問題。」[35]

這造就了一個特殊狀態：選舉日設置了一個倒數時間表，組織者可以專注籌備行動升級的安排。而觸發點就在眼前，靜待被引爆的一刻。

※

勢頭驅動的運動組織者特別強調旋風時刻的降臨，因為他們深知這股獨特力量能夠推動變革。這一點亦是他們與結構式組織系統的基礎分別。

許多阿林斯基派系的地區組織團體，均將自己視為對抗式行動的專家。事實上，他們可能會定期採取針對性的策略，例如將區內居民一車一車直接送到地產霸權富豪的郊區豪宅門前，或動員數百人逼爆市政廳向市長挑戰。這些組織堅守「建立組織，而非群眾運動」的格言，然而過程當中卻往往局限了其對抗的層面和範圍。他們既不會將行動升級至製造公共危機的程度，亦不會嘗試引發體制框架以外的分散式行動。用產業地區基金會負責人埃德·錢伯斯（Ed Chambers）的話來說，他們著力爭取的，是「歷經數月甚至數年努力而換取得來的遞增權益」，而不是突然爆發且無法持續的活動高峰期。[36]

結構式組織的交易收益能夠改善民生，緩速而穩定的努力可以帶來實質回報，可是由於這個系統的組織者對觸發事件所產生的能量抱持懷疑，所以每每錯失良機，無法利用這些旋風時刻的巨大潛力。

相反，對於勢頭驅動的組織者而言，活動高峰期尤其關鍵。在莫耶的模型中，運動初期很可能長時間處於醞釀階段，即使致力爭取群眾支持，仍然只能看到微不足道的進展；但是一旦觸發事件引發危機之後，運動則可以突飛猛進。

他寫道：「傳媒對觸發事件的廣泛報導，加上運動組織者戲劇性的非暴力示威行動，不單使公眾意識到社會問題的存在，而且更首次認識到社會運動所倡議的立場。」結果，公眾對議題的關注程度會變得前所未有的熱烈。[37]

故事策略中心（Center for Story-based Strategy）的柏德烈・賴恩斯伯勒（Patrick Reinsborough）和道爾・簡寧（Doyle Canning）認為「戲劇性的危機局勢，能夠挑戰深層次的基礎假設，並重新定義傳統觀念」。從伊拉克戰爭到新奧爾良洪水氾濫等重大的觸發事件，均「無可避免地干擾了主流文化的思維地圖，而當人們發現那些敘述現狀的故事不再成立之時，或會引發公眾的心理缺口」。這些時刻能夠重塑公眾輿論。二人寫道：「心理缺口提供了突破政治空間的黃金機會，讓新故事的敘述在公眾意識沉澱及扎根。」[38]

如同蛻變型的變革手法一樣，這種輿論變化的影響亦非一時三刻就能體現出來——至少在產生功能收益方面是如此。

阿里斯蒂德・佐爾伯格（Aristide Zolberg）寫道：「群情洶湧的公民參與，就像一場洪水把土壤衝得鬆散，之後卻留下沖積物，補充泥土養份。」即使還未到達收成期，但土地卻已重新變得肥沃。[39]

莫耶認為，經歷旋風時刻的運動，目標應該是「創建一個公共平台，讓運動組織者教育公眾理解議題」，但是他亦認為「在這個階段不應企圖或期望當權者作出改變」。這種改變要待稍後的階段才可實現。[40]

阿林斯基能夠放下主見，將自由乘車運動所創造的動盪時刻視為機遇，值得稱頌。阿林斯基當下意識到，是時候暫時擱置他一直致力推動和驗證的結構式組織模式，至少在短期內應該轉換另一種抗爭方式。馮．賀夫曼也曾提出：「我們不再組織社會運動，而是開始指導社會運動。」阿林斯基也表示同意。工會團體和地區組織者受到近年的大規模動員如佔領運動和「#BlackLivesMatter」所啟發，決定全力支持這些運動，他們亦表達了類似的大膽開放態度。

意識到一個非常時刻即將降臨，他們願意跳進旋風之中。

※

如果旋風時刻代表高潮時期，那麼接下來的就是「失落時期」。

阿林斯基說，運動造成的戲劇化衝突通常會產生「爆發」，然後迅速「回到黑暗中」；皮文和克洛沃德亦承認干擾行動「爆發、開花、枯萎，盡在一瞬間」。[41]

透過運用公民抗爭的技巧，勢頭驅動的組織試圖盡量處理上述問題：有意識地指導並擴大群眾抗爭行動，從而製造反覆出現的起義周期。在一個周期的過程中，一場運動通常會逐步升級至高峰階段，然後透過民眾培訓和分散架構來吸收新晉參與者爆發的能量，再而繼續發展及策劃下一個觸發事件。假如過程成功執行，非暴力抗爭運動將會比典型的民眾抗議行動更持久、更強大。

然而，參與者的熱情難免會有起伏。所有大規模抗爭在群眾洶湧參與過後，必然會出現一段熱情調整期。在低潮時期，參與人數銳減，組織者絞盡腦汁也無法吸引關注。在這段納悶的期間，一些曾在運動高峰經歷過狂熱氣氛的人，或會感到沮喪悲觀。

莫耶的《社運行動計劃》（*MAP*）的優點之一，就是能夠體恤組織者所面臨的心理挑戰。每當培訓師告訴莫耶，有參與者驚嘆在*MAP*中竟然找到他們以為自己獨有的社運經驗時，莫耶都會非常自豪。他稱之為「呀哈！」時刻——即找到共鳴的一刻。而他的目標是盡量創造最多的共鳴時刻。

對於初次接觸莫耶著作的人，最大的共鳴時刻通常不是關於運動最令人振奮的觸發事件或高峰時刻，而是高潮過後的描述和討論：根據莫耶所說，當旋風時刻洶湧而來的活動消散過後，運動總是經歷他稱為「失敗感」（perception of failure）的階段。

莫耶時不時分享他首次提出這個運動周期模型的故事。一九七八年二月，他預定在一次公民抗爭的策略論壇中，向四十五位「蜆殼聯盟」（Clamshell Alliance）的反核能組織者發表演說。蜆殼聯盟曾針對西布魯克核電廠進行了一系列影響深遠的直接行動抗議。上一年的春季，高峰時期的蜆殼聯盟策劃了佔領西布魯克核電廠行動，導致1,414人被捕，熬過長達十二天的監禁。莫耶寫道：「在那兩個星期，核能成為全球性的公眾輿論議題。大眾媒體的關注點全都集中於被關在紐咸西州軍營的示威者身上。」[42]

他們製造了一個旋風時刻的典範：蜆殼聯盟行動過後，全國各地有數百個新的草根組織仿傚成立，更激發了如加州代亞布羅峽谷核電站等的佔領行動。而蜆殼聯盟的策略手法——他們的同道團體、發言人委員會、共識達成程序以及勇武的非暴力封鎖行動策略，最終成為美式直接行動的範本。

由於組織行動成功，莫耶以為論壇的小組成員會懷著欣喜和慶祝的心情參與，怎料情況剛好相反。莫耶寫道：「蜆殼聯盟垂頭喪氣、情緒低落，慨嘆一切努力皆徒勞無功，令我大感詫異。」因為抗議示威的熱情冷卻，他們亦未能成功達至預算中的短期交換目標，即制止目標核電廠工程繼續進行，因此組織者都背負著一種挫敗感。[43]

當日的演講內容就是《社運行動計劃》中社會運動周期框架的雛型。莫耶努力展示抗爭者如何已經取得顯著的實質成果：蜆殼聯盟的行動激起了全國反對核工業，扭轉了民眾於一九六〇和七〇年代初對核電廠毫無保留的接受程度，證明抗爭者差不多取得了大多數人的支持，亦看到了實際的社會變革。

莫耶相信自己提出的框架可令抗爭者更加了解自己的困境，有助他們策劃未來的行動。無論是否如此，反核能運動最終都取得了圓滿勝利：他們成功把核電的安全問題、使用代價和生態影響注入國民的集體意識當中，並成功得到大多數人的支持，扭轉了核工業的環境。新核電廠的訂單停止、政府被迫放棄原本預定千禧年之前建成一千個核能設施投入服務的目標、核電廠的數目一直穩步下降——到了今天依然持續。

把「失敗感」涵蓋於運動周期模型之中，莫耶強調了一種矛盾狀態，而這種矛盾不只出現在這群反核能運動家身上。在旋風時刻的高潮過後，運動參與者往往會陷入沮喪——即使這明明應該是他們取得最大收穫之時。高峰時期的激情不再，許多人「身心透支而放棄了，因為運動期間過度勞累及長時間的會議導致筋疲力盡」，再加上主流媒體會描述抗議活動降溫，形容運動已死兼毫無作為，這些負面報導亦強化了消極氣氛。莫耶寫道，這一切拼湊出「一個自我應驗預言，阻礙或限制了運動的成功」。[44]

莫耶的模型把「失敗感」視作社會運動周期的正常組成部份，希望藉此削弱這種消極影響。他認為，公民運動組織者若回顧歷史，就會發現他們並不孤單——過去成功的公民運動，均曾克服這種沮喪時期，才最終取得曾經以為遙不可及的訴求。當組織者進入後期階段，就是利用積累了的公眾支持將權益制度化，此前播下的種子就進入收成期。

由於公民運動中的「失敗感」很少被正面提及，更不會詳細思量，因此莫耶對「失敗感」的討論獲得廣泛引用。抗爭者在佔領華爾街運動之後，發現這個思維大派用場；而在二〇一四年，甚至極右翼兼前霍士新聞主持人格倫・貝克（Glenn Beck）也仔細咀嚼了莫耶的觀點，以考慮茶黨的前景。[45]

然而大家可能會問，這種失敗感是否必然不合理和被誤導了呢？如何判斷這種悲觀態度是否真的錯放了？

莫耶的分析非常切合變革的願景，並且解釋了同性婚姻平權的致勝之道：當運動贏得愈來愈多公眾支持，並動搖著當權勢力的權力支柱時，運動就是成功了。莫耶解釋：「長年累月下來……公眾反對的重量，加上社會精英的變節，造成了影響。」一如果抗爭者在絕望中變得愈來愈孤立、與廣大公眾變得更疏離，那麼這種失敗感的確是真的。

然而如果一場運動仍在建立公眾支持，那麼抗爭者則無須在意上一幕的浪潮曲終人散風光不再，亦不需介懷善變的新聞媒體已將注意力轉移到其他方面；相反，此時正好讓積極支持者重整旗鼓養精蓄銳，準備就緒等待機會引發新一波的抗爭浪潮。莫耶認為：「社會運動對社會的長遠影響，比起直接取得的實質權益更為重要。」[46]

莫耶的社會運動周期框架提醒抗爭者：旋風時刻雖是奮鬥的關鍵時刻，但卻不是唯一的階段。在哈佛靜坐行動開展之前，學生們已進行了長期運動，以提升組織者本身以及群眾對生活工資問題的認識；伯明翰行動亦是一樣，民權運動組織者精心策劃了最初的公民抗命行動，進而為行動升級逐步奠定基礎。此外，哈佛靜坐結束的時候，抗爭者的工作其實尚未完成：學生離開麻省堂之時，仍沒有具體取得什麼成就；伯明翰行動亦一樣，民權組織只取得了少許讓步和未來談判的框架。哈佛靜坐結束後，得花上一年時間持續緊密的組織工作，校園工作人員才看到實質的交易收益。

但是生活工資靜坐卻為校園生活帶來了心理突破。旋風過後，運動組織者在全新的環境中與校方進行談判。正如奧弗納所寫，靜坐行動一度「改變了哈佛的權力平衡，讓校園工作人員、學生和鄰近社群在一定程度上形成了集體力量，實際上足以與校方和哈佛公司抗衡」。以往的大學工作小組作出工資決定時，基本上不會諮詢校園清潔工或飯堂服務員的意見；到了現在，保守派批評者則認為工人的聲音在委員會內比重太大。一位經濟學教授甚至抱怨：「任何公開反對生活工資的人，都有被妖魔化的危機。」[47]

運動的支持者則作出反駁：簡單而言，就是那些認為世上最富有的大學負擔不起高於貧窮線工資的人輸了。用參與者賓・麥基恩的話來說，靜坐行動展示了「整個社區的共識」，是這個共識贏了。[48]

※

比爾・莫耶相信「社會運動乃運動組織者與當權者之間的長期角力，以爭取大多數人的民心、想法和支持」，然而這種信念卻有一個內在矛盾：抗爭者的目標是爭取民眾支持，但鬥爭本身卻不受歡迎。[49]

與在選戰政綱中不斷承諾團結民眾的主流政客相反，渴望推進社會變革的草根運動組織者往往發現，他們的抗爭道路總會引發爭議連連。諷刺的是，對這種社會撕裂狀態最具洞察力的人，正是那些被視為和平主義者的人——即非暴力運動的策劃者。

他們對此有何想法？所謂社會團結的價值可能被高估了。有些時候就是需要戰線分明，不怕「兩極分化」。

我們必須在沒有恐懼的環境下生活，
因為恐懼癱瘓了我們。
如果我們保持沉默，
我們就只會活在陰霾中。

——追夢者（DREAMers）

DREAMERS

第八章・分化——*The Dividers*

一九八一年七月三日，《紐約時報》發表了一宗報導，首次提及一種罕見的致命疾病，正於紐約市的同性戀社群出現。神秘的病毒已奪去四十一條人命，這些年輕患者的免疫系統遭到嚴重破壞。幾年之內，在紐約、洛杉磯和三藩市，數百個當時被稱為「同性戀癌症」的患者，開始令醫院不勝負荷。他們的身體因細菌感染及皮膚病而腐爛，並被所謂「三D」的病徵所困擾：癡呆（Dementia）、腹瀉（Diarrhea）、恥辱（Disgrace）。[1]

愛滋病危機來臨了。到一九八七年，愛滋病的疫情以幾何級數擴散至一百一十三個國家和地區，出現了五萬多宗病例，但病毒的早期受害者主要集中在紐約和加州的同性戀社群。對於那一代男同性戀者而言，確診就是致命。著名愛滋病專家約翰・巴特利特（John Bartlett）博士說道：「那是一種可怕的死亡方式。患者會變得瘦弱，緩慢而痛苦地等待死亡。如果你問我：『最不希望怎麼死？』我會答你：『像愛滋病患者那樣。』」[2]

雖然事實上愛滋病不分男女和性傾向、無差別地迅速蔓延，奈何愛滋病的污名卻已根深柢固。這種流行性疾病出現後的七年間，朗奴・列根（Ronald Reagan）總統一直避而不談，直至一九八七年他的第二個任期即將屆滿時，他才就愛滋病問題發表了首份施政報告。此前，他幾乎沒有公開提過愛滋病這個詞。這種沉默的背後是殘酷的偏見。列根政府與新興的「宗教右派」、特別是道德多數派（Moral Majority）保持著密切聯繫，該小組的負責人謝利・法威爾牧師（Jerry Falwell）曾斷然地說：「愛滋病不僅是上帝對同性戀的懲罰，也是上帝對社會容忍同性戀的懲罰。」[3]

對於普羅大眾而言，恐懼普遍存在。一九八六年十二月《洛杉磯時報》一份民意調查顯示，有五成受訪者支持對愛滋病患者進行隔離，而一成半受訪者更贊成對愛滋病患者刺上紋身。確診的愛滋病人往往會被解僱和逐出住所，愛滋病兒童亦被拒返學，而當一個這樣的孩子懷恩．韋特（Ryan White）站起來抗議時，他的住所竟被破壞，父母的車軚（編案：輪胎）被割破。至少有一位主教曾這樣建議信眾：若與疑似病患者在一起的，不要直接從聖杯喝聖血。[4]

這種公開的蔑視和官方的冷漠，造成了嚴重後果。一些醫院拒絕接受求診的愛滋病患者，或不願擴充服務以處理不斷增加的需求。美國國立衛生研究院（National Institutes of Health，NIH）等組織的愛滋病研究撥款嚴重不足，而且這趨勢一早就已開始。社會學家狄波拉．古爾德（Deborah Gould）寫道：「一九七六年，美國疾病控制中心（Centers for Disease Control，CDC）在退伍軍人症爆發後的幾個月內花費了九百萬美元，該病爆發導致三十四人死亡。相比之下，愛滋病爆發的第一年，二百多人死亡，疾控中心卻僅花費了一百萬美元：這是一個有說服力的比較。」雪上加霜的是，聯邦食品藥品監督管理局（Food and Drug Administration，FDA）拒絕簡化審批程序，令新藥無法更快推出市場以拯救垂死的患者；當藥廠最終研製出治療藥物時，成本卻非常昂貴，病人難以負擔。愛滋病患者亦難以獲得保險賠償或領取傷殘津貼。許多患者陷入了貧困和孤獨之中。[5]

一九八七年三月二十四日，一個分水嶺的出現，令改變開始了。二百五十名抗爭者當日聚集華爾街，要求政府和藥廠採取措施應對愛滋病疫情，並降低當時唯一治療愛滋病的藥物AZT每年一萬美元的索價。示威者躺在華爾街和百老匯大道的十字路口，以自己的身軀堵路，一些示威者更豎起紙皮墓碑。行動導致十七人被捕。[6]

示威者來自幾天前成立的一個團體：愛滋病聯盟釋放力量（AIDS Coalition to Unleash Power，ACT UP）。他們聲浪很大，亦非常進取，並以一個粉紅色三角形作為標誌——同性戀者在納粹集中營裡被逼配戴的標記。他們的口號是：「沉默＝死亡」。經過不斷的抗議施壓之後，製藥廠商伯勒斯．惠康（Burroughs Wellcome）公司最終降低了AZT的價格。一個新的愛滋病議題倡導運動模式誕生了。

主流政治常常以強調「一家人」之類的口號作呼籲，政客們亦反覆承諾要創造共同立場、解決爭拗。社會運動卻往往採取幾乎完全相反的方向：不是要彌合差異，反而是把分歧放大。ACT UP就是一個重要案例。與其他愛滋病議題的倡導者不同，ACT UP不怕樹敵，將愛滋病議題的立場兩極化，指罵對手為「納粹」和「謀殺者」，更會公然挑戰一些他們認為在加劇危機的人，包括宗教領袖、政客和醫生。他們不在乎被人稱為「死基佬」或「罪人」。ACT UP公然採取對抗式的鬥爭策略，激起了強烈情緒，更經常招來猛烈批判。

這種策略不會令他們大受歡迎，卻能令議題持續留在公眾視線之中，從而揭露當局對公眾利益的漠視與不公義，以至最終贏得廣泛支持。

非暴力衝突的組織者，會經常表現出他們願意釀造分化，並利用一種既複雜又關鍵的「兩極分化」（polarization）現象，以權衡一些無可避免的對立局勢：公民抗爭運動若要取得成功，就必須得到廣泛的公眾支持；然而許多策略性非暴力的干擾行動都不太受歡迎。一般民眾較接受對話和理性討論，而不是對抗式的抗議行動。許多時候，當要為一個議題製造嚴峻的社會危機時，就往往會對普羅大眾造成不便，甚至令群眾疏遠運動，無法爭取他們的支持；此外，當一群少數派大力發聲時，更可能激起權勢的擁護者開始組織反擊。

即使存在這些風險，但從一九六〇年代的民權運動到一九八〇和九〇年代的ACT UP以至千禧年的移民權利運動，這些實例全都證實「兩極分化」也可以成為強而有力的手段：針對一個被忽視的社會問題，透過干擾行動，將議題帶到公眾爭論的中心，這樣能夠逼使旁觀者認清自己的立場。

這種做法可帶來三個效果：其一，創造機會讓大量潛在的志同道合之士加入運動，成為積極支持者，為運動奠下基礎；其二，不僅將被動支持者轉化為積極支持者，也可接觸到以往不聞不問或不了解情況的公眾，提高他們對議題的認知；其三，刺激敵對勢力作出強烈反撲，雖然短期之內會承受猛烈攻擊，但長遠來看卻能把反對改革的勢力與公眾分離。

兩極分化的策略雖不能保證ACT UP會贏得勝利，但確實使戰線更加分明。在普遍沉默和冷漠的社會氣候之下，這一著是決定性的一步。

※

ACT UP當然不是第一個為關注日益嚴峻的愛滋病問題而成立的組織。三藩市、西荷里活和紐約市等受疾病影響最嚴重的社區早已動員起來，以填補公共衛生系統冷酷的真空。

同性戀者健康危機（Gay Men's Health Crisis，GMHC）等組織為愛滋病患者提供教育、支持、法律援助和護理。經營或捐助這類組織的人，例如前特種部隊軍官兼華爾街銀行家的GMHC總裁保羅·博珀姆（Paul Popham），就為組織帶來了權貴的網絡關係和資金來源。這些人士本身就是還未出櫃的社會政治精英份子，但是礙於身份地位，不願冒險公開挑戰政府和財團。[7]

拉里·克拉瑪（Larry Kramer）是一位公開出櫃的同性戀作家兼奧斯卡金像獎提名編劇，一九八二年時曾是GMHC創始人之一，但他漸漸對組織的日益制度化和專業化感到意興闌珊。他後來回憶說：「任何事情都必須撰寫正式的項目說明，再經過一輪又一輪的審批過程。組織變成紅十字會似的。」

這種現象的背後，意味著避談政治的取態。克拉瑪解釋：「他們不會譴責任何人，不會批評任何人，不會組織示威遊行，不會進行抗議——什麼都不會做。」[8]

一九八七年三月十日，克拉瑪臨時代替因病缺席的原定發言人諾拉·埃弗隆（Nora Ephron），在紐約的男女同性戀社區中心（Lesbian and Gay Community Center）

發表演說。當日的座談會吸引了不少觀眾，而根據在場一位人士的觀察，克拉瑪發表了「愛滋病時代最動人、最發人深省的演講之一」。克拉瑪在台上強烈譴責衛生研究院、食品藥物管理局甚至是GMHC本身，並向在場人士發出警訊：如果再不站起來，在這裡的人當中許多都將在短短幾年內死亡。最後，他呼籲成立一個專門致力政治行動的組織。與會人士附和者眾，兩天後，ACT UP正式誕生。[9]

在接下來的十年間，ACT UP策劃了美國史上一些最具創意和激進的非暴力抗議活動。他們透過雜亂的大型集會和分散的支援群組，組織了數百名積極的志願者。《紐約人》雜誌後來報導：「從三藩市到孟買，他們成立了數十個分會，每個分會都人才輩出，充滿了絕望、進取、傑出的年輕男子。相比之下，GMHC就像一個沉寂的扶輪社分部。」[10]

在隨後的幾年間，ACT UP的成員回到華爾街，在一次空前的行動中癱瘓了紐約證券交易所，亦成功以鎖鏈將自己捆在藥廠大樓內，又封鎖了食品藥品監督管理局的辦公室，在管理局總部外貼滿了帶有血手印的海報，更堵塞了金門橋的交通，亦中斷了聖帕特里克大教堂的彌撒。他們偽造證件混入哥倫比亞廣播公司總部，在丹・拉瑟（Dan Rather）的夜間新聞直播中突然現身，並在廣播被迫中斷之前，在螢光幕上喊出了連串口號。[11]

ACT UP曾經針對敵視運動的恐同者參議員謝西・咸斯（Jesse Helms），為他的華盛頓住所笠上一個巨型黃色避孕套；一九九二年在華盛頓舉行的紀念活動中，ACT

UP的成員組織了遊行，將死於愛滋病的親友骨灰撒到白宮的草坪上；在示威活動中，他們亦不時把某些不受歡迎的公共衛生官員人像吊掛起來。[12]

可想而知，不是每個人都會認同這些行為。《滾石雜誌》記者在一九九〇年寫道，ACT UP粗鄙的對抗式行徑「導致很多人將他們視為一群激進的瘋子」；《紐約時報》將他們的策略描述為「既透徹地譁眾亦靈巧地取寵的混合」，並指「對於那些被他們指責為窒礙愛滋病抗疫的企業、主教和官員來說，他們常常顯得粗鄙、狂莽、偏執、不可理喻」。[13]

《華盛頓郵報》報導：「克拉瑪，這個高調公開的人物，把這個愈來愈公開的公共疾病，放在每個人的面前。」克拉瑪也被其他人描述為「美國最憤怒的人」。甚至連同性戀社群內也有批評認為，ACT UP的猛烈示威遊行反而會為不斷壯大的宗教右派提供彈藥，讓這些宗教團體利用公眾對同性戀的恐懼作招徠。[14]

二〇〇五年，當克拉瑪被問及是否認為ACT UP的策略過份疏離分化，他則以其一貫作風憤慨回應：「管他媽的！我對這些說法非常厭倦。口甜舌滑不會比吐出辛酸多得到什麼。就是不會。」[15]

兩極分化的運動會對不同群組帶來不同效果，ACT UP亦是如此。最直接的影響，就是他們成功凝聚了一班最受愛滋病所害的族群，包括愛滋病患者以及他們的伴侶親友，使他們從被動的受害者轉化成一股積極強大的政治力量。愈來愈多紀律嚴明的行動組織者，在ACT UP分散式架構的工作小組中找到自己的聲音。簡單而言，

ACT UP高調的行動和充滿活力的聚會，匯集了一群積極支持者，為運動奠下了堅實的基礎。

米高・彼得烈斯（Michael Petrelis）來自新澤西州，高中年代已經出櫃，是ACT UP的堅實支持者。他認為ACT UP的行動在廣大的同性戀社群中產生了連鎖反應：「因為我們的街頭抗爭被人視為激進份子，於是其他採取不同行動的人士就會顯得較為溫和。」即使普羅大眾未必認同組織的激進行為，但也大受感動，開始支持愛滋病慈善機構和促進性教育之類的活動。[16]

雖然ACT UP只是其中一個令公眾輿論轉向的因素，但在組織最活躍的十年間，群眾的態度出現了深刻的蛻變。以往普遍的偏見與歧視，現在因為大眾對病毒有更深入的認知，因而對患者抱持更多同情；明星名人欣然支持愛滋病抗疫籌款，平民大眾亦踴躍參與愛滋病慈善行等活動，愛滋病患者更被納入歧視保障之中。而且，正如作家蘭迪・梭（Randy Shaw）寫道：「聯邦政府對愛滋病的撥款從一九八六年的二點三四億美元增加到一九九二年的近二十億美元。在短短六年間增長了近十倍。」最終，此類撥款獲得了兩黨的廣泛支持。[17]

從負面的角度看，毫無疑問，ACT UP引起了強烈反對。他們對宗教領袖的攻擊，令宗教保守派以此製造出一個「美國基督教徒正受到『同性戀生活方式』所衝擊」的訊息，但是ACT UP卻將這群反對者的歧視偏見公諸於眾，從而向他們問責，最終將他們孤立於主流民意之外。到了千禧年代初，就連謝西・咸斯都釋出悔意，說他對於自己從前反對愛滋病研究和治療撥款的立場表示遺憾。[18]

公眾輿論對於愛滋病的取態轉向，雖然無法歸功於任何單一組織，但ACT UP的貢獻卻是無庸置疑。他們的示威行動所帶來的高度干擾和展現出的犧牲精神，一次又一次成為頭條新聞，令公眾不斷關注事態發展。《華盛頓郵報》的何塞・安東尼奥・華加斯（Jose Antonio Vargas）在二〇〇五年寫道：「這些抗議活動的影響不容小覷。」而「沉默=死亡」的口號亦成為運動的強大呼聲，將愛滋病確立成為一個公共危機。被組織追擊的藥廠也被逼讓步，把昂貴的藥物價格下調至較可負擔的費用，而醫院亦默許了運動訴求，給予患者更多尊重和護理。[19]

ACT UP的治療行動小組成員對各種藥物療法和治療方案的臨床成效擁有淵博知識，常獲邀請參加大型會議，協助患者得以影響公共政策的方向。組織的著名設計與藝術團體「Gran Fury」為對抗愛滋病的文宣創造了全新形象：海報設計「親吻不會致命，貪婪無知才會」成為公眾對該病認知的里程碑；一位記者在一九九〇年的報導中寫道，印有ACT UP口號和粉紅色三角形的貼紙遍及紐約市的「自動提款機、報攤、收費站和電話亭，不斷宣傳運動的目標」。[20]

美國國立衛生研究院傳染病計劃的負責人安東尼・福西博士（Anthony S. Fauci）曾經是激進份子的針對目標，後來他也承認：「ACT UP將醫護療程交給了患者主導。其實本來就應該如此。」[21]

ACT UP成功促使聯邦政府調整新藥物的測試和分配程序，令愛滋病患者能夠更快獲得藥物挽救生命。《紐約人》的米高・史帕特（Michael Specter）在二〇〇二年寫道：「他們改革了美國的藥物醫療方式。對於某些關鍵藥物的平均審批時間，由以往需十年之久縮短至只需一年，而且安慰劑對照測試的形式亦被徹底改變……不久之後，愛滋病藥物的審批程序亦延伸至其他疾病，從乳癌到腦退化症等，範圍廣泛。」[22]

一九九〇年一月三日的《紐約時報》標題描述得最為精準：「粗鄙、狂莽、有效：ACT UP逆轉了愛滋病政策」。[23]

※

ACT UP的成員以進取和坦率為榮。事實上，組織所引起的爭議以及公眾對示威行動眾說紛紜的取態，ACT UP並不算是獨例。公眾對於任何非暴力抗爭運動的接受程度其實也是類似，ACT UP只是一個稍為誇張的例子而已。

二〇一二年，《洛杉磯時報》報導說：「民意調查顯示，公眾普遍支持佔領華爾街運動的思想，但不支持其干擾行徑。」第二年，《沙龍》發表了一個標題為「研究：所有人都討厭環保主義者和女權主義者」的故事，報導說：「人們傾向對政治和社運家持負面看法。」大眾較崇尚「非衝突和主流的方法」，而不是「舉行抗議集會」之類的活動。[24]

《沙龍》的文章最後給了社運組織者一個訓誡：「訊息很明確：倡導者應避免使

用言論或行動來強化『憤怒激進主義者』的負面形象。」這個結論對應了組織者經常聽到的善意勸喻：他們應以更溫和友善的方式爭取訴求、採取對抗性較低的路線尋求改變，方會產生更佳成果。

社運組織者固然可以設計出創意行動、打破公眾對社運份子的典型印象；然而要求他們減少「憤怒」來避免負面反應，這個想法則實屬愚昧。過去兩個世紀的大型社會運動均已反覆證明：那些勸告組織者要表現得更文明、要減低對抗性的叮囑，全部都是錯誤的。著名的反黑奴運動倡導者費德烈．道格拉斯（Frederick Douglass）談到這個話題時，曾發表詞鋒銳利的名言：「沒有鬥爭，就沒有進步。」他在一八五七年說：「那些聲稱擁護自由卻又鄙視鼓譟行動的人，是那些不要翻土耕作而想得到收成的人，他們想要雨水但不要行雷閃電，他們仰望海洋卻不喜歡驚濤駭浪。」[25]

干擾行動的確是兩極分化的，但這卻是意料之內，甚至正正是干擾行動本身的運作方式。公眾意見分歧的動態往往不易掌握，更難以揣摩或預測；然而，借鑒以往的社會運動，卻可歸納出具啟發性的模式。

近年來，公民抗爭領域較少深入研究這種兩極分化現象，但是分化的重要性卻早已獲得肯定。吉恩．夏普在一九七三年的著作《非暴力行動的政治學》中寫道：「非暴力行動往往會令一些群體之間的基本及潛藏衝突……浮出水面，激起爭端。」他寫道，公開示威活動一旦展開，「差不多必然會加劇衝突，使社群之間的分歧變得更加尖銳，更會刺激以往模棱兩可的人站出來歸邊。」[26]

這種狀況或許是無可避免的。夏普認為：「這種兩極分化，似乎是所有公開衝突行動的本質。」[27]

從正面的角度來看，夏普指出：「隨著緊張局勢加劇、士氣上揚，許多以往較為被動的人也下定決心，參加即將到來的抗爭。」不過影響也有分好壞。當「以往的冷漠時期」被「積極抗爭的時期」所取代，反對運動的勢力亦會為了捍衛現狀而奮起反擊，而抗爭者則會看似選錯戰場，處境更為惡化——尤其如果激進的反運動派與當權者的高壓政策勾結在一起之時。[28]

或許有人會問：如果這種對抗式的行動會同時刺激支持者和反對者，那麼，有什麼得著可言呢？

為了使兩極分化的策略得到回報，正極必須大於負極，關鍵在於公眾的反應——尤其是尚未歸邊的公眾。犧牲精神和政治柔術可以激發公眾的同情心，令中間派傾向支持抗爭的一方而非鎮壓的一方。若策略運作成功，公眾會疏遠那些反對運動的極端主義者；對於運動所提出的社會問題，他們亦會認同有需要採取行動解決現況。他們會成為被動的支持者。

有趣的是，這些公眾很大部份仍然會對不合作運動的戰略為之卻步——他們會爭取和平對話與合理談判，不希望干擾行動持續下去；然而即使這些新支持者不喜歡運動的行動方式，卻仍會同意運動的初衷。在民權運動中，這些人或許不喜歡那些缺乏耐性的學生選擇展開午餐櫃檯靜坐行動、不去透過官方渠道解決問題，但是他們更不願與那些把奶昔倒在學生頭上、把香煙燙在學生背上的種族主義暴徒為伍。即使他們希望衝突結束，卻也認為種族隔離政策是不公義的，並堅持要求官員提供解決方案。

夏普指出：「公眾對非暴力抗爭的第一反應很可能是負面的。」但是，隨著時間的證明，「成功的非暴力運動，能夠加強非暴力勇武份子之間的團結、為目標訴求建立更廣泛的支持、使反對運動的勢力分裂並瓦解」。運動逐步推進，積極支持者的參與不斷擴大，公眾對示威者的被動認同亦會成為主流；同時，反運動派的勢力範圍則會逐漸縮窄，最後只剩下一群憤世極端的小眾，而公眾亦會日益認為他們的觀點既孤立又過時。[29]

弗朗西斯．福斯．皮文的研究雖然獨立於吉恩．夏普和其他公民抗爭運動領域的學者，但她亦認為兩極分化的現象是眾多美國社運的一個關鍵共通特點。

事實上，她將兩極分化視作這些社會運動的核心功能。她認為，當運動組織者成功「逼使人們撫心自問自己在這場爭端的立場如何」時，運動就會令選民之間的分歧擴大，因而逼使政界人士作出讓步，以此恢復選舉格局的秩序。[30]

皮文在《挑戰權威》中寫道：「政客們苦心經營的選民群組，會因抗爭運動而造成撕裂。為免選民變節，又或為了挽回變節了的選民，政客需要制訂新的公共政策。」出於這個原因，皮文認為「衝突是社會運動的命脈」。即使示威活動令人反感，示威者卻仍可贏得勝利。[31]

※

兩極分化的模式其實一次又一次出現在美國內外的民主運動中。如果我們事後回看，歷史裡的重大社會和政治抗爭，無論是解放黑奴、婦女權益或設立工作場所安全標準等，雖然現在已廣受認同和讚譽，然而在當時其實都極具爭議。抗爭者為了推進運動，則必須作出艱難決定，願意挑起分裂、承受唾罵，直到取得成果。

民權運動就是說明了公眾不太歡迎煽動行為的一個關鍵例子。即使黑人平權運動時至今日已備受推崇，然而這場抗爭卻不是一直如此受人尊敬。實際上，當時的民權運動令人難以置信地兩極分化。

在今天，馬丁・路德・金的〈伯明翰獄中書信〉被視為他對民權抗爭目標和方法的雄辯解說，是這位美國民族英雄最為人深入研究的重要文件，然而卻鮮有人記得，他寫此信的目的並非為了回應反對運動的人，而是回應他的潛在支持者——那些批評運動的做法過於急進和衝動的人。

一九六一年四月十二日，在「C計劃」開展的第二周，金與他的好友拉爾夫・阿伯納西（Ralph Abernathy）和其他四十六名示威者，因在伯明翰市政廳前跪下祈禱而被捕，因為他們違反了剛剛頒佈的禁止市內舉行公開示威的禁令。金被捕後的第二天，八名阿拉巴馬州的著名白人自由主義者牧師在《伯明翰新聞》發表了一封聯署公開信，表達他們反對金與他的南方基督教領袖會議以及阿拉巴馬基督教人權運動所採取的直接行動策略。[32]

他們對民權運動的激烈對抗感到不安。這班牧師寫道：「我們明白，當希望遲遲未至，人就自然會焦急起來；但是我們堅信，這些示威遊行是不明智和不合時宜的。」[33]

他們進一步指出：「當權利一再被剝奪時，應該向法院提出申訴，促使當地的各方領袖進行談判，而不是走上街頭。」

金很恐懼監獄，單獨囚禁的孤立隔離令他深感焦慮；然而當他被允許從外界接收新聞資訊時，牧師們的公開信卻令他集中注意力，拾起紙屑就開始書寫回覆。

神職人員譴責抗爭者參加靜坐遊行而不去進行談判。對此，金指責這班牧師崇尚秩序多於正義：「你們提倡談判，這一點說得很對。事實上，這正是直接行動目的所在：非暴力直接行動，就是為了製造危機，促成這種具創造性的張力，使一直拒絕談判的社群被逼面對這個議題。」[34]

金解釋說，這個城市的長老一直避開談判，因此民權示威者別無選擇，只能採取直接行動，「把我們的身軀作為傳達信念的工具，在當地以至全國的良知面前，展示我們的訴求。」[35]

縱使在書信的客套措辭之下，金仍漸漸流露了一種不耐煩：「我幾乎得出一個令人遺憾的結論：黑人在邁向自由路上的最大絆腳石，不是白人公民委員會或三K黨，而是白人溫和派……不斷建議黑人等到『時機成熟』。滿懷善意之人膚淺的理解，比起惡意之徒絕對的誤解更令人沮喪。冷淡的接受比起徹底的拒絕，更令人手足無措。」[36]

金在這次特別強烈譴責他的自由派批評者，但這其實在他的抗爭生涯之中不時發生——他經常需向一些認為民權運動做法過於大膽和激進的人解釋他們的戰術策略。一九六一年五月，一項蓋洛普民意調查問美國人：「你認為午餐櫃檯的『靜坐』、『自由乘車運動』以及其他的黑人示威遊行，會損害還是幫助黑人融入南方？」受訪者絕大多數都持否定態度：57％認為非暴力行為會適得其反，只有27％表示相信這種戰術有效。[37]

在此一年之前，金應邀出席備受歡迎的周日上午政治清談節目《會見媒體》（*Meet the Press*），被問及與納什維爾學生靜坐相關的連串問題。節目主持人是官仔骨骨（編案：粵語，稱讚男子溫文儒雅、穿著整齊體面）的哈佛大學畢業生勞倫斯·史碧華克（Lawrence Spivak），一開始便以戰鬥格的尖銳問題開場。他說即使被視為「黑人老朋友」的前總統哈里·杜魯門（Harry Truman），最近也出言譴責學生們的戰術，然後他直言不諱地問：「這不算是標誌著靜坐行動對黑人種族弊多於利嗎？」[38]

金以堅定的信念回應：「不，史碧華克先生，我不這麼認為。現在，我認為這個運動不會使我們後退或樹敵。全國各地，尤其是南部，許多人都在重新評估他們對黑人的既定偏見，所以這樣很有教育價值，而且我認為從長遠來看，這樣能夠改變整個美國社會。」

民權運動必然會帶來兩極分化鬥爭，運動組織者亦必須面對這樣一個事實——堅決的反運動派會因抗議示威而受到鼓動。在南部，民權示威活動對白人公民委員會（White Citizens' Councils）和三K黨（Ku Klux Klan）等組織而言是一大恩賜。

歷史學家努曼·巴特利（Numan Bartley）在《大規模抗爭運動的崛起》（*The Rise of Massive Resistance*）中寫道，隨著一九五五年蒙哥馬利巴士抵制運動的發起，「阿拉巴馬的白人蜂擁而至，加入反擊」，而「蒙哥馬利迅速成為白人公民委員會的堡壘」。抵制運動開始一個月後，蒙哥馬利市市長蓋爾（W. A. Gayle）亦加入了白人公民委員會，更宣稱：「阿拉巴馬州蒙哥馬利市以至南部地區，每個有正當思想的白人都應該如此。我們不能允許黑人向我們施加要求。」下個月，該組織的成員人數翻了一翻。[39]

白人公民委員會在蒙哥馬利的熱潮，隨著巴士抵制運動於一九五六年末結束之後，亦明顯告一段落；可是在民權運動集中火力的其他地方，例如隔鄰的密西西比州，反運動派的力量亦隨之而激增。[40]

這種令人不安的趨勢亦影響了選舉政治。隨著反種族隔離政策的行動加劇，種族問題成為了南部政客愈來愈重視的選舉議題。民權運動反而造就了堅實反共融主義者的抬頭，助長了像密西西比州州長羅斯·巴內特（Ross Barnett）和南卡羅萊納州參議員斯特羅姆·瑟蒙德（Strom Thurmond）等人的崛起。就算之前從未對隔離政策發表意見的政客也發現，採取公開歧視的政綱更能切合他們的最大利益。阿拉巴馬州州長和未來的總統候選人喬治・華萊士（George Wallace）最初本來是個相當進步的南部民主黨人，風格近似路易士安納州的大眾主義者休伊・朗（Huey Long），然而他在一九五八年的選舉中敗給另一位在反民權運動浪潮中冒起、高調支持種族隔離主義的候選人之後，他就發誓：「我再也不會被歧視所歧視，要歧視我就要歧視得更徹底。」四年之後，他捲土重來再次競逐州長，今次的政綱高調奉行種族隔離主義，最後以驚人的96％得票率勝出。華萊士就在那時說出他的名言：「現在隔離，明天隔離，永遠隔離！」[41]

最後，這些反運動的勢力不僅造成政治倒退，還帶來了極端暴力。一位歷史學家稱，《一九六四年民權法案》通過後的兩年是「恐怖主義時期」，在此期間，兩千多間黑人教堂被燒毀。[42]

金曾說他寧願要徹底的拒絕而非冷淡的接受，那麼這群舊秩序的捍衛者的確讓金「得償所願」。

※

民權運動組織者的行動往往不受歡迎，更刺激了種族隔離捍衛者的強烈反對，但與此同時亦展示了兩極分化策略能夠發揮正面影響，最終使運動大獲全勝。

蒙哥馬利巴士抵制行動、學生午餐櫃檯靜坐、自由乘車運動、伯明翰行動等等，高調的行動使參與抗爭運動的人數顯著急升，就連以往心裡支持但對行動有所保留的人也紛紛加入。當蒙哥馬利巴士抵制行動開始時，多尼．鍾斯（Donie Jones）是一個四十七歲的母親，育有六個孩子，在麥克斯韋空軍基地為白人家庭做飯和打掃為生。民權運動的群眾大會出席人數之多，令她愕然。她解釋說：「當我們第一次開會時，教堂非常擠擁，人太多了。感覺就像是一個復興的開始。」[43]

社會學家愛頓．莫里斯（Aldon Morris）撰寫關於一九六〇年午餐櫃檯靜坐行動的文章時也指出：「靜坐行動為民權運動注入了新的活力。」這些大膽的舉動「將許多人，每每是整個社區的所有人，都被吸引參與其中，使民權運動的訴求成為全國的重要議題。結果，靜坐行動為運動產出了更多有經驗的活躍份子，亦招來了更多資金支持。除了黑人，就連白人同情者也在戲劇性的靜坐行動之後慷慨解囊」。[44]

除了激發非裔美國人社群之外，南部的抗爭行動亦啟發了全國的白人大學生運動組織者。為「學生爭取民主社會聯盟」（Students for a Democratic Society）作傳的歷史作家卻柏德烈．沙爾（Kirkpatrick Sale）寫道，靜坐行動開始之後，「民權運動觸動了全國幾乎每個校園：成立支持小組、設立籌款委員會、組織當地的靜坐和示威、校園民權組織相繼成立、全國各地的學生紛紛前往南部聲援」。[45]

兩極分化策略，不但使原本被動的支持者變成愈來愈活躍的積極支持者，更影響了一些本來沒有表態的政治中間派。歷史學家米高．卡辛（Michael Kazin）認為，「公牛」康納（Bull Connor）暴力鎮壓抗爭者的行徑「首次驅使了大批白人支持黑人自由」。這個觀點在民意調查中得到了明顯體現。從一九六三年伯明翰運動開始之後，視民權問題為「國家面臨的最逼切議題」的公眾比例急速飆升。[46]

當公眾輿論轉向支持民權運動時，反運動派就開始變得孤立無援且支離破碎。三K黨和白人公民委員會的極端行動，反而造成了主流種族隔離主義者的負累，令他們在全國辯論中愈來愈難為種族主義護航。華府的南部議員以往會基於聯邦與州份之間的權限為理據，提出溫和的辯護；然而圍繞種族隔離不公義的兩極分化，卻使這個立場不再站得住腳。由於他們在地方上展現出毫不掩飾的極端主義，加上權力中心正往民權倡導者轉移，使這班人失去了立足之本。

一如數十年後塞爾維亞反對米洛塞維奇政權的抗爭以及美國的同性婚姻倡議運動，權力支柱會隨著公眾轉向而相繼倒下。民權運動一旦建立了公眾的多數支持，主要的社會機構就在一九六〇年代開始與種族主義的舊有秩序紛紛割席。

為了維護州份的公眾形象及避免全國抵制，深南部溫和商界領袖開始公開反對種族隔離主義。「一九六五年二月三日，密西西比經濟委員會（州商會）公開表示支持秩序和尊重法律、贊成公正管理投票法、加強公眾教育以及遵守新頒佈的《一九六四年民權法案》。」政治學家約瑟夫．盧德斯（Joseph Luders）寫道：「這種傾向溫和的逆轉，將舊秩序捍衛者的後盾與白人公民委員會及密西西比三角洲棉花種植園打成一黨，令他們與城市工業家、銀行家和其他更願意接受改變的人形成對立面。」[47]

政客亦開始變節。一九六五年一月，民主黨的參議院黨鞭、路易士安納州的羅素．朗（Russell Long）宣佈支持聯邦投票權立法，令州內的種族隔離主義者為之震驚：一年前，他明明是最激烈反對《一九六四年民權法案》的聲音之一。

朗為他的轉軚解釋：「我能意識到事態開始轉移、局面正在變化，而為了使自己適應不斷變化的世界，我認為所有南部的人都必須這樣做。」[48]

最終，公眾輿論徹底逆轉，以至一些民權時代最頑固的種族隔離主義者，也紛紛承認他們過去的錯誤。

一九九〇年代，喬治．華萊士的健康狀況開始走下坡，他也加入懺悔行列，約見了約翰．劉易斯（John Lewis）和拉爾夫．阿伯納西（Ralph Abernathy）等民權人物，甚至參加了從塞爾瑪到蒙哥馬利的二十周年大遊行。

根據刊載於《紐約時報》的訃聞，這位前州長「有時候甚至引用了這神奇的措詞：『對不起』」。[49]

※

到了二十一世紀，已經很少有人會捍衛一九六〇年代以前在美國南部的種族隔離制度，但卻仍有不少人對移民問題抱持強硬態度。近年的移民權利抗爭，提供了活生生的例證，說明過去的兩極分化格局如何在今天依然存在。

移民改革的倡導者認為，應該正視居住在國內的數百萬無證移民，承認他們對美國社會的貢獻，給予他們公民身份；然而這個主張卻引起激烈爭議。批評者認為「非法者」就等同罪犯，應將他們驅逐出境，並應加強邊境封鎖，有必要時甚至採取軍事手段也在所不惜。

近年來，移民權利運動組織者開展了備受注目的抗議行動，卻似乎只是成功加深了兩個陣營之間的分歧，各評論員亦認為運動已經失敗；然而，對於了解兩極分化力量的人，卻會看到截然不同的局面：自從大規模的社運動員之後，拉丁裔社群議題已變成了政治議題，這可說是千禧年以來美國政治上的重大發展之一。

移民權利運動的觸發事件，從二〇〇六年開始，有時可用一個詞來概括：森森布倫納（Sensenbrenner）。

二〇〇五年底，威斯康辛州共和黨代表詹姆士・森森布倫納（James Sensenbrenner）提出了一項反動性的移民法案，提倡嚴厲處分未經授權進入美國的人士，並在美國和墨西哥之間的邊界豎立一幅七百英里的圍牆，更將那些協助無證移民獲得食物、住屋或醫療服務的人定為犯罪。這條《森森布倫納法案》在十二月於眾議院通過，其後預計在二〇〇六年初會在參議院通過。這個消息觸發了拉丁美裔社群的警覺，釀成持續數天的全國行動。[50]

到了四月十日，抗議活動已遍及三十九個州一百四十多個城市，總參與人數高達二百萬，新聞節目《民主現在》（*Democracy Now*）更稱運動為「美國史上最大型的示威浪潮」。到了五月一日，多達一百萬人湧入洛杉磯市中心的示威遊行中，高呼「沒有人是非法的」。二〇〇六年春天的動員活動，在芝加哥、達拉斯、鳳凰城、紐約和華盛頓等城市吸引了大批群眾。更值得注意的是，數十個小型城鎮如加州的弗雷斯諾和堪薩斯州的花園市，均分別見證了當地有史以來最大規模的示威遊行。示威者高舉美國國旗和寫上「我們是美國」（We Are America）的紙板。[51]

這些行動引起了主流媒體的廣泛關注。《紐約時報》報導：「一個又一個，建築工人、廚師、園丁、銷售助理以至學生都說，他們從未出席過任何示威活動，而今次之所以參加集會，是要給國家立法機關的議員發出這個重要訊息。」然而這種關注程度，還比不上西班牙語傳媒鋪天蓋地的報導，因為移民權利運動幾個月來一直高踞西班牙語傳媒的頭條新聞。來自德薩斯州、內華達州和加州的學生紛紛加入行動，走出課堂抗議森森布倫納，尤其洛杉磯的學區更有三萬六千人參與罷課遊行。[52]

十六歲的薩爾瓦多移民克里斯蒂安・多恩（Christian Dorn）向《華盛頓郵報》表示：「這樣已經清晰表達：我們不會沉默。」他將移民權利運動比作一九六〇年代的民權運動：「我們不應被當成罪犯對待。」[53]

作家蘭迪・梭更稱示威遊行是「一場席捲美國各地的社會震盪」。[54]

但是問題出現了：社會震盪所帶來的交易收益，並沒即時應驗——更有人質疑運動是否取得了任何進益。雖然參議院版本的《森森布倫納法案》不獲通過，但是亦沒出現任何條例改革，可將無證移民的地位合法化或讓他們申辦公民身份；接下來的幾年間，亦沒跡象顯示僵局有望在華盛頓得到解決。到了二〇一一年，《財富》雜誌更將移民權利運動列為「公民運動如何無疾而終」的示例。[55]

就像民權運動為白人公民委員會注入活力一樣，二〇〇六年移民權利運動的結果之一，就是激發了強硬的反移民情緒。反非法移民的組織「民兵計劃」（Minuteman Project）二〇〇五年由幾百名誓言要在墨西哥邊境進行「公民巡邏」的人士發起，到了二〇一〇年，已催生了三百多個志同道合的地方組織，吸引了數萬名志願者參與。[56]

二〇〇五年，記者大衛・賀特侯斯（David Holthouse）參觀了亞里桑拿州科奇斯縣的民兵計劃志願者營地，並記錄了談話內容。一名六十九歲的退休人員兼退伍軍人說：「殺掉非法移民應屬合法。格殺勿論，見一個殺一個，這就是我的移民政策建議。你非法闖入我的國家，你就該死。」

另一位志願者補充：「應該將屍骸放在美國境內三百英尺，就這樣丟在那裡，晚上開著大光燈照著。這樣的『禁止擅自進入』訊息，什麼語言的人都能看得懂。」[57]

這些極端社群得到了霍士新聞頻道盧・多布斯（Lou Dobbs）等主流保守派的巨頭支持，他們認為成群結隊的移民未經清洗，將會帶來瘟疫、結核病、瘧疾甚至痲瘋病。[58]

更令人擔憂的是，州立保守派議會如猶他州、亞里桑拿州、喬治亞州、阿拉巴馬州、印第安納州和南卡羅萊納州的立法機構，均推動了針對無證移民的反運動立法。美國公民自由聯盟（American Civil Liberties Union，ACLU）控訴這些仿照亞里桑拿州「出示證件」法案的措施，實質上是「對拉丁美洲人、亞裔美國人和其他外貌或口音被認為是『外國人』的人士，進行一種『種族審查』」。[59]

在這一波保守主義的強烈反對浪潮過後，一些移民權利組織進入了「失敗感」的階段。到了二〇一〇年，由於全面改革的立法在華盛頓受到阻撓，而州級的立法更趨向倒退，他們回看二〇〇六年抗爭運動的傳奇，更感沮喪。

※

當時，反移民的勢力似乎日益高漲、態度強硬。對於國內的某些地區，他們的確是聲勢浩大：在南部和西南部偏遠的白人重鎮，移民權利倡導者節節敗退，就像當年民權運動在白人公民委員會的勢力範圍遭受挫折一樣。但這只是實情的一部份。

兩極分化策略也有其正面影響，更會逐漸轉化為運動的有形進益。短時間內，移民社群激起的熱情，在民調中為保守派的選情製造了持續危機。

移民權利運動參與者在二〇〇六年春季的示威遊行中誓言要左右選戰。他們高喊：「今天遊行，明天投票！」那年秋天，運動促成了近年最迅速和決定性的選票意向轉移。[60]

在二〇〇六年之前，各種反移民行動，例如高調突擊檢查工廠導致大量非法移民被遞解出境等舉措，在拉丁裔社群引起了恐慌和憤怒。森森布倫納所帶來的分別，在於大規模動員運動將社群的不滿情緒引導往一個明確的政治方向。

二〇〇六年的夏季和秋季，十幾個勞工、教會和公民團體因示威遊行而組成的全國聯盟「我們是美國」（We Are America），致力推動新選民登記，呼籲要在年底的中期選舉以選票踢走反移民的候選人。結果共和黨在二〇〇六年慘敗，失去了眾議院和參議院的控制權。[61]

拉丁裔的投票率遠遠超出中期選舉的常態。保守派《邁阿密先驅報》專欄作家安德烈斯・奧本海默（Andres Oppenheimer）描述：「拉丁裔選民在周二的中期選舉中，向布殊總統的共和黨說了一聲『再見！』並把選票傾倒向民主黨候選人。這顯然是拒絕執政黨把國家的大部份問題歸咎於無證移民身上。」[62]

奧本海默補充：「許多專家預測拉丁裔選民不會在周二的選舉中傾巢而出。」相反，這些專家原本預計「要到二〇〇八年的大選，待更多拉美裔入籍和登記成為選民後，這個主要來自拉丁裔社群的『今天遊行，明天投票！』口號，才可轉化成為選票力量」。

這些專家最終大跌眼鏡。中期選舉的票站調查，顯示出一個令資深民調研究人員也大感愕然的投票意向轉移：投票支持民主黨的拉丁裔選民，由二〇〇四年總統大選時的55%，躍升至73%。[63]

部份精明的共和黨人看到形勢不妙，急忙補鑊（編案：粵語，補鍋子，引申為補救之意）。二〇〇六年夏天，高級總統顧問卡爾・羅夫（Karl Rove）出席了國內最大型的拉丁裔民權組織拉拉扎（La Raza）的全國代表大會，試圖表示白宮已經與共和黨的反移民派割席。羅夫後來警告保守派：「反拉丁裔的態度是一種政治自殺。」[64]

毫無疑問，二〇〇六年的抗議活動只是影響投票意向的其中一個因素，然而這個記錄卻為群眾的抗爭力量提供了強而有力的證明：大量民眾走上街頭，引起了全國關注，持續成為西班牙語傳媒的新聞頭條達數月之久；抗議者誓言要以選票踢走反移民的共和黨人，最終所動員到的選票遠遠超出頂級選舉分析員的預期。

這個投票意向的轉移，耐力持久。到了二〇〇八年，上一屆大選所確立了的趨勢持續，喬治・布殊（George W. Bush）在二〇〇〇年和二〇〇四年拉攏拉丁裔選民的任何效果都已蕩然無存；二〇一二年，共和黨總統候選人米特・羅姆尼（Mitt Romney）只吸引到27％的拉丁裔選民支持，這是自一九九六年鮑勃・多爾（Bob Dole）以來，拉丁裔得票率最低的總統候選人。與此同時，移民社群創紀錄的投票率，卻在奧巴馬總統競逐連任時發揮了巨大效果。共和黨參議員連斯・葛拉漢（Lindsey Graham）形容二〇一二年的選舉失敗，是對共和黨人響起了「警訊」。[65]

隨著拉丁裔選票逐年增長，保守派發現自己陷入了一個兩難困境。展望二〇一六年總統大選，*Vox*新聞網站記者達拉・林德（Dara Lind）指出，「共和黨在移民政策方面，面臨著巨大的囚徒困境」：如果右翼候選人為了贏得初選而調整政綱以討好反移民的極端份子，那麼他們進入大選之時，就得面對聲勢浩大的移民權利運動支持者選民，而他們的反移民言論則會愈來愈不受主流意見所接受。對於保守派來說，這是一個左右受敵的劣勢，而對於贊成移民權利的候選人來說，卻是一個左右包抄的優勢。[66]

換句話說，兩極分化帶來了政治回報。

※

二〇一二年夏天，夏維爾・靴蘭狄斯（Javier Hernandez）和維羅妮卡・高美斯（Veronica Gomez）已對白宮失去耐性，決定追擊奧巴馬總統，發起一個高度敏感的行動來針對他的連任選戰。

六月五日，二人帶著裝滿瓶裝水和運動飲料的袋子走進奧巴馬的丹佛辦事處，宣佈絕食。他們誓言在奧巴馬同意採取行政措施批准年輕移民留在美國之前，只會靠水和電解質為生。

來自丹佛的靴蘭狄斯和住在加州的高美斯，均來自類似的背景。當二人還是蹣跚學步的時候，他們的家庭從墨西哥拿到美國簽證入境，而簽證現在早已過期。雖然二人在美國長大，但卻沒有身份證件，因此他們的公民抗命行動，連帶的風險要比純粹被捕沉重得多：他們可能被驅逐出美國這個他們唯一的家。高美斯對一位記者說：「我們是美國人，即使沒有證件。」[67]

二人均是移民青年團體「追夢者」（DREAMers）的成員，他們倡議訂立《夢想法案》（*DREAM Act*），目標是為一群自幼就被帶入美國、在美國長大成人、努力希望上大學或參軍的青年提供合法身份。這個群體有明確的道德理據去爭取美國公民資格。即使《夢想法案》不會涵蓋一千一百二十萬居於美國的全部移民人口，但這措施將會踏出重要的第一步，對數百萬人具有重要的功能意義，更能為運動帶來重要的象徵勝利。[68]

二〇一二年的夏天，選舉工程進入最關鍵時期，「追夢者」選擇了奧巴馬的美國辦事處作為抗爭行動的主要目標。在靴蘭狄斯和高美斯在丹佛進行為期六天的絕食抗議的同時，組織亦於加州的奧克蘭、密芝根州的迪爾伯恩、俄亥俄州的辛辛那提等十多個城市發動靜坐抗議。追夢者組織當中最著名的全國移民青年聯盟（National Immigration Youth Alliance）報告說：「奧巴馬在喬治亞州和北卡羅萊納州的辦事處，一聽到有示威行動的風聲，就立即提早關閉了。」[69]

《紐約時報》評論文章說道，奧巴馬突然面對真正的挑戰，「有可能令他失去這群對他競逐連任舉足輕重的拉丁裔選民」。[70]

從二〇一〇年開始，推動《夢想法案》的學生已成為紀律嚴明、充滿活力的抗爭核心，將先前大規模抗議活動的能量帶入了具針對性、有聲有色的對抗中。其中一項突出的行動，四名學生從佛羅里達州邁阿密步行一千五百英里至華盛頓特區，一路吸引著傳媒報導。在整個二〇一一年，示威活動不斷爆發：在北卡羅萊納州的夏洛特市，三百人小組堵塞了市區的主要十字路口，當中十名無證移民學生被捕；六月，六名移民青年在喬治亞州的亞特蘭大堵路，當時他們身穿大學畢業帽子和長袍，坐在一條繁忙的街道上，橫額寫著「我們的夢想刻不容緩」；在華盛頓，學生運動組織者說服了伊利諾州眾議員路易斯．古鐵雷斯（Luis Gutiérrez），與他們一起在七月於白宮外舉行的《夢想法案》集會中被捕。[71]

這些抗議行動中最具力量的一環，仿傚了同志平權運動的戰術：公然讓年輕抗爭者「出櫃」——冒著公開無證移民身份的風險，宣示自己是美國人。帕薩迪納市立學院的二十三歲學生莊拿芬．佩雷斯（Jonathan Perez）三歲時與家人從哥倫比亞前往美國，他對《赫芬頓郵報》說：「我們必須在沒有恐懼的環境下生活，因為恐懼癱瘓了我們。如果我們保持沉默，我們就只會活在陰霾中。」[72]

就立法程序而言，《夢想法案》針對了無證移民當中最能得到大眾同情的一群，亦似乎是所有移民法議案之中最有可能跨過國會障礙的一項。

二〇一〇年底，法案獲得眾議院通過，並得到了參議院的多數支持——但未能獲得繞過反運動派拉布所需的六十票。他們得再花上一年半的時間不斷施壓，才說服了白宮繞過國會。

事實證明，移民權利運動對奧巴馬的連任選情帶來威脅，此乃關鍵一著。此前，即使有九十多名移民法的教授提出了相反觀點，奧巴馬總統仍一直堅稱他沒有單方面批准追夢者所要求的法律權限。但是在丹佛絕食抗議開始僅僅十天後，加上華盛頓的親移民權利盟友日益進取的質問，奧巴馬宣佈政府將根據行政命令，實施等同《夢想法案》的政策。[73]

二〇一二年六月十五日，奧巴馬總統指令聯邦移民局遵循一系列準則，向符合《夢想法案》標準的年輕居民發出可續期的工作許可證。這項行政命令，使多達一百二十萬無證移民青年能夠留在美國自由生活和工作，後來更擴展至包括數百萬無證移民在內。對於年輕的抗爭者來說，他們因為參與抗爭而令家人陷入焦慮不安，更要冒著被逐出這個家園的風險，因此這個行政命令帶來了莫大欣慰。一位追夢者說：「我們所有人都在看、在聽、在歡呼。」[74]

兩極分化正在發揮作用。二〇〇六年大規模群眾動員之後，雖然贊成和反對移民權利的積極支持者均有所增加，但是亦有實在的證據指出，移民權利運動贏得了較多的被動同情者。在抗爭運動之前，哥倫比亞廣播公司於二〇〇五年八月的一項民調發現，只有32％的美國人贊成非法移民「應被允許申請工作許可證，使他們能夠在美國居住和工作」；二〇〇六年四月，隨著大規模示威活動的展開，一項類似民調則顯示49％的人表示贊成——這是重大的轉移。[75]

自此之後的幾年間，其他民調結果亦紛紛顯示公眾對人道移民政策改革的支持度顯著增加，更曾初次錄得大多數人贊成移民人士應可申領公民身份。

在二〇〇七至〇九年間，即使反移民的極端組織如民兵計劃等勢力不斷增長，然而國民認為無證移民應被允許留在美國並申領公民身份的比率，卻從38％上升至44％。在隨後的幾年間，比率更進一步上升，自二〇一四年以來，這個數字持續超過50％——二〇一五年五月更達到了創紀錄的57％。[76]

從這個角度看，重要的變化已經發生了。民兵計劃等的邊境巡邏團人數銳減，南方貧困法律中心（Southern Law Poverty Center）的馬克．波托克（Mark Potok）在二〇一四年四月對《基督科學箴言報》說道：「反移民運動的規模只剩下過去的十分之一。」另一邊廂，親移民組織則訴訟成功，廢除了反移民力量早前推動通過的一些歧視性的州級法案。到了二〇一四年十月，阿拉巴馬州解決了反移民政策其餘的法律挑戰，政策專家認為此舉標誌著「全國各地從州份和地方開始，逐漸擺脫嚴苛的反移民法律」；取而代之，一份新聞報導解釋道：「愈來愈多州份正在通過一些『支持移民、包容性高』的法案，例如向無證移民授予駕駛執照，或向追夢者提供州內學費資助。」[77]

二〇一四年十一月下旬，奧巴馬總統頒佈了一項影響更深遠的行政命令，利用他的權限對移民制度進行了重大改革，為另外五百萬名無證移民（包括美國公民的父母）創建一項機制，使他們能夠合法在美國生活和工作。《華盛頓郵報》形容這是移民權利運動支持者所帶來的政變，並評論說：「奧巴馬行政命令橫掃面之廣是前所未有的。」[78]

美國人會否看到詹姆士．森森布倫納如同反同性婚姻的謝西．咸斯或反民權的喬治．華萊士般「打倒昨日的我」、向追夢者說出一句「對不起」以示友好，現在尚且言之過早；然而兩極分化所造就的極端主義團體如民兵計劃，則可能很快就會像白人公民委員會一樣，雖然一度藉民權運動「不明智和不合時宜」的衝突策略而應運而生，卻很快就被公眾視為偏執己見、古舊過時。

即使兩極分化的力量已獲歷史印證，然而這個過程始終會帶來不安情緒。主流組織，尤其是與政治官員保持良好關係的組織，一向盡量避免這種情況，選擇保持溫和合理的形象。因此，一些願意冒險進行兩極分化的組織，自會遭受公開批判。

※

ACT UP在「沉默＝死亡」的危機之中誕生，選擇以激烈而非溫和路線來逆轉愛滋病的抗疫之路；民權運動組織者拒絕等待「時機成熟」，結束了種族隔離的暴政；推動《夢想法案》的學生，以兩極化的選情來迫使政府出手。經過時間洗禮，成功的社會運動往往會被後世推崇備至，然而在抗爭仍在進行之時，他們的戰略行動卻從來不是處處討好人見人愛。運用衝突和干擾行動推動變革的人，必須接受這個現實。

然而這種策略卻亦滿佈地雷。為了使兩極分化的現象有利於社會運動，倡導者絕對不能自欺欺人，以為公眾的反應無關重要，甚至以為「一切皆可為」。抗爭者可以冒上「狂莽無禮」之罵名以建立對抗面，然而若要運動帶來成效，則必須緊守一點：紀律嚴明。

無論多麼強悍，單憑幾個人孤軍作戰，
無法帶來拯救地球所需的大規模社會變革。

——朱迪．巴里（Judi Bari）

第九章．紀律——*The Discipline*

環保組織「地球第一！」（Earth First!）陷入了危機。

一九八七年五月八日，新婚的二十三歲工人喬治・亞歷山大（George Alexander），在加州克洛弗代爾的路易斯安那太平洋伐木公司經營的一家木材廠裡工作。突然，他正在操作的重型帶鋸機碰到鐵釘發生爆炸。一節十二英尺長的帶鋸劃破了他的防護面罩，粉碎了他的下巴，切割至他的頸椎。

如果刀片角度稍微轉動，他就已經身首二處。「那把鋸是平飛向我的。」他後來解釋：「如果是鋸齒一邊迎面而來，我就死掉了。我之所以仍然活著，是因為我的朋友里克・菲利普斯（Rick Phillips）在救護車到來前的一個小時裡，把我的血管緊緊按著。」[1]

事故發生後，伐木公司和縣警長迅速譴責環保主義者，是他們將鐵釘釘在被砍伐的樹木上，導致鋸子斷裂。活躍份子受到一輪公眾輿論指責的巨浪所衝擊。

「地球第一！」之前也曾引起爭議，但這次卻不一樣。小組於七年前成立，為復甦國內森林作出了重大貢獻。組織的創始成員曾於主流的國家環境團體工作，後來因為「大綠環團」（Big Green）竟與華盛頓進行交易，容許於大部份未有行車路的公共土地地區伐木，令他們大感震驚。一九八〇年春，包括戴夫・科曼（Dave Foreman）、巴特・高拿（Bart Koehler）和米克・羅瑟（Mike Roselle）在內的一小群失落的組織者，一同前往北墨西哥露營。在那裡，他們決定創立一個新的草根組織，不再因循華盛頓的內部操作，並且無懼採取對抗策略。

組織名為「地球第一！」，當中包含一個感嘆號，以表明行動的逼切性。組織的口號「捍衛地球，絕不妥協」明確指出，該組織與大綠環團陽奉陰違的妥協操作程序不同。

從一開始，他們的成員就努力塑造一種與其他環保運動支派截然不同的形象。羅瑟和科曼在懷俄明州工作時認識，作為創始人的二人自稱「牛仔」。來自肯德基州路易斯維爾的羅瑟，在一九七〇年代後期搬到懷俄明州西北部。他在加州反越戰抗爭中嚴重透支，希望在荒野度過一段時間。幾年之間，他成立了一家建築公司，搭建自己的房子。就在此時，他被捲入「地球之友」（Friends of the Earth）發起的反對伐木抗議活動中。戴夫．科曼則是阿爾伯克基的本地人，被認為是「紅頸人」（redneck）（譯註：即美國南部的保守派農民）兼共和黨人，即使他已幾乎放棄了這種投票模式。二人戴著牛仔帽，喝著啤酒，意圖與公眾心目中環保份子的典型嬉皮士形象區分開來。[2]

他們的早期活動，都是吸引傳媒焦點的惡搞行動：一九八一年一次著名的抗議行動中，組織者在亞里桑拿州的格倫峽谷水壩掛上一條三百英尺長的直幡，上面畫著一條裂縫。水壩普遍被視為生態災難，而水壩的「崩裂」則象徵地呼應了愛德華．阿比（Edward Abbey）一九七五年的小說《猴子扳手幫》（*Monkey Wrench Gang*），故事其中一幕描述一群生態保育份子密謀炸毀水壩的場面。

那本小說對他們的組織影響深遠。早期的傳媒報導，例如一九八三年《戶外雜誌》（Outside），就將他們描繪為阿比小說的真實版本。科曼更出版書籍《生態防衛：

猴子扳手攻略》（*Ecodefense: A Field Guide to Monkeywrenching*），書中談到諸如拔掉測量師的標樁、擊倒告示牌、把沙放進推土機的油箱等「猴子扳手」式搗蛋行為。

用記者迪安．古柏斯（Dean Kuipers）的話來說，結構分散的組織成員早年曾獲「友善調皮的破壞者」之美譽，但是，隨著公眾注意力開始集中在他們最具爭議的行動上，情況就發生了變化。「樹刺」（tree spiking）是指將長長的金屬釘子釘入老樹，不會損害樹木，但會對伐木工人造成危險，鐵釘可能會損毀鋸條並傷害到工人。大量樹刺會窒礙及拖慢伐木工作——而這正是抗爭者的目的。[3]

樹刺戰術成功嗎？科曼等人對於樹刺的功效堅信不移，但組織的其他成員則得出了不一樣的結論。即使鐵釘多次弄斷鋸條並危及工人安全，但伐木公司高層卻只把這種工業安全風險當作可以接受的營運成本來看待。羅瑟在一次樹刺行動後觀察到，行動「幾乎沒有拖慢砍伐的進度」。[4]

對於木材公司而言，樹刺的爭議更為他們帶來益處：可藉此把環保主義者妖魔化和污名化。特別在克洛弗代爾事件之後，他們更充分利用了這個機會。

「地球第一！」一般會竭盡全力確保行動只損壞設備而不至傷人，而且亦有理由相信今次事件的樹刺並非組織所為：其一，被擊中的鐵釘放在一棵相對較年輕的二次生成樹，而他們一般聚焦於未有行車路區域的老樹；其二，他們會在被刺的樹上噴上塗鴉作記認，以此勸退伐木工人；最後，有跡象顯示該樹的樹刺根本不是有組織的環保份子所為，而是當地居民不滿伐木公司威脅當地水源而私下做的。[5]

即使如此，但因為樹刺是「地球第一！」所倡導的戰術，組織對於公眾的強烈反感難辭其咎。

事故發生之後，伐木公司既沒關閉木廠亦沒放棄砍伐，卻發動了一輪激進的傳媒戰，使整個地區的環保主義者蒙上陰影。門多西諾縣警長辦公室發表新聞聲明，直指「地球第一！」的行徑是「令人髮指和惡毒的犯罪行為」；《尤里卡時代標準報》亦刊登了一系列以「『地球第一！』被指釀成工傷」之類為標題的文章；《聖羅莎民主報》強烈譴責行為是「樹刺恐怖主義」；愛達荷州參議員詹姆士·麥克盧爾（James McClure）等政客大鑼大鼓要求把樹刺行動訂立為聯邦罪行。[6]

幾年後公開否定樹刺行動手法的羅瑟意識到，組織「正面臨一場嚴重的公關災難」。[7]

※

「地球第一！」的困境揭示了一個更大的問題：試圖利用兩極分化戰術的抗爭行動，必須謹慎執行以取得平衡。抗爭者製造對抗場面、刻意就某一個議題引發公共危機，乃有意識地挑戰公眾希望以和為貴、避免爭拗的普遍傾向。抗爭者明知行動會令很多人感到不安，但仍執意製造對抗，是因為相信兩極分化可以激發積極支持者、贏得被動支持者，並孤立維護當權者的勢力。ACT UP、民權運動和追夢者運動，正正是這樣發生。

但是兩極分化策略也有可能適得其反。為了使運動從衝突加劇的狀態中受益，組織者必須確保兩件事情：第一，他們能夠吸引到比對手更多的積極支持者；第二，即使行動手法被認為極端或急進，但公眾輿論愈來愈接受組織者的觀點。以上兩點均需要策略判斷。有時即使願意與爭議同行，亦不代表一切皆可為。如果運動的行徑會令社會過份撕裂，並受到廣泛譴責，以至蓋過了運動原本爭取公眾關注的議題，甚至反而使公眾同情敵手，極化策略就算是失敗了。

那麼，這條界線應如何劃分呢？

如要準確判斷形勢、衡量一項行動的勝算，就必須從多角度分析，包括考慮當地社會文化、規範和集體價值觀等客觀條件。即使精心部署，干擾行動也不一定無往而不利。

ACT UP最具爭議性的一些行動，例如一九八九年十二月在紐約市聖博德大教堂打斷崇拜儀式的行動，就引起了超出預期的公眾反感，更引發了愛滋病關注者之間的熱烈討論，質疑行動是否過火了。

雖然兩極分化策略的成效難以預測，不過某些社會傾向倒是可以預期——在美國而言，公眾對於被視為暴力的戰術，一貫都持負面印象。

「地球第一！」雖在一九八〇年代後期曾有過這麼一次極化策略失效的慘痛經歷，但是組織亦展示了抗爭者如何挽回聲勢扭轉乾坤。憑著進取的策略性非暴力行動，加上大規模的公民抗命舉措，組織發動了一場經典行動，為拯救加州紅木樹林贏得了公眾關注。

統籌此項壯舉的負責人，並非自稱「牛仔」的一幫，而是身高只有五呎的生態女權份子、單身母親兼前工會組織者。她的名字是朱迪・巴里（Judi Bari）。

※

克洛弗代爾事件消息傳出之後，羅瑟第一時間說出的話，透露了一些玄機：「朱迪肯定不高興。」[8]

朱迪・巴里在反越戰運動中初出茅廬成為社運份子，在馬里蘭大學組織學生參與運動，最終輟學。她隨後在一家超市找到低薪工作糊口，然後迅速躍升成為工會幹事，並在接下來的幾年間成為勞工團體組織者。她於一九七九年與當時的丈夫搬到北加州，一九八〇年代中期離婚後與兩個女兒一起生活，當木匠為生。她之前從沒思考過森林保育的議題，直到某天她為一位高薪厚職的行政人員建造鄉間別墅，當她欣賞手上木紋細緻的紅木時，從判頭（編案：承包商）得知木料源自附近一帶伐木公司所砍掉的千年古樹，令她頓時非常憤慨。此時此境，巴里後來稱為她「環保意識覺醒的一刻」。一九八八年，巴里加入了「地球第一！」門多西諾縣的支部。[9]

活躍份子兼音樂家達里爾・切爾尼（Darryl Cherney）後來成為她的主要合作者之

一，他指出巴里對反伐木組織帶來了積極作用：「格雷．金（Greg King）（另一位組織成員）和我統籌的遊行示威，通常會有數十至數百人參與；但是朱迪加入之後，成千上萬的人來了。」[10]

以前，「地球第一！」的策略主要是游牧性質的，一行十數人，當中多數是男士，跑到偏遠的荒野地區設起封鎖線，又或圍繞老樹靜坐。巴里認為這種行動雖勇氣可加，卻微不足道。她認為環保主義者若要取得長遠勝利，就必須組織一場社會運動，不能只靠這些堅實的環保戰隊，而是要獲得廣泛的公眾支持。[11]

「無論多麼強悍，單憑幾個人孤軍作戰，無法帶來拯救地球所需的大規模社會變革。」巴里解釋：「於是，我們開始與當地人一起組織，就著一些當地社區支持的議題，策動封鎖線阻擋伐木工作。」[12]

來自勞工背景的巴里，更致力消弭工人階級與環保份子之間的傳統鴻溝，建立了「藍領」、「綠團」的聯盟。雖然「地球第一！」的創始人會把木材公司員工視作敵人，但巴里並不認為前線工人是個問題，反而認為可以團結愛護樹林人士與粗獷的伐木工人，一同面對共同敵人——伐木公司的行政人員。畢竟，森林的砍伐不僅影響樹木，亦影響著以伐木為生的工人，當中不少更對公司心存不滿。巴里認為：「木材公司對待森林的方式與對待伐木工人一樣，同樣為了獲取最大利潤，對他們加以剝削和利用。」[13]

當亞歷山大在克洛弗代爾事件中差點喪命之時，科曼不屑一顧。他評論說：「我認為有人受傷實屬不幸……但又沒人逼他砍伐樹木。」並非所有組織成員也如此冷淡。巴里對事件大感震驚，後來找到了這位伐木工人和他的妻子，一同坐下來討論事件。巴里發現，雖然傳媒報導沒有提及，但亞歷山大對僱主輕忽的安全標準亦同樣不滿。當公司要求他譴責環保主義者時，亞歷山大拒絕了。他對巴里說：「我反對樹刺，但也不贊同夷平樹林。」[14]

幾年之後，亞歷山大就被路易斯安那太平洋公司解僱了。他說：「公司在全國各地用上了我的名字，然後當木廠關閉時，我就被裁員了。」

巴里除了與伐木工人接觸，亦改變了「地球第一！」的組織文化，開放空間讓更多女性擔任領袖職務。

巴里在一篇標題為〈『地球第一！』女性化了〉的文章中寫道：「我本身就是個社運份子，會成為環保主義者不足為奇；奇就奇在我作為女權主義者、單身母親兼藍領工人，卻竟然投入了『地球第一！』的工作。這裡素來以大男子氣概、喝啤酒的生態大男孩見稱，是一個絕不妥協、直接行動的組織。」

她續道：「沒想到，女性化的集體主義及非暴力主張，揉合了『地球第一！』的強悍大膽之後，竟讓我們引發出一個群眾運動來。」[15]

為了點起星火，「地球第一！」必須遠離樹刺行動。到了一九九〇年，巴里和各方志同道合的活躍份子一致認為，是時候徹底與樹刺行動斷絕關係了。巴里的立場同時建立在道德和務實的基礎上：「我們的組織在這一帶區域（特勞特河、卡托荒野、阿爾比恩源頭森林和貓頭鷹河）成功拯救的森林，全數是透過封鎖行動、群眾動員和法律訴訟三方結合而得來的。」樹刺的成效極其量也只是拖慢了行動的進度而已。[16]

「地球第一！」雖然一直堅稱行動不涉及暴力，但是地區支部組織卻對此聲明猶豫不定。「畢竟，這與組織成立時的男兒本色形象有點格格不入。」但她強烈認為正式聲明是必不可少的。她後來寫道：「對於我們走在前線的人來說……承擔不起樹刺行動這種既無效又惹火的行徑所帶來的孤立和抹黑。如果真的要把地球放在第一位，那麼在選擇戰術時，就應考慮行動是否有效，而不是行動是否夠男子氣概或浪漫。那才是『絕不妥協』的真正意義。」[17]

組織的其他成員在聽到伐木工人的不滿之後，亦同意了上述觀點。一九九〇年四月下旬，北加州和俄勒岡州南部的「地球第一！」活躍份子，在一次新聞發佈會上正式否定了樹刺行動。他們指責砍伐森林的公司說：「這些公司會毫不猶豫地將被刺的樹木送入木磨機，然後因為工傷事件令輿論鞭撻『地球第一！』而津津樂道。」[18]

巴里帶來的政治和文化變革，導致組織的領導班底決裂——促使科曼與組織斷絕關係。作為聯合創始人的他，狠批組織已被嬉皮士和「階級鬥爭的左派」所接管，他堅決捍衛組織的舊有戰術和身份。巴里回應道：「科曼希望運動保持小眾純潔，然而深層次的社會變革必須群眾參與才會發生。如要拯救紅樹林，我們還需要更大量的群眾參與，才足以推動稍微的改革。」[19]

科曼亦沒有停下來，後來他在塞拉山俱樂部（Sierra Club）率領一個反移民權利的環保主義者支派。

而巴里則和組織成員聯合宣佈了一項大膽的計劃：「紅木之夏」（Redwood Summer）。行動靈感來自學生非暴力協調委員會一九六四年的「自由之夏」，當年的行動號召了全國各地年輕人前往密西西比州，挑戰南部種族隔離主義者，並協助非裔美國人登記成為選民。一九九〇年夏天，巴里和其他人進行了全國巡迴演講，呼籲採取非暴力直接行動，拯救加州最大一片未受保護的古老紅木樹林。巴里回憶說：「全國各地的查詢開始湧現，我們意識到這件事情比想像的要大。」[20]

然而並非一切均按計劃順利進行。夏天的行動迫在眉睫，「地球第一！」的對手再次試圖利用「暴力」污衊組織——這一次更以極為扭曲的手法而來。

從四月開始，也就是宣佈紅木之夏僅幾周之後，主要組織者就接到死亡威脅。當地警方拒絕進行調查。在五月二十四日，巴里和切爾尼駕車穿越奧克蘭為紅木之夏進行宣傳活動時，一枚內藏釘子的土製炸彈，突然在巴里的汽車座椅下爆炸，令她盆骨破碎，幾乎死亡。切爾尼也有受傷，幸好傷勢未算嚴重。爆炸發生後，聯邦調查局在幾分鐘之內就出現了。明明巴里和切爾尼都奉行非暴力主義，調查局人員卻一口咬定炸彈是他們自己製造的。當巴里還躺在手術桌上的時候，調查局人員就將重傷的她逮捕，更在沒有提供任何證據之下，認為切爾尼和巴里正在運送炸藥打算攻擊伐木公司。[21]

反環保主義團體亦隨即把這項指控傳播開去。一個自稱「撒哈拉俱樂部」（Sahara

Club）的右翼組織更散發一份附有炸彈製造圖的傳單，訛稱圖樣來自「地球第一！」的手冊。[22]

傳媒最初亦以左翼份子製造炸彈作為報導方向，而「地球第一！」則努力反駁指控，並強調他們一直堅守非暴力直接行動的承諾。一九九四年，巴里和切爾尼向聯邦調查局提出民事訴訟。在收集證據的過程中，維權律師發現，聯邦調查局在一九九〇年襲擊發生前幾周曾為前線特工進行了一次「炸彈學堂」訓練，亦在加州森林中引爆了幾枚汽車炸彈；一名聯邦調查局專家更承認，巴里車上的管道炸彈是由一個精密的感應裝置引爆的，不符合「激進份子不慎引爆了自製炸彈」的指控。雖然沒有掌握任何政府人員參與放置炸彈的證據，但對許多人來說卻是見葉思秋，自然會聯想起一九六〇年代聯邦調查局臭名遠播的「反諜計劃」（COINTELPRO）（譯註：即針對國內顛覆型的組織，實施一系列時而違法的秘密行動）。[23]

紅木之夏並沒因巴里和切爾尼的遇襲事件而停下來。爆炸發生後，運動的志願者蜂擁而至。當巴里還在療傷之時，「地球第一！」的一群新晉領袖，當中不少是受她啟發的女士，則更加努力彌補巴里的空缺，協調接下來幾個月的活動，最終創下了歷史時刻。學者道格拉斯．貝文頓（Douglas Bevington）寫道：「數千人參與了支持源頭森林的示威，成為了美國史上森林保育方面最大規模的公民抗命行動。」[24]

整個夏天幾乎每日都有行動發生：參與者或在樹上靜坐，或堵塞伐木通道，或將自己以鎖鏈鎖在設備上，或在公司行政會議與高層人員爭辯。當年夏天共有三千人參與其中，遠高於之前一年的一百五十人；當中二百五十多名參與者被捕。有別於「猴子扳手」因使用突襲行動而需進行保密，「地球第一！」能夠公開在社區進行組織活動，並獲得當地同情者的積極支持。在一次別出心裁的行動中，門多西諾縣的居民採用了「早餐第一！」的名堂，以顯示與組織連成一線的團結立場，更請來一班名廚，在交通繁忙的伐木通道上舉辦香檳早午餐。[25]

紅木之夏的非暴力直接行動，成功將公眾焦點放到森林裡的真正暴力：樹林遭到駭人聽聞的破壞、抗爭者受到粗暴鎮壓。示威者多次遭到伐木工人施襲，有次一名木材公司的高層更罔顧示威者的安危，駛著座駕硬闖封鎖線。

最終，紅木之夏並沒有立即取得立法成果，一項保護古樹區域的法案於當年十一月在州議會被否決；然而行動卻成功將源頭森林的破壞問題提升至一個公共議題，將之轉化成主流輿論，吸引了全國甚至國際關注。

組織呼籲禁止砍伐老樹區域的訴求，從原先被認為是不切實際的奢望，到後來開始被廣泛接納，就連政客們亦以源頭森林的保育作為環境議題的首要事項。最終，紅木之夏成就了長達數十年的環保運動，使北加州源頭森林的大部份區域受到保護。羅瑟寫道，在紅木之夏之後，新的「地球第一！」支部在國內外皆如「雨後春筍般湧現」。[26]

不幸的是，朱迪．巴里因汽車炸彈而活在痛苦之中，一九九七年因罹患侵略性癌症而去世，至死還在民事訴訟中為討回公義而奮鬥，甚至拍攝了遺言影片作為證詞。

她臨終前曾叮囑切爾尼不要接受庭外和解，切爾尼亦守住承諾，最終二人勝訴。二〇〇二年，陪審團裁定聯邦調查局和奧克蘭警局在處理此案時侵犯了公民權利，法官下令這兩個單位需向巴里和切爾尼賠償四百四十萬美元，是聯邦調查局有史以來因侵犯公民權利而需作出的最高賠償金額。次年，奧克蘭市議會通過了一項決議，宣佈五月二十四日（巴里遇襲的一天）為「朱迪・巴里日」，鼓勵學校和公共機構紀念她的奮鬥。[27]

巴里的傳奇一直隨著西北太平洋地區的森林保育直接行動，延續了整個一九九〇年代以至千禧過後。比起資金豐厚的環保團體在華盛頓的遊說工作，源頭森林的運動策略卻為過去四分之一世紀美國森林保育工程的一些重大勝利，帶來了更大貢獻：抗爭者的多方面夾攻、堵路、伐木場的非暴力干擾行動等，能有效拖延樹林遭到即時威脅，亦成功引起公眾關注，並產生政治壓力；同時，運動亦支援一些零散的法律行動小組發動進取的訴訟，以法律程序為樹林建立長期保護。抗議和訴訟雙劍合璧，產生了驚人效果：總體而言，在一九八八至一九九九年間，國內森林砍伐量下降了78%，這很大程度上是環保份子在國家環境組織以外所爭取得來的成果。[28]

「主要的環保團體要等上數十年，才終於出面反對砍伐古樹林。」羅瑟在二〇〇九年指出：「『地球第一！』及全國各地其他草根組織所發動的非暴力行動，終於迫使『大綠環團』出手，令環團的會員也表示支持這些行動。」

他繼續說：「與此同時，這是草根力量日復日、年復年地堵塞非法道路、以直接行動制止古樹砍伐的成就。」[29]

關於社會運動應否使用暴力手段，公民抗爭傳統的立場其實與外界一般的認知有所不同。

※

長期以來，和平主義者與捍衛革命暴力者一直爭論「使用暴力手段達到政治目的」當中的道德準則；提倡破壞行動和毀壞公物財產的人，同樣認為不應將這些策略視為「暴力」，因為針對的是死物，亦非旨在造成肢體傷害。

對於使用策略性非暴力的組織者而言，這些爭拗卻是毫無意義的。重點是：什麼策略最能促進運動並贏得公眾支持。

從這個角度看，什麼是「暴力」的哲學定義是無關重要的。重要的是廣大公眾對某種策略的反應——即當時當地的社會普遍認為行動是否「暴力」，以及公眾作出了怎樣的回應。從策略角度看，什麼戰術屬於「暴力」、什麼屬於「非暴力」，是由公眾的看法來定斷，而不是由抽象的哲學辯論所決定的。

如果一個社會運動認為廣大民眾支持是致勝關鍵，便可得出一個有力理據，認為「紀律嚴明的非暴力行動」才是有效的。

許多採取公民抗爭作為對抗手段的社會運動，尤其面對獨裁政權時，都是出於策略考慮：他們確定自己無法透過軍事衝突取勝。塞爾維亞就是這種情況。Otpor組織者明白到，假如採取武裝起義，米洛塞維奇政權及其軍事同盟將迅速將他們殲滅。

在美國，左派作家兼活躍份子米高・艾拔（Michael Albert）這樣說：「其實很簡單。國家壟斷了暴力。這意味著：公眾無法與政府在暴力領域競爭，尤其是在發達的第一世界社會。這應該是顯而易見的。我們的強項是資訊、事實、正義、不服從，尤其是人數。」

「他們的強項是撒謊，以及軍事力量。」

雖然艾拔拒絕哲學上的和平主義，但他總結道：「一場暴力升級的競賽，是我們注定失敗的競賽。以人數、決心和不斷升級、紀律嚴明的非暴力行動對抗國家政權，才是我們可以打贏的競賽。」[30]

於抗爭之中採取一些被普遍視為暴力的戰術，乃社會運動一個反覆出現的課題。美國雖沒出現武裝游擊戰，然而自一九六〇年代以來，各地的左翼份子曾經燒毀動物測試實驗室、侵襲軍方研究設施等，而右翼份子亦曾轟炸墮胎診所和聯邦辦公大樓。至於大型群眾示威之中，一些激進主義者，特別是無政府主義派系的追隨者，一向堅持一種「一切皆可為」的主張，理想化地將之形容為「戰術多元化」。他們拒絕與其他抗爭者一同協議設定行為準則，而是提倡毀壞公共財物的手段，例如擊碎店舖櫥窗玻璃、焚燒車輛，以至掟汽油彈、與警察毆鬥。

這些行為的道德意義或會因人而異，然而在策略層面上則有一個共通點值得留意：這些行動會直接影響一場非暴力抗爭運動能否建立公眾支持、帶動社會蛻變。

那些認為需要採取破壞手段或與警察毆鬥的抗爭者，往往是認為正規的遊行和請願已經沒用。這種立場忽略了一點，就是公民抗爭的戰術倉庫其實相當廣博——當中還有很多極具干擾性和對抗性的戰術。非暴力衝突的工具箱中，包括杯葛、抵制、罷工、堵路、封鎖、佔領，以及更具藝術和創意的抗爭行動。有策略地將這些戰術不斷升級，足以嚴重阻礙現狀的正常運作。

相反，採取激進暴力手段，則會為當權者提供合理鎮壓的根據，從而化解這種不斷升級的局面。換句話說，有可能阻礙了運動持續增進的勢頭。

吉恩．夏普提出「非暴力紀律」（nonviolent discipline）的論述時，乃基於這樣的一個觀察：不同模式的行動，可能會互相抵觸，以致無法同時發揮作用。夏普觀察到：「暴力行動和非暴力行動，兩者的運作機制截然不同，並各自引發不同性質的社會變革力量。」當權者慣常做足準備應對暴力襲擊；非暴力對抗卻能創造出一種「不對稱衝突」，使他們失去平衡。

「這就是為什麼抗爭者即使面對殘暴鎮壓，仍必須堅持非暴力紀律。」他進而解釋：「如果非暴力抗爭運動轉向使用暴力，即等於同意按照當權者最擅長的模式和兵器來戰鬥，那麼大部份的優勢都會落到政權手上。」[31]

非暴力衝突能讓組織者把公眾焦點放到社會潛藏的制度暴力上——習以為常的警暴、財富失衡、經濟剝削、肆意糟蹋環境、種族歧視、濫捕濫刑等。馬丁．路德．金認為，非暴力直接行動令抗爭者可以「將本來已存在的潛藏衝突浮面」；但如果抗爭者自己轉向使用暴力，當權者便會以「止暴制亂」之名擴大鎮壓，而制度暴力亦會再次被淹沒隱藏。[32]

雖然金堅信道德層面的非暴力精神，但他亦提出了非暴力紀律的策略要點。金寫道：「任何倡議暴力抗爭的領袖，都必須認真作出坦誠的評估，考慮到社會小眾可能會遭受的傷亡。他們所面對的是財雄勢大、裝備精良的社會大眾，加上巴不得將成千上萬的黑人和婦孺置諸死地而後快的極右主義者。」[33]

朱迪·巴里回憶說，在遭到炸彈襲擊前不久，她曾告訴朋友：「我不是一個『甘地人』，我不認為非暴力是唯一方法。」她亦聲援中美洲的反政府鬥爭，說道：「我不會叫薩爾瓦多人民只使用非暴力手段。」此外，鑑於巴里對森林的熱愛，她亦理解那些策動秘密行動破壞林木發展計劃的抗爭者。然而作為組織者的她亦同樣清楚知道，如果將這種戰術用於群眾運動，則可能會帶來嚴重後果。[34]

「將身軀擋在推土機前的人，乃倚賴社會道德標準及公眾輿論威脅的保護，才免受攻擊。」巴里寫道：「不幸的是，現時，至少在林木保育的領域，普遍的社會輿論認為如果抗爭涉及破壞行徑，那麼捍衛財產的人則擁有了格殺令。在此形勢改變之前，將公民抗命行動與『猴子扳手』式的破壞行為混合使用，即等同於自殺。」[35]

※

以自由主義的「多元化」作為「戰術多元化」的根據，聽起來雖是無可厚非，然而這種親和的包裝，有時卻會掩蓋了一個深層次的問題：社會運動需要策略，而策略需要紀律。

一場兩極分化的社會運動，成敗在於能否吸引更多積極支持者、贏得更廣泛的公眾支持。在過去半個世紀中，至少從美國的歷史經驗看來，被視為暴力的戰術在美國公眾中絕不受歡迎。

政治右翼的社會運動驗證了這個現實。一九八〇年代中期，反對墮胎的活躍份子曾策動多次診所炸彈襲擊行動，引起社會普遍譴責。

一九八五年初，哥倫比亞廣播公司新聞與《紐約時報》聯合民意調查顯示，有82％的受訪者認為對婦產科診所的襲擊「等同恐怖主義活動」，而只有5％的人認為這樣火爆的行為「應視為示威抗議活動」。十年後，根據《華盛頓郵報》的報導，反墮胎組織「拯救行動」（Operation Rescue）總監弗里普．本漢牧師（Flip Benham）辯稱那是「墮胎行業的人」自己製造了針對診所的大部份暴力行為，「企圖抹黑反墮胎運動」。[36]

「破壞財物」與「人身傷害」雖屬完全不同的道德範疇，但公眾卻傾向將兩者混為一談。這樣的混淆其實也有一定的合理依據：像樹刺行動一樣，雖然只是針對財物的破壞（破壞電鋸以阻撓砍伐），但亦可能使伐木工人陷於危險之中。歷史上亦有太多案例說明在引爆炸彈、焚燒建築物的同時，可能導致無辜者受傷甚至死亡。在街頭抗爭中，那些主張打破商店櫥窗或破壞警車的人，亦傾向主動與警察打鬥，尤其在掙脫拘捕時。

一旦公眾認定這些行為屬於「暴力」，無論恰當與否，都會對社會運動造成不良後果：窒礙了積極支持者參與量的增加、排斥了潛在同情者、助長了反運動勢力。換句話說，令極化策略發生負面影響。

二〇一二年秋天，饒舌歌手兼奧克蘭居民布茲．拉利（Boots Riley），評論了社區對於佔領奧克蘭運動的抗爭者重複使用「黑衣幫」（Black Bloc）戰術的反應。黑衣幫的成員絕大部份是年輕白人男子，身穿全黑衣服，從事一些破壞活動包括毀壞車輛、打破商店櫥窗、與警察發生肢體衝突等，明顯疏遠了市內以非裔美國人為主的民眾。拉利寫道：「如果抗爭者的目標是令革命潮流不可抗拒，那麼奧克蘭黑衣幫的革命卻令人非常抗拒。」[37]

「幾乎每次與當地人談起佔領奧克蘭運動時，都總有人提起打碎櫥窗的行徑，這正是大家不喜歡該組織的原因。」拉利繼續指出：「這證實了這種戰術是行不通的。即使技術上只是打破了財團經營的櫥窗也好，根本不重要。重點是，大家因此而不願加入。」

※

政府和反運動的勢力都知道，抗爭者若訴諸暴力就會損害運動，更會為當局的暴力鎮壓提供了理想藉口，因此他們都會積極鼓動這種行為。甘地為了強調這一點，故意提出了一個反直覺的主張：任何一個群眾抗爭運動的成員訴諸暴力，那即是「以最積極的方式與政府合作」。[38]

在過往許多案例中，即使抗爭者沒有發動暴力，政府也會努力煽動。在不同地區與時代，政權當局均會採取滲透戰，派人潛入抗爭組織，進行挑釁——煽動暴力，破壞運動目標。

在美國，公眾永遠無法得知政府當局使用滲透戰術的全貌，這是因為聯邦調查局等機構對於線人和臥底活動的資料嚴格保密。記者薛夫・羅森菲爾德（Seth Rosenfeld）花了二十年訴訟，才找到聯邦調查局的少量有關文件。這些證據，以局長約翰・埃德加・胡佛（J. Edgar Hoover）的話來說，當局企圖「干擾與中和」一九六〇和七〇年代初期的社會運動。羅森菲爾德在二〇一二年出版的《顛覆》（*Subversives*）一書，更揭發當年最初為黑豹組織提供槍械的，正是聯邦調查局支薪的線人。

同樣在六〇年代，當局也曾多次試圖滲透及煽動反越戰運動的組織。其中一個著名案例，是一個化名「旅人湯美」的紐約州北部臥底探員，潛入「學生爭取民主社會聯盟」（Students for a Democratic Society，SDS）的一個地方支部進行滲透行動。作家兼律師米高・林菲爾德（Michael Linfield）寫道，湯美「不斷慫恿學生採取暴力行動」，向他們示範如何使用槍械和製造炸彈。一九七〇年初，他更說服了兩名十九歲學生，向荷伯特學院（Hobart College）的美國陸軍儲備軍官訓練團（ROTC）辦公室發動炸彈襲擊。事件不僅導致執行炸彈襲擊的學生被捕，亦引發公眾強烈反感，不但對荷伯特的反戰運動造成重大挫折，更令組織領袖負上刑事責任，壓制了校園內的反戰組織。在另一個案例中，越戰退伍軍人拉里·格拉思沃爾（Larry Grathwohl）乃聯邦調查局的受薪線人，他向美國中西部組織「地下氣象員」（Weather Underground）教導炸彈製作技術。[40]

這種滲透活動並非只發生在陳年歷史之中。時至今日的千禧年代，亦有滲透挑釁案例遭到揭發。

二〇〇一年七月，在反全球化運動的高峰期，八大工業國組織（G8）的國家領袖於意大利熱內亞進行會議，吸引了大規模抗議示威。有充分有力的證據表明，示威活動當中的一群「黑衣幫」是由意大利政府當局和右翼挑釁者組成的。一名意大利國會議員聲稱，他看見黑衣幫成員在當地警局穿起黑衣、拿起鐵棍。《衛報》亦有影片證據，報導了「黑衣示威者」在抗議活動現場附近，從警車走下來混入人群。運動組織者指責這些臥底潛入了三十萬人的和平抗議示威中，進行打碎櫥窗和燒毀汽車等破壞行為。[41]

雖然有關當局堅持否認在街頭挑起暴力，但警方後來承認有派遣警務人員喬裝黑衣幫成員；後來國會對警方行動進行調查，高級警官彼得羅·特洛亞尼（Pietro Troiani）承認，當局曾將兩枚汽油彈插贓（編案：栽贓）於熱內亞活躍份子用作宿舍的一棟教學大樓裡，其後警方再派人圍剿大樓。[42]

由於運動事前沒有協議要為示威者設定明確指引，組織者幾乎無法「捉鬼」以辨別及遏制假冒的抗爭者。在熱內亞，警察利用臥底特工所製造的混亂場面，人類學家謝菲・尤里斯（Jeffrey Juris）形容為「無差別的國家恐怖活動」（indiscriminate campaign of state terror）：在此期間，當局「以面臨軍事式暴力為藉口，對暴力和非暴力示威者進行無差別攻擊」。一名示威者被警察開槍打死，數百人受傷。

對於激進派系決定採取「展演暴力」，尤里斯認為：「諷刺的是，如果包容某些戰術」，例如破壞公物財產、掟汽油彈、與警察毆鬥等，反而有時可能會「窒礙其他抗爭者發掘出更具創意的直接行動方式」。[43]

近年的滲透挑釁事件亦不僅限於歐洲。在二〇一二年「五一國際勞動節」（May Day）抗議活動的前夕，五名曾參與佔領克利夫蘭運動的年輕無政府主義者被捕，涉嫌串謀炸毀庫布萊克威爾至諾斯菲爾德（Brecksville-Northfield）的高架橋。然而幕後黑手很快已經曝光：調查發現，他們是受到聯邦調查局一名三十九歲線人沙基爾・阿齊爾（Shaquille Azir）的慫恿而計劃行動的。這位線人亦安排了後勤工作並提供運輸，讓抗爭者與軍火商人會面以購買炸藥。實際上，所謂的軍火商也是聯邦調查局的秘密特工。在行事當晚，探員於計劃引爆前一刻出現，把小組一網成擒。在聳人聽聞的頭條新聞中，警察乘機硬闖佔領克利夫蘭運動的整個營地進行清場，那是佔領運動當中堅持日子最長久的營地之一。[44]

※

政府雖然刻意挑起暴力，但也需要環境配合。只有在沒有建立非暴力紀律的社會運動之中，這種滲透才可得逞。一位社會學家寫道：「臥底的煽動行為只能在一個容許他們胡作非為的運動環境下才可進行。」[45]

六〇年代後期，反越戰的抗爭運動和更廣泛的激進學生運動，就營造了這樣的環境。即使政府沒有進行滲透和挑釁，也有一些激進主義者相信革命暴力可在美國成為浪潮，又或認為只要猛烈襲擊美國力量的象徵，就可拖垮政府的戰爭機器。他們為了追求這個信念而採取的行動，卻反而大大削弱了反戰運動的力量。

一九六九年，一個後來成為激進組織「地下氣象員」的少數派系，成功控制了反戰學生運動中最大的群眾組織「學生爭取民主社會聯盟」（SDS）。一九六九年秋天，這個少數派系的領袖，包括前哥倫比亞大學學生馬克．路德（Mark Rudd），呼籲激進份子前往芝加哥參與「憤怒日子」（Days of Rage）的行動。他們的任務是刻意與警察發生暴力衝突，以達致「把戰爭帶回家」的象徵目標。在十月八日至十一日之間的連串對抗衝突中，幾百名激進份子衝擊了芝加哥市中心及富裕的黃金海岸地區，肆意破壞車輛、房屋和商舖。芝加哥警局嚴陣以待，部署了數千名警察迎戰，猛力向示威者還擊、投放催淚彈及進行拘捕。雖然組織者揚言能夠動員一萬五千名抗爭者參與行動，但最終只能號召到少量參加者。許多其他反戰運動組織亦對這個行動予以譴責，甚至包括芝加哥的黑豹在內。黑豹領袖弗雷德・漢普頓（Fred Hampton）將這些行動稱為「機會主義」、「冒險主義」和「自殺性」。[46]

全國大部份民眾都對行動大為反感，然而這卻絕不意外。地下氣象員在最激進的時期，堅拒爭取公眾支持，因為他們認為大多數的美國民眾，乃至反戰運動的其他人，實際上全是中產敗類，無法為真正的革命鬥爭貢獻。經過數十年反思，馬克・路德最後得出了這樣的結論：「我是故意排除了數百萬當時願意公開反戰的溫和、非暴力、中間派。」他們當年的言論則更直言不諱。地下氣象員的另一位領袖班納丁・杜恩（Bernardine Dohrn）表示：「我們就是他媽的瘋狂，存心嚇窒那些美國廢柴。」[47]

到了地下氣象員決定放棄極端路線、嘗試與其他反戰運動和反文化團體建立聯盟之時，他們已造成了巨大破壞。

據一些估計，學生爭取民主社會聯盟（ＳＤＳ）在高峰期曾擁有三百五十多個支部、八萬個會員；然而支派分裂加上戰術失誤，組織迅速被毀。在「憤怒日子」過後的幾個月間，大量支部與總會決裂，有的甚至解散，會員均對運動失去動力。後來經由《資訊自由法》而公開的一份聯邦調查局報告指出：「在過去四個月中，ＳＤＳ已經嚴重分裂，在美國年輕激進份子中的領導地位現已成疑……路德和他的同伴，疏遠了大部份潛在的支持者及曾經的追隨者。」[48]

「我自己也無法說得更好，」路德本人後來寫道：「那位匿名的聯邦調查局分析員及其上司，一定對著我們送給他們的禮物捧腹大笑了很久。」[49]

他總結說：「我們簡直就像受薪為他們打工一樣。」[50]

當ＳＤＳ陷入危機之時，一些地下氣象員認為組織的革命性不足，決定要把組織完全摧毀。路德曾在演說中高呼：「ＳＤＳ完全不夠認真。我想要這個組織滅亡。」一九七〇年一月，地下氣象員關閉了ＳＤＳ在芝加哥的全國辦事處。之後一個月，路德和同路人泰德．戈德（Ted Gold）把裝滿郵寄清單和組織文件的紙箱從ＳＤＳ紐約辦事處搬上小型貨車，駛往曼克頓西十四街的碼頭，將一箱箱貨物傾倒在城市環境衛生署的垃圾駁船上。[51]

事隔數月，戈德於三月份在格林威治村排屋製造炸彈事敗，導致意外炸毀建築物，造成三人死亡，包括戈德在內。自此之後，地下氣象員萎縮至一個小型的秘密組織，主要針對法院、銀行、警局、公共建築等進行炸彈襲擊行動。

甚至一些與新左派激進份子結盟的國際運動組織，也對這種自我毀滅感到沮喪。據路德所言，一位來自古巴代表團的外交官，認為芝加哥憤怒日子的行動是一個糟糕的概念，學生激進份子需要盡可能團結更多美國人，才可對抗政府的干預主義。他的建議卻被無視了。[52]

※

地下氣象員雖是一個極端例子，然而事實上，抗爭運動經常會出現一些刻意與其他抗爭者形成對立的派系。例如主張叛亂的無政府主義者，就會明確否定其他抗爭者建立長期組織的努力，甚至連反權威主義者提出的其他策略建議，他們亦會視之為「不是真正的無政府主義」。

這些主張叛亂的抗爭者，往往會樂意甚至熱衷破壞他們認為過於官僚或修正主義的組織，亦會堅拒「廣納公眾關注或傳媒報導抗爭策略」的路線，認為如果組織太過關注公眾輿論，就會阻礙「真正行動」，即他們定義為特定對政府和企業的一些攻擊。[53]

在社會運動中，這代表了一個明顯的衝突。在這種情況下，如果組織者只倡議方法上容許「多元化」，而不考量當中的某些方法或與運動的方向背道而馳，那就等於完全放棄了策略思維。

同樣地，有些戰術無法混合使用，又或當混合使用時會造成毒害。在這裡舉個例子：假設有一群抗爭者將自己鎖在建築物的入口，以此阻礙政客和商界領袖進行不民主的貿易談判；同一時間，如果有另一群叛亂份子決定在附近搗毀商店和汽車，那麼鎖在建築物的抗爭者就會陷入嚴重危險——那群破壞公物的激進份子或可安全脫身，但是鎖在建築物入口的抗爭者，卻很可能首當其衝被逼承受警方的猛力襲擊，甚至因事件造成混淆而失去公眾同情。

這種困境並不罕見，因為這群採取爭議戰術的行動者，往往會混入示威人群之中找掩護，即使示威群眾並不贊同這種激進行動。社運家兼作家麗貝卡・蘇尼特（Rebecca Solnit）回應奧克蘭的黑衣幫說：「如果你想做一些我們大多數人反對的事情，那就自己去做。」可惜一般情況並非如此。蘇尼特指出：「這些暴力小組很喜歡依附在大型的非暴力運動中。也許因為附近沒有大型的暴力運動讓他們依附吧。」在大規模群眾抗議示威中，搗毀商店或與警察毆鬥等行動，很有可能危害參與運動的長者、殘疾人士或帶著小朋友一起出來抗爭的人。警察一旦展開無差別暴力鎮壓，他們就無法輕易逃脫。[54]

某些戰術不能混合使用的另一原因，就是因為有些行動無法獲取公眾支持，而是促成孤立。「地球第一！」聯合創始人米克·羅瑟最終之所以反對暴力和財物毀壞戰術，部份原因正出於此。「作為一種戰術，使用暴力具有一種敗壞性，要求保密，而且往往將抗爭者與他們原本希望服務的人民和地方疏遠了。」羅瑟繼續寫道：「這是我吃過苦頭才學到的，不是在大學課程中學到。」[55]

某些戰術不能混合使用的最終原因，就是變節者的問題。當社會運動成功推倒了維持現狀的權力支柱，下一步就是要鼓勵反運動派之間的分歧和決裂。對於不民主政權下的抗爭，「部隊變節」尤其重要——即士兵和警察拒絕遵循命令襲擊示威者，甚至決定與人民站成一線。

「一切皆可為」的作風卻會窒礙這個過程。「暴力反抗反而容易令一些臨近變節的部隊或警察，恢復對當權者的效忠和服從。」夏普解釋：「非暴力抗爭的成敗，往往取決於當權者的部隊能否被誘導兵變。對他們暴力反抗，或會導致運動失敗。」[56]

即使在民主國家，如果缺乏政治柔術和公眾同情以制衡官方鎮壓，維權人士亦有可能遭到當局的全面壓迫。呼籲暴力升級的人即使擺出強硬姿態，但他們會發現自己才是最孤立最脆弱的。

主張以破壞公物財產作為戰術的組織者，往往低估了國家對行動作出鎮壓的強烈程度。一九九〇年，一群孤僻的激進主義者嘲諷「地球第一！」的加州行動為「枯木遊民」（Deadwood Bummer），批評組織者「送羊入虎口」、把志願者生力軍暴露於伐木業的暴力對待之下。這班激進主義者與同伴後來活躍於志趣相投的動物解放陣線（Animal Liberation）和地球解放陣線（Earth Liberation），在一九九〇和二〇〇〇年代初期針對皮草行業和休旅車（SUV）經銷商的相關設施為目標，進行縱火行動。他們雖未引起廣泛公眾關注，卻觸動了當局甚為極端的反應。事實證明他們的行動才像把自己「送入虎口」。[57]

在二〇〇一年訂立的《愛國者法案》和二〇〇六年的《動物企業恐怖主義法案》中，聯邦政府將生態無政府主義者的襲擊行為明確定義為恐怖主義。二〇〇五年，當局逮捕了十四名縱火犯，造成了一個極不浪漫的場面：激進份子爭先恐後「篤灰」（編案：粵語，暗中指證罪魁禍首、告密之意），為了避免一百年以上的徒刑，他們紛紛供出情報。

回顧他們的策略，一些參與者後來放棄了他們以前的想法，並認為環保激進份子應該奉行更有效的非暴力策略。一位著名的激進主義者羅德．哥羅納多（Rod Coronado）向捍衛森林和保護動物權利的組織作出呼籲：「讓那些信奉暴力的反運動勢力，自己承擔施暴辯解責任。」[58]

※

運動組織者和學者當中常有一種想法：激進主義者的存在，可以產生建設性的效果，使溫和的改革派顯得不太極端。

這種說法有一個假定：當溫和派與企業領袖或猶豫不決的政客進行談判時，只要指出激進份子的大膽行徑和毫不妥協的訴求，就可將改革的建議塑造成明智的選擇。這種較為溫和的立場，乃向對手暗示一個提問：「你寧願跟誰打交道？我們還是他們？」

在社會運動理論中，這群相對勇武的抗爭者被稱為「激進側翼」（radical flank）。公民抗爭運動的學者亦對這個現象進行了研究。社會學家卻．索克（Kurt Schock）寫道：「當一個正面的激進側翼形成……激進派的存在，使較溫和的訴求和策略顯得更加合理，而激進份子的行動亦能觸發危機，從而逼使當權者向較溫和的訴求讓步。」然而，「當一個負面的激進側翼形成……激進份子則會拖累整個運動的行動和目標被抹黑」，令相對溫和的組織者更難爭取讓步。[59]

激進側翼與兩極分化策略，兩者息息相關。同樣地，成敗關鍵在於放大正面影響的同時，避免負面影響的衝擊。

索克指出，激進側翼不一定是暴力的。ACT UP相對激進的非暴力手段，就間接幫助了其他相對溫和的愛滋病團體、增強了他們的遊說力量。因此，問題並非在於激進側翼的存在是否有助運動，而是一場不斷升級的公民抗爭運動，能否比起革命暴力手段更有效地創造正面的勇武效應、拉闊運動的政治光譜。

關於這個問題，最佳的量化研究數據顯示，激進側翼透過非暴力衝突施加壓力時更為有效。政治學家艾力卡·謝諾維斯（Erica Chenoweth）對數百個案例進行了深入研究，編輯成一個極具開創性的數據庫，梳理了過去一個世紀中挑戰非民主政權的抗爭運動記錄。她發現，從數據上看，一場運動如有暴力側翼的存在，其成功機率會比沒有暴力側翼的運動低20％以上。暴力支派的出現，未能為社會運動增加更廣泛的參與和支持，反而令參與度出現減少傾向——她的研究發現，參與度對於運動的成敗至為關鍵。[60]

謝諾維斯也許會響應朱迪·巴里的話：「無論多麼強悍，單憑幾個人孤軍作戰，無法帶來拯救地球所需的大規模社會變革。」這需要範圍更廣的起義。

※

要在運動中樹立紀律，既是一項艱鉅任務，亦是一項必不可少的環節。

工會和社區團體等結構式組織，有賴明確界定的架構以維持運作；群眾式動員，則依靠鬆散、廣泛的支持者網絡積極參與。這種模式為勢頭驅動的運動組織者帶來了獨特的挑戰：在社會運動中，總會有人想推動一些與運動目標互相抵觸的戰術或議程。群眾運動必須吸引一些更具創意、更廣泛的公眾參與，同時亦要遠離一些帶來負面極化的破壞行動。

採取混合模式的組織，能為這種困境帶來一些解決方案：就像Otpor和南方基督教領袖會議等，這些刻意激發、引導和持續大規模抗爭的運動組織，可以透過前載協調策略，把非暴力紀律設定為運動規範；亦可營造一種培訓文化，令參與者的策略願景更為一致。以民權運動為藍本的紅木之夏，抗爭者加入運動的大前提就是建基於非暴力直接行動的承諾。這樣的協議能為運動定下一個基調，使行動能夠兼具創意、勇氣、紀律。

在勢頭驅動的抗爭運動，所有行動都有一個關鍵共通點：從長遠來看，必須以建立大眾支持的出發點來設計。正是出於這個共同目標，同時確立了非暴力紀律的重要性，抗爭者才可透過分散多元的角色和方法各自行動。

如要實現社會運動的終極目標，不能只憑單一類型的抗爭者或組織方式。在群眾參與的高潮時刻過後，社會運動就必須設法收割逐步升級的干擾行動所獲得的成果。大規模動員的能量必須被轉移，回到長期抗爭所需的結構式組織，從而讓轟動一時的浪潮所帶來的各種收益，得以形式化及保留下來。

在這裡，又需要另一系列的技能。

一旦旋風消逝，另一場鬥爭就開始了。

「我們都是哈立德・薩伊德」。

We Are All Khalid Said.

——他張貼了警察不當行為的影片後，被當局毆打致死。

第十章・社會變革的生態——*The Ecology of Change*

「解放廣場讓我淌了淚。」艾哈邁德・薩拉（Ahmed Salah）說：「我們之前也曾嘗試過。但沒有像這樣子的。」[1]

薩拉是一名資深的青年組織者，多年來致力鼓動民眾反抗八十二歲埃及總統霍斯尼・穆巴拉克（Hosni Mubarak）三十年的專制政權。二〇〇四年，薩拉幫手組織了一個名為Kefaya（阿拉伯語「夠了」）的運動，其後成為「四月六日青年運動」（April 6 Youth Movement）的聯合創始人。運動呼籲群眾於二〇一一年一月二十五日在開羅和全國其他城市舉行抗議活動。

時機看來成熟了。就在幾個月前，埃及經歷了人權組織稱為「有史以來最奸詐的選舉」。薩拉解釋：「穆巴拉克的民族民主黨透過選舉操控，在國會選舉中大勝。操控的嚴重程度，甚至毫不掩飾舞弊行為。當我的家人去投票時，他發現自己已經『被投票』了——選票已被假冒登記，投了給執政黨。」薩拉進一步指出：「埃及人之間的共識是，穆巴拉克正在為兒子加瑪爾（Gamal Mubarak）接任他的職位而鋪路，勢將使埃及成為世襲專政。」[2]

選舉舞弊雖引起了公眾的強烈反感，但薩拉對於一月的示威遊行能否觸發全面抗爭，卻還是不敢樂觀。他說：「我是心存希望的，但從未想過能夠成真。」

遊行當日的實際情況，令開羅的解放廣場（Tahrir Square）轟動全球。緊隨著鄰國突尼西亞爆發革命之後，埃及人亦於一月二十五日的號召下紛紛出動，並在隨後的日子不斷湧上街頭。「第一天就有數百萬人上街，然後數目翻了一翻，再翻了兩翻。」薩拉說：「再之後的情況令人難以置信。單在開羅，就有五百至七百萬人在街頭抗議。亞歷山大港也許有一二百萬，而在全國每個城市都有數十萬人上街。」[4]

僅僅幾個星期後，穆巴拉克就下台了。他於二〇一一年二月十一日辭職的消息，標誌著運動的高潮；而運動亦迅速被認定為二十一世紀最突然、最重大的起義之一。《紐約時報》報導：「這個宣佈，隨著埃及年輕人領導下持續十八天的起義運動而來，打破了長達三十年的專政，推翻了阿拉伯世界的既有秩序。」埃及人民與世界各地的同情者一起歡欣鼓舞。[5]

穆巴拉克的下台，是阿拉伯之春的其中一個高峰時刻；然而在短短幾年之間，那時的歡欣氣氛卻已蕩然無存。在埃及的第一次自由選舉中，因為民主派候選人的混戰，造就了穆罕默德・莫西（Mohamed Morsi）當選——他是伊斯蘭組織「穆斯林兄弟會」（Muslim Brotherhood）的領袖，這個組織在抗爭後期方加入起義行列。到了二〇一三年夏天，埃及軍隊在阿卜杜勒・法塔赫・西西（Abdel Fattah al-Sisi）將軍的指揮下發動軍事政變，推翻了莫西。不久之後，著名的埃及政治學家阿姆・哈姆扎維（Amr Hamzawy）形容自己的國家為「一個恐懼中的國家」，並且正在經歷「威權主義的迅速復原」。[6]

其他人亦表示同意，目睹埃及面臨震撼的大倒退。「街頭空空的，監獄滿滿的。」國際特赦組織（Amnesty International）在二〇一五年初報導：「埃及『一二五革命』的四周年紀念，大致上在靜默中過去。許多當年帶領革命的年輕組織者，如今已被牢牢地關進監獄裡。」[7]

毫無疑問，埃及的革命是一個令人困擾的案例。穆巴拉克政權的倒台，最初被認定是公民抗爭的勝利，說明了非暴力的群眾動員力量足以戰勝一個擁有強大軍事力量的政權；但是隨著國家重新陷入高壓和不民主的狀態，這種樂觀的結論就消失了。埃及的局勢更挑起了憤世的評論，認為如果革命從沒發生，情況也許更好；亦有些人懷疑非暴力運動是否真的能夠帶來變革。

實際上，埃及的革命既不能被視為簡單圓滿的成功，亦不應僅被視作悲觀主義的理據。換個角度看，埃及革命的經驗，藏著更大的價值：這個案例同時印證了利用干擾行動的群眾動員所能爭取的成就，以及群眾動員的局限。

埃及革命展示了規模廣泛的起義可以起到驚人作用，然而成功的起義卻不足以成就社會變革。甘地的印度獨立運動、一九三〇年代的美國工會運動、民權運動，以至ACT UP——利用不斷升級的非暴力運動組織者，均需努力建立一個持久機制，令運動所獲得的進展可以延續。這就是制度化（institutionalization）的挑戰。這群組織者發現，推動群眾運動的能力必須揉合其他組織系統的技巧，方能把運動所獲得的進益形式化並加以保存。

「制度化」是社會運動宏觀動態的其中一個部份。高峰時刻並不是獨立存在的。一個社會運動的進程，會歷經不同階段：不同的人物扮演著不同的角色，在運動生命周期不同的階段會有不同的重要性；在不同的時段，不同的組織系統亦會發揮出不同的作用。

並非所有運動所帶來的成果都能長久維持，然而成功達到這一點的運動組織者，卻會傾向將自己視為生態系統的一部份，而當各種組織派系均能作出貢獻時，系統整體就會變得更加健康：大規模的群眾運動改變了政治條件，並為社會進展創造了新的可能性；結構式組織能夠善用這種潛力，把爭取得的進展制度化，並防止事態倒退和故態復萌；反文化社群則保留著進步的價值觀，孕育新一代的活躍份子，準備發動下一次抗爭浪潮。

※

埃及的案例有助說明什麼是群眾動員的強項、什麼不是；然而若要理解箇中原由，首先必須理解一個更基本的問題：一小撮組織鬆散的埃及年輕人，是如何為自己的國家帶來革命的呢？

最有實力反抗穆巴拉克的，應該是穆斯林兄弟會。組織成立八十多年，即使數十年來被官方禁止，但仍組織了數十萬名會員。除此之外，組織的影響力亦不只限於龐大的會員人數。兄弟會以作為社會服務提供機構而享負盛名，在全國各地建立了學校、食物銀行、醫院、孤兒和寡婦計劃等網絡。公共衛生研究人員納丁．法拉格（Nadine Farag）二〇一一年的報導指，不論政治或宗教背景，任何埃及婦女均可支付一百七十五美元的費用，於兄弟會營運、人手充足且設備齊全的醫院分娩，又或者選擇支付八百七十五美元到私家醫院。薩拉稱該組織為「埃及最大、組織最好的反對派團體」。[8]

然而即使擁有這種獨特優勢，兄弟會卻並沒帶頭引發革命。「四月六日青年運動」等團體的成功，展示了勢頭驅動組織所發動的非暴力抗爭運動，不但能引發公眾想像力，就連結構更完善的組織也大為吃驚。與傳統工會、政黨或地區組織相比，這些新生運動組織的資源少得多，結構也弱得多；但是他們能夠利用這些特質來發揮自己的優勢，在那些大型機構的限制範圍以外進行組織工作。

說出來或許有點矛盾，但是兄弟會之所以強大，乃基於結構式組織的優勢，這一點亦導致其領袖不會冒險發動大規模對抗、挑戰穆巴拉克；而且他們亦清楚明白，自己必然會輸：兄弟會有著明確的領袖和會員架構，因此一旦成為國家鎮壓的對象，就會很易被箝制。此外，由於他們已建立了一個強大的組織框架，令他們得以耐心地累積實力，因此沒有逼切性非得要針對政權發動公共危機；而且，由於他們主要在伊斯蘭教徒群體建立人與人之間的網絡，因此較不擅長連結其他社會階層、提倡能被各界廣泛接受的政治訴求。

與勢頭驅動的運動一致，精通社交媒體的組織如「四月六日青年運動」或埃及其他受歡迎的活躍份子facebook網絡，與兄弟會的運作方式有所不同。這些新近成立的組織雖然擁有成千上萬的在線「成員」，然而這些會員或是在某次高調活動之後幾周內聚集而來的，組織者除了用戶名稱之外，對追隨者其實一無所知。他們的重點是對抗性和戲劇性的公眾場面，而不是發展長期抗爭的網絡。他們的實力是講故事：直擊警暴及和平集會被武力鎮壓的畫面和文宣。

政權給了他們豐富的材料：青年組織者發佈網上影片、記錄埃及平民被警察毆打的情況、分享拘留人士遭受酷刑的照片。在這些圖像中，受害人展示了電刑如何在皮膚下產生凝結的血塊，留下了粉紅色的斑點。

其中一個熱門的facebook專頁是「我們都是哈立德・薩伊德」（We Are All Khalid Said），以一個二十八歲男子的名字而命名。二〇一〇年六月，他在網絡上張貼了警察不當行為的影片後，被當局毆打致死。根據記者大衛・禾曼（David Wolman）對事發經過的描述，兩名探員在網吧與薩伊德對質，「在店主請他們在店外打鬥之前，他倆已猛力把薩伊德的頭顱摔在桌上」，然後「將他拉到大樓入口處，出腳踢他，並把他的頭顱向著鐵閘狂撼，直到他的身體癱軟為止」。[9]

薩伊德的屍體圖片在網上瘋傳，激起民憤。「也許因為他是一個頗有知名度、受過教育、交遊廣闊的人。」一名學生這樣告訴禾曼：「還有那張圖片。我的意思是，他的面孔已被打得完全不似人形了。我也說不出是為什麼，但總之就像星火燎原般，瘋傳開去了。」

當青年組織者動員群眾參與一月二十五日的大規模示威時，他們的做法更像宣傳演唱會而不是建設社群組織。他們提出了具有象徵意義的訴求，以引起最廣泛的支持，並採用了在突尼西亞已廣為人知的口號：「人民要求政權垮台」。

行動的號召引起了回響。在另一條被瘋傳的影片，「四月六日青年運動」的聯合創始人、二十六歲的阿斯瑪．馬夫茲（Asmaa Mahfouz）直接對著電腦鏡頭，宣佈她將參加抗議活動。她放棄了網絡的匿名保護，毫不掩飾地懇求其他人加入她的行列：「只要你一直說沒希望，那就不會有希望，」馬夫茲說：「但是如果你站出來，那麼就會有希望。」[10]

一月二十五日的行動，證明了她是正確的。薩拉描述當日從他居住的社區朝往解放廣場前進的遊行人潮說：「這是我的鄰居、我的家。作為社運份子的十年間，我認識圈子內外數百人；然而此刻，街上到處都是我從未見過的男男女女。他們在帶頭喊口號！當我揚聲加入他們的呼喊時，我心想：天呀！你們從前去了哪裡？我們一直在等你！」[11]

※

在一月二十五日的初次對抗之後，抗爭運動迅速發展。埃及傳媒曾一度將所有的年輕人組織活動統稱為「四月六日青年運動」。該組織所創建的動員機制，接近一種公開運動多於一個實體組織，設立了一個全國各地民眾都認得出的平台。根據薩拉所說，組織截至二〇一一年初本來只有幾十位實質成員，但是很快，各個自主行動小組就與組織互相聯繫，從地區組織到網上行動，甚至包括國內新近冒起的勞工運動。薩拉形容「四月六日青年運動」這個組織「變成了一個品牌。我們成功將之塑造成一個改革的標誌」。[12]

就像其他勢頭驅動的運動一樣，組織者對干擾行動升級的巧妙運用，發揮出超乎他們實質規模和實力的影響，不僅引發了早期的示威遊行，而且隨著抗議活動的進展，他們更帶來了持久的作用。當示威行動持續幾天之後，由諾貝爾獎得主、國際原子能機構前負責人穆罕默德・巴拉迪（Mohamed ElBaradei）領導的國家變革協會（National Association for Change）以及穆斯林兄弟會等組織亦決定加入，以壯大這場聲勢浩蕩的抗爭。這些經驗豐富的政治巨頭，均尊重這班年輕人從一開始就建立起來的抗爭方法和訊息。這些後來加入的團體，完全沿用了年輕組織者的口號及框架，表明這場運動無分黨派。[13]

「四月六日青年運動」與其他青年團體之所以能引發如此感染力強的起義，恰恰是因為他們並非建基於僵化死板的組織架構，因而沒有什麼組織資產的負擔可言。他們仍未建立任何政治地盤來捍衛派系或自身利益，亦沒有可被輕易滲透的既定支部，因此他們可以進行象徵性的大規模抗爭，以爭取最大的支持、產生最大的干擾。

二〇一一年二月十一日，當局宣佈穆巴拉克辭職的一刻，示威者在廣場上歡呼雀躍之時，實際上卻是風雲密佈。革命者談論未來的時候，其實早有跡象顯示他們的聯盟相當脆弱。但是就那一刻而言，他們取得了一個震驚世界的成就，就連國內最具規模的組織也無法企及：褫奪了一個統治年頭比許多抗爭者的歲數還要長的獨裁政權——他們推翻了穆巴拉克。

※

一旦旋風時刻過去，運動組織者必須注意如何將贏得的進步制度化並持久保留。在這方面，結構式組織的慣常手法就非常有效。

青年組織者透過活躍份子形容的「打破恐懼障礙」，激發了數量驚人的民眾走上街頭。他們引起了公眾的廣泛同情，並推翻了根深蒂固的政權。這些都是非凡的成就。

在起義的塑造階段，以勢頭驅動的「四月六日青年運動」和其他青年團體的組織模式能夠帶來不成比例的影響；同樣地，來到運動的下一個階段，穆斯林兄弟會精心栽培的架構模式則在此時發揮了重大效用。[14]

由勢頭驅動的群體能在廣義的、蛻變性的象徵訴求中蓬勃發展，並啟發公眾支持。為了給穆巴拉克政權的正當性製造危機，「人民要求政權垮台」的訊息近乎完美；然而這種廣義的訴求，對於提攜新晉領袖或推動管治系統的實質改革，卻幾乎毫無作為。相比之下，穆斯林兄弟會的交易訴求取向，雖對煽動起義沒有幫助，但卻讓他們充分利用累積多年的機構力量，影響革命後的政制改革。

青年組織者以不涉政黨政治為榮。他們沒有陷入黨派政治的泥漿摔角，而是專注推動一些能夠觸動廣泛共鳴的議題，例如自由與根除警暴。

奧斯卡提名紀錄片《廣場》（*The Square*）於革命紀念三周年之際，在二〇一四年一月發行。在片中，兩位青年領袖討論了這種政治取向在穆巴拉克倒台之後如何成為問題：英籍埃及活躍份子兼演員、電影《追風箏的孩子》（*The Kite Runner*）主角之一的哈立德・阿卜杜拉（Khalid Abdalla）說道：「政治不是一場革命運動。如果要談政治，就得妥協。而這不是我們所擅長的事……完全不在行。」

「這一點是我們的弱項。」音樂家拉米・埃薩姆（Ramy Essam）亦表示同意。他經常在解放廣場集會之前演出，並以「革命歌手」見稱。[15]

穆斯林兄弟會的狀況則截然不同。對於兄弟會的領袖而言，在革命後的環境中進行體制建設談判，他們表現得相當自如。兄弟會已擁有形同政黨的框架，加上已經組織起來的票源，因此在談判中迅速佔據了領導地位。即使較年輕和其他派系的活躍份子均傾向先騰出時間起草憲法和組建新黨，但兄弟會卻主張盡快舉行大選。

埃及分析家阿卜杜勒・法塔赫・馬迪（Abdul-Fatah Madi）為半島電視台撰寫的文章解釋說，在穆巴拉克被擊敗之前，由青年領導的派系「把時間和精神都貫注在學習如何推翻暴政，以及散播政權如何侵犯人權的文宣」；然而隨著革命後的過渡期開始，他們沒有參與「用以取代獨裁政權的國家政制建設和政治計劃的細節」。[16]

由於革命團體無法對兄弟會構成有系統的競爭，兄弟會於是脫下面紗、摒棄了運動期間的所謂聯盟。在穆巴拉克倒台的六個月後，兄弟會下令旗下會員參與大型集會。紀律整齊的人群轉向高呼偏袒黨派的口號：「伊斯蘭統治，伊斯蘭統治」和「《可蘭經》是我們的憲法」。

派系散亂的年輕人雖然帶領了革命勢頭，現在卻被殺個措手不及。他們雖成功鎖定目標、剷除了前任政權，但在缺乏結構意識之下，他們卻在完成了推翻暴政的首要目標之後，便對局勢失去了主導權。

結構式組織與勢頭驅動的運動，兩者並沒有先天性的抵觸；在理想的情況下，兩種模式更可互補不足。架構穩健的組織，可以借助群眾動員的爆發能量及公眾對議題的高度關注，加以鞏固自己的網絡並從中獲益；反過來，這些較成熟的組織亦可分享他們已有的聲望和資源，協助推動群眾抗爭。當穆斯林兄弟會決定支持解放廣場起義時，正是這種互補效應在發揮作用——將咪高風（編案：麥克風）帶到廣場、動員民眾參與、安排垃圾收集，以至推動聯盟政府成立；然而一旦聯盟分裂、革命抗爭者與伊斯蘭主義者發生衝突之時，最終卻令軍隊漁人得利。

在二〇一一年一月的起義中，拒絕代表穆巴拉克鎮壓示威者的武裝部隊，於革命後被公眾視為英雄。利用這種善意，軍隊逐漸掌握了舊政權的架構。穆巴拉克下台之後，軍隊遂與穆斯林兄弟會爭奪統治地位。在接下來的一年半中，武裝部隊的最高委員會一再拖延，不願將臨時權力移交給民選政府。這種做法觸發了新一輪的群眾抗議活動，並以「再次革命」為口號，成功迫使軍隊讓步。穆斯林兄弟會的穆罕默德．莫西在二〇一二年夏天，成為了埃及第一位民選總統。

可惜的是，莫西於在任期間給自己賦予愈來愈廣的權力，再次引起了公眾的強烈反對。埃及人已經推翻了穆巴拉克和軍隊最高委員會，又得再次走上街頭抗爭，第三次起來反對統治勢力——穆斯林兄弟會。塗鴉藝術家改變了模版：曾經被噴上紅色交叉標記的穆巴拉克頭像，換上了莫西的肖像。

二〇一三年夏天，在新一輪的大規模反政府抗議活動中，軍方介入迫使穆斯林兄弟會下台。起初，自由主義者不願將事件稱為「政變」；然而他們發現，期待更加開放和多元管治的希望再次落空。在接下來的幾個月間，軍隊進一步加劇鎮壓，同時打擊了伊斯蘭勢力和群眾抗爭的組織者。到了埃及革命三周年之際，國際特赦組織警告，當局「用盡了一切手段和資源去壓制異見人士」。局勢變得黯然無光。[17]

時至今日，埃及的前進道路看起來依然困難重重。當年帶領勢頭驅動的運動組織者認識到，如果要在將來取得完滿成功，他們不僅需要懂得發動廣泛干擾力量的群眾抗爭，還需要在事後守護爭取得來的進展。二〇一二年，「四月六日青年運動」的組織者決意制訂一項五年計劃，發展另一種制度架構。從那時起，軍隊的嚴厲鎮壓使行動舉步維艱，活躍份子相繼被判入獄。[18]

如果尚對未來存有一絲盼望，那就是二〇一一年的革命在群眾之中釋放了一種不能磨滅的集體自決精神。到了二〇一四年初，薩拉流亡海外，承受著被鎮壓迫害的創傷。「我覺得這是最壞的時刻。」他說：「大多數人被洗腦，認為拯救埃及的唯一方法，就是透過軍事統治。」

但他亦說，這種悲觀情緒同時受到另一種衝動所影響。

「我也感到自信，」薩拉說：「每一個上台的權力集團都曾試圖保住權勢，但我們埃及人卻成功推翻了三個政權：穆巴拉克、軍隊最高委員會、穆斯林兄弟會。」

他總結道：「我們以前做到的，我們可以再做一次。」[19]

※

對於推動大規模群眾抗爭，勢頭驅動的運動組織者不會等待動盪時刻自然發生；相反，他們試圖有意識地製造旋風，利用觸發事件，並持續高峰期活動。Otpor和南方基督教領袖會議等混合模式的組織，成功做到了這一點，使他們能夠歷經多次抗爭浪潮。到了運動完滿成功之時，他們已獲取了足夠的積極支持，以致盟友眾多，而敵人則支離破碎。結果，他們取得了關鍵勝利。

即使是不斷策動干擾行動的長期抗爭者，也必須從宏觀角度理解運動的發展。運動組織者如何將抗爭的能量轉化並吸收到持久的制度架構中？如何守護爭取得來的社會價值收益？以及，如何引發新一浪的干擾行動、推動進一步的變革？

最偉大的公民抗爭運動組織者，借鑒了不同的社會變革系統，回應了這些問題。要策動高峰時刻，的確需要某種獨特方法，但這並不等於否定其他社會運動的模式；實際上，各種方法在社會運動的不同階段，都各有所長。當群眾運動、大型組織以及另類社群三者互惠互補時，就可創建出一個社運生態系統，既能容納多元化的組織模式，亦能促進變革發展。

公民抗爭的傳統一向著眼於美國以外的社會運動，認為對抗獨裁政權的策略性非暴力運動，事後必須轉化成一股助力，協助國家建立健康的公民社會機制，使民主政制得以健全發展。

「不能以為獨裁政權瓦解之後，理想的社會便會立即出現。」吉恩·夏普在解放廣場革命之前十年寫道：「獨裁政權的瓦解只是一個起點……以此開展一個更漫長的工程，令社會不斷改善、更充分地滿足人類需求。」[20]

出於這個原因，夏普主張：「必須採取謹慎的預防措施，以防新的高壓政權趁著舊政權瓦解後的混亂而乘機冒起。」

這實在是說易行難，然而要在革命之後建立更公義的社會秩序，這並不是只有非暴力抗爭才需處理的後續挑戰。任何改朝換代的動盪，無論是武裝的還是非武裝的，均同樣需要面對這個危機。

研究發現，至少自一九七〇年代之後，如果推翻政權的是策略性非暴力運動，例如透過罷工、杯葛行動、大規模抗議示威等，那麼過渡後的國家就更有可能成為民主國家。然而如果是由武裝起義推翻政權，則革命者必須填補舊政權所留下的真空；而由於推翻政權的武裝部隊，通常是抗爭組織之中架構最完善的，因此最有可能接管政權。結果，就如許多後殖民的非洲國家般，往往成為了游擊隊指揮官領導的新專政。[21]

公民抗爭運動則相對不會面臨這個困境，因此更有可能產生積極的長遠結果。儘管如此，非民主政權倒台後的問題，卻還是相當普遍。即使未必像埃及那樣重新出現專制統治，但若要確保新的政治制度和領袖能夠實現社會改革的理想，則還是必須面對重重難關。在塞爾維亞和前蘇聯集團的幾個「顏色革命」中，例如二〇〇三年格魯吉亞的玫瑰革命和二〇〇四年烏克蘭的橙色革命——年輕的抗爭者在洶湧澎湃的動員之中，雖然發揮了關鍵作用，然而他們都沒為革命之後的局勢作好準備。《叛逆時代》（*The Time of the Rebels*）的作者馬菲・哥林（Matthew Collin）對這些運動進行了研究，他寫道：「革命之後，這些青年運動似乎就沒藍圖可循，不知此後可做什麼。」[22]

「在這些案例中，大部份的活躍份子都隨風消逝了，」哥林解釋說。「他們雖能幫助國家改朝換代，但他們發現更難的任務，反而是如何確保後來上台的政客仍會忠於革命時刻所宣稱奉行的原則。」因此，在運動勢頭消退之後，如何把爭取得來的社會進展制度化，仍然是一個持續的難題。

在美國的社會運動，這種後續挑戰雖以另一種形式出現，但卻同樣重要。在民主背景下進行變革的組織者，通常不必面對革命之後建立新政權、政制和政治秩序的複雜性，但仍需確保短暫浪潮消退過後所贏得的改革能夠得到保障，而且他們必須保留實力，在實現早前的目標之後，有能力發動新一輪的動員運動。

※

在一九三六年末，國民對於大蕭條年代的慘痛仍然歷歷在目，罷工行動在汽車工業的心臟地帶爆發：這是一次經典的旋風時刻。密芝根州的弗林特，是通用汽車公司（General Motors）的中央生產基地。從十二月三十日開始，在幾個通用汽車工廠裡，工人坐下來並佔領工廠，使生產停頓了足足四十四天，創造了英國廣播公司（BBC）後來稱之為「全球皆知的罷工行動」。[23]

到底是誰建立了紀律嚴明的組織網絡並指導罷工行動，這點一直存在爭議——是新晉的聯合汽車工人工會（United Auto Workers，UAW）？工廠裡的獨立工人領袖？還是社會主義團體？無論如何，這次罷工很明顯是一次精心策劃和執行的事件。幾間工廠的工人都分別組織了委員會來處理食物、衛生、謠言管制，以及罷工期間的工友娛樂等等所有事務；同時，婦女急救隊（Emergency Women's Brigades）等外部團體，亦組織了糾察隊加入，負責協調運送物資並與警察對峙。[24]

弗林特的工業行動，引發了一輪分散的工人運動熱潮，爆發的範圍之廣，非當時任何現存的組織架構所能及。隨著最初的罷工靜坐行動展開，罷工浪潮席捲整個通用汽車公司的其他工廠，不只在底特律，亦遍及俄亥俄州、印第安納州、威斯康辛州甚至喬治亞州。[25]

一九三七年二月十一日，通用汽車公司宣告投降。勞方取得了歷史性的勝利，公司宣佈將與聯合汽車工人工會進行談判，最終為工人大幅提高了工資，亦增強了在職工人的聲音。在接下來的一年間，行動熱潮繼續蔓延，罷工靜坐成為了一種全國現象，各地工友爭相傚法弗林特的行動。勞工歷史學家謝利米・布雷徹（Jeremy Brecher）引用了勞工統計局的數據，發現一九三七年有近四十萬名工人曾經參與罷工靜坐，而單在三月份就記錄了一百七十次罷工靜坐。弗朗西斯・福斯・皮文和理查德・克洛沃德寫道：「在當時的工潮氣氛之下，任何不滿都可能成為觸發因素。」罷工浪潮也不僅限於工廠工人：密芝根州的酒店員工、紐約和北卡羅萊納州的學生，甚至伊利諾州和賓夕凡尼亞州的囚犯，全都仿傚了這種策略，以求解決他們的不滿。[26]

聯合汽車工人工會的前會長倫納德・活閣（Leonard Woodcock）回顧說：「罷工靜坐之後，人們就組織起來了。數以萬計、各式各樣的人……簡直就像一場聖戰。」[27]

全國工業組織委員會（CIO）主席、才華橫溢的約翰・劉易斯（John L. Lewis）並沒發動罷工浪潮，但他精巧地運用了剛通過的聯邦勞動法，特別是勞工團體在一九三五年《華格納法案》中爭取到的保障，使工會能夠把聲勢澎湃的動員力量制度化。他不僅珍惜罷工靜坐所帶來的機遇，更願意為了抓住這個機會而大手投資——押注了工會的庫房以僱用大批組織者，招攬了有才幹的當地活躍份子甚至共產黨員，大規模招募會員。在弗林特事件的一年之內，一個隸屬CIO分支的汽車工會，從全國三萬名會員躍升至二十五萬名會員；其他行業的工會會員人數亦同時激增。這是現代美國勞工運動形成的歷史性時刻。[28]

這個經驗表明，大規模的動員行動有助組織擴充發展，而現存的組織團體亦可支援新一波的運動浪潮；但是這種相輔相成的情況並非經常發生。

實際上，結構式組織往往與工潮行動背道而馳。一群歷史學家對一九三〇年代末的罷工潮進行了多角度研究，發現工會領袖往往著力壓抑罷工而不是助長罷工——他們重視機構本身的存活多於工潮的發展。皮文和克洛沃德寫道，尤其是一旦工人加入工會之後，勞工團體的領導層便會出盡法寶「遏制停工、維持工廠運作」，認為息事寧人才是自己與資方討價還價的籌碼。[29]

這種張力並不只存在於工人運動中。對於非牟利組織，比爾．莫耶（Bill Moyer）指出：「擁有龐大的資金預算、專業團隊、正規董事會……對基金撥款的依賴，幾乎令所有大型專業反對派組織在政治上都抱持謹慎態度，是政治左派中的保守派。」專業化的組織較為規避兩極分化的負面風險，而且由於他們的工作重點通常是為成員爭取功能訴求的權益，或會看不見公眾的象徵訴求有何意義。因此，在大規模動員爆發的初期，這些專業化團體的本能反應，往往是先守住自己的山頭，甚至打擊新冒起的運動組織。[30]

這些磨擦的確真實存在，但是如果我們認識到不同的組織模式會在運動的不同階段產生不同作用，那就有助緩和緊張氣氛。皮文一向主張群眾式的干擾力量，對團體官僚則持保留態度，認為他們傾向抑壓或遏制反抗的爆發；但她亦承認結構式組織亦有發揮作用的時候。皮文說：「機構有助保存成果，將干擾行動所獲的進益加以制度化和合法化。」此外，她和克洛沃德寫道，運動的「靜止期」和「反運動時期」是「組織建設有所作為的時期」。在這些階段中，架構穩健的團體能夠協助抵禦社會精英的反擊。[31]

皮文和克洛沃德批評工人運動在美國崛起後，尤其在冷戰期間，過份靠攏主流機構；他們亦覺得官僚化的工會太少發揮罷工的力量。然而他們始終認為，「在一九三〇年代冒起的工會的確成為了常規架構；而且……在保障工人權益方面發揮了作用」。二人認為，工會的建立有其積極意義：為工人帶來更高的薪金、更短的工作時間、更好的工作保障以及更安全的工作環境和保護——這些變化改善了數百萬美國家庭的生活。[32]

如果採納專業化架構的組織會較為抗拒使用干擾力量的抗爭，那麼勢頭驅動的運動則有相反的危機：當抗爭力量用盡，又或最初的訴求得到滿足後，無法有效參與制度化的組織就很可能陷入困境。

罷工靜坐行動之後，工會成功發展起來；但在加州和美國西北部的農場工人，情況卻形成了強烈對比。

在過去的幾十年間，這些農場工人在沒有工會的支持下，發動了一波又一波的「野貓式」罷工行動，涉及數以千計的工人，遍及數百個農場和果園。

然而，由於農場或會每年更換農作物，農業僱員亦會不斷輪替更換，加上田地的工人沒有從現行勞動法的保障中受益，因此聯合農場工人工會（United Farm Workers）

等組織遇到了很大阻力，既無法保持穩定的會員基礎，亦無法保障合約履行。事實證明，罷工行動所爭取得來的工資增長和條件改善，全都極難維持。現在為美國收割農作物的農工，大部份都是移民勞動力，而他們仍是美國國內最被剝削的其中一群。

當群眾運動不斷升級的時候，結構穩健的組織可以利用動盪的能量，抓住與運動目標大體一致的方向，推進自身的長遠目標。這一點問題不大；然而，這些組織倘若藐視或阻礙正在升溫的運動，就會出現問題。為了避免這種情況，結構式組織可以將運動高峰之際視作實驗期。阿林斯基在自由乘車運動爆發之時，就同意了門生尼古拉斯．馮．賀夫曼（Nicholas von Hoffman）的提議：「我認為應該暫時拋棄我們在組織上所做的一切，並在這個旋風時刻的前提下行動，而我們不再只做組織工作，而是應該指導社會運動。」[33]

這種觀點與皮文和克洛沃德的見解吻合。他們認為，現存的組織如暫時把焦點放在「動員干擾行動而不是組織成員」，那就可以「與民眾抗爭的浪潮同行，而不是與之對抗」。[34]

作家兼社區組織者林古．臣（Rinku Sen）認為，即使結構式組織和分散式抗爭運動之間經常存在磨擦，然而兩者都是必不可少的。她寫道：「各種組織成功爭取到的小勝利，有助防止社會倒退；然而，能夠改變社會核心價值從而塑造政策的，則是透過大規模群眾參與的社會運動。」[35]

最後她認為，對於現狀的不公義作出「系統性挑戰」的人，「將會來自那些接觸過多種組織模式、能在概念層面上雄辯滔滔、願意放下自己組織的直接收益、聲譽和金錢的人」。[36]

※

馬丁·路德·金直至去世之前都一直擁護伯明翰的公民抗爭模型，更力圖將非暴力升級策略應用於新的環境和範疇；然而最後他亦承認，包括他自己的南方基督教領袖會議在內的團體，如果仍然一直只是「從事挑釁和戲劇性行動的專家」，發展將會非常局限。[37]

一九六七年，金將他們在伯明翰和塞爾瑪等地的行動，描述為類似一種「緊急應變措施」，是透過「爆炸性事件」推進的「危機政策和計劃」。這類運動有助守護立法進展，但是金亦認為，當進入新的鬥爭階段，透過危機事件而動員的運動組織，則必須輔以持續不懈的恆常運作。

他寫道：「如果要守護我們爭取得來的法案和協議，那麼我們必須建立一個規模龐大、能日復日推進工作、經驗豐富的組織。」[38]

金對這方面的思考已有一段時間。一九六六年，他寫道：「民權運動將會逐漸轉型，協助民眾組織常規團體，讓他們自己保障自己的權益、推動自己的變革。」終極目標是把民眾組織起來，在金稱為「權力單位」（units of power）之間進行合作。[39]

這些單位可以跨越廣泛的政治和經濟關係。金所說的權力單位，包括租戶協會、選民聯盟、失業人士組織和勞工團體。當他計劃大規模動員如「窮人運動」時，就企圖發動由三千人組成的多種族民眾大隊佔領國家廣場，以此爭取經濟正義——他亦認為需將這些權力單位制度化，才有助種族共融和經濟正義的長期發展。[40]

金被暗殺，使世人無法目睹他如何把非暴力起義與長期體制建設互相融合；然而他的權力單位概念可塑性甚高，非但鼓勵了不同群體之間的合作，更設想這類常規組織可在有需要時動員支持大規模行動。

當群眾運動的干擾力量重塑了政治空間之後，新的議論平台一旦確立，其他推進變革的組織模式就會變得更重要。在過去的一個世紀中，各個社會運動組織也曾找到了各種架構方式，把爭取得來的進展加以制度化並保存下來。這些結構和方式未必都盡如金所設想般，能夠兼顧長遠的組織架構並支援新的非暴力升級行動；但是整體來說，這些不同類型的組織架構，造就了豐富的生態環境，讓社會運動得以運作。

一九三〇年代冒起的工業工會，是長期組織的一種模式，時至今日仍對美國人的生活產生重大影響。這些工會雖然每每陷入困境，但由於資金來自成員的會費，因此組織不僅能夠自給自足，更能保持其獨立性，這一點尤其重要——面對財雄勢大、足以影響國家政治的龐大勢力，工會團體乃最為可靠的平衡機制。在諸如民權運動的案例中，工會有時更會為干擾行動提供關鍵的資金和支持，包括伯明翰的「C計劃」。

除了勞工團體，一些社會運動亦會轉型為監督組織，以守護爭取得來的權益。哈佛大學生活工資靜坐活動，是一九九〇年代末和二〇〇〇年代初的大規模學生勞工運動浪潮的一部份。學生組織不僅關注美國校園低薪服務人員的苦況，亦關注海外工廠生產大學T恤和其他商品的狀況。那些工廠的環境和工作條件可能令人極度不安。一九九八年《紐約時報》的一篇著名文章，介紹了一家在越南生產Nike產品的工廠：員工被迫每周工作六十五小時，總共才得到十美元的薪酬，亦沒有加班費；而且「在工廠的部份地區，工人暴露於致癌物超出當地法律標準一百七十七倍的區域工作」。[41]

二〇〇一年，學生、工人和勞工專家攜手創立了工人權利協會（Workers Rights Consortium，WRC），而學生勞工團體亦推動大學加入。協會成員要求對工廠進行獨立監察：由第三方檢查員進行突擊檢查，以確保工作場所遵循適當的通風和消防安全標準、沒有聘用童工或強制加班，而且工友可以自由組織工會。[42]

協會成立以來，會員網絡包括一百八十多家學院和大學。參加計劃的院校需按其品牌的產品收入繳納一千五百至五萬美元的年費，這為協會奠下了可觀的預算，從而建立起一個穩定、可持續的倡導小組。[43]

「反血汗工廠運動」現在的公眾關注度雖遠不及一九九〇年代後期那麼高，可是反血汗工廠學生聯合會（United Students Against Sweatshops）的各個分會仍能發動新一輪行動，繼續擴展工人權利協會的工作，並在二〇〇八年和二〇一一年掀起了新一波的校園靜坐浪潮。

社會運動制度化的另一種方式，則是影響官方機構運作，甚至接管單位。ACT

UP的力量來自對抗，然而組織的其中一個主要成就，在於他們在相關機構中注入了愛滋病患者的聲音。有賴運動的努力推進，愛滋病的公共撥款因而激增，ACT UP的成員亦開始擔當不同的新職務，協助管理撥款、制訂州份和聯邦政策、管理治療計劃。即使ACT UP本身的重要性已漸漸不如當年顯赫，然而他們從運動團體轉化成為撥款和管理組織，改善了全國超過一百萬愛滋病患者的日常護理。[44]

制度化的第三種方法，是直接爭奪國家政權。波蘭、南非和玻利維亞就是著名例子——群眾運動組織轉化成為政黨，抗爭運動領袖當選為國家元首，例如萊赫・華里沙（Lech Walesa）和納爾遜・曼德拉（Nelson Mandela）均成為了他們國家的首位民選總統；社會運動標誌人物埃沃・莫拉萊斯（Evo Morales）更成為了玻利維亞第一位原住民總統。希臘的Syriza（譯註：激進左翼聯盟）和西班牙的Podemos（譯註：西班牙語「我們能」）等政黨，均著力轉化民眾起義的力量，爭取成為執政黨。

然而即使奪取國家政權，亦不減干擾行動的重要性。即使一些成功透過政黨制度化的案例中，民選官員在挑戰建制精英的時候，也會發現受到諸多限制。透過政府渠道所獲得的微小改革，難免達不到最初能激起抗爭的遠大目標。

當然，還有政客出賣選民的問題：隨著群眾運動的能量減退，曾經狂熱的民主鬥士一旦成為了權力核心的圈內人之後，或會開始為個人利益而轉向捍衛現狀。基於以上種種原因，即使前社運領袖成功上任，仍需保持民眾的抗爭能力，以持續為政權製造新的壓力。

這群被金稱為「從事挑釁和戲劇性行動專家」的運動組織者，也許從來沒有引退的時間。

※

社會運動經常需要反覆出現，這意味著一個問題：即使有多努力，仍難保持所爭取得來的權益能夠維持幾十年甚至幾個世代。要達到這個目標的其中一種方法，就是建立一個超越傳統政治抗爭領域的社群。

一九六〇年代的主要學生領袖兼長期活躍份子湯姆．海登（Tom Hayden）寫道：「新一輪社會運動的冒起，往往來自一群在文化、經濟和政治上被邊緣化、卻走在社會最前沿的小眾。」海登進一步補充說，當社會運動參與者聚集一起時，他們會「發展出一個具備意義的社群，以豐富他們起跌坎坷的漫長抗爭旅程」。這些社群可能會分享共同嗜好、音樂、藝術，或是宗教和精神聯繫。他們往往會創建出另類的制度架構，例如佔領區、合作社、社區廚房和另類書店等。[45]

這種反文化或「喻示式」（prefigurative）群體，是維持社運生態的另一部份——這些社群為未來的抗爭浪潮奠下關鍵基礎。

雖然建立另類社群和制度架構可以為社會運動帶來強大力量，但亦可能帶來問題。抗爭者長期以來一直有此爭論：我們應該與制度抗爭，抑或「成為我們希望看到的改變」？我們應該在現有的社會架構中推動變革，抑或應該在自己的生活中建立一套不同的社會和政治關係模式，待他日構成一個新社會的基礎？幾個世紀以來，不同的社會運動均以不同的方式結合這兩種取向，有時兩者能夠和諧並存，有時卻會造成對立。

不同派別的學術和政治系統，都以重疊的概念來討論這兩種不同的取向：包括「文化革命」、「雙重政權」以及最具爭議性的「生活方式政治」。由政治理論家卡爾・博格斯（Carl Boggs）提出、社會學家維尼・布雷恩斯（Wini Breines）推廣的詞彙「喻示式政治」（prefigurative politics）（譯註：即直接在社會運動中以比喻手法展現及示範一個理想制度的模型），源於一九六〇年代的社會運動分析。六〇年代的「新左派」既拒絕舊左派的列寧主義組織架構，亦拒絕常規政黨模式，而是試圖創建一個能夠體現「參與式民主」（participatory democracy）的社運群體——這是一九六二年休倫港學生民主社會宣言（*Port Huron Statement of the Students for a Democratic Society*）中廣被推崇的思想。[46]

新左派不會等待未來革命發生之後才去建設新社會，而是試圖在社會運動的過程中就體驗這種新社會模式。布雷恩斯認為，喻示政治的核心思想乃「在社會運動的當下實踐之中，創建及維持一種理想社會制度之下『喻示』的政治關係和形式」。[47]

布雷恩斯認為喻示政治是六〇年代社會運動的命脈，同時她亦將之與「策略政治」（strategic politics）區分開來。策略政治試圖「獲得權力，以便實現政治、經濟和社會秩序的結構變化」。結構式組織和群眾式動員即使互有分歧，然而兩者均具有這種策略傾向——兩種模式都銳意改革一些會影響人民生活的主要制度架構，亦同時可能與喻示式政治抗爭者發生衝突。

一方是推進社運以改革現存政制，另一方則是建立另類制度和社群以即時實踐先進的價值觀。雙方之間的緊張關係，早於一九六〇年代以前就已經存在。在十九世紀時，馬克思就曾與烏托邦式社會主義者爭辯，認為在建立公社和模範社會以外，革命戰略亦有其必要性；同樣地，像吉恩．夏普這種致力推動非暴力策略實踐的倡導者，亦與那些只擁護和平主義卻沒建立有效政治運動的人，形成了強烈對比。

近年，在佔領運動中亦可看到「喻示政治派」與「政制改革派」之間的衝突。一邊廂，一群佔領者欲推動具體的政治改革，例如對華爾街金融機構進行更嚴格的監管、禁止集團資金支配政治、對百萬富翁徵稅、為學生和負資產人士註銷債務等；另一邊廂，則有一群佔領者將重點放在營地本身，把祖科蒂公園內外的解放空間、開放的全體大會和相互支持的社區，視為佔領運動對社會變革的最重要貢獻，認為這些空間能夠喻示更有前瞻性、更具參與性的民主制度。

喻示政治派與政制改革派之間的緊張關係之所以持續存在，原因很簡單：兩者雖非互相排斥，但卻各有不同重點。關於運動參與者應該如何行事的取向，兩者之間的分歧有時相當大。

結構式組織和勢頭驅動的運動均試圖改變主流政治的方向；喻示式的族群則在主

流以外發揮作用，更傾重於創建自由的公共空間、社區中心和另類制度架構。具有強烈喻示式傾向的活躍份子亦會參與大規模抗議或公民抗命行動，但是他們卻以獨特的方式來看待這種示威抗議：他們設計行動時不會以影響公眾輿論為目標，亦不太關心傳媒和主流社會的反應，甚至對之抱持對抗態度。他們傾向強調抗議本身的表達方式——即行動如何表現抗爭者的價值觀和信念，而不是如何影響目標群眾。[48]

帶有反文化色彩的服飾和打扮，無論是長髮、穿環、龐克風格、頭巾和各式各樣的外觀——都有助喻示式族群營造一種群體凝聚力，強化了他們拒絕傳統規範的另類文化思維。至於被布雷恩斯形容為「策略政治」的群組，對個人儀容則有另一種看法：阿林斯基在《激進者守則》一書中指出，「如果真正的激進份子發現披長髮會對溝通和組織構成心理障礙，他就會剪短頭髮」。[49]

地區組織和勢頭驅動的運動，為了更有效地推進訴求，經常會以務實態度尋求建立聯盟。在運動的進程中，這些組織者會主動接觸現存的工會、非牟利機構和政客，一起協調共同目標。喻示政治則較抗拒與運動以外的人士聯手，尤其是來自穩健的組織架構或與現存政黨相關的團體。一些佔領者對「被收編」的極端排斥亦反映了這種心態，以至損害了把運動成果制度化的可能性。他們非但不歡迎主流團體或政客開始倡議「99%」的議題，反而將之視作一種威脅。

這些取態凸顯了一種矛盾：新的社會運動或會由邊緣小眾發起，但是如果運動目的是為大眾帶來改變，則不能一直停留在邊緣位置。

※

喻示政治雖有其危機，但亦擁有強大力量。危機方面，若他們側重於建設另類社區而忽略了與公眾溝通並廣納支持，那麼運動可能會在自我孤立中被邊緣化，從而局限了社會與政治變革的可能性。

作家、組織者兼佔領者莊拿芬・馬菲・斯馬克（Jonathan Matthew Smucker）在探討這種危機時，描述了他所謂的「政治身份矛盾」。

「任何一個認真的社會運動，都需要一個同等認真的群體身份認同感，以鼓勵核心成員在長期抗爭過程之中堅持承諾、作出犧牲和表現英勇行為。」斯馬克寫道：「但是，強大的群體身份認同卻是一把雙刃劍。群體的身份和凝聚力愈強，就愈有可能與其他群體甚至社會疏離。」[50]

在這種矛盾中，專注建立喻示式社區的族群因為忙於滿足另類社區的需求，可能會不再與外界社群建立溝通橋樑、不再爭取公眾支持。他們寧願高舉一些口號和行動來吸納中堅支持者，而不是尋求有效的傳播方法將願景向外界宣揚，以致疏遠了普羅大眾。這種傾向會令社會變革失敗。正如斯馬克所說，「孤立了的團體很難實現政治目標」。

在六〇年代，「社會運動」與「反文化運動」之間出現了鴻溝。組織反越戰運動的「政治家」希望直接挑戰體制；年輕的反文化團體，則認為自己的行動本身就在侵蝕著現存的社會價值觀，並活生生地展示著另類的生活態度。

紀錄片《柏克萊風雲》（*Berkeley in the Sixties*）生動地描繪了這種分裂。備受歡迎的迷幻搖滾樂隊Country Joe and Fish的吉他手巴利・梅爾頓（Barry Melton）講述了自己與信奉馬克思主義父母之間的辯論。

「我們為此進行過激烈的爭拗，」梅爾頓解釋：「我試圖說服他們出售所有家具，然後移居印度。但是他們無動於衷。我意識到，就算他們的政治觀點有多前衛、令他們有多不受歡迎也好——我的父母是非常左翼的——但他們確實是物質主義者。他們擔心的是財富如何分配。」[51]

梅爾頓則把熱情投放在另一種表達方式。在「潮流政治」（politics of hip）當中，「我們正在建立一個平行時空，一個盡量與舊世界無關的新世界。」他解釋說：「我們就是不管那些『正經人』。對我們來說，那些政治家，包括許多反戰運動的領袖，他們都是『正經人』，因為他們依然關心政府。他們打算向華盛頓進發。我們甚至不想知道華盛頓的存在。我們在想，當全人類都能打開心扉，最終這些廢話將會停止，世界所有人都會開始彼此相愛。」

六〇年代的反文化——花之子、自由博愛、進入意識新維度的迷幻藥之旅——很容易受到戲仿或惡搞；然而這種喻示式意識形態，不僅製造了反文化小眾的烏托邦幻想，亦為社會運動作出了積極貢獻。除了梅爾頓的例子之外，社會運動和反文化運動其實常常互相交織。這種希望建立一個充滿活力和民主參與的社會願景，團結了一眾願意全情投入、為社會正義作出巨大犧牲的公民社群。

學生非暴力協調委員會（SNCC）就是一個例子。參與者談到創建「愛心社區」（beloved community）的願望——即一個拒絕任何形式的偏見和歧視、擁抱和平與同情的社會。這並不僅是一個對外目標：委員會的激進份子成員，同樣致力在組織內部創建愛心社區。根據歷史學家謝里爾·格林伯格（Cheryl Greenberg）的描述，他們建立了一個跨種族的團體，「以激進的平等主義為基礎，提倡互相尊重，對每個人的獨特能力和貢獻均無條件支持。他們的會議一直持續到每個人的發言權都能夠行使及被尊重為止，並相信每一把聲音都至關重要」。這種喻示式的社群建立，凝聚了頑強的團體關係，成功鼓勵參與者進行大膽而危險的公民抗命行動，例如聞名的午餐櫃檯靜坐活動。從這個案例看，他們構建愛心社區的動力，既促進了策略行動，亦為主流政治帶來了重大的喻示作用。[52]

喻示式團體亦發揮其他的正面作用。另類社群是其中一個例子，他們在歷史上一向都是群眾運動早期招募新兵的關鍵。懷著強烈社會正義感和反戰理念的宗教組織貴格會（The Quakers），是一個經典例子。

起源於十七世紀，「貴格會並沒有政治權勢或影響力，只是一個被邊緣化的社群，」作家奧里·布拉夫曼（Ori Brafman）和羅德·貝克斯壯（Rod Beckstrom）寫道：「但是他們正因為被邊緣化，作為一群局外人，被逼形成自己的文化、業務關係和社區，從而建立了一種不同的權力。」[53]

貴格會喻示式的價值觀，即使在組織還被大眾忽視和鄙視之時，仍然催使成員致力於不同範疇的仗義之事。

值得注意的是，貴格會乃美國和英國反對奴隸制度運動的骨幹。克勞丁．費路（Claudine Ferrell）在《廢奴運動》（*The Abolitionist Movement*）一書中寫道，反奴隸制度運動的早期歷史，「除了少數例外，全都是關於貴格會的論點、刊物、宣言和活躍份子」。後來貴格會亦在婦女選舉權、民權、反戰和反核運動中，發揮了重要作用。[54]

若喻示政治能夠深謀遠慮的揉合結構式組織及勢頭驅動抗爭的操作方式，則可共同推動一個綜合型的變革模式。甘地在非暴力升級運動中所作的實驗之所以無人能及，乃因他為現代公民抗爭領域奠下了基礎；然而甘地為了維持他那超過五十年的長期抗爭工作，則運用了各式各樣的社運手法，包括結構式組織、勢頭驅動的行動，以及喻示式的社區創建。

按照甘地的方法，食鹽長征和其他抗爭行動為印度獨立運動製造了旋風時刻；與此同時，甘地率領的印度國民大會黨，則成為制度化的關鍵結構機制：國會黨的確就在英屬印度殖民統治結束後，成為了印度的執政黨。最後，甘地亦透過喻示式的「建設計劃」，提倡鄉村自給自足運作，讓當地民眾體驗獨立後的生活和所需體制。他以身作則，與信徒和民眾群居而活，建立了一個融合宗教和政治的理想社區靜修所，從而發展出「建設計劃」的模型。

這些成份互相融合，構成了一種有效推進社會變革的配方。與甘地一同靜修的信徒，不僅體現了公共生活新的可能性，更在非暴力抗爭中擔當了忠實的特種部隊。大規模干擾行動能同時為結構式組織和理想社區招攬新血：當抗爭行動升級時，既能提升國會黨的組織勢力和政治影響力，亦能吸引一群對集體生活和工作模式感興趣的新信徒；當抗爭勢頭減弱時，印度國民大會黨和靜修所均各自儲備了足夠實力，可在運動低潮時持續運作，從而為未來的旋風時刻播下了蓄勢待發的種子。

甘地在人生不同的階段，對這些不同的社會運動模式投放了不同程度的關注；但在他的豐功偉績當中，最引人入勝的就是他同時揉合了這三種模式。甘地不但告訴追隨者必須改變自己的生活方式，同時亦要求他們組織和動員更廣泛的社區——甚至冒險發動起義。

※

上個世紀各個偉大的社會運動，均是針對一些不受歡迎的議題，改寫了政治環境的接受程度，讓從前看來不可能的改變，變成了不可避免的進化。然而即使革命成功之後，運動仍需努力把爭取得來的社會進展制度化。一個健康的社運生態，會將「抗爭如何達成變革」的歷史傳承下來，亦會從歷史當中汲取養份。

最成功的社會運動，往往會產生一種奇妙的諷刺：當抗爭者的主張被主流社會接受之後，許多長期推動議題的擁護者也會隨之而被歷史遺忘。比爾・莫耶（Bill Moyer）

指出，在運動的後期，一旦絕大多數人被說服了支持某個議題，即便創造了一個讓機會主義者冒起的環境：主流政客、中間派組織、之前狠批運動的評論人以及一度頑固的權勢人士，均會爭先恐後從社會運動的勝利中分一杯羹。即使他們長年以來一直迴避、沉默、怯懦，然而這些人仍會堅稱他們也對種族隔離政策反感、也真正致力擴大投票權、也堅信婚姻平等、也認為他們曾經認可的戰爭乃其政敵愚蠢之失。

正如社會學家悉尼．塔羅（Sidney Tarrow）所說：「抗爭時期是播種的季節，但收成時刻卻通常是在平靜下來之後才發生的，並由後來者居上，被那些社會精英和政府當局所收割。」[55]

抗爭者向來不大懂得慶祝勝利，而浸淫在「尊權論」的主流社會評論員亦一向不肯對草根運動的影響力予以肯定，偏向把社會變革歸功於成熟了的歷史條件或開明的政治人物。

湯姆．海登寫道：「在這種經過記憶管理的版本中，是馬基維利主義者帶來了偉大的改革，而從來不是那些為改革創造社會條件的激進份子之功勞。」按這種由上而下的傳統敘述，「是林肯總統解放了黑奴、是威爾遜總統通過了選舉權修正案……是詹森總統宣佈『我們終將克服難關』。」[56]

社運組織者強烈意識到仍有太多工作尚待完成，因而不願為已取得的成就感到慶幸。亦因此，他們往往在慶祝勝利之際不見蹤影。

如要捍衛抗爭者所取得的成就，社會運動就必須有意識地加強宣揚這些抗爭故事。這一點是必不可少的，因為如果沒有這些成功抗爭的故事，未來的勝利將會更難實現。一個社會的歷史故事如果只是歌頌總統、議員、將軍、總裁，那麼「社群權力觀」就會被埋沒隱藏。當人民拒絕服從之時到底可以造就怎樣的社會變革，這種故事必須不斷地讓每一代人重新學習。

群眾運動組織轉化成為政黨，抗爭運動領袖當選為國家元首，例如：納爾遜．曼德拉（Nelson Mandela）等，均成為了他們國家的首位民選總統。

結語——Conclusion

到了一九六三年，喬治亞州薩凡納附近的多切斯特退修中心，已成為美國南部民權運動的活動樞紐。這個「C計劃」誕生之地，亦是繁盛蓬勃的社運生態所在地。

在海藍德民眾學校的資深組織者協助之下，南方基督教領袖會議翻新了一所位於喬治亞州大西洋沿岸幾英里處的前教會學校。多切斯特中心位於這橡樹成蔭的校園內，從一九六一年開始，南方基督教領袖會議就定期於此舉辦由桃樂絲・柯頓（Dorothy Cotton）和撒蒂瑪・克拉克（Septima Clark）主持的「公民學校」系列活動，從南部社區招募成年學生接受為期一周的培訓。

他們所教授的方法，乃根據結構式組織的人傳人領導能力發展。經過一周的強化課程，這群活躍份子回家後，就會在自己的地區開展民權抗爭技巧的培訓。在「公民學校」受訓的人包括芬妮・露・哈默（Fannie Lou Hamer）等著名的抗爭領袖，他們共同建立了一個基礎架構，循序漸進地推動種族正義。[1]

在這裡，長期地區組織的要素，與喻示式社區的願景互相結合了。民權運動組織者把不同種族、階級、年齡和教育程度的參與者聚首一堂，模仿了一個共融社會的種族關係。他們本著覺醒的精神和決心，將參與者團結在一起，高唱自由之歌，加強社群認同感。受訓者之一的伯妮絲・約翰遜・里根（Bernice Johnson Reagon），後來透過她的樂隊Sweet Honey in the Rock把民權運動的音樂保存下來。

最後，多切斯特亦是策動起義工程之地。一九六三年九月，馬丁・路德・金與核心幕僚回到這個退修營，再次反思運動的狀態。四個月前在伯明翰贏得漂亮一仗之後，整個夏天南部各地爆發了多場抗爭活動，都是拜「C計劃」的成功所激發的。

在九月的退修期間，懷亞特．沃克（Wyatt Walker）以「如何破解一個頑強城市」（How to Crack a Hard Core City）為題，整理了團隊在不斷升級的非暴力抗爭行動中所獲的經驗，亦總結了一些成功的關鍵要素。

在沃克提出的藍圖中，「詳細計劃」是重要的先決條件；另一個關鍵是令局勢升溫至「成為一個公共危機」，而兩者需要相輔相成。[2]

「隨機爆發」、「無從預計」、「不受控制」、「情緒主導」。當大規模抗爭行動引起公眾關注時，傳媒的反應通常都如此一致；然而那些聚集在多切斯特的組織者，卻與他們非一般見識。沃克提出了一個啟示：推動社會變革的公共危機，絕非隨機爆發的。他認為策動非武裝起義所需的技巧，能夠透過實戰經驗鍛鍊出來，並可傳授給新一代的抗爭者。

索爾．阿林斯基認為：「革命沒有守則可言，一如愛情或幸福守則；然而……人類政治中某些核心的行動概念，則是在任何場景或時間之下都會如此運作。要先認識這些概念，方可對體制作出務實攻擊。」

阿林斯基系的地區組織者一代接一代地記錄和完善這些概念，奠下了一個堅實的知識基礎，展示了如何建立組織架構，使無權無勢的人民也能團結一致推動正義。[3]

公民抗爭的流派以多切斯特作為典範，致力嘗試以不同方式進行抗爭。他們深入鑽研非武裝起義的玄機，務求對這門功夫藝術有更深入的了解。他們衍生自早期的道德和平主義，後來卻另闢門徑，萃取了當中最不切實際的想法，把這種以往被視為只懂高唱大愛和平的離地思想加以轉化，以實證展示這種方法如何能夠產生深遠的實際影響。

在過程當中，一些重要的經驗浮現出來：

勢頭驅動的運動組織者可以利用公民抗爭手段，有意識地激發、擴大和駕馭大規模示威抗議的能量；

Otpor和南方基督教領袖會議等團體展示了混合型組織的重要性，以此建立分散的網絡，發動連串的抗爭浪潮，持續推進群眾動員；民眾運動可以超越純粹的政治交易，推進社會變革的議題，以此扭轉公眾輿論，拉倒權力支柱；

注重社會運動的象徵意義，證明象徵訴求與功能訴求同等重要，甚至更為重要；利用干擾、犧牲、升級來建立緊張局勢，令潛藏的社會問題成為公眾焦點；

銳意製造旋風時刻，令沒有大台的分散行動能夠遍地開花，遠遠超出任何一個組織能及的規模；

透過大膽的抗爭行動，激起公眾輿論的兩極分化，同時堅持非暴力紀律，確保不同程度的干擾行動組織者之間絕不割席，持續建立公眾支持；

懂得與其他組織系統合作，使成功爭取的權益制度化，並培育可以長期維持抗爭力量的另類社群。

在推動上述思想時，勢頭驅動的運動組織發現，群眾動員的研究一直不受重視，而這種情況必須扭轉，才可促進未來社會運動的勝利。為了激發、保護和維持社會進展，公民社會需要用上許多不同類型的行動模式。研發勢頭驅動組織模式的目的，並非為了否定其他模式的貢獻，而是想提出一個簡單而迫切的概念：策動群眾起義可以是一門功夫藝術，而這門功夫藝術足以改變世界。

實踐這門功夫藝術的抗爭者以經驗告訴我們：廣泛干擾運動的爆發雖然常被誤解，但卻絕非偶然碰運的成功，亦非一瞬即逝的失敗；相反，社運浪潮其實可以透過有意識的精心策劃而誘導出來。假如這個正在不斷壯大的公民抗爭團隊是正確的話，那麼在未來廿一世紀的年頭裡，在塑造公共生活的意識形態方面，將難有其他力量能夠與之匹敵。

註解

序

1 不同的歷史學家和民權運動資深人士對退修會議參與人數的統計略有不同。參見Andrew Young, *An Easy Burden: The Civil Rights Movement and the Transformation of America* (Waco, TX: Baylor University Press, 2008), 188; Taylor Branch, *Parting the Waters: America in the King Years 1954–63* (New York: Simon & Schuster, 1988), 688;及David J. Garrow, *Bearing the Cross: Martin Luther King, Jr., and the Southern Christian Leadership Conference* (New York: Random House, 1986), 225。

2 新聞來源引述自Garrow, *Bearing the Cross*, 213, 216。關於奧爾巴尼運動，參見Lee W. Formwalt, "Albany Movement," New Georgia Encyclopedia, February 3, 2015, http://www.georgiaencyclopedia.org/articles/history-archaeology /albany-movement; Anthony Phalen, "1961: The Albany Movement campaigns for full integration in Georgia (Fall 1961–Summer 1962)," Global Nonviolent Action Database, November 6, 2009, http://nvdatabase.swarthmore.edu/content/albany-movement-campaigns-full-integration-georgia-fall-1961-summer-1962;及"Albany GA, Movement (Oct. 1961–Aug. 1962)," Civil Rights Movement Veterans, http://www.crmvet.org/tim/timhis61.htm#1961albany。

3 參見Aldon D. Morris, *The Origins of the Civil Rights Movement: Black Communities Organizing for Change* (New York: The Free Press, 1984), 254;及Adam Fairclough, *To Redeem the Soul of America: The Southern Christian Leadership Conference and Martin Luther King, Jr.* (Athens: University of Georgia Press, 1987), 166–169。

4 關於對納・京・高爾（Nat King Cole）的襲擊，參見*Encyclopedia of African American Music*, Vol. 3, ed. Emmett George Price (Santa Barbara, California: ABC-CLIO, 2011), 211; Brian Ward, "Civil Rights and Rock and Roll: Revisiting the Nat King Cole Attack of 1956," *OAH Magazine of History* 24, no. 2 (April 2010): 21–24, April 2010, http://maghis.oxford journals.org/content/24/2/21.extract;及"In Birmingham: Negro Singer Nat (King) Cole Attacked; 6 White Men Held," *Florence Times* 97, no. 12 (April 11, 1956), http:// news.google.com/newspapers?nid=1842&dat=19560410&id=ZgQsAAAAIBAJ&sjid=jsYEAAAAIBAJ&pg=1533,1109350。關於公園的關閉，參見 Diane McWhorter, *Carry Me Home: Birmingham, Alabama: The Climactic Battle of the*

Civil Rights Revolution (New York: Simon & Schuster, 2001), 229。

5 引述自Garrow, *Bearing the Cross*, 229。

6 Martin Luther King Jr., "Letter from Birmingham City Jail," in *A Testament of Hope: The Essential Writings and Speeches of Martin Luther King, Jr.*, ed. James M. Washington (New York: HarperCollins Publishers, 1986), 291, 295。

7 Morris, *Origins of the Civil Rights Movement*, 274。

8 參見"Wyatt Tee Walker," in *Voices of Freedom: Oral History of the Civil Rights Movement from the 1950s Through the 1980s* (New York: Bantam Books, 1990), 126; Andrew Manis, interview with Dr. Wyatt Walker, conducted at Canaan Baptist Church, New York City, Birmingham Public Library: Digital Collections, April 20, 1989, http://cdm16044.contentdm.oclc.org/cdm/ref/collection/p15099coll2/id/69;及Branch, *Parting the Waters*, 690。

9 Martin Luther King Jr., *The Autobiography of Martin Luther King, Jr.*, ed. Clayborne Carson (New York: Warner Books, 1998), 174。

10 Young, *An Easy Burden*, 138。

11 在Davis W. Houck and David E. Dixon, *Rhetoric, Religion, and the Civil Rights Movement 1954–1965* (Waco, TX: Baylor University Press, 2006), 539。

12 Young, *An Easy Burden*, 188。

13 Michael Kazin, "Stop Looking for the Next JFK," *Dissent*, November 21, 2013, http://www.dissentmagazine.org/blog/stop-looking-for-the-next-jfk。

14 參見Ishaan Tharoor, "Occupy Wall Street Protests Spread," *Time*, December 7, 2011, http://content.time.com/time/specials/packages/article/0,28804,2101344_21013 69_2101667,00.html; Marc Fisher, "In Tunisia, Act of One Fruit Vendor Sparks Wave of Revolution Through Arab World," *Washington Post*, March 26, 2011, http://www.washingtonpost.com/world/in-tunisia-act-of-one-fruit-vendor-sparks-wave-of-revolution-through-arab-world/2011/03/16/AFjfsueB_story.html;及H.D.S. Greenway, "Of Men and Last Straws," *New York Times*, April 19, 2011, http://www.nytimes.com/2011/04/20/opinion/20iht-edgreenway20.html。

15 參見"Milosevic Under Pressure to Quit," *The People* (London), October 1, 2000, http://www.thefreelibrary.com/MILOSEVIC+UNDER+PRESSURE+TO+QUIT.-a065627113; Greg Bloom, "U.S. Can't Buy Revolution," *Moscow Times*, December 23, 2004, http://www.themoscowtimes.com/sitemap/free/2004/12/article/us-cant-

buy-revolution/226153.html;及Karin Brulliard, "More Immigration Demonstrations Planned," *Washington Post*, August 31, 2006, http://www.washingtonpost.com/wp-dyn/content/article/2006/08/30/AR2006083003161.html。

16 Morris, *Origins of the Civil Rights Movement*, vi, xiii。

17 Branch, *Parting the Waters*, 825。

18 King, *Autobiography of Martin Luther King, Jr.*, 153。

19 參見King, *Autobiography of Martin Luther King, Jr.*, 167;及Branch, *Parting the Waters*, 631。

20 King, *Autobiography of Martin Luther King, Jr.*, 167。

21 「感受到『非暴力』的尊嚴和力量」引述自King, *Autobiography of Martin Luther King, Jr.*, 211。

第一章・策略轉向

1 愛因斯坦的來信引述自Mairi Mackay, "A Dictator's Worst Nightmare," CNN, June 25, 2012, http://www.cnn.com/2012/06/23/world/gene-sharp-revolutionary/index.html。

2 參見James VanHise, interview with Gene Sharp, "Nonviolence and Civilian-Based Defense," *Fragments*, June 1983, http://www.fragmentsweb.org/fourtx/sharpint.html;及Jeff Severns-Guntzel, interview with Gene Sharp, "Lessons from the Godfather: Interview with Gene Sharp," *UTNE*, July–August 2010, http://www.utne.com/Politics/Gene-Sharp-Interview-Power-of-Nonviolence.aspx。

3 引述自Philip Shishkin, "American Revolutionary: Quiet Boston Scholar Inspires Rebels Around the World," *Wall Street Journal*, September 13, 2008, http://online.wsj.com/article/SB122127204268531319.html。

4 歷史學家愛麗絲・連特（Alice Lynd）和史多頓・連特（Staughton Lynd）在一九六六年的論文中以當時典型的角度寫道：“Indeed, the greatest practitioners of nonviolence have viewed it not so much as a way to encounter adversaries, or even to change the world… but rather as a journey in search of truth." Staughton Lynd and Alice Lynd, eds., *Nonviolence in America: A Documentary History* (Maryknoll, NY: Orbis Books, 1995), xlv。

5 Metta Spencer, interview with Gene Sharp, "Gene Sharp 101," *Peace Magazine*, July–September 2003, http://peacemagazine.org/archive/v19n3p16.htm。

6 參見Gene Sharp, *Gandhi as a Political Strategist* (Boston: Porter Sargent Publishers, 1979), 252及Gene Sharp,

The Politics of Nonviolent Action: Part One—Power and Struggle (Boston: Porter Sargent Publishers, 1973), vi。如稍後所述，夏普本人避免使用「非暴力」作為名詞，而是傾向於將該詞用作形容詞。他沒有將自己視為「策略性非暴力」思想的擁護者，而是提倡「策略性非暴力行動」。

7 Gene Sharp, *Waging Nonviolent Struggle: 20th Century Practice and 21st Century Potential* (Boston: Porter Sargent Publishers, 2005), 21。

8 「發動『戰事』」引述自Sharp, *Politics of Nonviolent Action: Part One*, 67。

9 Gene Sharp, *The Politics of Nonviolent Action: Part Three—the Dynamics of Nonviolent Action* (Boston: Porter Sargent Publishers, 1973), 556, 755。

10 引述自Sharp, *Politics of Nonviolent Action: Part Three*, 681。

11 參見Paul Buhle (editor), Sabrina Jones, Gary Dumm, and Nick Thorkelson (artists), *Radical Jesus: A Graphic History of Faith* (Harrisonburg, VA: Herald Press, 2013), 111。

12 Sharp, *Waging Nonviolent Struggle*, 436。

13 Sharp, *Politics of Nonviolent Action: Part Three*, 635。

14 同上，741。

15 關於夏普與和平主義者團體的論點，參見Sharp, *Gandhi as a Political Strategist*, 251。

16 參見Adam Winkler, "MLK and His Guns," Huffington Post, January 17, 2011, http://www.huffingtonpost.com/adam-winkler/mlk-and-his-guns_b_810132.html。

17 有關支持槍械自由的團體挪用馬丁・路德・金的例子，參見："Martin Luther King, Jr.—Man of Peace but No Pushover," Gun Owners of America, http://gunowners.wordpress.com/2013/01/21/martin-luther-king-jr-man-of-peace-but-no-pushover/。

18 恐嚇電話之說引述自Martin Luther King Jr., *The Autobiography of Martin Luther King, Jr.*, ed. Clayborne Carson (New York: Warner Books, 1998), 77。

19 參見King, *Autobiography of Martin Luther King, Jr.*, 54; David J. Garrow, *Bearing the Cross: Martin Luther King, Jr. and the Southern Christian Leadership Conference* (New York: Random House, 1986), 68, 72;及Taylor Branch, *Parting the Waters: America in the King Years 1954–63* (New York: Simon & Schuster, 1988), 179。

20 Garrow, *Bearing the Cross*, 73。

21 Branch, *Parting the Waters*, 180。

22 關於馬丁・路德・金對於A. J.穆斯特（A. J Muste）的言論，參見Branch, *Parting the Waters*, 179。關於金對「黑人力量」（Black Power）的言論，參見King, *Autobiography of Martin Luther King, Jr.*, 317。關於非暴力作為一種「生活方式」，參見King, *Autobiography of Martin Luther King, Jr.*, 68。關於武裝衛隊，參見Garrow, *Bearing the Cross*, 232。

23 撒蒂瑪・克拉克（Septima Clark）的言論引述自Michael Eric Dyson, *April 4, 1968: Martin Luther King, Jr.'s Death and How It Changed America* (New York: Basic Civitas Books, 2008), 8。金的遇襲事件引述自Garrow, *Bearing the Cross*, 221。

24 King, *Autobiography of Martin Luther King, Jr.*, 68。

25 Branch, *Parting the Waters*, 205。

26 Barbara Ransby, *Ella Baker and the Black Freedom Movement: A Radical Democratic Vision* (Chapel Hill: University of North Carolina Press, 2003), 175。芭芭拉・蘭斯比（Barbara Ransby）引述愛頓・莫里斯（Aldon Morris）對於南方基督教領袖會議作為「黑人教會的政治部門」（political arm of the black church）的稱號。

27 引述自Garrow, *Bearing the Cross*, 116。

28 參見Branch, *Parting the Waters*, 466。

29 參見John Lewis with Michael D'Orso, *Walking with the Wind: A Memoir of the Movement* (New York: Simon & Schuster, 1998), 166。

30 參見Andrew Young, *An Easy Burden: The Civil Rights Movement and the Transformation of America* (Waco, TX: Baylor University Press, 2008), 186。

31 同上，186。

32 夏普關於非暴力行動的先例列舉自*Politics of Nonviolent Action: Part One*, 75–78。有關托爾斯泰對甘地的影響，參見Sharp,*Gandhi as a Political Strategist*, 47; "Mohandas K. Gandhi, *An Autobiography: The Story of My Experiments with Truth* (Boston: Beacon Press, 1957), 137;及Anthony J. Parel, "Gandhi and Tolstoy," in M. P. Mathai, M. S. John, Siby K. Joseph, *Meditations on Gandhi: A Ravindra Varma Festschrift* (New Delhi: Concept, 2002), 96–112。

33 Martin Luther King Jr., *Stride Toward Freedom: The Montgomery Story* (New York: HarperCollins, 1958), 97。

34 Sharp, *Gandhi as a Political Strategist*, 57。

35 引述自Metta Spencer, interview with Gene Sharp, "Gene Sharp 101," *Peace Magazine*, July–September 2003, http://peacemagazine.org/archive/v19n3p16.htm。
36 Sharp, *Politics of Nonviolent Action: Part One*, 101。
37 同上，vi。
38 Sharp, *Waging Nonviolent Struggle*, 437。
39 史提芬・祖尼斯（Stephen Zunes）與作者於二〇一三年六月二十一日的訪談。
40 參見Ruaridh Arrow, "Gene Sharp: Author of the Nonviolent Revolution Rulebook," BBC News, February 21, 2011, http://www.bbc.co.uk/news/world-middle-east-12522848。
41 Sharp, *Politics of Nonviolent Action: Part Three*, 808–810。
42 一眾歷史學家對於南方基督教領袖會議的計劃在實質上的原整性有所爭議，尤其最初在多切斯特退修之時。「C計劃」的暗裡藏刀式行動代號，反映了懷亞特・沃克（Wyatt Walker）戲劇性的傾向，一些學者如格倫・埃斯喬（Glenn Eskew）指控沃克事後的敘述誇張了組織的功勞，令這段歷史蒙上了陰影。這些學者對泰勒・布蘭奇（Taylor Branch）的馬丁・路德・金傳記中的敘述持懷疑態度。根據布蘭奇對沃克的採訪，沃克在多切斯特靜修會上提出計劃後，「戰略藍圖一個逗點都沒有改變過。」見Glenn Eskew, *But for Birmingham: The Local and National Movements in the Civil Rights Struggle* (Chapel Hill: University of North Carolina Press, 1997), 209–229, 376nn40, 42;及Branch, *Parting the Waters*, 690。
43 John H. Britton, "Man Behind Martin Luther King Jr.: Tough-Minded Cleric Is Fuel," *Jet*, March 12, 1964, http://books.google.com/books?id=68EDAAA AMBAJ&pg=PA3&dq=jet&source=gbs_toc&cad=2#v=onepage&q=jet&f=false。
44 Martin Luther King, Jr., "Letter from Birmingham City Jail," in *A Testament of Hope: The Essential Writings and Speeches of Martin Luther King, Jr.*, ed. James M. Washington (New York: HarperCollins, 1986), 291。
45 參見Ralph David Abernathy, *And the Walls Came Tumbling Down: An Autobiography* (New York: HarperCollins, 1989), 235。
46 參見Aldon D. Morris, *The Origins of the Civil Rights Movement: Black Communities Organizing for Change* (New York: The Free Press, 1984), 260。
47 Branch, *Parting the Waters*, 707。
48 參見Adam Fairclough, *To Redeem the Soul of America: The Southern Christian Leadership Conference and Martin*

Luther King, Jr. (Athens: University of Georgia Press, 1987), 118。

49 Garrow, *Bearing the Cross*, 240。

50 同上，242。

51 參見King, *Autobiography of Martin Luther King, Jr.*, 206。

52 事件的細節有爭議，在不同的歷史記錄之間有所不同。參見Branch, *Parting the Waters*, 710; Diane McWhorter, *Carry Me Home: Birmingham, Alabama: The Climactic Battle of the Civil Rights Revolution* (New York: Simon & Schuster, 2001), 312;及Eskew, *But for Birmingham*, 226。亦可參見李萊爾・艾倫（Leroy Allen）的論述："On the Use of Police Dogs During the 1963 Palm Sunday Demonstrations in Birmingham," Documents on Human Rights in Alabama, April 27, 1963, http://www.archives.state.al.us/teacher/rights/lesson3/doc6-4.html。

53 Garrow, *Bearing the Cross*, 239–240。

54 King, "Letter from Birmingham City Jail," 295。

55 Garrow, *Bearing the Cross*, 250。

56 同上，247。

57 Fairclough, *To Redeem the Soul of America*, 135。

58 同上，134-135。

59 引述自Sheryl Gay Stolberg, "Shy U.S. Intellectual Created Playbook Used in a Revolution," *New York Times*, February 16, 2011, http://www.nytimes.com /2011/02/17/world/middleeast/17sharp.html。

60 Thierry Meyssan, "The Albert Einstein Institution: Non-Violence According to the CIA," VoltaireNet.org, January 4, 2005, http://www.voltairenet.org/article30032.html。

61 關於在巴勒斯坦使用夏普的理論，參見Amitabh Pal, "Gene Sharp's Nonviolent Impact," *The Progressive*, February 17, 2011, http://www.progressive.org/ap021711.html。

62 引述自Mackay, "A Dictator's Worst Nightmare"。

63 Stephen Lerner, "A New Insurgency Can Only Arise Outside the Progressive and Labor Establishment," *New Labor Forum* 20, no. 3 (Fall 2011): 9–13。

1 參見Peter Dreier, "Glenn Beck's Attack on Frances Fox Piven," *Dissent*, January 24, 2011, http://www.dissentmagazine.org/online_articles/glenn-becks-attack-on-frances-fox-piven;及Glenn Beck, "Cloward, Piven and the Fundamental Transformation of America," Fox News, January 5, 2010, http://www.foxnews.com/story/2010/01/05/cloward-piven-and-fundamental-transformation-america/。相關圖像：http://www.pubtheo.com/images/beck-revolution.jpg。

2 大衛・莫伯格（David Moberg）在反思「全國人民行動」（National People's Action）的工作時提供了此清單。參見"New Rules for Radicals: How George Goehl Is Transforming Community Organizing," *In These Times*, February 12, 2014, http://inthesetimes.com /article/16144/new_rules_for_radicals。阿林斯基的名言來自*Rules for Radicals: A Pragmatic Primer for Realistic Radicals* (New York: Vintage Books, 1989), 126–130。

3 Mary Beth Rogers, *Cold Anger: A Story of Faith and Power Politics* (Denton: University of North Texas Press, 1990), 85。

4 引述自Eric Norden, interview with Saul Alinsky, *Playboy*, March 1972, http://britell.com/alinsky.html。

5 同上。

6 Alinsky, *Rules for Radicals*, 3。關於「自由作用」（Freedom-Works）如何應用阿林斯基之作，參見Elizabeth Williamson, "Two Ways to Play the 'Alinsky' Card," *Wall Street Journal*, January 23, 2012, http://online.wsj.com/article/SB10001424052970204624204577177272926154002.html。

7 Frank Bardacke, *Trampling Out the Vintage: Cesar Chavez and the Two Souls of the United Farm Workers* (London: Verso, 2011), 68。

8 David Walls, "Power to the People: Thirty-Five Years of Community Organizing," *The Workbook*, Summer 1994, 52–55。更新版本參見http://www.sonoma.edu/users/w/wallsd/community-organizing.shtml。

9 參見P. David Finks, *The Radical Vision of Saul Alinsky* (Mahwah, NJ: Paulist Press, 1984), 261。

10 Arlene Stein, "Between Organization and Movement: ACORN and the Alinsky Model of Community Organizing," *Berkeley Journal of Sociology* 31 (January 1, 1986): 96, http://www.jstor.org/stable/41035376。

11 Edward T. Chambers, *Roots for Radicals: Organizing for Power, Action, and Justice* (New York: Bloomsbury Academic, 2003), 80–81。

12 參見Alinsky, *Rules for Radicals*, xx;及Nicholas von Hoffman, *Radical: A Portrait of Saul Alinsky* (New York: Nation Books, 2010), 155。

13 參見Mark R. Warren, *Dry Bones Rattling: Community Building to Revitalize American Democracy* (Princeton, NJ: Princeton University Press, 2001), 31。

14 Chambers, *Roots for Radicals*, 107。

15 Stein, "Between Organization and Movement," 94。

16 馮・霍夫曼（Von Hoffman）對金的引述：*Radical*, 68–74。

17 引述自Sanford D. Horwitt, *Let Them Call Me Rebel: Saul Alinsky—His Life and Legacy* (New York: Knopf, 1989), 469及von Hoffman, *Radical*, 72。

18 Alinsky, *Rules for Radicals*, xiii–xiv。

19 Saul Alinsky, *Reveille for Radicals* (New York: Vintage Books, 1989), 228。

20 參見Stein, "Between Organization and Movement," 98。

21 Frances Fox Piven, *Challenging Authority: How Ordinary People Change America* (Lanham, MD: Rowman & Littlefield, 2006), 1。

22 參見Frances Fox Piven, *Who's Afraid of Frances Fox Piven: The Essential Writings of the Professor Glenn Beck Loves to Hate* (New York: The New Press, 2011), 244–245。

23 皮文與作者於二〇一五年三月五日訪談中引述的話。皮文和克洛沃德的言論引述自引文來自Piven, *Who's Afraid of Frances Fox Piven*, 9, 17。

24 參見Doug McAdam and Hilary Schaffer Boudet, *Putting Social Movements in Their Place: Explaining Opposition to Energy Projects in the United States, 2000–2005* (Cambridge: Cambridge University Press, 2012), 4;及Frances Fox Piven and Richard A. Cloward, "Collective Protest: A Critique of Resource Mobilization Theory," *International Journal of Politics, Culture, and Society* 4, no. 4 (Summer 1991): 435, http://www.jstor.org/stable/20007011。

25 Doug McAdam and W. Richard Scott, "Organizations and Movements," in *Social Movements and Organization Theory*, ed. Gerald F. Davis, Doug McAdam, W. Richard Scott, and Mayer N. Zald (Cambridge: Cambridge University Press, 2005), 6。

26 參見Sidney Tarrow, *Power in Movement: Social Movements and Contentious Politics* (Cambridge: Cambridge

University Press, 1998), 16; 及McAdam and Boudet, *Putting Social Movements in Their Place*, 17。

27 Frances Fox Piven and Richard A. Cloward, *Poor People's Movements: Why They Succeed, How They Fail* (New York: Vintage Books, 1979), xv。

28 Frances Fox Piven, "Symposium: Poor People's Movements: Retrospective Comments," *Perspectives on Politics* 1, no. 4 (December 2003): 707。

29 參見Piven and Cloward, *Poor People's Movements*, 96;及Piven, "Retrospective Comments," 709。

30 Piven and Cloward, *Poor People's Movements*, xv。

31 同上，xi。

32 同上，xxi–xxii。

33 Chris Maisano, "From Protest to Disruption: Frances Fox Piven on Occupy Wall Street," Democratic Socialists of America, October 2011, http://www.dsausa.org/from_protest_to_disruption_frances_fox_piven_on_occupy_wall_street。

34 Piven and Cloward, *Poor People's Movements*, xi。

35 同上，xxi。

36 Charles M. Payne, *I've Got the Light of Freedom: The Organizing Tradition and the Mississippi Freedom Struggle* (Berkeley: University of California Press, 1995), 3（註：附加強調）。

37 Stokely Carmichael, *Ready for Revolution: The Life and Struggles of Stokely Carmichael (Kwame Ture)* (New York: Scribner, 2003), 445。

38 同上，445。

39 引述自Sanford Schram, "The Praxis of Poor People's Movements: Strategy and Theory in Dissensus Politics," *Perspectives on Politics* 1, no. 4 (December 2003): 715。

40 參見Frances Fox Piven and Richard A. Cloward, "Foreword," in *Roots to Power: A Manual for Grassroots Organizing*, 2nd ed., ed. Lee Staples (Westport, CT: Praeger, 2004), xvi;及Joseph G. Peschek, "American Politics Today: An Interview with Frances Fox Piven," *Common Dreams*, September 19, 2010, http://www.commondreams.org/view/2010/09/19-4;及Piven and Cloward, *Poor People's Movement*, xvi, 174。

41 皮文與作者於二〇一五年三月五日的訪談。

42 林古・臣（Rinku Sen）在她的著作*Stir It Up*中提供了這種內部挑戰的歷史：Rinku Sen, *Stir It Up: Lessons*

in Community Organizing and Advocacy (San Francisco: Jossey-Bass, 2003), xlix–lxv。亦可參見Stein, "Between Organization and Movement," 111–112。大衛・莫伯格（David Moberg）在"New Rules for Radicals"中介紹了喬治・戈爾（George Goehl）的工作。

43 參見Rogers, "Cold Anger," 95–96;及Michael Gecan, *Going Public: An Organizer's Guide to Citizen Action* (New York: Anchor Books, 2004), 9。

44 參見von Hoffman, *Radical*, xiii, 167;及Alinsky, *Rules for Radicals*, 169。

45 參見納爾遜・史丹利（Stanley Nelson）紀錄片《Freedom Riders》中「Roster of Freedom Riders」(American Experience Films, 2011), http://www.pbs.org/wgbh/americanexperience/freedomriders/people/roster;及Terry Sullivan, "The Freedom Rides: Were They in Vain?," *The Register: Diocese of Peoria Edition*, July 22, 1962, http://www.crmvet.org /riders/frvain.htm。

46 參見Gavin Musynske, "Freedom Riders End Racial Segregation in Southern U.S. Public Transit, 1961," Global Nonviolent Action Database, December 2009, http://nvdatabase.swarthmore.edu/content/freedom-riders-end-racial-segregation-southern-us-public-transit-1961。

47 納爾遜・史丹利（Stanley Nelson）紀錄片《Freedom Riders》中「Transcript」(American Experience Films, 2011), http://www.pbs.org/wgbh/americanexperience/freedomriders/about/transcript。

48 參見查里斯・佩森（Charles Person）在紀錄片《Freedom Riders》中的訪問（PBA30, May 3, 2011）, http://video.pba.org/video/1907104380/;及「Transcript」。

49 Horwitt, *Let Them Call Me Rebel*, 400。

50 同上，401。

51 同上，401–404。

52 Piven and Cloward, *Poor People's Movements*, 358–359。

53 皮文和克洛沃德在Lee Staples, *Roots to Power*, xv前言中對阿林斯基的引述。

54 參見Piven and Cloward, *Poor People's Movements*;及Piven, "Symposium," 708。

第三章・混合模式

1 參見David S. Bennahum, "The Internet Revolution," *Wired*, April 1997, http://archive.wired.com/wired/

archive/5.04/ff_belgrad_pr.html; Chris Hedges, "100,000 Serbs Take to Street Against Milosevic," *New York Times*, November 26, 1996, http://www.nytimes.com/1996/11/26/world/100000-serbs-take-to-streets-against-milosevic.html;及"Serb Protesters Festive Amid Signs of Military Backing," CNN, December 29, 1996, http://www.cnn.com/WORLD/9612/29/yugo/。

2 關於歐安組織（OSCE），見Srdja Popovic, Slobodan Djinovic, Andrej Milivojevic, Hardy Merriman, and Ivan Marovic, *Canvas Core Curriculum: A Guide to Effective Nonviolent Struggle* (Serbia: CANVAS, 2007), 269。「互聯網革命」一詞來自大衛・S・賓拿漢（David S. Bennahum）在《Wired雜誌》報導的標題。自此以來，幾乎所有其他被冠以此詞的抗爭運動，其網絡技術於組織和推動抗爭的實際重要性也存在爭議。也許可以說，這個用語在早期出現時是被誇大了，因為一九九六至九七年的大型抗議示威均以失敗告終。

3 引述自Bennahum, "The Internet Revolution"。

4 參見Matthew Collin, *The Time of the Rebels: Youth Resistance Movements and 21st Century Revolutions* (London: Profile Books, 2007), 11–12。

5 參見Tina Rosenberg, *Join the Club: How Peer Pressure Can Transform the World* (New York: W. W. Norton, 2011), 220。

6 參見Rosenberg, *Join the Club*, 221。

7 Ivan Marovic, "Yes Lab Creative Activism Thursdays with Ivan Marovic," April 10, 2010, https://youtu.be/dleNVu0PNsI。

8 Ivan Marovic, "Tavaana Interview: Ivan Marovic, Part 2," Tavaana, May 3, 2010, https://www.youtube.com/watch?v=iQMPtV00Gtw。

9 Marovic, "Yes Lab Creative Activism Thursdays"。

10 馬羅維奇與作者於二〇一五年二月二十六日的訪談。

11 馬羅維奇與作者於二〇一三年九月二十日的訪談。

12 關於政黨以外的團體，分析家伊雲・韋伊沃達（Ivan Vejvoda）列舉了一九九〇年代在塞爾維亞運作的各個著名民間社會組織。參見Vejvoda, "Civil Society versus Slobodan Milosevic: Serbia, 1991–2000," in *Civil Resistance and Power Politics: The Experience of Non-violent Action from Gandhi to the Present*, ed. Adam Roberts and Timothy Garton Ash (Oxford: Oxford University Press, 2009)。

13 馬羅維奇與作者於二〇一三年九月二十日的訪談。
14 同上。
15 參見Collin, *Time of the Rebels*, 4;及Danijela Nenadic and Nenad Belcevic, "Serbia—Nonviolent Struggle for Democracy: The Role of Otpor," in *People Power: Unarmed Resistance and Global Solidarity*, ed. Howard Clark（London: Pluto Press, 2009), 26。弗拉基米爾・伊里奇（Vladimir Ilic）的言論引述自Nenadic and Belcevic。
16 Nenadic and Belcevic, "Serbia—Nonviolent Struggle for Democracy," 28。
17 參見Collin, *Time of the Rebels*, 22;及 Rosenberg, *Join the Club*, 231。
18 參見"Barrel of Laughs," Narco News TV, June 15, 2011, https://www.youtube.com/watch?v=vc1CcxHwypE。
19 Nenadic and Belcevic, "Serbia—Nonviolent Struggle for Democracy," 29。
20 關於B92電台，參見Vejvoda, "Civil Society versus Slobodan Milosevic," 298。
21 馬羅維奇與作者於二〇一五年二月二十六日的訪談。
22 米里亞・喬瓦諾維奇（Milja Jovanovic）的言論引述自Tina Rosenberg, *Join the Club*, 220。馬羅維奇的言論引述自"Tavaana Interview: Ivan Marovic, Part 3," Tavaana, May 14, 2010, https://www.youtube.com/watch?v=Q87fu530bfo。參見Rosenberg, *Join the Club*, 220–221。
23 馬羅維奇的言論引述自"Interview with Tavaana," May 13, 2010, https://www.youtube.com/watch?v=Kbfbip-JOsw。弗拉基米爾・伊里奇（Vladimir Ilic）的研究報告刊登於Ilic, "Otpor—In or Beyond Politics," *Helsinki Files No. 5* (Belgrade, Serbia: Helsinki Committee for Human Rights in Serbia, 2001), http://www.helsinki.org.rs/hfiles02.html。
24 馬羅維奇與作者於二〇一五年二月二十六日的訪談。
25 Marovic, "Tavaana Interview, Ivan Marovic, Part 3"。
26 內納迪奇（Nenadic）和貝爾切維奇（Belcevic）的言論引述自"Serbia—Nonviolent Struggle for Democracy," 28。
27 引述自Rosenberg, *Join the Club*, 242–243。
28 Marovic, "Tavaana Interview, Ivan Marovic, Part 4," Tavaana, May 14, 2010, https://www.youtube.com/watch?v=WQkq_qtB8YE。
29 引述自Collin, *Time of the Rebels*, 24。

30「十三個城市共六十七位活躍份子遭到拘捕和問話」來自Collin, *Time of the Rebels*, 30。關於其他被捕數字，內納迪奇（Nenadic）和貝爾切維奇（Belcevic）在"Serbia—Nonviolent Struggle for Democracy," 32中提到，在二〇〇〇年十月之前，有1,559人被捕。Tina Rosenberg則在*Join the Club*, 249中提出最少有2500名Otpor活躍份子被捕。對於波波維奇（Srdja Popovic）受到的威嚇，在Rosenberg, *Join the Club*, 221, 226及 Collin, *Time of the Rebels*, 17中均有提及。對於馬羅維奇受到的威嚇，引述自Collin, *Time of the Rebels*, 46。

31馬高（Marko）到場的時間略有爭議。當中一種說法可在Collin, *Time of the Rebels*, 36–37中找到。「…亦不會是最後一人…」引述自Collin, *Time of the Rebels*, 37。

32弗拉基米爾・伊里奇（Vladimir Ilic）的言論引述自"Otpor—In or Beyond Politics"。Otpor的海報的描述來自Rosenberg, *Join the Club*, 251–252。

33引述自Joshua Paulson, "Removing the Dictator in Serbia—1996–2000," in *Waging Nonviolent Struggle: 20th Century Practice and 21st Century Potential*, ed. Gene Sharp (Boston: Porter Sargent Publishers, 2005), 323。

34「半政治、半社交活動」的論述來自Roger Cohen, "Who Really Brought Down Milosevic?," *New York Times*, November 26, 2000, http://www.nytimes.com/2000/11/26/magazine/who-really-brought-down-milosevic.html。

35馬羅維奇與作者於二〇一五年四月二十四日的訪談。

36Otpor大會出席人數引用自Paulson, "Removing the Dictator in Serbia," 319。Otpor的會員人數略有爭議，弗拉基米爾・伊里奇（Vladimir Ilic）引用Otpor貝爾格萊德辦事處聲稱的六萬人，但他認為這數字是被誇大了：見Ilic, "Otpor—In or Beyond Politics"。伊雲・韋伊沃達（Ivan Vejvoda）則提到全國有一萬八千名成員：見Vejvoda, "Civil Society versus Slobodan Milosevic," 308。羅渣・高安（Roger Cohen）引用了更高的數字，說到有Otpor共有七萬名成員：見Cohen, "Who Really Brought Down Milosevic?"。

37關於對Otpor和相關媒體的逼壓，參見Collin, *Time of the Rebels*, 39及Rosenberg, *Join the Club*, 264。「平均每天有七名以上抗爭者被捕」來自Rosenberg, *Join the Club*, 249。內納迪奇（Nenadic）和貝爾切維奇（Belcevic）的言論引述自"Serbia—Nonviolent Struggle for Democracy," 31。

38參見Collin, *Time of the Rebels*, 52;及Rosenberg, *Join the Club*, 230–231。

39關於青年選民的投票率，參見Paulson, "Removing the Dictator in Serbia," 326;及Rosenberg, *Join the Club*, 272。

40參見Paulson, "Removing the Dictator in Serbia," 327。

41《紐約時報》報導引述自Joshua Paulson, "Removing the Dictator in Serbia," 328。關於科盧巴拉（Kolubara）煤礦，約書亞・保羅遜（Joshua Paulson）在"Removing the Dictator in Serbia," 329中提到有七千五百名工人罷工；馬羅維奇稱罷工於九月二十九日展開；見"What Happened on October 5th: How Did the Plan Play Out?" Retired Revolutionary, February 1, 2012, http://www.retiredrevolutionary.com/2012/02/how-plan-played-out.html。關於馬伊丹佩克（Majdanpek）的銅礦工，參見Paulson, "Removing the Dictator in Serbia," 332。

42參見Vejvoda, "Civil Society versus Slobodan Milosevic," 316。馬羅維奇的言論來自與作者於二〇一五年五月八日的訪談。

43Ivan Marovic, "In Defense of Otpor," openDemocracy, December 6, 2013, https://www.opendemocracy.net/civilresistance/ivan-marovic/in-defense-of-otpor;亦請參見Nenadic and Belcevic, "Serbia—Nonviolent Struggle for Democracy," 33;及Jorgen Johansen, "External Financing of Opposition Movements," in *People Power: Unarmed Resistance and Global Solidarity*, ed. Howard Clark (London: Pluto Press, 2009), 198–205。

44「國際人民力量」來自Jesse Walker, "The 50 Habits of Highly Effective Revolutionaries," Reason.com, September 21, 2006, http://reason.com/archives/2006/09/21/the-50-habits-of-highly-effect/print。史提芬・祖尼斯（Stephen Zunes）的言論引述自Zunes, "Serbia: 10 Years Later," Foreign Policy In Focus, June 17, 2009, http://fpif.org/serbia_10_years_later/。

45波波維奇的言論引述自Philip Shishkin, "American Revolutionary: Quiet Boston Scholar Inspires Rebels Around the World," *Wall Street Journal*, September 13, 2008, http://online.wsj.com/article/SB122127204268531319.html。馬羅維奇的言論引述自Adam Reilly, "The Dictator Slayer," *The Boston Phoenix*, December 5, 2007, http://thephoenix.com/Boston/news/52417-dictator-slayer/。

46馬羅維奇與作者於二〇一三年七月十八日的訪談。

第四章・權力支柱

1 一九九〇年統計數據來自Michael J. Klarman, "How Same-Sex Marriage Came to Be: On Activism, Litigation, and Social Change in America," *Harvard Magazine*, March–April 2013, http://harvardmagazine.com/2013/03/

how-same-sex-marriage-came-to-be。柯林頓的言論引述自“President's Statement on DOMA,” September 20, 1996, http://www.cs.cmu.edu/afs/cs/user/scotts/ftp/wpaf2mc/clinton.html。

2 「在某程度上比恐怖主義還要恐怖」與「橫跨全國東西兩岸的選民均徹底否定同性婚姻」來自Klarman, “How Same-Sex Marriage Came to Be”。

3 引述自Roberta Kaplan, “Gay Marriage Battle Hinged on a Great Love Story,” CNN, June 25, 2014, http://www.cnn.com/2014/06/25/opinion/kaplan-doma-edie-windsor/。

4 參見Gene Sharp, *Waging Nonviolent Struggle: 20th Century Practice and 21st Century Potential* (Boston: Porter Sargent Publishers, 2005), 26–27。

5 參見Gene Sharp, *The Politics of Nonviolent Action: Part One—Power and Struggle* (Boston: Porter Sargent Publishers, 1973), 16;及Sharp, *Waging Nonviolent Struggle*, 28。

6 引述自Matthew Collin, *The Time of the Rebels: Youth Resistance Movements and 21st Century Revolutions* (London: Profile Books, 2007), 5。

7 參見Brian Martin, “Gene Sharp's Theory of Power,” *Journal of Peace Research* 26, no. 2 (1989): 213–222;及Kate McGuinness, “Gene Sharp's Theory of Power: A Feminist Critique of Consent,” *Journal of Peace Research* 30 (1993): 101–115。

8 參見Robert L. Helvey, *On Strategic Nonviolent Conflict: Thinking About the Fundamentals* (Boston: Albert Einstein Institution, 2004), 9–18。

9 The Centre for Applied Nonviolent Action and Strategies (CANVAS), “Chronology of Events—a Brief History of Otpor,” http://www.canvasopedia.org/images/books/OTPOR-articles/Chronology-OTPOR.pdf?pdf=History-of-Otpor-Chronology。

10 關於《火藥庫》(Powder Keg)事件,參見CANVAS, “Chronology of Events”。

11 參見Ivan Vejvoda, “Civil Society versus Slobodan Milosevic: Serbia, 1991–2000,” in *Civil Resistance and Power Politics: The Experience of Non-violent Action from Gandhi to the Present*, ed. Adam Roberts and Timothy Garton Ash (Oxford: Oxford University Press, 2009), 308.。伊雲・韋伊沃達(Ivan Vejvoda)寫道:「許多學者因與示威者同一陣線而被驅逐出大學。他們則成立了『另類學術教育網絡』(Alternative Academic Education Network)作為回應……本質上就是一間大學。」而這個網絡「迅速成為卓越學術中心以及學生和教授的聚腳地」。

12 馬羅維奇的言論引述自“Why Didn't They Shoot?,” Retired Revolutionary, January 25, 2012, http://www.retiredrevolutionary.com/2012/01/why-didnt-they-shoot.html。斯坦高・拉森迪奇（Stanko Lazendic）的言論引述自Tina Rosenberg, *Join the Club: How Peer Pressure Can Transform the World* (New York: W. W. Norton, 2011), 259。

13 分析員約書亞・保羅遜（Joshua Paulson）寫道：「一九九六年與二〇〇〇年十月的反對派示威活動之間的其中一個主要區別，在於前者很少工人參與。礦工針對米洛塞維奇總統的社會主義政權發動罷工的事實，具有重要的象徵意義，類似一九八〇年波蘭團結運動中工人罷工時所產生的效果。」參見Joshua Paulson, “Removing the Dictator in Serbia—1996–2000,” in *Waging Nonviolent Struggle: 20th Century Practice and 21st Century Potential*, ed. Gene Sharp (Boston: Porter Sargent Publishers, 2005), 332–333。關於宗教領袖的言論，請參見二〇〇〇年九月二十七日《紐約時報》塞爾維亞東正教教堂的聲明，A10及Paulson, “Removing the Dictator in Serbia,” 327。

14 Vejvoda, “Civil Society versus Slobodan Milosevic,” 314。

15 Ivan Marovic, “Tavaana Interview: Ivan Marovic, Part 4,” Tavaana, May 14, 2010, https://www.youtube.com/watch?v=WQkq_qtB8YE。

16 米高・辛格（Michael Signer）的言論引述自Signer, “How the Tide Turned on Gay Marriage,” Daily Beast, June 20, 2014, http://www.thedailybeast.com/articles/2014/06/20/house-votes-to-defund-nsa-backdoor-searches0.html。

17 Martin Luther King Jr., “Where Do We Go from Here: Chaos or Community?,” Chapter 5，刊印於*A Testament of Hope: The Essential Writings and Speeches of Martin Luther King, Jr.*, ed. James M. Washington (New York: HarperCollins, 1986), 612。

18 弗蘭克・里奇（Frank Rich）發推文說：「作為一個記者卻聲稱婚姻平權革命始於二〇〇八年，就像說民權運動始於奧巴馬一樣荒謬。」April 17, 2014, https://twitter.com/frankrichny/status/456848932161589248。有關安德魯・沙利文（Andrew Sullivan）對祖 貝克（Jo Becker）作出的回應，參見Sullivan, “Jo Becker's Troubling Travesty of Gay History, Ctd,” The Dish, April 17, 2014, http://dish.andrewsullivan.com/2014/04/17/jo-beckers-troubling-travesty-of-gay-history-ctd/。

19 參見Andrew Sullivan, “Jo Becker's Troubling Travesty of Gay History,”;及Justin McCarthy, “Same-Sex Marriage Support Reaches New High at 55%,” Gallup, May 21, 2014, http://www.gallup.com/poll/169640/sex-

marriage-support-reaches-new-high.aspx。

20 Andrew Sullivan, "Dissent of the Day," *The Dish*, April 18, 2014, http://dish.andrewsullivan.com/2014/04/18/dissent-of-the-day-57/。

21 Linda Hirshman, *Victory: The Triumphant Gay Revolution* (New York: HarperCollins, 2012), 315。

22 引述自Marc Sandalow, "Exuberant Gay March in D.C. / Hundreds of Thousands Join Call for Equality," *San Francisco Chronicle*, May 1, 2000, http://www.sfgate.com/news/article/Exuberant-Gay-March-in-D-C-Hundreds-of-3240157.php。

23 引述自Adam Liptak, "A Tipping Point for Gay Marriage?," *New York Times*, April 30, 2011, http://www.nytimes.com/2011/05/01/weekinreview/01gay.html?pagewanted=all&_r=0。

24 參見Linda Hirshman, "DOMA Laid Bare," Slate, March 10, 2011, http://www.slate.com/articles/news_and_politics/jurisprudence/2011/03/doma_laid_bare.html。

25 數據來自Klarman, "How Same-Sex Marriage Came to Be"及Justin McCarthy, "Same-Sex Marriage Support Reaches New High at 55%"。

26 艾雲・禾夫森（Evan Wolfson）的言論引述自Peter Freiberg, "Wolfson Leaves Lambda to Focus on Freedom-to-Marry Work," *Washington Blade*, March 30, 2001, http://www.geocities.ws/evanwolfson/ftm_washblade.htm，及Josh Zeitz, "The Making of the Marriage Equality Revolution," *Politico Magazine*, April 28, 2015, http://www.politico.com/magazine/story/2015/04/gay-marriage-revolution-evan-wolfson-117412_full.html#.VUd7-GbcOGM。

27 Josh Zeitz, "Making of the Marriage Equality Revolution"。

28 同上。

29 參見McCarthy, "Same-Sex Marriage Support Reaches New High at 55%"。

30 理查德・金（Richard Kim）的言論引述自Kim, "Why Gay Marriage Is Winning," *The Nation*, July 2, 2013, http://www.thenation.com/article/175091/why-gay-marriage-won。

31 參見Ed Payne, "Group Apologizes to Gay Community, Shuts Down 'Cure' Ministry," CNN, July 8, 2013, http://www.cnn.com/2013/06/20/us/exodus-international-shutdown/。

32 南部浸信會神學院院長的言論引述自Klarman, "How Same-Sex Marriage Came to Be."。亦可參見Gram Slattery, "After Years-Long Debate, Presbyterians Allow Gay Marriage Ceremonies," *Christian*

Science Monitor, June 20, 2014, http://www.csmonitor.com/USA/USA-Update/2014/0620/After-years-long-debate-Presbyterians-allow-gay-marriage-ceremonies-video;及Scott Neuman, "Methodists Reinstate Minister Who Officiated at Son's Gay Marriage," NPR, June 24, 2014, http://www.npr.org/blogs/thetwo-way/2014/06/24/325331463/methodists-reinstate-pastor-who-officiated-at-sons-gay-marriage。

33 參見Dylan Matthews, "In 2011, Only 15 Senators Backed Same-Sex Marriage. Now 49 Do," *Washington Post*, April 2, 2013, http://www.washingtonpost.com/blogs/wonkblog/wp/2013/04/02/in-2011-only-15-senators-backed-same-sex-marriage-now-49-do/。

34 奧巴馬總統在二〇〇八年競選活動中曾聲稱出於宗教原因反對同性婚姻。高級顧問大衛・阿克塞爾羅（David Axelrod）在二〇一五年的回憶錄中透露，奧巴馬實際上從未提出過任何宗教上的反對意見，他只是認為這樣的說法政治正確。短短幾年後，政治風向逆轉，奧巴馬在助手的支持下認為是時候揭露他的「真正」立場。參見Zeke J. Miller, "Axelrod: Obama Misled Nation When He Opposed Gay Marriage in 2008," *Time*, February 10, 2015, http://time.com/3702584/gay-marriage-axelrod-obama/。關於柯林頓總統的言論，請參見Bill McKibben, "Is the Keystone XL Pipeline the 'Stonewall' of the Climate Movement?," Grist, April 8, 2013, http://grist.org/climate-energy/is-the-keystone-xl-pipeline-the-stonewall-of-the-climate-movement/。關於希拉莉的言論，請參見Alan Rappeport, "Hillary Clinton's Changing Views on Gay Marriage," *New York Times*, April 16, 2015, http://www.nytimes.com/politics/first-draft/2015/04/16/hillary-clintons-changing-views-on-gay-marriage/;及Sam Biddle, "Remember When Hillary Clinton Was Against Gay Marriage?" Gawker, June 26, 2015, http://gawker.com/remember-when-hillary-clinton-was-against-gay-marriage-1714147439。

35 引述自John Nichols, "Not Just Hillary Clinton: Why So Many Republicans Are Embracing Marriage Equality," *The Nation*, March 19, 2013, http://www.thenation.com/blog/173405/not-just-hillary-clinton-why-so-many-republicans-are-embracing-marriage-equality。

36 Kim, "Why Gay Marriage Is Winning"。

37 引述自"From DOMA to Marriage Equality: How the Tide Turned for Gay Marriage," NPR, July 9, 2015, http://www.npr.org/2015/07/09/421462180/from-doma-to-marriage-equality-how-the-tide-turned-for-gay-marriage。

38 Erica Chenoweth, "My Talk at TEDxBoulder: Civil Resistance and the '3.5% Rule,'" Rational Insurgent,

November 4, 2013, http://rationalinsurgent.com/?s=My+Talk+at+TEDxBoulder&submit=Search。

39 參見Erica Chenoweth, "About," http://www.ericachenoweth.com/;及Erica Chenoweth, "The Origins of the NAVCO Data Project (or: How I Learned to Stop Worrying and Take Nonviolent Conflict Seriously)," Rational Insurgent, May 7, 2014, http://rationalinsurgent.com/2014/05/07/the-origins-of-the-navco-data-project-or-how-i-learned-to-stop-worrying-and-take-nonviolent-conflict-seriously/。

40 Erica Chenoweth, "My Talk at TEDxBoulder"。

41 Erica Chenoweth, "Origins of the NAVCO Data Project"。

42 研究發現，非暴力運動取得了50%的成功率，而暴力鬥爭的成功率僅得26%。參見Erica Chenoweth and Maria J. Stephan, *Why Civil Resistance Works: The Strategic Logic of Nonviolent Conflict* (New York: Columbia University Press, 2011), 7–9。

43 "The Leading Global Thinkers of 2013: Erica Chenoweth: For Proving Gandhi Right," *Foreign Policy*, 2013, http://2013-global-thinkers.foreignpolicy.com/chenoweth。

44 Erica Chenoweth, "My Talk at TEDxBoulder"。

45 關於艾力卡・謝諾維斯（Erica Chenoweth）所稱「有研究員曾經說過，假如有5%的人口動員反對政府，政權將無法生存」引述自Will H. Moore, "The 5% Rule and Indiscriminate Killing of Civilians," Will Opines, July 19, 2012, https://willopines.wordpress.com/2012/07/19/the-5-rule-and-indiscriminate-killing-of-civilians/;及Mark I. Lichbach, *The Rebel's Dilemma* (Ann Arbor: University of Michigan Press, 1998)。「只要有3.5%的人口持續積極參與，就沒有社會運動可能失敗——很多成功的運動甚至遠不及此」的說法來自Erica Chenoweth, "My Talk at TEDxBoulder"。

46 關於「個人在集體行動中的積極且可觀察的參與」的定義，請參閱Erica Chenoweth and Stephan, *Why Civil Resistance Works*, 30。

47 迪克・莫里斯（Dick Morris）的言論引述自"Chapter 4: The Clinton Years," PBS, http://www.pbs.org/wgbh/pages/frontline/shows/clinton/chapters/4.html。美聯社的描述來自Ryan J. Foley, "Obama Says No to Triangulation Politics," *Washington Post*, October 15, 2007, http://www.washingtonpost.com/wp-dyn/content/article/2007/10/15/AR2007101501049_pf.html。

48 大衛・羅拔斯（David Roberts）的言論引述自Roberts, "Supply, Demand, and Activism: What Should the Climate Movement Do Next?" Grist, February 22, 2013, http://grist.org/climate-energy/supply-demand-and-

activism-what-should-the-climate-movement-do-next/。

49 馬羅維奇的言論來自與作者於二〇一四年九月三日的訪談。皮文和克洛沃德的言論引述自*Poor People's Movements: Why They Succeed, How They Fail* (New York: Vintage Books, 1979), 24。

第五章・宣佈勝利然後離場

1 參見Geoffrey Ashe, *Gandhi: A Biography* (New York: Cooper Square Press, 2000), 286–287。

2 關於被捕人數，謝菲・阿什（Geoffrey Ashe）指有十萬人被捕：Ashe, *Gandhi*, 293。朱迪思・布朗（Judith Brown）則指有六萬人被囚禁：Judith M. Brown, *Gandhi: Prisoner of Hope* (New Haven, CT: Yale University Press, 1989), 242。泰戈爾（Tagore）的言論引述自Ashe, *Gandhi*, 290及Louis Fischer, *The Life of Mahatma Gandhi* (New York: Harper and Brothers, 1950), 274。

3 參見Peter Ackerman and Christopher Kruegler, *Strategic Nonviolent Conflict: The Dynamics of People Power in the Twentieth Century* (Westport, CT: Praeger, 1994), 195, 200。賈瓦哈拉爾・尼赫魯（Jawaharlal Nehru）的言論引述自Stanley Wolpert, *Nehru: A Tryst with Destiny* (Oxford: Oxford University Press, 1996), 126;及Arthur Herman, *Gandhi and Churchill: The Epic Rivalry That Destroyed an Empire and Forged Our Age* (New York: Bantam Books, 2008), 354。

4 阿林斯基的言論引述自Alinsky, *Reveille for Radicals* (New York: Vintage Books, 1989), 225。林古・臣（Rinku Sen）的言論引述自Sen, *Stir It Up: Lessons in Community Organizing and Advocacy* (San Francisco: Jossey-Bass, 2003), xlvi, lvi。亦請參見Arlene Stein, "Between Organization and Movement: ACORN the Alinsky Model of Community Organizing," *Berkeley Journal of Sociology* 31 (January 1, 1986): 93–115, http://www.jstor.org/stable/41035376。

5 參見Martin Luther King Jr., *Stride Toward Freedom: The Montgomery Story* (New York: HarperCollins, 1958), 109。

6 引述自Henry Hampton and Steve Fayer, *Voices of Freedom: Oral History of the Civil Rights Movement from the 1950s through the 1980s* (New York: Bantam Books, 1990), 25.

7「我們從沒提出任何種族問題⋯」的說法引述自David J. Garrow, *Bearing the Cross: Martin Luther King, Jr., and the Southern Christian Leadership Conference* (New York: Random House, 1986), 59。

8 比爾・莫耶（Bill Moyer）的言論引述自Moyer, *Doing Democracy: The MAP Model for Organizing Social Movements* (Gabriola Island, BC, Canada: New Society Publishers, 2001), 50。更廣義地說，社會運動學者Joshua Kahn Russell、Jonathan Matthew Smucker和Zack Malitz在討論這些取態時認為有兩種層面的區分。其中一個層面是實質性（concrete）與表達性（communicative）訴求之間的分別；另一個層面是表現性（expressive）和功能性（instrumental）訴求在不同戰略運用時的分別。參見Joshua Kahn Russell, "Principle: Make Your Actions Both Concrete and Communicative (but Don't Confuse the Two)," *Beautiful Trouble: A Toolbox for Revolution*, ed. Andrew Boyd and Dave Oswald Mitchell (New York: OR Books, 2012), 154–155;及Jonathan Matthew Smucker, Joshua Kahn Russell, and Zack Malitz, "Theory: Expressive and Instrumental Actions," in *Beautiful Trouble*, 232–233。

9 Tom Hayden, *The Long Sixties: From 1960 to Barack Obama* (Boulder, CO: Paradigm Publishers, 2009), 9。

10 Edward T. Chambers, *Roots for Radicals: Organizing for Power, Action, and Justice* (New York: Bloomsbury Academic, 2003), 131。

11 引述自Gopalkrishna Gandhi, "The Great Dandi March—Eighty Years After," *The Hindu*, April 6, 2010, http://www.thehindu.com/opinion/op-ed/the-great-dandi-march-eighty-years-after/article388858.ece。

12 甘地的言論引述自Gene Sharp, *Gandhi as a Political Strategist* (Boston: Porter Sargent Publishers, 1979), 11。謝菲・阿什（Geoffrey Ashe）的言論引述自Ashe, *Gandhi*, 284。

13 甘地的言論引述自Gandhi, "Great Dandi March"。

14 參見Ashe, *Gandhi*, 285。

15 人群的數據來自Herman, *Gandhi and Churchill*, 336。朱迪思・布朗（Judith Brown）的言論引述自Brown, "Gandhi and Civil Resistance in India, 1917–47: Key Issues," in *Civil Resistance and Power Politics: The Experience of Non-violent Action from Gandhi to the Present*, ed. Adam Roberts and Timothy Garton Ash (Oxford: Oxford University Press, 2009), 50。關於地方管員的辭職，請參見Ashe, *Gandhi*, 286。

16 Ashe, *Gandhi*, 292。

17 參見Brown, "Gandhi and Civil Resistance in India," 50。

18 參見Peter Ackerman and Jack Duvall, *A Force More Powerful: A Century of Nonviolent Conflict* (New York: Palgrave, 2000), 100–101。

19 有關和解條款的討論，請參閱Ackerman and Kreugler, *Strategic Nonviolent Conflict*, 195。

20 祖安・邦杜蘭特（Joan Bondurant）的言論引述自Bondurant, *Conquest of Violence: The Gandhian Philosophy of Conflict* (Berkeley: University of California Press, 1965), 38。

21 謝菲・阿什（Geoffrey Ashe）的言論引述自Ashe, *Gandhi*, 297。邱吉爾（Churchill）的言論引述自Herman, *Gandhi and Churchill*, 359。

22 引述自Herman, *Gandhi and Churchill*, 357。

23 Ashe, *Gandhi*, 298。

24 Fischer, *Life of Mahatma Gandhi*, 274–275。縱然彼得・阿克曼（Peter Ackerman）和克里斯托弗・克魯格勒（Christopher Kruegler）都對食鹽長征的結果抱持批判態度，但他們仍然寫道：「策略性非暴力衝突給英國統治者帶來了重大挑戰，並為隨後爭取獨立的抗爭成功奠下了基礎。」更在評論食鹽長征的文章中承認：「從那時起，大多數理性的觀察家都認為最終的獨立是無可避免的。」Ackerman and Kruegler, *Strategic Nonviolent Conflict*, 199–200。

25 Brown, "Gandhi and Civil Resistance in India," 54。

26 引述自Diane McWhorter, *Carry Me Home: Birmingham, Alabama: The Climactic Battle of the Civil Rights Revolution* (New York: Simon & Schuster, 2001), 387。

27 參見McWhorter, *Carry Me Home*, 388。

28 悉尼・史密爾（Sidney Smyer）的言論引述自 Garrow, *Bearing the Cross*, 262。《紐約時報》的論述來自Claude Sitton, "Birmingham Pact Sets Timetable for Integration," *New York Times*, May 11, 1963。《時代雜誌》的論述來自Adam Fairclough, *To Redeem the Soul of America: The Southern Christian Leadership Conference and Martin Luther King, Jr.* (Athens: University of Georgia Press, 1987), 129。

29 McWhorter, *Carry Me Home*, 403。

30 Garrow, *Bearing the Cross*, 264。

31 甘迺迪總統的言論引述自Fairclough, *To Redeem the Soul of America*, 134。安德魯・楊（Andrew Young）的言論引述自Young, *An Easy Burden: The Civil Rights Movement and the Transformation of America* (Waco, TX: Baylor University Press, 2008), 252 。

32 Garrow, *Bearing the Cross*, 351。

33 Fairclough, *To Redeem the Soul of America*, 134。

34 William J. Dobson, *The Dictator's Learning Curve: Inside the Global Battle for Democracy* (New York: Doubleday,

2012), 250–251。

35 馬羅維奇與作者於二〇一四年九月三日的訪談。

36 參見Tina Rosenberg, *Join the Club: How Peer Pressure Can Transform the World* (New York: W. W. Norton, 2011), 266。

37 馬羅維奇與作者於二〇一四年九月三日的訪談。

38 故事策略中心（Center for Story-based Strategy，以前稱為smartMeme）的柏德烈・賴恩斯伯勒（Patrick Reinsborough）和道爾・簡寧（Doyle Canning）使用「行動邏輯」（action logic）和「元動詞」（meta-verbs）的概念來解釋這個原理。他們寫道：「行動邏輯的意思是你所採取的行動本身有著不言而喻的總體敘事邏輯，可以說明動機訴求並講述故事……行動邏輯經常透過單一行動取向的元動詞來概括，該動詞是如何宣傳行動的一部份。所選用的元動詞——抗議！反對！關掉！動員！撤回！改革！——將成為參與者以及傳媒、觀察者及公眾對於行動成功與否的標準。」參見Patrick Reinsborough and Doyle Canning, *Re:Imagining Change: How to Use Story-Based Strategy to Win Campaigns, Build Movements, and Change the World* (Oakland, CA: PM Press, 2010), 62。

39 進步主義評論人此前亦在各個方面都對遊行理念持懷疑態度，包括行動排除婦女的做法，以及路易・法拉肯（Louis Farrakhan）取態保守的言論，例如說黑人應該為社區的問題承擔「個人責任」。關於批評者的言論，包括Adolph Reed與Michelle Boyd，請參見Don Terry, "Black March Stirs Passion and Protests," *New York Times*, October 8, 1995, http://www.nytimes.com/1995/10/08/us/black-march-stirs-passion-and-protests.html。

40 馬羅維奇與作者於二〇一五年四月二十四日的訪談。

41 Danijela Nenadic and Nenad Belcevic, "Serbia—Nonviolent Struggle for Democracy: The Role of Otpor," in *People Power: Unarmed Resistance and Global Solidarity*, ed. Howard Clark (London: Pluto Press, 2009), 29。

42 Fairclough, *To Redeem the Soul of America*, 136–137。

43 分別引述自Brown, "Gandhi and Civil Resistance in India," 50, 54,44。

第六章・干擾行動

1 "Show Transcript: Countdown with Keith Olbermann," The Countdown Library, October 21, 2011, http://

www.countdownlibrary.com/2011_10_21_archive.html。

2 關於「一國一家」（One Nation Working Together）大遊行，請參閱Peter Rothberg, "One Nation Working Together," *The Nation*, September 21, 2010, http://www.thenation.com/blog/154943/one-nation-working-together。

3 "Show Transcript: Countdown with Keith Olbermann"。

4 引述自Henry Louis Gates Jr., "Who Designed the March on Washington?" PBS, http://www.pbs.org/wnet/african-americans-many-rivers-to-cross/history/100-amazing-facts/who-designed-the-march-on-washington/。

5 Frances Fox Piven and Richard A. Cloward, *Poor People's Movements: Why They Succeed, How They Fail* (New York: Vintage Books, 1979), 24。

6 Francis Fox Piven, *Challenging Authority* (Plymouth, United Kingdom: Rowman & Littlefield, 2006), 21。

7 Gene Sharp, *The Politics of Nonviolent Action: Part Two—The Methods of Nonviolent Action* (Boston: Porter Sargent Publishers, 1973), 357。

8 請參閱OccupyArrests.com上的「被捕人數統計」："Number of Occupy Arrests," http://stpeteforpeace.org/occupyarrests.sources.html。

9 Krishnalal Shridharani, *War Without Violence: A Study of Gandhi's Method and Its Accomplishments* (New York: Harcourt Brace, 1939), 283–284。

10 引述自Laura Secor, "War by Other Means," *Boston Globe*, May 29, 2005, http://www.boston.com/news/globe/ideas/articles/2005/05/29/war_by_other_means?pg=full。

11 引述自Shridharani, *War Without Violence*, 284。

12 甘地的言論引述自Norman G. Finkelstein, *What Gandhi Says: About Nonviolence, Resistance and Courage* (New York: OR Books, 2012), 51–52。

13 約翰・劉易斯（John Lewis）的言論引述自John Lewis and Michael D'Orso, *Walking with the Wind: A Memoir of the Movement* (Delran, NJ: Simon & Schuster, 2015), 99。關於納什維爾午餐櫃檯靜坐更深入的論述，請參閱Aly Passanante, "Nashville Students Sit-In for U.S. Civil Rights, 1960," Global Nonviolent Action Database, January 1, 2011, http://nvdatabase.swarthmore.edu/content/nashville-students-sit-us-civil-rights-1960。

14 參見紀錄片《矢志不移》（Eyes on the Prize: American's Civil Rights Movement 1954–1985）, American Experience Films, 1987。文稿可於以下網頁下載：http://www.pbs.org/wgbh/amex/eyesontheprize/about/

pt_103.html。

15 引述自Randy Shaw, *The Activist's Handbook: Winning Social Change in the 21st Century*, 2nd ed. (Berkeley: University of California Press, 2013), 17。

16 Gene Sharp, *Waging Nonviolent Struggle: 20th Century Practice and 21st Century Potential* (Boston: Porter Sargent Publishers, 2005), 405–408。

17 Matthew Collin, *The Time of the Rebels: Youth Resistance Movements and 21st Century Revolutions* (London: Profile Books, 2007), 41–42。丹妮拉・內納迪奇（Danijela Nenadic）和內納德・貝爾切維奇（Nenad Belcevic）同樣寫道：「當局鎮壓加強，卻並沒嚇退支持者，反而刺激了人們（包括此前被動的人）提供更大的支持。」Danijela Nenadic and Nenad Belcevic, "Serbia—Nonviolent Struggle for Democracy: The Role of Otpor," in *People Power: Unarmed Resistance and Global Solidarity*, ed. Howard Clark (London: Pluto Press, 2009), 31。

18 伊曼紐爾・塞勒（Emanuel Celler）的言論引述自Gene Sharp, *The Politics of Nonviolent Action: Part Three—the Dynamics of Nonviolent Action* (Boston: Porter Sargent Publishers, 1973), 690。阿林斯基的言論引述自Sanford D. Horwitt, *Let Them Call Me Rebel: Saul Alinsky—His Life and Legacy* (New York: Alfred A. Knopf, 1989), 468。

19 喬治・萊基（George Lakey）是「兩難行動」概念重要的早期開發者。參見Lakey, *Powerful Peacemaking: A Strategy for a Living Revolution* (Philadelphia and Santa Cruz: New Society Publishers, 1987), 103–109。

20 Dennis Dalton, *Mahatma Gandhi: Nonviolent Power in Action* (New York: Columbia University Press, 1993), 112引述了*The Bombay Chronicle* March 28, 1930, 6。Dalton亦被引述於Peter Ackerman and Jack Duvall, *A Force More Powerful: A Century of Nonviolent Conflict* (New York: Palgrave, 2000), 88。

21 在祖安・邦杜蘭特（Joan Bondurant）的九項「支配運動的基礎規則」（fundamental rules governing the campaign）中，第五條規則是「以適當的步伐和階段逐步推進運動」：參見Joan V. Bondurant, *Conquest of Violence: The Gandhian Philosophy of Conflict* (Berkeley: University of California Press, 1965), 38。夏普在《非暴力行動的政治學》（The Politics of Nonviolent Action）中強調：「在長期的抗爭中，劃分階段是很重要的，而方法的選擇和順序可能成為該階段的成敗因素」：參見Sharp, *Politics of Nonviolent Action: Part Three*, 503。

22 參見Barbara Epstein, *Political Protest and Cultural Revolution: Nonviolent Direction Action in the 1970s and 1980s*

(Berkeley: University of California Press, 1991), 65。

23 Stephen Lerner, "A New Insurgency Can Only Arise Outside the Progressive and Labor Establishment," *New Labor Forum* 20, no. 3 (Fall 2011): 9–13。

24 佔領營地的統計數據來自"Occupy Directory,"http://directory.occupy.net/。關於十月五日的遊行，請參見Christina Boyle, Emily Sher, Anjali Mullany, and Helen Kennedy, "Occupy Wall Street Protests: Police Make Arrests, Use Pepper Spray as Some Activists Storm Barricade," *Daily News*, October 5, 2011, http://www.nydailynews.com/new-york/occupy-wall-street-protests-police-arrests-pepper-spray-activists-storm-barricade-article-1.961645;及Ryan Nagle, "SEIU's Statement of Support for Americans Occupying Wall Street," Service Employees International Union, October 5, 2011, http://www.seiuhealthcaremn.org/2011/10/05/seiu-statement-of-support-for-americans-occupying-wall-st/。

25 愛頓・莫里斯（Aldon Morris）的言論引述自Morris, *The Origins of the Civil Rights Movement: Black Communities Organizing for Change* (New York: The Free Press, 1984), 260。

26 參見Diane McWhorter, *Carry Me Home: Birmingham, Alabama: The Climactic Battle of the Civil Rights Revolution* (New York: Simon & Schuster, 2001), 324。

27 Adam Fairclough, *To Redeem the Soul of America: The Southern Christian Leadership Conference and Martin Luther King, Jr.* (Athens: University of Georgia Press, 1987), 125。

28 賈瓦哈拉爾・尼赫魯（Jawaharlal Nehru）的言論引述自Frank Morales, *Jawaharlal Nehru* (Mumbai, India: Jaico Publishing House, 2007), 167。

29 朱迪思・布朗（Judith Brown）的言論引述自Brown, *Gandhi: Prisoner of Hope* (New Haven, CT: Yale University Press, 1989), 241。傷亡及被捕統計引述自Geoffrey Ashe, *Gandhi: A Biography* (New York: Cooper Square Press, 2000), 291–293。

30 安迪・奧斯特羅伊（Andy Ostroy）的言論引述自Ostroy, "The Failure of Occupy Wall Street," *Huffington Post*, May 31, 2012, http://www.huffingtonpost.com/andy-ostroy/the-failure-of-occupy-wal_b_1558787.html。安德魯・羅斯・索金（Andrew Ross Sorkin）的言論引述自Sorkin, "Occupy Wall Street: A Frenzy That Fizzled," *New York Times*, September 17, 2012, http://dealbook.nytimes.com/2012/09/17/occupy-wall-street-a-frenzy-that-fizzled/。

31 關於克利夫蘭行動，請參見Josh Eidelson, "Now What?," *American Prospect*, November 17, 2011, http://

prospect.org/article/now-what-0。布里芝特・沃克（Bridgette Walker）的言論引述自"VICTORY: Occupy Atlanta 'Occupy Our Homes' Turning Point," OccupyOurHomes, December 20, 2011, http://www.occupyourhomes.org/blog/2011/dec/20 /brigitte-walker-victory/。

32 「銀行轉帳日」的統計數據出自Jeff Gelles, "Bank Transfer Day a Boon to Credit Unions, Small Banks," Philly.com, November 6, 2011, http://www.philly.com/philly/news/133311428.html。安德魯・倫納德（Andrew Leonard）的言論引述自Leonard, "Why Bank Transfer Day Is Only the Beginning," Salon, November 4, 2011, http://www.salon.com/2011/11/04/why_bank_transfer_day_is_only_the_beginning/。卻克・高德列斯基（Kirk Kordeleski）的言論引述自Robert Dominguez, "Credit Unions See Huge Spike in Business Due to Debit-Card Fee Backlash Ahead of 'Bank Transfer Day,'" *Daily News*, November 4, 2011, http://www.nydailynews.com/news/money/credit-unions-huge-spike-business-due-debit-card-fee-backlash-bank-transfer-day-article-1.972525#ixzz1cyOUldb8。黛安・卡西－蘭德里（Diane Casey-Landry）的言論引述自Simon van Zuylen-Wood, "How Bank Transfer Day Will Help the Banks It's Trying to Hurt," *New Republic*, November 4, 2011, http://www.newrepublic.com/article/politics/97033/occupy-wall-street-bank-transfer-day。

33 參見Ian Shapira, "Grad Katchpole, Who Sparked Bank of America Debit Fee Protest, Needs a Job," *Washington Post*, November 6, 2011, http://www.washingtonpost.com/local/art-grad-who-sparked-bofa-protest-could-use-some-cash-flow/2011/11/04/gIQA4uvMtM_story.html;及Martha C. White, "Occupy Wall Street, One Year Later: Did It Make a Difference?" *Time*, September 17, 2012, http://business.time.com/2012/09/17/occupy-wall-street-one-year-later-did-it-make-a-difference/。

34 這些運動的論述涵蓋在以下報告中：Josh Eidelson, "How Occupy Helped Labor Win on the West Coast," Salon, February 24, 2012, http://www.salon.com/2012/02/24/occupy_helps_labor_win_on_the_west_coast/; Mercer R. Cook, "'Occupy' Bolsters Workers' Cause in Midst of Contract Negotiations," *The Harvard Crimson*, November 15, 2011, http://www.thecrimson.com/article/2011/11/15/occupy_bolsters_workers_cause/; Josh Eidelson, "Occupy Verizon, Occupy the Labor Movement," *The Nation*, October 24, 2011, http://www.thenation.com/article/164144/occupy-verizon-occupy-labor-movement; Emily Witt, "Occupy Book Publishing! HarperCollins, This Means You," *Observer*, November 11, 2011, http://observer.com/2011/11/occupy-book-publishing-harpercollins-this-means-you/; 及Jenny Brown, "Ending Lockout, Teamsters Wrap Agreement with

Sotheby's," *Labor Notes*, June 1, 2012, http://www.labornotes.org/2012/06/ending-lockout-teamsters-wrap-agreement-sotheby%E2%80%99s。積克．穆卡希（Jack Mulcahy）的言論引述自Cate Patricolo, "Occupy and ILWU Declare Victory as Contract Finalized with EGT," *Portland Occupier*, February 14, 2012, http://www.portlandoccupier.org/2012/02/14/occupy-and-ilwu-declare-victory-as-contract-finalized-with-egt/。

35 Zaid Jilani, "CHART: Thanks to the 99 Percent Movement, Media Finally Covering Jobs Crisis and Marginalizing Deficit Hysteria," ThinkProgress, October 18, 2011, http://thinkprogress.org/special/2011/10/18/346892/chart-media-jobs-wall-street-ignoring-deficit-hysteria/。

36 Dan Beucke, "Occupy Wall Street After 2 Months: A Scorecard," Bloomberg, November 17, 2011, http://www.businessweek.com/finance/occupy-wall-street/archives/2011/11/scorecard_occupy_wall_street_after_2_months.html。另請參見Dylan Byers, "Occupy Wall Street Is Winning," Politico, November 11, 2011, http://www.politico.com/blogs/bensmith/1111/Occupy_Wall_Street_is_winning.html。

37 理察．摩連（Richard Morin）的言論引述自Sabrina Tavernise, "Survey Finds Rising Perception of Class Tension," *New York Times*, January 11, 2012, http://www.nytimes.com/2012/01/12/us/more-conflict-seen-between-rich-and-poor-survey-finds.html。關於美國報紙上提到「收入不平等」的次數，請參見Jackie Smith and Patrick Rafail, "Media Attention and the Political Impacts of Occupy Wall Street," Common Dreams, May 8, 2012, http://www.commondreams.org/views/2012/05/08/media-attention-and-political-impacts-occupy-wall-street。

38 Andy Kroll, "Tomgram: Andy Kroll, Occupy Wall Street's Political Victory in Ohio," TomDispatch, November 20, 2011, http://www.tomdispatch.com/post/175470/tomgram%3A_andy_kroll,_occupy_wall_street%27s_political_victory_in_ohio/。

39 引述自Meghan Barr and David Caruso, "Now What? Few Tangible Effects of Wall St Protests," Bloomberg, November 16, 2011, http://www.businessweek.com/ap/financialnews/D9R27I4G1.htm。

40 關於安德魯．古莫（Andrew Cuomo）的轉軚，請參閱Michael Gormley, "New York Tax Bill, Backed by Governor Cuomo, Hits Millionaires and Helps Middle-Class," *Huffington Post*, December 8, 2011, http://www.huffingtonpost.com/2011/12/08/new-york-tax-bill-backed-_n _1136579.html;及Thomas Kaplan, "Albany Tax Deal to Raise Rates for Highest Earners," *New York Times*, December 6, 2011, http://www.nytimes.com/2011/12/07/nyregion/cuomo-and-legislative-leaders-agree-on-tax-deal.html?pagewanted=all。美聯

社‥「你可以感謝佔領運動使加州和紐約的『新百萬富翁稅』得以訂立。」的論述來自“You Can Thank the Occupy Movement for These New Taxes on Millionaires in California and New York,” Business Insider, December 10, 2011, http://www.businessinsider.com/occupy-taxes-millionaires-2011-12。

41 《洛杉磯時報》的論述來自Andrew Tangel, “Occupy Movement Turns 1 Year Old, Its Effect Still Hard to Define,” *Los Angeles Times*, September 15, 2012, http://articles.latimes.com/2012/sep/15/business/la-fi-occupy-anniversary-20120915。有關「佔領我們的家」（Occupy Our Homes）行動的部份勝利記錄，請參閱“Occupy Our Homes,” Occupy Our Homes, October 16, 2012, http://occupyourhomes.org/stories/2012/oct/16/ooh-victories/。關於加州的屋主權益法案，請參閱“California Homeowner Bill of Rights,” State of California Department of Justice, http://oag.ca.gov/hbor。另請參見“California Passes Homeowners Bill of Rights,” Foreclosure Nation, http:// foreclosurenation.org/democrats/california-passes-homeowners-bill-of-rights/;及Carlos Marroquin, “Occupy Homeowners Advocates Key to Passage in California Homeowners Bill of Rights,” Occupy Fights Foreclosures, July 2, 2012, http://www.occupyfightsforeclosures.org/occupy_homeowners_advocates_key_to_passage_in_california_homeowners_bill_of_rights。

42 Cara Buckley, “Beyond Seizing Parks, New Paths to Influence,” *New York Times*, November 15, 2011, http://www.nytimes.com/2011/11/16/nyregion/occupy-wall-street-organizers-consider-value-of-camps.html?pagewanted=2&_r=2&hp。

43 參見Tavernise, “Survey Finds Rising Perception of Class Tension”。

44 克里斯．西里薩（Chris Cillizza）的言論引述自Cillizza, “What Occupy Wall Street Meant (or Didn't) to Politics,” *Washington Post*, September 17, 2013, http://www.washingtonpost.com/blogs/the-fix/wp/2013/09/17/what-occupy-wall-street-meant-or-didnt-to-politics/。安德魯．羅斯索金（Andrew Ross Sorkin）的言論引述自Sorkin, “Occupy Wall Street: A Frenzy That Fizzled”。

第七章．旋風時刻

1 參見Amy Offner, “Winning a Sit-In,” *Labor Notes*, January 4, 2010, http://www.labornotes.org/blogs/2010/01/winning-sit; Victoria A. Baena, “A Decade Ago, Another Occupation,” *The Harvard Crimson*, December 1, 2011, http://www.thecrimson.com/article/2011/12/1/2001-occupy/;及“The Harvard Living Wage Campaign in the

Media," The Harvard Living Wage Campaign, http://www.hcs.harvard.edu/pslm/livingwage/media.html。

2 參見Amy C. Offner, "The Harvard Living Wage Campaign: Origins and Strategy," *Employee Responsibilities and Rights Journal* 25, no. 2 (June 2013)。

3 服務人員的心聲，首先在哈佛生活工資運動的網站上載，然後由口述歷史學家和攝影師格雷・哈珀恩（Greg Halpern）出版成書。網站上的帖子使用了化名——卡羅爾・安・馬拉泰斯塔（Carol-Ann Malatesta）的化名是Jane Mawson，弗蘭克・莫利（Frank Morley）的化名是David Morrissey；後來的書本則使用了真實姓名。參見"Workers' Words," Harvard Living Wage Campaign, http://www.hcs.harvard.edu/pslm/livingwage/newworkers.html;及Greg Halpern, *Harvard Works Because We Do* (New York: Quantuck Lane Press, 2003), 29。

4 參見"Worker's Words";及Greg Halpern, *Harvard Works Because We Do*, 138。

5 臨時聘任政策委員會二〇〇〇年五月的報告總結說：「哈佛大學提供了非常慷慨的薪酬和福利待遇以及良好的工作環境。」引述自Xavier de Souza Briggs and Marshall Ganz, "The Living Wage Debate Comes to Harvard," April 2002, http://marshallganz.com/files/2012/08/Living-Wage-A.pdf。

6 艾米・奧弗納（Amy Offner）與作者於二〇一五年五月一日的訪談。

7 Bob Herbert, "In America; Harvard's Heroes," *New York Times*, May 3, 2001, http://www.nytimes.com/2001/05/03/opinion/in-america-harvard-s-heroes.html。

8 參見"Old Announcements," Harvard Living Wage Campaign, http://www.hcs.harvard.edu/~pslm/livingwage/announce.html。

9 賓・麥基恩（Ben McKean）的言論引述自Benjamin L. McKean, "At Harvard, Living Wage Meets the Ivy League," *Los Angeles Times*, May 6, 2001, http://articles.latimes.com/2001/may/06/opinion/op-59888。奧弗納（Amy Offner）的言論引述自與作者於二〇一五年五月一日的訪談。

10 引述自紀錄片《Occupation: The Harvard University Living Wage Sit-In》, October 3, 2003, http://www.spike.com/video-clips/dsfkhh/occupation-the-harvard-university-living-wage-sit-in。

11 奧弗納與作者於二〇一五年五月一日的訪談。

12 Sanford D. Horwitt, *Let Them Call Me Rebel: Saul Alinsky—His Life and Legacy* (New York: Alfred A. Knopf, 1989), 401。

13 阿里斯蒂德・佐爾伯格（Aristide Zolberg）的言論引述自Zolberg, "Moments of Madness," *Politics and*

Society 2, no. 2 (Winter 1972): 183。與此相關，社會學家悉尼．塔羅（Sidney Tarrow）亦對「爭論的周期」（cycles of contention）進行了研究，例如一八四八年的革命、一九六八年由學生主導的起義，以及導致蘇聯集團於一九八九年開始制度崩潰的民主動盪。根據塔羅的觀點，在這些時期，社會衝突加劇已達到其最寬廣的層面。參見Sidney Tarrow, "From 'Moments of Madness' to Waves of Contention," in *Strangers at the Gates: Movements and States in Contentious Politics* (New York: Cambridge University Press, 2012);及Sidney Tarrow, *Power in Movement: Social Movements and Contentious Politics* (Cambridge: Cambridge University Press, 1998), 91–105。

14 皮文和克洛沃德其中一篇論文有別於他們一貫的研究主題，就是〈非共識干擾：在工業時代的人民與權力〉（Disruptive Dissensus: People and Power in the Industrial Age）。論文中，他們將干擾力量視為「動員模式」而非「組織模型」。參見Richard A. Cloward and Frances Fox Piven, "Disruptive Dissensus: People and Power in the Industrial Age," in *Reflections on Community Organization*, ed. Jack Rothman (Itasca, IL: F. E. Peacock Publishers, 1999), 176。

15 參見Bill Moyer with JoAnn McAllister, Mary Lou Finley, and Steven Soifer, *Doing Democracy: The MAP Model for Organizing Social Movements* (Gabriola Island, BC, Canada: New Society Publishers, 2001), 186。此外，在一份比爾．莫耶（Bill Moyer）死後的紀念性聲明當中也可以找到他生平的各種傳記細節。該文檔位於http://web.archive.org/web/20120204070517/及http://www.sfquakers.org/arch/mem/bill_moyer_memorial.pdf。

16 Moyer, *Doing Democracy*, 186。

17 Bill Moyer, "The Movement Action Plan: A Strategic Framework Describing the Eight Stages of Successful Social Movements," Spring 1987, 3, https://www.indybay.org/olduploads/movement_action_plan.pdf。

18 比爾．莫耶（Bill Moyer）的言論引述自Moyer, *Doing Democracy*, 4。有關阿林斯基系中受歡迎的培訓手冊示例，請參見Kim Bobo, Jackie Kendall, and Steve Max, *Organizing for Social Change: Midwest Academy Manual for Activists* (Orange County, CA: Forum Press, 2010)。

19 「社運行動計劃」的流通量數據，引用自Moyer, "The Movement Action Plan"。

20 Moyer, "Doing Democracy," 54。

21 同上。

22 關於二〇〇三年二月十五日：行動日，請參見Phyllis Bennis, "February 15, 2003. The Day the World

Said No to War," Institute for Policy Studies, February 15, 2013, http://www.ips-dc.org/february_15_2003_the_day_the_world_said_no_to_war/。關於三藩市的抗議活動，請參閱"Protest Creates Gridlock on SF Streets," SFGate, March 20, 2003, http://www.sfgate.com/news/article/Protest-creates-gridlock-on-SF-streets-2627975.php;及Tim Gee, *Counterpower: Making Change Happen* (Oxford: New Internationalist Publications, 2011), 170。

23 參見"Immigrant Rights Protests Rock the Country: Up to 2 Million Take to the Streets in the Largest Wave of Demonstrations in U.S. History," *Democracy Now!*, April 11, 2006, http://www.democracynow.org/2006/4/11/immigrant_rights_protests _rock_the_country。

24 Moyer, *Doing Democracy*, 54。

25 克勞黛特・高文（Claudette Colvin）的言論引述自Margot Adler, "Before Rosa Parks, There Was Claudette Colvin," NPR, March 15, 2009, http://www.npr.org/templates/story/story.php?storyId=101719889。另請參見David J. Garrow, *Bearing the Cross: Martin Luther King, Jr., and the Southern Christian Leadership Conference* (New York: Random House, 1986), 15。

26 關於雅各布・烏爾德・達胡德（Yacoub Ould Dahoud），請參見"Man Dies After Setting Himself on Fire in Saudi Arabia," BBC, January 23, 2011, http://www.bbc.com/news/world-middle-east-12260465。關於查理斯・摩亞（Charles Moore），請參見Lindsey Bever, "A Texas Minister Set Himself on Fire and Died to 'Inspire' Justice," *Washington Post*, July 16, 2014, http://www.washingtonpost.com/news/morning-mix/wp/2014/07/16/79-year-old-retired-reverend-set-himself-on-fire-to-inspire-social-justice/。

27 參見Hardy Merriman, "The Trifecta of Civil Resistance: Unity, Planning, Discipline," openDemocracy, November 19, 2010, https://www.opendemocracy.net/hardy-merriman/trifecta-of-civil-resistance-unity-planning-discipline.

28 Merriman, "Trifecta of Civil Resistance."。

29 Moyer, *Doing Democracy*, 138。

30 金的言論引述自Martin Luther King Jr., "Where Do We Go from Here: Chaos or Community?" Chapter 5，刊印於*A Testament of Hope: The Essential Writings and Speeches of Martin Luther King, Jr.*, ed. James M. Washington (New York: HarperCollins, 1986), 167–168。

31 詹姆士・法默（James Farmer）的言論引述自Adam Fairclough, *To Redeem the Soul of America: The Southern*

Christian Leadership Conference and Martin Luther King, Jr. (Athens: University of Georgia Press, 1987), 135。「在伯明翰行動發生之後，非暴力抗議浪潮席捲南部…」的論述來自Fairclough, *To Redeem the Soul of America*, 141。關於被捕人數統計，亞當・費爾克勞夫（Adam Fairclough）引用了截至夏季末的數字：「大約一千場示威中，涉及兩萬多人被捕。」（135）泰勒・布蘭奇（Taylor Branch）則說道，在伯明翰之後十個星期內，「在186個美國城市的758場種族示威行動中有14,733人被捕」：Taylor Branch, *Parting the Waters: America in the King Years 1954–63* (New York: Simon & Schuster, 1988), 825。

32 Krishnalal Shridharani, *War Without Violence: A Study of Gandhi's Method and Its Accomplishments* (New York: Harcourt Brace, 1939), 278。

33 Shridharani, *War Without Violence*, 279。

34 關於其他生活工資和反血汗工廠靜坐，請參閱Aaron Kreider, "Sit In! A Tactical Analysis," January 19, 2005, http://www.bhopal.net/old_studentsforbhopal_org/Assets/sit-in-tactical-analysis.pdf; Rosanna Kim, "John Hopkins University Community Demand a Living Wage for Campus and Health System Employees, 1996–2000," Global Nonviolent Action Database, September 16, 2012, http://nvdatabase.swarthmore.edu/content/johns-hopkins-university-community-demand-living-wage-campus-and-health-system-employees-199;及Guido Girgenti, "Wesleyan Student-Labor Coalition Wins Living Wages and Unionization for Campus Janitors, 1999–2000," Global Nonviolent Action Database, February 2, 2014, http://nvdatabase.swarthmore.edu/content/wesleyan-student-labor-coalition-wins-living-wages-and-unionization-campus-janitors-1999-200。

35 Tina Rosenberg, *Join the Club: How Peer Pressure Can Transform the World* (New York: W. W. Norton, 2011), 265。

36 Edward T. Chambers, *Roots for Radicals: Organizing for Power, Action, and Justice* (New York: Bloomsbury Academic, 2003), 80–81。「將區內居民一車一車直接送到地產霸權富豪的郊區豪宅門前…」及「動員數百人逼爆市政廳向市長挑戰…」是阿林斯基親自描述的參考策略。參見Saul Alinsky, *Rules for Radicals: A Pragmatic Primer for Realistic Radicals* (New York: Vintage Books, 1989), 144 and 160。

37 比爾・莫耶（Bill Moyer）的言論引述自Moyer, *Doing Democracy*, 57。

38 Patrick Reinsborough and Doyle Canning, *Re:Imagining Change: How to Use Story-Based Strategy to Win Campaigns, Build Movements, and Change the World* (Oakland, CA: PM Press, 2010), 105。皮文和克洛沃德表示贊同。他們寫道：「干擾行動具有文宣的功能——透過挑釁行動和戲劇化的衝突——能夠表達出與當

權精英不一樣的世界觀並鼓動數百萬選民政治化。」Cloward and Piven, "Disruptive Dissensus," 173–174。

39 Zolberg, "Moments of Madness," 206。這段話亦曾引述於Tarrow, "From 'Moments of Madness' to Waves of Contention," 144。

40 Moyer, *Doing Democracy*, 57-58。

41 Alinsky, *Rules for Radicals*, xx;及Cloward and Piven, "Disruptive Dissensus," 186。

42 Moyer, "Movement Action Plan," 2。

43 同上。

44 Moyer, *Doing Democracy*, 60, 5。

45 參見Nathan Schneider, "Breaking Up with Occupy," *The Nation*, September 11, 2013, http://www.thenation.com/article/176142/breaking-occupy?page=0,0;及"Glenn, Pat and Stu Run Through the 8 Steps of a Successful Movement," Glenn Live!, June 26, 2014, http://www.glennbeck.com/2014/06/26/where-does-the-tea-party-fall-on-the-movement-action-plan/。

46 Moyer, *Doing Democracy*, 85。

47 艾米・奧弗納（Amy Offner）的言論引述自Offner, "The Harvard Living Wage Campaign," 141。經濟學教授Caroline Hoxby的言論引述自"Airing Out the Living Wage," *Harvard Magazine*, January–February 2002, http://harvardmagazine.com/2002/01/airing-out-the-living-wa.html。

48 McKean, "At Harvard, Living Wage Meets the Ivy League"。另請參見Brad S. Epps, Tom Jehn, and Timothy Patrick McCarthy, "Why Hoxby Is Wrong," *The Harvard Crimson*, October 25, 2001, http://www.thecrimson.com/article/2001/10/25/why-hoxby-is-wrong-when-professor/。

49 比爾・莫耶（Bill Moyer）的言論引述自Moyer, *Doing Democracy*, 16。

第八章・分化

1 參見Lawrence K. Altman, "Rare Cancer Seen in 41 Homosexuals," *New York Times*, July 3, 1981, http://www.nytimes.com/1981/07/03/us/rare-cancer-seen-in-41-homosexuals.html; Joe Wright, "Remembering the Early Days of 'Gay Cancer,'" NPR, May 8, 2006, http://www.npr.org/templates/story/story.php?storyId=5391495;及Elizabeth Landau, "HIV in the '80s: 'People Didn't Want to Kiss You on the Cheek,'" CNN, May 25, 2011,

http://www.cnn.com/2011/HEALTH/05/25/edmund.white.hiv.aids/。

2 引述自Landau, "HIV in the '80s"。

3 謝利・法威爾（Jerry Falwell）的言論引述自Hans Johnson and William Eskridge, "The Legacy of Falwell's Bully Pulpit," *Washington Post*, May 19, 2007, http://www.washingtonpost.com/wp-dyn/content/article/2007/05/18/AR2007051801392.html。關於列根總統和愛滋病，請參閱"History of HIV and AIDS in the U.S.A.," AVERT, http://www.avert.org/history-hiv-aids-usa.htm。

4 《洛杉磯時報》的論述來自Emma Mustich, "A History of AIDS Hysteria," *Salon*, June 5, 2011, http://www.salon.com/2011/06/05/aids_hysteria/。關於懷恩・韋特（Ryan White）的事件，請參見Dirk Johnson, "Ryan White Dies of AIDS at 18; His Struggle Helped Pierce Myths," *New York Times*, April 9, 1990, http://www.nytimes.com/1990/04/09/obituaries/ryan-white-dies-of-aids-at-18-his-struggle-helped-pierce-myths.html（被Mustich所引用）。另請參見Evan Thomas, "The New Untouchables," *Time*, September 23, 1985, http://content.time.com/time/magazine/article/0,9171,959944,00.html#ixzz1ODE14wsi（被Mustich所引用）。

5 狄波拉・古爾德（Deborah Gould）的言論引述自Gould, *Moving Politics: Emotion and ACT UP's Fight Against AIDS* (Chicago: University of Chicago Press, 2009), 50。

6 參見"Massive Demonstration by ACT UP: Hundreds of Protesters Paralyze Wall Street," ACT UP, http://www.actupny.org/%2010thanniversary/10th%20repor.html;及"Larry Kramer on the 20th Anniversary of ACT UP, the Government's Failure to Prevent the AIDS Crisis and the State of Gay Activism Today," *Democracy Now!*, March 29, 2007, http://www.democracynow.org/2007/3/29/larry_kramer_on_the_20th _anniversary。

7 參見Michael Specter, "Public Nuisance," *The New Yorker*, May 13, 2002, http://www.newyorker.com/magazine/2002/05/13/public-nuisance。

8 "Interview with Larry Kramer," ACT UP Oral History Project, November 15, 2003, http://www.actuporalhistory.org/interviews/images/kramer.pdf。

9 參見Janos Marton, "Today in NYC History: ACT UP Fights Back Against AIDS Crisis," Janos.nyc, March 10, 2015, http://janos.nyc/2015/03/10/today-in-nyc-history-act-up-fights-back-against-aids-crisis-1987/;及Abigail Halcli, "AIDS, Anger, and Activism: ACT UP as a Social Movement Organization," in *Waves of Protest: Social Movements Since the Sixties*, ed. Jo Freeman and Victoria Johnson (Lanham, MD: Rowman & Littlefield,

1999), 139–140。

10 Specter, "Public Nuisance"。

11 參見Douglas Crimp, "Before Occupy: How AIDS Activists Seized Control of the FDA in 1988," *The Atlantic*, December 6, 2011, http://www.theatlantic.com/health/archive/2011/12/before-occupy-how-aids-activists-seized-control-of-the-fda-in-1988/249302/;及"Transcript: Acting Up," Sound Portraits, June 15, 2001, http://sound portraits.org/on-air/acting_up/transcript.php。

12 關於針對謝西・咸斯（Jesse Helms）的惡搞行動，請參閱Mark Allen, "I Wrapped a Giant CondomOver Jesse Helms' House," WFMU, January 18, 2006, http://blog.wfmu.org/freeform/2006/01/i_wrapped_a_gia.html。

13 參見David Handelman, "Act Up in Anger," *Rolling Stone*, March 8, 1990, http://www.rollingstone.com/culture/features/act-up-in-anger-19900308;及Jason DeParle, "Rude, Rash, Effective, Act-Up Shifts AIDS Policy," *New York Times*, January 3, 1990, http://www.nytimes.com/1990/01/03/nyregion/rude-rash-effective-act-up-shifts-aids-policy.html。

14 拉里・克拉瑪（Larry Kramer）的言論引述自Jose Antonio Vargas, "The Pessivist," *Washington Post*, May 9, 2005, http://www.washingtonpost.com/wp-dyn/content/article/2005/05/08 /AR2005050800988.html。另請參見Josh Getlin, "Kramer vs. Kramer: Activism: Even Friends Say that Incendiary AIDS Activist Larry Kramer Is Sometimes a Man at War with Himself," *Los Angeles Times*, June 20, 1990, http://articles.latimes.com/1990-06-20/news/vw-179_1_larry-kramer;及Michael Shnayerson, "Kramer vs. Kramer," *Vanity Fair*, October 1992, http://www.vanityfair.com/news/1992/10/larry-kramer。

15 "Interview: Larry Kramer," PBS, May 30, 2006, http://www.pbs.org/wgbh/pages/frontline/aids/interviews/kramer.html。ACT UP的其他成員相對較收斂。活躍份子Mark Allen後來寫道：「進行此類行動時，關鍵是要充分打破常規，使人不禁注意到你的行動……但不要做到一個地步令人開始關注你時就討厭你。」參見Allen, "I Wrapped a Giant Condom Over Jesse Helms' House"。

16 米高・彼得烈斯（Michael Petrelis）的言論引述自Handelman, "Act Up in Anger"。

17 參見"History of HIV and AIDS in the U.S.A."。蘭迪・梭（Randy Shaw）的言論引述自Shaw, *The Activist's Handbook: Winning Social Change in the 21st Century*, 2nd ed. (Berkeley: University of California Press, 2013), 201。

18 參見Joel Roberts, "Helms Sorry on AIDS, Not Race," CBS, June 9, 2005, http://www.cbsnews.com/news/helms-sorry-on-aids-not-race/。

19 何塞・安東尼奧・華加斯（Jose Antonio Vargas）的言論引述自Vargas, "The Pessivist"。

20 參見Steven Heller, "How AIDS Was Branded: Looking Back at ACT UP Design," *The Atlantic*, January 12, 2012, http://www.theatlantic.com/entertainment/archive/2012/01/how-aids-was-branded-looking-back-at-act-up-design/251267/;及Handelman, "Act Up in Anger"。

21 引述自Specter, "Public Nuisance"。

22 Specter, "Public Nuisance"。

23 DeParle, "Rude, Rash, Effective, Act-Up"。

24 參見Andrew Tangel, "Occupy Movement Turns 1 Year Old, Its Effect Still Hard to Define," *Los Angeles Times*, September 15, 2012, http://articles.latimes.com/2012/sep/15/business/la-fi-occupy-anniversary-20120915; 及Tom Jacobs, "Study: Everyone Hates Environmentalists and Feminists," Salon, September 26, 2013, http://www.salon.com/2013/09/26/study_everyone_hates_environmentalists_and_feminists_partner/。

25 Frederick Douglass, "The Significance of Emancipation in the West Indies" speech, Canandaigua, New York, August 3, 1857，來自作者收藏的小冊子；亦刊於*The Frederick Douglass Papers, Series One: Speeches, Debates, and Interviews—Volume 3: 1855–63*, ed. John Blassingame (New Haven, CT: Yale University Press, 1985), 204。

26 Gene Sharp, *The Politics of Nonviolent Action: Part Three—the Dynamics of Nonviolent Action* (Boston: Porter Sargent Publishers, 1973), 523。

27 同上，524。

28 同上，523–525。

29 夏普的言論引述自Sharp, *Politics of Nonviolent Action: Part Three*, 525–526。

30 Richard A. Cloward and Frances Fox Piven, "Disruptive Dissensus: People and Power in the Industrial Age," in ed. Jack Rothman, *Reflections on Community Organization* (Itasca, IL: F. E. Peacock Publishers, 1999), 173–174。

31 Francis Fox Piven, *Challenging Authority* (Plymouth, United Kingdom: Rowman & Littlefield, 2006), 104。

32 參見Martin Luther King Jr., "Letter from a Birmingham Jail"，刊印於*A Testament of Hope: The Essential*

Writings and Speeches of Martin Luther King, Jr., ed. James M. Washington (New York: HarperCollins, 1986), 289。

33 "White Clergyman Urge Local Negroes to Withdraw Support for Demonstrations," *Birmingham News*, April 13, 1963。公開信亦可在網上找到：http://mlk-kpp01.stanford.edu/kingweb/popular_requests/frequentdocs/clergy.pdf。

34 King, "Letter from a Birmingham Jail," 291。

35 同上。

36 同上，295。

37 參見Andrew B. Lewis, "The Sit-Ins That Changed America," *Los Angeles Times*, January 31, 2010, http://articles.latimes.com/2010/jan/31/opinion/la-oe-lewis31-2010jan31;及Richard K. Scher, *Politics in the New South: Republicanism, Race, and Leadership in the Twentieth Century* (Armonk, NY: M. E. Sharpe, 1997), 238。

38 參見"Show Transcript: Interview on 'Meet the Press,'" The Martin Luther King, Jr. Papers Project, April 17, 1960, http://mlk-kpp01.stanford.edu/primarydocuments /Vol5/17Apr1960_InterviewonMeetthePress.pdf;及"'Meet the Press' with Martin Luther King, Jr.," March 28, 1965, http://www.c-span.org/video/?324749-1/reel-america-meet-press-martin-luther-king-jr-1965。

39 Numan V. Bartley, *The Rise of Massive Resistance: Race and Politics in the South During the 1950's* (1969; repr., Baton Rouge: Louisiana State University Press, 1999), 90。蓋爾（W. A. Gayle）的言論引述自"White Citizens' Council," The Martin Luther King, Jr. Research and Education Institute, http://mlk-kpp01.stanford.edu/index.php/encyclopedia/encyclopedia/enc_white_citizens_councils_wcc/。

40 政治學家約瑟夫．盧德斯（Joseph Luders）寫道：「除了委員會之外，密西西比州的三K黨亦在一九六〇年代初因民權運動的升級而復興。」結果，「直到一九六〇年代中期，有組織的種族隔離主義者在積遜和密西西比州發揮了相當大的影響力」。參見Joseph E. Luders, "Civil Rights Success and the Politics of Racial Violence," *Polity* 37, no. 1 (January 2005): 122–123。

41 「我再也不會被歧視所歧視⋯」來自"Wallace Quotes," PBS, http://www.pbs.org/wgbh/amex/wallace/sfeature/quotes.html。

42 Nick Kotz的言論引述自Katrina vanden Heuvel, "Film 'Selma' Is About More Than 'Dreamers,'" *Washington Post*, January 6, 2015, http://www.washingtonpost.com/opinions/katrina-vanden-heuvel-film-selma-portrays-

more-than-dreamers/2015/01/05/257d00be-950f-11e4-aabd-d0b93ff613d5_story.html。

43 多尼・鍾斯（Donie Jones）的言論引述自*Voices of Freedom: An Oral History of the Civil Rights Movement from the 1950s Through the 1980s*, Henry Hampton and Steve Fayer, (New York: Random House, 2011), 24。

44 Aldon Morris, *The Origins of the Civil Rights Movement: Black Communities Organizing for Change* (New York: The Free Press, 1984), 213。

45 Kirkpatrick Sale, *SDS: The Rise and Development of the Students for a Democratic Society* (New York: Random House, 1973), 23。引述自Morris, *Origins of the Civil Rights Movement*, 221。

46 George H. Gallup, *The Gallup Poll: Public Opinion, 1935–1971* (New York: Random House, 1972), 1894。引述自 Joseph E. Luders, "Civil Rights Success," 125。米高・卡辛（Michael Kazin）的言論引述自Kazin, "Stop Looking for the Next JFK," *Dissent*, November 21, 2013, http://www.dissentmagazine.org/blog/stop-looking-for-the-next-jfk。

47 Luders, "Civil Rights Success," 126。

48 引述自Keith M. Finley, "Southern Opposition to Civil Rights in the United States Senate: A Tactical and Ideological Analysis, 1938–1965" (doctoral dissertation, Louisiana State University, August 2003), 333–334, http://etd.lsu.edu/docs/available/etd-0702103-151627/unrestricted/Finley_dis.pdf。

49 Howell Raines, "George Wallace, Segregation Symbol, Dies at 79," *New York Times*, September 14, 1998, http://www.nytimes.com/1998/09/14/us/george-wallace-segregation-symbol-dies-at-79.html。

50 參見"S. 2454 (109th): Securing America's Borders Act," GovTrack, https://www.govtrack.us/congress/bills/109/s2454;及"S. 2611 (109th): Comprehensive Immigration Reform Act of 2006," GovTrack, https://www.govtrack.us/congress/bills/109/s2611。

51 參見"Rallies Across U.S. Call for Illegal Immigrant Rights," CNN, April 10, 2006, http://www.cnn.com/2006/POLITICS/04/10/immigration/;及"Immigrant Rights Protests Rock the Country: Up to 2 Million Take to the Streets in the Largest Wave of Demonstrations in U.S. History," *Democracy Now!*, April 11, 2006, http://www.democracynow.org/2006/4/11/immigrant_rights_protests_rock_the_country。

52 參見Rachel L. Swarns, "Immigrants Rally in Scores of Cities for Legal Status," *New York Times*, April 11, 2006, http://www.nytimes.com/2006/04/11/us/11immig.html?pagewanted=all; Tara Bahrampour and Maria Glod, "Students Walk Out in 2nd Day of Immigration Rights Protest," *Washington Post*, March 29, 2006, http://www.

washingtonpost.com/wp-dyn/content/article/2006/03/28/AR2006032800982.html; Joel Roberts, "Thousands Rally for Immigrants' Rights," CBS, March 24, 2006, http:// www.cbsnews.com/news/thousands-rally-for-immigrants-rights/;及Joel Roberts, "Student Immigration Protests Continue," CBS, March 28, 2006, http://www.cbsnews.com/news/student-immigration-protests-continue/。

53 引述自Bahrampour and Glod, "Students Walk Out"。

54 Shaw, *Activist's Handbook*, 217。

55 Elizabeth G. Olson, "Where Will Occupy Wall Street Take Us?" *Fortune*, October 14, 2011, http://fortune.com/2011/10/14/where-will-occupy-wall-street-take-us/。

56 參見Liz Goodwin, "The End of the Minutemen: Tea Party Absorbs the Border-Watching Movement," Huffington Post, April 16, 2012, http://news.yahoo.com/blogs/lookout/end-minutemen-tea-party-absorbs-border-watching-movement-173424401.html;及Lourdes Medrano, "What Happened to Minuteman Project? It's Still Roiling Immigration Reform," *Christian Science Monitor*, April 30, 2014, http://www.csmonitor.com/USA/2014/0430/What-happened-to-Minuteman-Project-It-s-still-roiling-immigration-reform。

57 David Holthouse, "Minutemen, Other Anti-Immigrant Militia Groups Stake Out Arizona Border," Southern Poverty Law Center, Summer 2005, http://www.splcenter.org/get-informed/intelligence-report/browse-all-issues/2005/summer/arizona-showdown。

58 參見影片"CNN: Lou Dobbs or Latinos in America?", October 13, 2009, https://www.youtube.com/watch?v=IqKvSxmUoVQ。

59 "State and Local Immigration Laws," ACLU, https://www.aclu.org/issues/immigrants-rights/state-and-local-immigration-laws?redirect=immigrants-rights/state-anti-immigrant-laws。

60 關於「今天遊行，明天投票！」的口號，可參見Swarns, "Immigrants Rally in Scores of Cities"。

61 最終，全國聯盟「我們是美國」（We Are America）未能達到期望中的籌款金額及登記選民人數。不過，《洛杉磯時報》報導：「洛杉磯人道移民權利聯盟執行董事Angelica Salas…與其他聯盟成員均表示，支持移民權利的遊行示威行動為移民社區注入了能量，以創紀錄的志願者數量參與了協助選民登記及教育工作。」Teresa Watanabe and Nicole Gaouette, "Latinos Throw More Support to Democrats," *Los Angeles Times*, November 10, 2006, http://articles.latimes.com/2006 /nov/10/nation/na-latino10。

62 Andres Oppenheimer, "The Oppenheimer Report: Immigration Issue May Have Doomed GOP in Midterm

Vote," *Orange County Register*, August 21, 2013, http://www.ocregister.com/articles/immigration-197273-percent-republican.html。

63 引述自Oppenheimer, "Oppenheimer Report: Immigration Issue"。亦請參見Michelle Mittelstadt, "Economy, War Cited for Hispanics Deserting GOP," *Houston Chronicle*, November 28, 2006, http://www.chron.com/news/nation-world/article/Economy-war-cited-for-Hispanics-deserting-GOP-1858192.php。

64 卡爾・羅夫（Karl Rove）的言論引述自Amy Clark, "'Today We March, Tomorrow We Vote,'" CBS, July 15, 2006, http://www.cbsnews.com/stories/2006/07/15/eveningnews /main1807172.shtml;及Joshua Hoyt, "Full Throttle on Wrong Track," *Chicago Tribune*, December 5, 2008, http://articles.chicagotribune.com/2008-12-05/news/0812040798_1_hispanic-vote-immigration-reform-sen-john-mccain。

65 關於二〇一二年大選，請參見Elise Foley, "Latino Voters in Election 2012 Help Sweep Obama to Reelection," Huffington Post, November 7, 2012, http://www.huffingtonpost.com/2012/11/07/latino-voters-election-2012_n_2085922.html。

66 參見Dara Lind, "The Massive Prisoner's Dilemma the GOP Faces on Immigration," *Vox*, January 5, 2012, http://www.vox.com/2015/1/5/7494179/immigration-republican-president。

67 引述自Kelsey Whipple, "Update: Undocumented Immigrant Activists Call Off Hunger Strike, Sit-In," *Westword*, June 11, 2012, http://www.westword.com/news/update-undocumented-immigrant-activists-call-off-hunger-strike-sit-in-5884616。

68 關於無證移民的數據來自Jens Manuel Krogstad and Jeffrey S. Passel, "5 Facts About Illegal Immigration in the U.S.," Pew Research Center, November 18, 2014, http://www.pewresearch.org/fact-tank/2015/07/24/5-facts-about-illegal-immigration-in-the-u-s/。

69 參見Julia Preston and Helene Cooper, "After Chorus of Protest, New Tune on Deportations," *New York Times*, June 17, 2012, http://www.nytimes.com/2012/06/18/us/politics/deportation-policy-change-came-after-protests.html; "DREAM Act Protesters Who Staged Sit-In at Obama's Denver Campaign Office, Call Off Hunger Strike, Vow More Actions to Come," Huffington Post, June 13, 2012, http://www.huffington post.com/2012/06/13/dream-act-protesters-who-_n_1593739.html;及"National Immigrant Youth Alliance Responds to Obama Administration's New Policy Toward Immigrant Youth," National Immigrant Youth Alliance, June 15, 2011, https://solidarity-us.org/node/3630。

70 Preston and Cooper, "After Chorus of Protest"。

71 參見"Trail of DREAMs Walkers Arrive in Washington, D.C. to Deliver Message to President Obama," Trail of DREAMs, http://www.trail2010.org/press/obama/; Bertrand M. Gutierrez, "Young Immigrants Arrested During Charlotte Protest," *Winston-Salem Journal*, September 6, 2011, http://www.journalnow.com/news/local/young-immigrants-arrested-during-charlotte-protest/article_139bc926-665f-5159-a64f-71ba3a4f2e94.html; Julianne Hing, "Six Undocumented Students Arrested for Protesting Georgia's HB 87," Colorlines, June 28, 2011, http://www.colorlines.com/articles/six-undocumented-students-arrested-protesting-georgias-hb-87; 及"Rep. Luis Gutierrez Arrested Outside White House Protesting Record Deportations Under Obama's Watch," *Democracy Now!*, July 29, 2011, http://www.democracynow. org/2011/7/29/rep_luis_gutierrez_arrested_outside_white。

72 引述自Andrea Long Chavez, "DREAM Act Student-Activists Ramp Up Tactics, Risk Deportation for Cause," Huffington Post, December 16, 2011, http://www.huffingtonpost.com/2011/12/16/dream-act-students-risk-deportation_n_1152874 .html。

73 參見Julia Preston, "Young Immigrants Say It's Obama's Time to Act," *New York Times*, November 30, 2012, http://www.nytimes.com/2012/12/01/us/dream-act-gives-young-immigrants-a-political-voice.html。

74 追夢者（DREAMer）的言論引述自Julia Preston and John H. Cushman Jr., "Obama to Permit Young Migrants to Remain in U.S.," *New York Times*, June 15, 2012, http://www.nytimes.com/2012/06/16/us/us-to-stop-deporting-some-illegal-immigrants.html。另請參見Elise Foley, "Obama Moves to Protect Millions from Deportation," Huffington Post, November 20, 2014, http://www.huffingtonpost.com/2014/11/20/obama-immigration-plan_n_6178774.html。

75 參見"CBS News Poll," July 29–August 2, 2005, available at: http://www.pollingreport.com/immigration4.htm。

76 參見"CBS News/New York Times Poll," April 22–26, 2009, http:// www.pollingreport.com/immigration3.htm;及 "CBS News/New York Times Poll," April 30–May 3, 2015, http://www.pollingreport.com/immigration.htm。

77 David Noriega, "Alabama's Draconian Anti-Immigrant Law Dies with a Whimper," BuzzFeed, October 13, 2014, http://www.buzzfeed.com/davidnoriega/alabamas-draconian-anti-immigrant-law-dies-with-a-whimper#.

rkj67qyR1。Mark Potok的言論引述自Lourdes Medrano, "What Happened to Minuteman Project?"。

78 "President Obama's Unilateral Action on Immigration Has No Precedent," *Washington Post*, December 3, 2014, http://www.washingtonpost.com/opinions/president-obamas-unilateral-action-on-immigration-has-no-precedent/2014/12/03/3fd78650-79a3-11e4-9a27-6fdbc612bff8_story.html。另請參閱Michael D. Shear, "Obama, Daring Congress, Acts to Overhaul Immigration," *New York Times*, November 20, 2014, http://www.nytimes.com/2014/11/21/us/obama-immigration-speech.html?gwh=41DCD9819D6FEE8BD439BC01D3BC72F7&gwt=pay&assetType=nyt _now。鑑於奧巴馬總統行動的全面性，反對者正致力以法律行動推翻行政命令；他們的法律挑戰現正在法院審理中。

第九章・紀律

1 引述自Judi Bari, *Timber Wars* (Monroe, ME: Common Courage Press, 1994), 267。

2 參見Zachary Fryer-Briggs and Malcolm Cecil-Cockwell, "The Radicals: How Extreme Environmentalists Are Made," *The Atlantic*, February 8, 2012, http://www.the atlantic.com/national/archive/2012/02/the-radicals-how-extreme-environmentalists-are-made/252768/;及Mickey Z., "From Earth First! to Climate Ground Zero, Mike Roselle Is a Radical Lifer," Truthout, October 8, 2010, http://truth-out.org/archive/component/k2/item/92225:from-earth-first-to-climate-ground-zero-mike-roselle-is-a-radical-lifer。

3 迪安・古柏斯（Dean Kuipers）的言論引述自Kuipers, *Operation Bite Back: Rod Coronado's War to Save American Wilderness* (New York: Bloomsbury USA, 2009), 48。

4 引述自Bari, *Timber Wars*, 274。

5 參見Bari, *Timber Wars*, 269;及Mike Roselle with Josh Mahan, *Tree Spiker: From Earth First! to Lowbagging: My Struggles in Radical Environmental Action* (New York: St. Martin's Press, 2009), 125。

6 新聞稿引述自Bari, *Timber Wars*, 267。亦請參見Dean Miller, "Environmentalist Sabotage Threatens Loggers. Idaho Senator Wants to Make Tree-Spiking a Federal Offense," *Christian Science Monitor*, August 11, 1987, http://www.csmonitor.com/1987/0811/aspike.html。

7 Roselle, *Tree Spiker*, 126。

8 同上，124。

9 參見Jesse McKinley, "Judi Bari, 47, Leader of Earth First Protest on Redwoods in 1990," *New York Times*, March 4, 1997, http://www.nytimes.com/1997/03/04/us/judi-bari-47-leader-of-earth-first-protest-on-redwoods-in-1990.html;及Nicholas Wilson, "Judi Bari (1949–1997)," *Albion Monitor*, March 1997, http://www.iww.org/history/biography/JudiBari/1。

10 引述自Wilson, "Judi Bari"。

11 環保主義者貝蒂・鮑爾（Betty Ball）認為朱迪・巴里（Judi Bari）「憑天賦理解到社區組織的重要性，這與『地球第一！』的游牧風格相反」。引述自Wilson, "Judi Bari"。

12 Bari, *Timber Wars*, 221。

13 參見Douglas Bevington, *The Rebirth of Environmentalism: Grassroots Activism from the Spotted Owl to the Polar Bear* (Washington, DC: Island Press, 2009), 44;及Bari, *Timber Wars*, 14–15, 85。

14 戴夫・科曼（Dave Foreman）的言論引述自Bari, *Timber Wars*, 268。喬治・亞歷山大（George Alexander）的言論引述自*Timber Wars*, 267, 270。

15 Bari, *Timber Wars*, 219。

16 同上，281。

17 同上，222, 282。

18 Steve Ongerth, "The Secret History of Tree Spiking, Part 3," Earth First! Newswire, April 23, 2015, http://earthfirstjournal.org/newswire/2015/04/23/the-secret-history-of-tree-spiking-part-3/。

19 Bari, *Timber Wars*, 57–58。

20 參見Bevington, *Rebirth of Environmentalism*, 41;及Bari, *Timber Wars*, 70。

21 參見Bevington, *Rebirth of Environmentalism*, 45。

22 參見Bari, *Timber Wars*, 127。

23 參見Bevington, *Rebirth of Environmentalism*, 98。

24 Bevington, *Rebirth of Environmentalism*, 103–104。亦請參見Bari, *Timber Wars*, 73。

25 參見Bevington, *Rebirth of Environmentalism*, 46; Bari, *Timber Wars*, 72–78;及Roselle, *Tree Spiker*, 133。

26 Roselle, *Tree Spiker*, 135。

27 參見Bevington, *Rebirth of Environmentalism*, 98。

28 引述自Bevington, *Rebirth of Environmentalism*, 149。

29 Roselle, *Tree Spiker*, 209。

30 Michael Albert, *The Trajectory of Change* (Brooklyn, NY: South End Press, 2002), 26，引述自Matt Dineen, "Violence vs. Nonviolence," Indybay, August 15, 2002, https://www.indybay.org/newsitems/2002/08/15/1409331.php。

31 夏普的言論引述自Sharp, *The Politics of Nonviolent Action: Part Two—the Methods of Nonviolent Action* (Boston: Porter Sargent Publishers, 1973), 112–113;及Sharp, *The Politics of Nonviolent Action: Part Three—the Dynamics of Nonviolent Action* (Boston: Porter Sargent Publishers, 1973), 601。

32 「將本來已存在的潛藏衝突浮面」的言論引述自Martin Luther King Jr., "Letter from a Birmingham Jail"，刊印於*A Testament of Hope: The Essential Writings and Speeches of Martin Luther King, Jr.*, ed. James M. Washington (New York: HarperCollins, 1986), 295。

33 King, *Autobiography of Martin Luther King, Jr.*, 329。

34 參見Bari, *Timber Wars*, 50, 285。

35 Bari, *Timber Wars*, 284。

36 參見"Little or No Change in Attitudes on Abortion; Clinic Bombings Are Universally Condemned," *Family Planning Perspectives* 17, no. 2 (March–April 1985): 76–78, http://digitalcollections.library.cmu.edu/awweb/awarchive?type=file&item=417631;及Laurie Goodstein and Pierre Thomas, "Clinic Killings Follow Years of Antiabortion Violence," *Washington Post*, January 17, 1995, http://www.washingtonpost.com/wp-srv/national/longterm/abortviolence/stories/salvi3.htm。

37 Boots Riley, "The use of the blac bloc tactic in all situations is not useful," Boots Riley's Facebook page, October 8, 2012, https://www.facebook.com/boots.riley/posts/10151186157408664。

38 夏普的言論引述自Gene Sharp, *The Politics of Nonviolent Action: Part Three*, 594。

39 參見Seth Rosenfeld, "Man Who Armed Black Panthers Was FBI Informant, Records Show," The Center for Investigative Reporting, August 20, 2012, http://cironline.org/reports/man-who-armed-black-panthers-was-fbi-informant-records-show-3753;及Rosenfeld, "New FBI Files Show Wide Range of Black Panther Informant's Activities," Reveal (The Center for Investigative Reporting), June 9, 2015, https://www.reveal news.org/article/new-fbi-files-show-wide-range-of-black-panther-informants-activities/。

40 參見Michael Linfield, *Freedom Under Fire: U.S. Civil Liberties in Times of War* (Brooklyn, NY: South End Press,

1990), 140; Todd Gitlin, "The Wonderful American World of Informers and Agents Provocateurs," *The Nation*, June 27, 2013, http://www.thenation.com/article/175005/wonderful-american-world-informers-and-agents-provocateurs; "Materials on the Tommy the Traveler Incident, 1970–1975," Hobart and William Smith Colleges Archives and Special Collections, https://library.hws.edu/archives/findingaids/findingaid.cfm?name=tommy; William Morrissey, "Who's Tommy the Traveler?" *New Orleans States-Item*, July 13, 1970, http://jfk.hood.edu/Collection/White%20%20Files/Informers%20And%20Provocateurs/Info-Prov%20012.pdf;及Jeremy Varon, *Bringing the War Home: The Weather Underground, the Red Army Faction, and Revolutionary Violence in the Sixties and Seventies* (Berkeley: University of California Press, 2004), 171–172。

41 參見Rory Carroll, et al., "Men in Black Behind Chaos," *The Guardian*, July 22, 2001, http://www.theguardian.com/world/2001/jul/23/globalisation.davidpallister。關於活躍份子的指責，請參見"Blackbloc FAQ," Infoshop, January 31, 2004, http://www.infoshop.org/Blackbloc-Faq。

42 參見Michael M. Phillips and Yaroslav Trofimov, "Police Infiltrate Radical Protest Groups to Stop Antiglobalization Demonstrations," *Wall Street Journal*, September 11, 2001, http://www.wsj.com/articles/SB1000154442745453472;及"Genoa Police 'Admit Fabrication,'" BBC News, January 7, 2003, http://news.bbc.co.uk/2/hi/europe/2636647.stm。

43 Jeffrey S. Juris, *Networking Futures: The Movement Against Corporate Globalization* (Durham, NC: Duke University Press, 2008), 195–196。

44 參見Rick Perlstein, "How FBI Entrapment Is Inventing 'Terrorists'–and Letting Bad Guys Off the Hook," *Rolling Stone*, May 15, 2012, http://www.rollingstone.com/politics/news/how-fbi-entrapment-is-inventing-terrorists-and-letting-bad-guys-off-the-hook-20120515; Jake Olzen, "Entrapment of Cleveland 5 and NATO 3 Is Nothing New," Waging Nonviolence, May 20, 2012, http://wagingnonviolence.org/feature /entrapment-of-cleveland-5-and-the-nato-3-is-nothing-new/;及Ryan J. Reilly, "Occupy Cleveland Distances Itself from May Day Bridge Bomb Plot," Talking Points Memo, http://talkingpointsmemo.com/muckraker/occupy-cleveland-distances-itself-from-may-day-bridge-bomb-plot?ref=fpblg。

45 Todd Gitlin, *The Whole World Is Watching: Mass Media in the Making and Unmaking of the New Left* (Berkeley: University of California Press, 1980), 189。

46 引述自Varon, *Bringing the War Home*, 81。

47 馬克・路德（Mark Rudd）的言論引述自Rudd, *Underground: My Life with SDS and the Weathermen* (New York: HarperCollins, 2009), 156。班納丁・杜恩（Bernardine Dohrn）的言論引述自Rudd, *Underground*, 189;及Varon, *Bringing the War Home*, 160。

48 學生爭取民主社會聯盟（SDS）會員人數引自Max Elbaum, *Revolution in the Air: Sixties Radicals Turn to Lenin, Mao and Che* (Brooklyn, NY: Verso, 2002), 69。聯邦調查局報告引自Rudd, *Underground*, 190。

49 Rudd, *Underground*, 190。

50 同上，ix。

51 參見Rudd, *Underground*, 161, 191;及Varon, *Bringing the War Home*, 171。

52 Rudd, *Underground*, 156。

53 參見"Insurrectionary Anarchy," *Do or Die*, no. 10 (2003), http://www.eco-action.org/dod/no10/anarchy.htm;及Peter Gelderloos, "Insurrection vs. Organization," 2007, http://theanarchistlibrary.org/library/peter-gelderloos-insurrection-vs-organization。

54 麗貝卡・蘇尼特（Rebecca Solnit）的言論引述自Solnit, "Throwing Out the Master's Tools and Building a Better House: Thoughts on the Importance of Nonviolence in the Occupy Revolution," Common Dreams, November 14, 2011, http://www.commondreams.org/views/2011/11/14/throwing-out-masters-tools-and-building-better-house-thoughts-importance。

55 Roselle, *Tree Spiker*, 205。

56 Gene Sharp, *Politics of Nonviolent Action: Part Three*, 606。

57 「枯木遊民」（Deadwood Bummer）及「送羊入虎口」（leading lambs to the slaughter）之說，引述自Kuipers, *Operation Bite Back*, 64。

58 引述自Kuipers, *Operation Bite Back*, 272。

59 Kurt Schock, *Unarmed Insurrections: People Power Movements in Nondemocracies* (Minneapolis: University of Minnesota Press, 2005), 47。

60 參見Erica Chenoweth, "Nonviolent Discipline and Violent Flanks" (conference presentation, Fletcher Summer Institute for the Advanced Study of Nonviolent Conflict, Medford, MA, June 10, 2015), https://www.youtube.com/watch?v=2VlVsRWF9y8。

1 艾哈邁德・薩拉（Ahmed Salah）與作者於二〇一四年一月三十一日的訪談。

2 參見Simon Tisdall, “Hosni Mubarak: Egyptian ‘Pharaoh’ Dethroned Amid Gunfire and Blood,” *The Guardian*, February 11, 2011, http://www.theguardian.com/world/2011/feb/11/hosni-mubarak-resigns-analysis。艾哈邁德・薩拉（Ahmed Salah）的言論引述自Salah and Alex Mayyasi, “The Spark: Starting the Revolution,” Huffington Post, July 29, 2013, http://www.huffingtonpost.com/ahmed-salah/egypt-january-25-revolution_b_3671877.html。

3 薩拉與作者於二〇一四年一月三十一日的訪談。

4 國際非暴力衝突中心對薩拉的專訪，International Center on Nonviolent Conflict, http://www.nonviolent-conflict.org/index.php/learning-and-resources/on-the-ground/1547-ahmed-salah。

5 David D. Kirkpatrick, “Egypt Erupts in Jubilation as Mubarak Steps Down,” *New York Times*, February 11, 2011, http://www.nytimes.com/2011/02/12/world/middleeast/12egypt.html。

6 引述自Tom Perry, “Egyptian Liberal Finds Enemies on All Sides,” Aswat Masriya, January 26, 2014, http://en.aswatmasriya.com/analysis/view.aspx?id=04634519-6119-413a-a06a-911c4aa9812c。

7 Hassiba Hadj Sahraoui, “Bitter Anniversary for Egyptian Women,” Amnesty International, January 24, 2015, https://www.amnesty.org/en/latest/campaigns/2015/01/bitter-anniversary-for-egyptian-women/。

8 參見Robert Dreyfuss, “What Is the Muslim Brotherhood, and Will It Take Over Egypt?” *Mother Jones*, February 11, 2011, http://www.motherjones.com/politics/2011/02/what-is-the-muslim-brotherhood; Nadine Farag, “Between Piety and Politics: Social Services and the Muslim Brotherhood,” Frontline, February 22, 2011, http:// www.pbs.org/wgbh/pages/frontline/revolution-in-cairo/inside-muslim-brotherhood/piety-and-politics.html;及Salah and Mayyasi, “The Spark”。

9 David Wolman, “How the January 25 Egyptian Revolution Was Organized,” *The Atlantic*, May 4, 2011, http://www.theatlantic.com/technology/archive/2011/05/how-the-january-25-egyptian-revolution-was-organized/238336/。

10 參見Fatma Naib, “Women of the Revolution,” Al Jazeera, February 19, 2011, http://www.aljazeera.com/indepth/features/2011/02/2011217134411934738.html。

11 Salah and Mayyasi, "The Spark"。

12 引述自薩拉與作者於二〇一四年一月三十一日的訪談。關於結構式組織及機構的力量隨著抗爭運動而活躍起來的概述，請參見Paul Amar, "Mubarak's Phantom Presidency," Al Jazeera English, February 3, 2011, http://www.aljazeera.com/indepth/opinion/2011/02/20112310511432916.html。

13 參見Dreyfuss, "What Is the Muslim Brotherhood?"。

14 關於提出「打破恐懼障礙」的示例，請參閱"Egypt's Revolution Two Years On: 'The Fear Is Gone,'" *The Guardian*, February 1, 2013, http://www.theguardian.com/commentisfree/video/2013/feb/01/egypt-revolution-fear-video;及Naib, "Women of the Revolution"。

15 紀錄片《廣場》（The Square），Noujaim Films, 2013。

16 Abdul-Fatah Madi, "Where Are the Youth of the Egyptian Revolution?" *Middle East Monitor*, November 23, 2013, https://www.middleeastmonitor.com/20140127-where-are-the-youth-of-the-egyptian-revolution/。

17 參見"Egypt Three Years On, Wide-Scale Repression Continues Unabated," Amnesty International, January 23, 2014, https://www.amnesty.org/en/latest/news/2014/01/egypt-three-years-wide-scale-repression-continues-unabated/。

18 參見David D. Kirkpatrick, "Revolt Leaders Cite Failure to Uproot Old Order in Egypt," *New York Times*, June 14, 2012, http://www.nytimes.com/2012/06/15/world/middleeast/egyptian-revolts-leaders-count-their-mistakes.html。

19 薩拉與作者於二〇一四年一月三十一日的訪談。

20 Gene Sharp, *From Dictatorship to Democracy: A Conceptual Framework for Liberation* (Boston: Albert Einstein Institute, 2008), 73。

21 參見Adrian Karatnycky and Peter Ackerman, "How Freedom Is Won: From Civil Resistance to Durable Democracy," *International Journal of Not-for-Profit Law* 7, no. 3 (June 2005), http://www.icnl.org/research/journal/vol7iss3/special_3.htm。

22 Matthew Collin, *The Time of the Rebels: Youth Resistance Movements and 21st Century Revolutions* (London: Profile Books, 2007), 183。

23 參見"The 1936–37 Flint, Michigan Sit-Down Strike," BBC, January 28, 2002, http://www.bbc.co.uk/dna/place-london/A672310。

24 關於罷工背後的組織力量，大多數傳統的敘述都歸功於聯合汽車工人工會（UAW）和規模更大的全國工業組織委員會（CIO），例如“Sit-Down Strike Begins in Flint,” History, http://www.history.com/this-day-in-history/sit-down-strike-begins-in-flint。但謝利米．布雷徹（Jeremy Brecher）在《Strike!》中對這段歷史的論述，以及皮文和克洛沃德的《窮人運動》都對此說法提出異議。參見Jeremy Brecher, *Strike! Revised, Expanded, and Updated* (Oakland, CA: PM Press, 2014), 169–207;及 Frances Fox Piven and Richard A. Cloward, *Poor People's Movements: Why They Succeed, How They Fail* (New York: Vintage Books, 1979), 96–180。

25 參見Brecher, *Strike!*, 191。

26 參見Brecher, *Strike!*, 191, 204;及Piven and Cloward, *Poor People's Movements*, 141。

27 引述自紀錄片*Sit Down and Fight: Walter Reuther and Rise of the Auto Workers Union* (American Experience Films), https://www.youtube.com/watch?v=l0bXOOjR_Uw。

28 全國工業組織委員會（CIO）曾經從原本的「Committee for Industrial Organization」改名成為全國性的「Congress of Industrial Organizations」。關於約翰．劉易斯（John L. Lewis）借助罷工浪潮招攬會員的舉措，請參閱Piven and Cloward, *Poor People's Movements*, 151–153;及“John L. Lewis (1880–1969),” AFL-CIO, http://www.aflcio.org/About/Our-History/Key-People-in-Labor-History/John-L.-Lewis-1880-1969。工會成員數字統計引述自紀錄片*Sit Down and Fight*。

29 Piven and Cloward, *Poor People's Movements*, 157。

30 比爾．莫耶（Bill Moyer）的言論引述自Bill Moyer with JoAnn McAllister, Mary Lou Finley, and Steven Soifer, *Doing Democracy: The MAP Model for Organizing Social Movements* (Gabriola Island, BC, Canada: New Society Publishers, 2001), 56。

31 皮文的言論引述自與作者於二〇一五年三月五日的訪談。皮文和克洛沃德的言論引述自“Disruptive Dissensus: People and Power in the Industrial Age,” in *Reflections on Community Organization*, ed. Jack Rothman (Itasca, IL: F. E. Peacock Publishers, 1999), 176, 179。

32 參見Piven and Cloward, *Poor People's Movements*, 16。

33 引述自Sanford D. Horwitt, *Let Them Call Me Rebel: Saul Alinsky—His Life and Legacy* (New York: Alfred A. Knopf, 1989), 401。

34 參見Piven and Cloward, “Disruptive Dissensus,” 178。

35 Rinku Sen, *Stir It Up: Lessons in Community Organizing and Advocacy* (San Francisco: Jossey-Bass, 2003), 21。

36 同上，23。

37 Martin Luther King Jr., *Where Do We Go from Here: Chaos or Community?* (1967; repr., Boston: Beacon Press, 2010), 167（頁面引用根據二〇一〇年版）。

38 King, *Where Do We Go from Here*, 167–168。

39 Martin Luther King Jr., "Nonviolence: The Only Road to Freedom"，刊印於*A Testament of Hope: The Essential Writings and Speeches of Martin Luther King, Jr.*, ed. James M. Washington (New York: HarperCollins, 1986), 60–61。

40 參見Martin Luther King Jr., "The Trumpet of Conscience"，刊印於*A Testament of Hope: The Essential Writings and Speeches of Martin Luther King, Jr.*, ed. James M. Washington (New York: HarperCollins, 1986), 651。

41 Steven Greenhouse, "Nike Shoe Plant in Vietnam Is Called Unsafe for Workers," *New York Times*, November 8, 1997, http://www.nytimes.com/1997/11/08/business/nike-shoe-plant-in-vietnam-is-called-unsafe-for-workers.html。

42 "Frequently Asked Questions (FAQ)," Workers Rights Consortium, http://www.workersrights.org/faq.asp。

43 同上。

44 參見Randy Shaw, *The Activist's Handbook: Winning Social Change in the 21st Century*, 2nd ed." (Berkeley: University of California Press, 2013), 201。

45 參見Tom Hayden, *The Long Sixties: From 1960 to Barack Obama* (Boulder, CO: Paradigm Publishers, 2009), 9–11。

46 參見Luke Yates, "Rethinking Prefiguration: Alternatives, Micropolitics and Goals in Movements," *Social Movement Studies* 14, no. 1 (2015), http://www.tandfonline.com/doi/abs/10.1080/14742837.2013.870883#.VdKhBJf1_gA。

47 Wini Breines, "Community and Organization: The New Left and Michels' 'Iron Law,'" *Social Problems* 27, no. 4 (April 1980): 421。

48 參見Jonathan Matthew Smucker, Joshua Kahn Russell, and Zack Malitz, "Theory: Expressive and Instrumental Actions," in *Beautiful Trouble: A Toolbox for Revolution*, ed. Andrew Boyd and Dave Oswald Mitchell (New York: OR Books, 2012), 232–233。

49 Saul Alinsky, *Rules for Radicals: A Pragmatic Primer for Realistic Radicals* (New York: Vintage Books, 1989),

xix。

50 Jonathan Matthew Smucker, "Theory: Political Identity Paradox," in *Beautiful Trouble: A Toolbox for Revolution*, ed. Andrew Boyd and Dave Oswald Mitchell (New York: OR Books, 2012), 254。

51 紀錄片《柏克萊風雲》（Berkeley in the Sixties），Kitchell Films, 1990。

52 謝里爾・格林伯格（Cheryl Greenberg）的言論引述自Greenberg, "Hands on the Freedom Plow: Personal Accounts by Women in SNCC (review)," *Kentucky Historical Society* 109, no. 1 (Winter 2011), http://muse.jhu.edu/journals/register_of_the_kentucky_historical _society/summary/v109/109.1.greenberg.html。

53 Ori Brafman and Rod A. Beckstrom, *The Starfish and the Spider* (New York: Penguin Group, 2006), 96。

54 克勞丁・費路（Claudine Ferrell）的言論引述自Ralph Dannheisser, "Quakers Played Major Role in Ending Slavery in United States," IPP Digital, November 12, 2008, http://iipdigital.usembassy.gov/st/english/article/2008/11/20081112170035abretnuh3.838748e-02.html#ixzz3dS1KoPyt。

55 引述自Mary Lou Finley and Steven Soifer, "Social Movement Theories and MAP: Beginnings of a Dialogue," in *Doing Democracy: The MAP Model for Organizing Social Movements* (Gabriola Island, BC, Canada: New Society Publishers, 2001), 110。

56 Hayden, *Long Sixties*, 16。

結語

1 有關多切斯特中心的詳細信息，參見David J. Garrow, *Bearing the Cross: Martin Luther King, Jr., and the Southern Christian Leadership Conference* (New York: Random House, 1986), 151, 161;及Andrew Young, *An Easy Burden: The Civil Rights Movement and the Transformation of America* (Waco, TX: Baylor University Press, 2008), 134, 144。

2 參見"Minutes of Staff Conference Held at Dorchester," September 5–7, 1963, box 153, file 21, Southern Christian Leadership Conference Papers, Martin Luther King Center, Atlanta。

3 阿林斯基的言論引述自Alinsky, *Rules for Radicals: A Pragmatic Primer for Realistic Radicals* (New York: Vintage Books, 1989), xviii。

來自香港的反饋

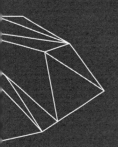

非暴力的公民抗爭：香港爭取民主的故事

戴耀廷

由上世紀七、八十年代開始，港人已開始爭取民主，但一直以來都是由一些追求民主的政治精英，透過體制內的渠道及組織合法的社會行動，如集會、遊行、民調、簽名聯署、投票選舉等，動員普羅市民支持香港的民主發展，希望能與當權者談判出一份邁向民主普選的時間表及路線圖。

香港的憲制性法律——《基本法》，規定香港的行政長官最終由「普選」產生，中共也承諾二〇一七年的行政長官可由「普選」產生。但經過了十多年，從各種跡象看，中共屬意的「普選」，很大可能是透過一個選民基礎狹窄的提名委員會去篩選掉所有它不能接受的人，才讓港人一人一票選出行政長官。這樣的「普選」，與國際社會理解的普選有一段很大距離，因公民的參選權將受不合理限制。

佔領中環

在一九六三年，美國民權領袖馬丁・路德・金博士在美國伯明翰市發動了之後稱為「C計劃」的公民抗爭行動。與當時即興的社會行動不同，「C計劃」的要旨是精心策劃一項非暴力抗爭行動，刻意製造一次公共危機，令媒體集中報導，以暴露出社會制度或法律的不公義，迫使公眾不能不直視這些不公義，按著自己良心判斷如何回應。馬丁・路德・金相信「C計劃」能帶動整個社會改變，走向自由與公義。[1]

在二〇一三年，我與陳健民教授及朱耀明牧師在香港提出的「讓愛與和平佔領中環」（「和平佔中」），就是一項「C計劃」式公民抗爭行動。「和平佔中」判斷單靠動員港人以合法的方法去展示民意，對落實民主普選已再難有成果，故認為香港的民主運動須改變策略。過去亦有人在香港進行公民抗命的社會行動，但參與的人數不多，且並沒有很完整的計劃，多是即興的行動。大部分人對甚麼是公民抗命也不了解，更遑論認同了。

「和平佔中」的計劃就是號召起碼一萬人，和平地坐在香港商業中心——中環的主要幹道上，手扣著手，讓警察把示威者逐一抬走拘捕。我們希望透過威脅進行公民抗命的行動及一系列與「和平佔中」有關的籌備工作，凝聚起一股爭取民主普選的公民力量，以在香港社會內產生強大的政治張力甚或一次危機，迫使中共在計算得失後，作出理性決定，願與民主派開展談判，討論如何在二〇一七年的行政長官選舉中，具體落實雙方都可接受的普選方案。

「和平佔中」另一目標就是要喚醒人心。一直以來，民意調查及選舉結果雖都顯示有過半港人支持民主，但真的願意為爭取民主付上個人代價的，卻只是很少數，令推動民主的力量，一直未能對中共構成很大政治壓力。要成功向中共施加壓力，就要有足夠數量的港人，不單只是口說支持民主，還願意本著堅定信心及自我犧牲精神參與公民抗命，那才能產生足夠大的政治壓力，才有機會迫使中共重新審視對「普選」的立場。[2]

如朱耀明牧師在啟動「和平佔中」運動的記者會上說：「這運動是一場公民覺醒的運動，我們希望能喚醒每一個人，我們希望大家能同心、同德，一起來爭取一個公義的制度。」無論他們是基於道德的信念相信抗爭須是非暴力，或是認為非暴力在當前的香港是最佳的抗爭策略，我們都希望他們能參與。以港人務實的本質，我估計後者的人會更多。

對「和平佔中」提出以公民抗命向一個專制的政權要求民主，有些人認為是不切實際。他們會引用一些公民抗命的成功例子，都是在一些已實行民主法治的國家。但有關公民抗爭的研究，卻顯示非暴力的公民抗爭，即使在專制的國家，成功率相比暴力抗爭，反是更高的。香港的非暴力抗爭仍在繼續中，也在過程中與更激進、更具破壞力的抗爭力量混合在一起，成功與否，現仍難定奪，但由我們提出「和平佔中」至今，肯定地香港的民主抗爭，已進到另一台階。

雨傘運動

「和平佔中」原先計劃在二〇一四年十月一日在中環遮打道行人專用區開始佔領

中環的行動。由二〇一四年九月二十二至二十六日，學生們舉行罷課，原意是為「和平佔中」計劃在十月一日進行的佔領行動鋪路。學生們提出「罷課不罷學」，一些支持學生的學者在添馬公園的集會舉行多場有不同主題的公開講座，讓罷課學生可繼續學習，公眾也可參與。

因添馬公園的場地要交給親政府團體辦活動，在九月二十六日舉行的中學生罷課集會要移師到政府總部外近添美道的行人道上進行，也就是被高欄封鎖了的公民廣場外面。到了那天下午，警方因已有不少人集結，就連添美道的行車道也封了。

到了晚上約十時多，學生們突發動參與集會的人跨過高欄跳入公民廣場。跳進公民廣場的學生和市民被警察包圍及拘捕，而支持學生的市民則在公民廣場外徹夜與警方對峙，警方雖曾嘗試驅散人群卻失敗。到九月二十七日早上，仍有不少市民留在添美道、立法會道及龍滙道的行人路及馬路的範圍支援公民廣場內的示威者。

「和平佔中」與泛民政黨及公民社會團體討論應如何應對當時警民持續對峙的局面。到了黃昏，警方雖封了一些通往這範圍的道路，但更多市民來到公民廣場外的區域，散在行人路及馬路上繼續集會。因見到已有超過萬人聚集，比我們預見參與佔中的人數還要多，想到大家的目標既都是為了爭取真普選，與學生們商討後，「和平佔中」決定提前啟動佔領行動。

之後成千上萬的人湧到金鐘附近的範圍，想來到公民廣場外支援仍留在那裡的示威者，卻被警方設置的封鎖線擋著。當人群不斷聚集，在不同地點人們衝破了警方的防線，慢慢走到車水馬龍的行車路上，令交通停頓了下來。到最後，連整條夏慤道的所有行車線都站滿了想去公民廣場外的市民。

當警方發放第一枚催淚彈，不少人從沒有想過警察真的會用催淚彈來對付和平示威者，立時感到驚惶失措，但最強烈的感受是憤怒。不少人被催淚煙嗆得睜不開眼睛和難以呼吸，但當過了一會恢復過來後，他們並沒離開現場，反是再次回到與警方對峙的最前線，即使懼怕但仍堅持和平抗爭。即使在一輪輪的催淚彈之後，人們像潮水般，退了又湧回來。

因抗爭者用雨傘保護自己去和平抗爭，故這場運動被世界賦予了「雨傘運動」的美名。雨傘有了更深層的意義，代表一種溫柔、靈巧、堅定、但具創意及悲壯的和平抗爭精神，也成為了香港民主運動的標誌。[3]

到了二〇一四年九月二十九日凌晨，警察總共發放了八十七枚催淚彈，還是不能驅散示威群眾。但這八十七枚催淚彈改變了香港的歷史，催淚彈不單不能驅散示威者，反讓更多人看到特區政權的威權本質，刺激更多人湧上街頭，甚至由金鐘範圍擴散至銅鑼灣和旺角的街道。面對這些勇敢的和平抗爭者，當權者只能改變策略。

佔領到了第二個星期，金鐘的佔領區開始出現一個個帳篷，最高峰時超過一千個，構成一幅非常夢幻的畫面。原先是香港最繁忙的馬路，變成了一個人民自主、人人可自由走動的生活區，大家用自己喜歡的方式去過另類的生活。

佔領過了兩個月，民調顯示社會絕大部分人都認為佔領應當結束，雖然他們沒有放棄真普選的目標。公民抗命的原則除了非暴力外，還要求違法行為需合乎比例。合乎比例與否，視乎採用的方法及要達成的目標。

爭取的目標是關乎整個制度的根本，就是香港民主制度的發展，故在起先的時候，即使佔領一些街道會對交通造成一定程度阻礙，應仍合乎比例。但隨著時日過去，當權者立場強硬不肯讓步，佔領每過一天，對社會造成的妨擾必會逐漸變得不合比例。

更使人憂慮的，是一些示威者開始偏離公民抗命的非暴力原則。在二〇一四年十一月三十日，學生發動包圍政府總部的升級行動，大部分人雖仍堅守非暴力原則，但已見一些示威者不斷挑戰非暴力的界線，運動有可能失控演變成暴力衝擊。繼續佔領下去已變得高風險但低回報。

那刻我們最憂心的，就是如何讓所有佔領者都平安回家去，佔領是時候結束了。因事情已不是我們能掌控，故能做的，就是在二〇一四年十二月三日，與數十位市民一起到警署自首。當天警察在做了簡單的記錄後，就讓我們離去。公民抗命的原則還包括承擔罪責，公民抗命的戰場也不只是街頭，還有法庭。我們希望自首能把這場公民抗命運動帶到另一場景，透過自我犧牲去再次衝擊人內在的良知，促使更多人反思如何面對社會的不義。

經過了七十九天的佔領，隨著警察清除了街上最後一個帳篷，「雨傘運動」亦結束。

堅持抗爭

「佔中、雨傘」雖未能立時為香港爭取得到制度的改變，這也不是其即時目標，但已為香港民主運動打開了一個重要缺口，大大擴大了民主力量，滲到各個階層，尤其是年輕一代，打好了走向下一步策略的基礎。

但不能否認，在「雨傘運動」結束後，因未能即時達成民主運動的目標，有一些抗爭者不免會感到沮喪、灰心。[4]

當權者為了打擊民主運動，亦鼓動主流媒體攻擊民主運動的成果，並在民主運動中種下內奸，不斷散播失敗論，打擊民主運動的士氣，阻礙其向前邁進。

當權者面對由「佔中、雨傘」造成的衝擊，沒有正面回應及疏導民主改革的訴求，更加大打壓的力度，香港也由半民主進入了半威權時代。在二〇一四至一九年這幾年間，在當權者不斷打壓下，表面看來公民社會的抗爭力量及體制內的制衡力量（包括議會及法院）都被削弱了。民主運動好像是陷入了低潮，不少人被強烈的無力感所籠罩。但事實是抗爭只是轉換了形態，民間在繼續積聚能量，一點一滴地轉化港人的抗爭意識，在經過一段轉折後，等候另一爆發的契機。

以選舉箝制專制

一些人認為中共在香港施行威權統治，在特區政權配合下，運用法律取消當選議員的資格和剝奪公民參選的權利，議會已不能發揮制衡作用，故選擇不投票，因已再沒意義。也有人認為議會既是無用，不如實行焦土政策，讓親專制力量完全控制議會，望能刺激更多人起來激烈抗爭。但他們都未能看到只要香港一天還有選舉，選舉仍可為我們力擋威權的進犯，爭取更多時間等候巨變的來臨。

雖然香港的選舉未能做到如其他受威權統治的地方般，以選舉突破專制統治，改變不了制度不民主的本質，但議會仍能提供重要的資源讓反專制的力量，起碼能拖慢香港墮向全面威權的速度。因此議會實是寸土必爭之地。

不過，要以選舉去箝制威權統治和守護香港的核心價值，公民社會與反專制的政黨及各方力量須放下分歧，明白選舉在威權下能發揮的抗爭作用，團結起來組成一個緊密的選舉聯盟。

他們還要設計一套全方位的選舉策略去達到以下目標：一、刺激更多人登記為選民及在選舉時踴躍投票。二、引導選民以策略投票去集中選票來發揮最大的政治效果。三、向選民發出清晰訊號，展示有強大決心取得勝利，推動選民更積極去投票。

每場選舉都成為了反攻的時刻。至少要令當權者想去奪走我們的自由時，也不會那麼容易。[5]

「反送中」運動

沒有人能預見「反送中」的抗爭會在二〇一九年六月爆發，更沒有人會想到這場抗爭運動經過了一年，到現在仍持續著。在「後雨傘」時期，無論是堅持和平抗爭的「和理非」，或是會採用更激進手段的「勇武派」，都先後被起訴及送進監獄。雖然大家對抗爭手法及步伐有不同看法，「和理非」和「勇武派」都感到他們的自由及自主正受到嚴重威脅，醒覺到如不團結起來，就會被當權者逐個擊破。很多人也明白到香港的民主抗爭運動是不可能一戰功成的，必須持久抗爭，堅持下去，才有機會見到成功的一天。

「反送中」的街頭抗爭能持續下去，未必是刻意的策略部署，但也是因之前的策略，迫使當權者採取了對應的做法，間接地營造了形勢，造就了抗爭者新一輪的策略覺醒。好的策略部署是要掌握新的形勢變化，靈活變動，在不改大策略下，就新的情況作出最佳的應變，朝著終極的策略目標堅定地邁進。

區議會成了民主抗爭的橋頭堡

因「反送中」所帶動的抗爭浪潮，令原先寄望不高的二〇一九年區議會選舉，最終能取得意想不到的成果。十八個區議會四百五十二個民選議席都有反政府陣營的人參選，成功改變了此區議會選舉的性質，不再只是選出服務街坊的地方保長，而變成了對當權者處理「反送中」的不當及警暴的變相公投。投票率是歷史新高達 71.2 %，民主派以 57 % 支持度取得 86 %的議席，並搶得十七個區議會的控制權。區議會雖名義上只是諮詢組織，但在地區管治上有實質影響力，及擁有一定數量公共資源的審批權。奪得這十七個區議會的控制權，讓民主派可以脫離反對派的角色，踏進某程度的執政地位。

民主派有了區議會這橋頭堡，可以採用「農村」包圍「城市」的策略，各個由民主派控制的區議會可在社區層面實踐基層民主，在地區管治上引入更多公民參與，令香港從社區層面開始民主化，以此「包圍」特區管治，突顯特區政府的不民主及不公義本質。只要能繼續擴展民主的基礎及累積民主的經驗，即使中共完全推翻「一國兩制」，也不可能消滅香港民間的民主力量。

和勇合流

「佔中、雨傘」時抗爭的主流原則是公民抗命。當時採用的論述主要是參考流行於西方社會的公民抗命理念，就是美國政治哲學家約翰・羅爾斯（John Rawls）對公民抗命的見解。羅爾斯認為他提出有關公民抗命的論述，只適用於接近公義的社會。公民抗命其中兩個重點是違法的行為須是非暴力，及公民抗命者須承擔罪責。納入這些條件主要是因應在接近公義社會內的民情，若要成功爭取得到人們的認同，就要達到高的道德標準。

在二〇一三至一四年期間，香港雖還未是民主的制度，但已有明確的民主發展時間表，而「佔中、雨傘」的行動正是希望中共能落實普選的承諾，朝全面民主化發展。那時候的香港，應符合羅爾斯所說，是接近公義的社會。另外，因當時香港社會普遍還是保守的，過去港人都是以和平及合法的方法去爭取民主，要以不合法的公民抗命去爭取，以當時的香港民情去看，也不容易爭取公眾認同，故那時候以包括了非暴力及承擔罪責這兩項要求的公民抗命理念為抗爭的基本原則，亦是情勢所趨。抗爭者中的「和理非」都是認同這原則的。

但已有一些抗爭者認為必須採用更激進的方法，甚至使用暴力才能迫使當權者讓步，但「勇武派」那時候仍屬極少數。在「佔中、雨傘」結束後，因未能立時達到改變政制的目標，認同「勇武派」的抗爭者大幅增加。「勇武派」和「和理非」之間的分歧，在二〇一六年爆發的「旺角事件」時浮面，而當權者利用此挑撥分化抗爭陣營，成功使抗爭運動因分裂而陷入一段相當長的低潮時間。

就是在這幾年，當權者利用抗爭運動的低潮，不單民主發展之路被封殺，更運用法律及其他手段不斷打壓要求改變的力量，壓縮港人能有的自由空間。到了二〇一九年「反送中」爆發前夕，香港社會早已不是接近公義的社會，港人亦感到制度的不公義變得越來越嚴重。到「反送中」爆發後，隨著特區政權及警隊的腐化，想強行把香港與內地融合，犯下了大錯遭港人強烈反抗，卻沒有官員願意問責，反要用暴力手段去打壓反對者，香港由半威權淪為全面威權的狀態。

因此，不少「和理非」雖還是會堅持用非暴力的方法抗爭，但對其他抗爭者使用了某程度的暴力，他們會有更高的容忍度，不會苛責。當人們已對警察及檢控部門完全失去信心，蒙了面的「勇武派」不願承擔罪責，也不會被認為是不合理。事實是在一個專制的社會，不公義的程度越高，以行動去與一個不斷打壓公民社會的政權抗爭，公眾所能接受的激烈程度就會越高。

這也不是說抗爭可沒任何底線，抗爭仍是要有原則的，只是抗爭者須符合的道德要求改變了。抗爭行動主要仍是為了實踐公義而作，行動不能傷害其他人的身體及威脅他們的生命，例外是當另一人的身體或生命受到真實及迫切的威脅，而當時只有使用對稱的武力才能阻止悲劇發生。

當「和理非」擺脫了政治潔癖，不再要求所有抗爭者都須達到非常高甚至是不合理高度的政治道德標準或要求，「勇武派」也自知怎也不是抗爭陣營的大多數，知道必須有「和理非」的認同及支援，才能在街頭前線打拚。「和理非」及「勇武派」明白了唇亡齒寒的道理，令當權者的分化策略再度無效，達成「和勇合流」的反制策略。「兄弟爬山、各自努力」成了的新抗爭共識，令抗爭力量可大大提升，變得更堅韌不屈。[6]

當權者不斷呼籲人們要與暴力割席，就是希望分化「和理非」及「勇武派」，但當政權的制度暴力不斷，沒有一名作出錯誤決策的官員問責下台，警暴仍是每天在發生著，那麼「和勇合流」就會繼續是抗爭的重要策略，直至當權者讓步。

兼容多元及去中心

在二〇一三年前，香港民主運動絕大多數都是採用合法的方式去爭取，如獲警察批准的遊行、集會，及簽名運動、絕食等。雖已有少數人會採用公民抗命的違法方式抗爭，但仍是很少數。到了「佔中、雨傘」，一大突破就是有大量抗爭者參與了公民抗命的佔領馬路行動。佔領馬路就是要對公共秩序造成妨礙，迫使警方使用更大的武力清場，以刺激及喚醒更多人認同抗爭的民主目標。

「反送中」運動起始時也是以佔領馬路為主要方法，但到了六月十二日抗爭者包圍立法會時已出現了一些衝擊事件，有抗爭者使用了一定程度的武力。及後，抗爭者在七月一日衝擊立法會的行動中，成功突破警方防線進入了立法會，並破壞了內裡一些帶有政治象徵意義的物件。之後，因警暴加劇，抗爭者亦提升了破壞力程度。

香港的抗爭形態已演變至一個新的階段，即合法與不合法、非暴力與暴力抗爭混雜在一起。除了佔領街道外，破壞公物、塗鴉、連儂牆及其他非暴力方法也會有人採用。同時，遊行、集會外，投票、唱歌、人鏈、罷工等其他合法抗爭方法，捲入更多反對政府及同情抗爭的人參與，因代價及風險較低。最新的做法是用消費者的身分去抗爭，建立黃色經濟圈，以消費力量去支援及宣揚抗爭理念。當然，勇武的抗爭者還會不時以他們認為是合乎原則的破壞力去向當權者施壓。

當抗爭運動變得自發及多元，也很自然地會去中心化。人們常說這是一場沒有領袖的運動，這不完全對，只能說這是一場沒有傳統模式領袖的政治運動。傳統模式的領袖是由一名具魅力的領袖振臂一呼，然後其他人響應跟從。但當公民社會已醒覺及變得成熟，公民會自行組成群組，並策劃、執行各種各樣配合這群組成員特質的抗爭行動。這些群組有自己的領袖，只是沒有一名傳統模式的領袖去領導所有群眾。各個抗爭群組仍需要一些人去統籌行動，但他們的領袖模式是促導而非指揮。[7]

在「無大台」下，抗爭者發展出「不割席、不譴責、不篤灰」的抗爭原則，成功中和了中共過去幾年分化民主抗爭力量的詭計，令抗爭力量能重新凝聚起來。去中心化的抗爭才可以隨著「反送中」乘勢而起，且有力持續不斷。

當權者的實力及局限

在設定自己的策略之時，也要了解對手的實力及局限。中共及受其操控的特區政府擁有軍警的武力、法律賦予的公權力及大量的公共資源，相對於民主抗爭運動來說，是處於絕對的優勢。但當權者也不是毫無弱點。

中共表面看來是非常強大及富有，好像是做到了不少中國人心目中的「富國強兵夢」。但不少資訊披露了中國經濟只是外強中乾，多年的急速經濟增長到了樽頸，已有向下滑的趨勢。中共的統治正當性大部分來自其經濟成就，內地經濟一旦出現問題，中共政權在內地的統治也會出現不穩。其實每天在大陸各地都有人民反對政府的社會事件發生，只是在資訊封鎖下，難以擴散。大陸人民到現在為止還未孕育出民主抗爭的意識，只限於維權，故中共仍可把這些民間的反抗局限於可控的範圍內。

更重要是，由中、美貿易戰所帶來對中共的政治及經濟壓力，令中共在此時此刻，即使香港的抗爭已持續多月，也不敢出動軍隊鎮壓，怕波及中、美的貿易談判，進而影響到內地的經濟穩定。這外在的狀況為香港民主運動造就了有利的形勢，因當權者只能用香港警察去打壓抗爭者，不用害怕中共會採取更強硬的手段，重演「八九六四」的血腥鎮壓。

以香港警暴去打壓民主抗爭，已是當權者能達到的最強硬地步。因特區政府怎也受制於香港現有的一套較能保障公民權利的法律及法制，使香港警暴能打壓民主抗爭也有一極限，不足以令抗爭運動停下來。

誠然，民主抗爭運動正陷入膠著的狀態，但若已營造起的形勢令當權者必須作出抉擇，是硬下去還是軟落來。當前的策略就是想方法令抗爭能堅持下去，並進一步向當權者施壓，直至當權者軟下來的那一天。

連結國際社會「反包圍」

中共在過去四十年推行經濟開放政策，成功走向了國際，因加入了世界貿易組織，經濟在過去十年急速擴展，成為了世界第二大經濟體，崛起成為可與美國爭一日長短的強國。有了經濟實力，中共在國際層面也擺脫韜光養晦的策略，通過銳實力把其專制統治模式向其他國家輸出。西方自由世界已感到中共的威脅，中國並沒有按預期，隨著經濟發展走向民主化，反變得更加專制。中共不單壓制國內所有反對聲音及嚴控人民的生活自由，更以其強大的經濟力量，利用西方社會的自由空間，以滲透的方式去干預別國的內政，惹來西方自由世界的顧慮。

「反送中」把香港再次提升為國際焦點，全球各國都密切關注中共會如何處理香港的民間抗爭。美國通過了《香港人權及民主法》，要求美國政府制裁負責侵犯香港人權的中國及香港官員，並要求美國國務院和其他美國政府機構每年進行一次審查，以確定香港政治地位的變化是否有理由改變美國和香港之間獨特的貿易關係。美國更會促使他的盟友也制定相類似的國內法，「反包圍」中共及特區政權，去保障港人的高度自治權利。

香港已成為了西方自由世界與中國專權世界交鋒的刀尖。但也是因「反送中」是發生在中、美矛盾表面化這國際大環境下，中國本身的經濟已有不穩現象，中共才不敢在這時候以更大力度去打壓香港的抗爭。若不是懾於國際社會的壓力，中共是有可能以血腥鎮壓去結束的香港抗爭運動的，但現在卻是沒法以更強硬的方法去對付香港的抗爭，特區政權又無力制亂，香港的抗爭就只會持續下去。

共同決策的民主機制

中共其中一種方法去瓦解抗爭力量，就是從內部分歧去分裂民主運動，令香港即使有了民主選舉，也會出現異化，導致每名港人的基本權益仍不能受到充分保障，那就要在還未有真普選之前，在爭取民主的過程中，也要想方法能處理好運動內的分歧。香港的抗爭就是希望香港能是一個民主多元的社會，而在多元社會，有不同想法是正常的。理性的討論甚至激烈的爭拗，在民主社會是可以存在，甚至是應該有的，只要這些分歧以至衝突，不會惡化成難以化解的矛盾。

假若中共真的肯讓港人有普選，當大家再次陷入要甚麼具體模式的選舉的爭議時，要解決紛爭，就要由民間籌辦全港性的民主商討，再由公民以公投去決定採納哪個具體方案。決定重大的社會政策時，同樣的民主程序也適用。

透過民主商討，不同立場及意見的人，能掌握更全面的資料，聆聽到不同意見者背後的顧慮，抱持開放的態度反思自己的觀點，減少誤解，努力達成最大的共識，或至少能收窄分歧，再經公投讓全民作出具公信力的決定。這應能縮窄政治精英與普羅市民之間的疏離，令公眾對民主政治回復信心，使政治投機者不能用民主的外衣去包裝起他們專權的本相，利用民主選舉所賦予的空間，去實行只服務於既得利益階層和社會精英的統治。

這民主程序不能等到已落實了真普選後才開始建立，必須在爭取民主的過程中，亦要盡力在各方面建立起來，以使當真普選能實行時，港人已對實踐民主有了足夠的經驗。民主派既已主導了區議會，大可在地區管治上，在大小的層面，先實行這樣的民主商討及全區居民共決的程序。這既有助解決地區的管治問題，也能累積民主實踐的經驗，讓香港能做到真正的自主自治。

結論

香港民主運動在「反送中」運動中，發展出新的策略覺醒，但又能與香港民主運動之前的策略有機地結合起來，使抗爭的力量大大提升，令當權者到現在為止還未能祭出破解之法。香港民主運動的策略部署已成功營造了有利的形勢，正邁向收成的時刻，只是這過程還是充滿變數。當權者的反撲必會更加狠辣，抗爭者可能要付出更大的代價，但只要抗爭者能時刻警醒，隨機應變，堅毅不屈，把握那稍瞬即逝的時機，成功已在望。[8]

編案：本文戴教授寫於二〇二〇年六月。

註

1 參見本書的序。
2 見本書的第一章。
3 參見本書的第七章。
4 參見本書的第七章。
5 參見本書的第七章。
6 參見本書的第九章。
7 參見本書的第二、三章。
8 參見本書的第十章。

戴耀廷

出生於香港，並於香港受教育。於一九八六年獲香港大學法律學士，並於翌年獲香港大學法律專業文憑。畢業後於香港城市理工學院法律系任助理講師。在一九八九年赴英國倫敦大學經濟及政治學院修讀法律，於一九九零年獲頒法律碩士（主修公法）。回港後即開始香港大學法律系的教學工作，曾任香港大學法律系副教授、香港大學法律學院副院長。

戴耀廷主要的研究範圍包括香港特別行區基本法、比較憲法、行政法、人權法、宗教與法律、法律與政治、法律與管治、法治與法律文化。

在二〇一三年，他推動「讓愛與和平佔領中環」運動，爭取在香港實現民主普選。在二〇一九年四月，被法庭裁定串謀犯公眾妨擾罪及煽惑他人犯公眾妨擾罪成立，被判入獄十六個月。本書付梓前夕（二〇二一年一月六日），香港警方以其於二〇一九年協調民主派立法會議員初選，涉嫌違反香港國安法「顛覆國家政權罪」之名拘捕，同日被拘捕者逾五十人。

唯有透過了解和思考，抗爭運動才能繼續走下去

莫乃光

二〇一九年過後我們的香港從此並不一樣。從香港到美國、法國，不分地區、不分膚色，公民抗爭在全球闊別舊有的組織化，迎來「無大台」的群眾自發式動員。然而團結過後是時間的考驗，對抗強權從來都是一場長跑。《革命時代——公民抗爭如何改寫二十一世紀》裡面提到社會運動往往面對的困境——「干擾式抗爭的短暫爆發力」與「持續抗爭以實現長遠目標的需要」該如何平衡？這曾是困擾甘地、馬丁·路德·金的問題，如今是香港人唯一的出路。感謝Edmon的翻譯工作，令更多人可以接觸到這本書。改變社會現狀非一朝一夕，唯有透過了解和思考，抗爭運動才能繼續走下去。

莫乃光

香港立法會前議員（資訊科技界）

「3.5%定律」對香港的啟示

沈旭暉

「策略性非暴力抗爭」，聽來是非常「和理非」的名詞，但其實也是「兄弟爬山」的一環。畢竟任何社會的critical mass，都是「和理非」，然而只要積極發聲，根據古今中外往例，總有成功的一天，而且這是有數據支撐的。坊間一直流傳，假如有5%的人口積極以行動反對政府，政權就無法生存，本書卻提出更細緻的數字：「只要有3.5%的人口持續積極參與，就沒有一個社會運動失敗過。」

相信這就是譯者——我的一位和理非朋友——在這個關鍵時刻，向華文讀者推介這理論的原因。

街頭抗爭的情景，往往給人推翻專制政權、引入民主政府的想像。但近日#BlackLivesMatter浪潮，以至更早前的埃及革命均提示我們，大規模抗爭不只在非民主的政制下爆發，而且抗爭的勝利，亦不必然能夠實現民主自由的制度。這自然不代表所有政客都是利己主義的政棍，但即使是民主選舉產生的領袖，也必須在國際利益博奕中，尋求自身國家利益的最大化。至於在國際層面，如應對全球疫情、氣候暖化、導致財富嚴重不均的經濟金融體制等問題上，正正因為各國官僚都要為國民爭取最大利益，以致「全球治理」的概念變得非常離地。

然則，怎樣令理想不被利益蠶食？

本書提出的「策略性非暴力抗爭」行動，也許是其中一個可能。作者認為，這策略不僅能有效應用在國內變革，在全球議題亦可能用得上。書中列舉了不少個案，例如二〇〇三年，全球反對美國入侵伊拉克戰爭的浪潮，抗議行動包括史上規模最大的全球協調示威活動，近八百個城市、多達一千二百萬人參與；一九九九年，西雅圖世貿部長級會議的抗議活動，亦成功關閉會議，令開幕禮被取消。雖然，伊拉克戰爭還是打了，全球財富失衡亦沒有因此解決，但商業掛帥的戰爭，以及財富嚴重不均的現象，確實在全球人民集體意識中，刻下一個印象。

本書沒有講述香港，但書中民權運動「自由乘車者」遭逢白人主義者無差別襲擊、無警時分的場面；意大利警方在八大工業國組織（G8）的熱內亞會議期間，喬裝「黑格」，混入示威群眾內滋事；美國聯邦調查局在不同抗爭運動中的干預，滲透、策劃暴力行動，製造安全理由，為全球遍地開花的佔領運動清場……這些情節，難免令今天的香港人對號入座。作者從不同公民抗爭案例中，總結了弱勢的群眾如何策略性地演進成為強大力量的「煉金術」，當中一些成功要素，無疑可為臨近絕望的香港人打打氣。書中亦從提出種種抗爭手法的應用中，說明了不斷創新的可能性。就香港而言，「連儂牆」和「黃色經濟圈」等嘗試，正宣示了抗爭態度的創新。

對一些新生代而言，這本講述「和理非」策略的著作，對當下水深火熱的香港形勢，未免遠水不救近火；對親政權的朋友而言，即使是「和理非」的3.5％抗爭，根據中國邏輯，也很容易說成是違反「國家安全」。但反而正因為這樣，我們更要正視「和理非」的抗爭其實也可以充滿創造力。對政權而言，假如連這種力量也全方位打壓，下一步，又會怎樣？香港能否像喬治・奧威爾（George Orwell）名著小說《一九八四》中的虛構香港般，遊走在霸權之間，守得住保持自由的特區？還是同樣是一九八四的《中英聯合聲明》，在中英兩國建築了厚厚的防火牆，以確保責任不上身的根本下，從來沒有為香港的自由並踏上民主之路保障過什麼？雖然身處大時代，但世上本無事，菩提亦本無樹，香港人歷盡千帆，處變不驚，願歸來仍是少年。

沈旭暉

GLOs創辦人、香港中文大學社會科學院客席副教授。

香港人・加油

致謝

馬克・恩格勒&保羅・恩格勒

十多年來，一班好友、家人、組織者、同事和社運思想家提供了形形色色的指導和幫助，這本書才可成功面世。我們希望對所有協助此書的人致謝：

特別鳴謝為我們出心出力的審稿團隊，他們給予的建議大大改善了我們的原稿：麗貝卡・圖赫斯・杜布羅（Rabeca Tuhus-Dubrow）、拉哲夫・西哥拉（Rajiv Sicora）、約書亞・佐伊・卡門斯基（Joshua Joy Kamensky）、史提芬妮・格林活（Stephanie Greenwood）、艾力・奧根布朗（Eric Augenbraun）和亞瑟・菲利普斯（Arthur Phillips）。此外，史提芬・祖尼斯（Stephen Zunes）、伊雲・馬羅維奇（Ivan Marovic）、謝利米・華隆（Jeremy Varon）和梅拉登・約克西奇（Mladen Joksic）為章節草稿提供了專業評論，他們對社會運動的見解非常寶貴。

艾力・斯東拿（Eric Stoner）在許多階段都給予了重要的反饋意見，我們從他的公民抗爭旗艦網站「發動非暴力」（Waging Nonviolence）中受益不淺。他更為保羅提供了逗留紐約市的暫時房間，期間大家能夠深入討論非暴力策略的理論和實踐。

另外亦要感謝《異見雜誌》（*Dissent*）、《Yes!雜誌》以及《新國際主義者》（*New Internationalist*）的各個編輯給予空間，讓我們思考社會變革的發展過程，豐富了本書的內容。

森・珮倫（Sam Pullen）和在職貧窮中心（Center for the Working Poor）的社群多年以來一直長期支持我們。寶蓮娜・岡莎雷斯（Paulina Gonzalez）和卡爾・紐卻克（Kai Newkirk）在這個中心扮演了一種知識庫的角色，進行了深入的研究工作，既提出了揉合結構式組織和群眾式動員的想法，亦將之付諸實踐至移民權利運動和社運組織「99Rise」。卡爾更為此書的起草和編輯提供了寶貴意見。我們感謝他們以上的種種貢獻。

社運教學法大師卡洛斯・薩維德拉（Carlos Saavedra）幫助建立和闡明此書提出的許多概念，他更是創立了勢頭驅動培訓的人。培訓創始團隊的其他成員包括貝琳達・羅德里格斯（Belinda Rodriguez）、麥斯・伯格（Max Berger）、米爾哈・希策曼（Mirja Hitzemann）、琦・韋寧（Kate Werning）和基度・吉爾真蒂（Guido Girgenti），均致力思考如何有效地向各種抗爭者教授不同的組織模式，貢獻良多。此外，麗斯・羅曼諾（Lissy Romanow）和Ayni研究所的工作人員亦提供了重要的幫助。我們還要感謝布盧克・雷曼（Brooke Lehman）、格雷・奧索夫斯基（Gregg Osofsky）以及分水嶺中心（Watershed Center）的團隊一直支持這些意念和培訓。

琦・阿羅諾夫（Kate Aronoff）和耶辛尼亞・古鐵雷斯（Yessenia Gutierrez）是此書最繁忙時期的研究助理，以無數的方式作出貢獻，我們感謝她們的才華、創意和機智。阿賓尼亞・寶嘉柴亞帕特（Apinya Pokachaiyapat）和瑪德蓮・雷施（Madeleine

Resch）提供了額外的幫助，我們對此表示感謝。

我們感謝安娜・哥殊（Anna Ghosh）為這本書從概念到出版的整個過程提供協助，以及亞歷山德拉・巴斯塔格利（Alessandra Bastagli）和國書出版（Nation Books）勞苦功高的團隊對這個項目的支持。

此書在很多層面上都是一個家庭合作項目。感謝母親祖安（Joan）的愛心和關懷、兄弟法朗斯（Francis）的一貫支持以及他對組織和政治鬥爭的許多見解。感謝南・卑爾（Nan Beer）、大衛・烏茲尼治（David Wuchinich）和莎拉・烏茲尼治（Sarah Wuchinich），否則我們不可能在最終截稿日期前完成稿件。我們感謝他們的慷慨與無私。

最後，我們深深感激麗貝卡・伯恩特（Rebekah Berndt）和羅斯林・烏茲尼治（Rosslyn Wuchinich）堅固的情感支持、堅定的鼓勵，以及別具慧眼的審稿意見。非常感恩二人信任我們的工作，她們的付出令此書變得更好。

小組閱讀・討論指南

一．在美國，人們經常都說，推動社會變革的方法應該透過投票和遊說民選議員；本書則提出了超越選舉政治的社會運動願景：沒有政治人脈或財力支付精英說客團的平民百姓，依然可以促進深刻的社會變革。你對這個概念的想法如何？根據你的經驗，你認為過去的社會運動如何影響了你現在身處的社會？這種組織模式，在你的社區行得通嗎？

二．在本書的第一章，作者討論了「道德非暴力」與「策略性非暴力」之間的區別，尤其介紹了學者吉恩・夏普（Gene Sharp）如何從個人和平主義轉變至倡導「公民抗爭」。你對於兩者之間的區別有什麼看法？「非暴力行為作為一種政治參與的手段」與「非暴力作為一種道德哲學或個人行為準則」，兩者的討論有什麼不同之處？

三．關於公民抗爭的研究，大部份都集中在美國以外的國家，主要探索在不民主政權下的人民如何挑戰甚至推翻獨裁政權；本書當中卻有部份內容，是研究公民抗爭領域的概念如何應用在美國或其他擁有正式民主制度的國家中。你認為公民抗爭理論是否適用於民主國家？在這樣的背景下，這些理論在實踐方面會否有不同的表現？

四．在本書的第四章，作者強調了交易政治與蛻變思維之間的差異。你認為這是一個有用的區分嗎？組織者如果傾向上述某一種觀點，在策劃社會運動時會有什麼不同？

五．第七章描述的「旋風時刻」，其主要特徵就是必然涉及「一件戲劇性的公共事件又或一系列事件，從而引發翻天覆地的連鎖反應，而事態的發展會迅速擴大，超越任何一個機構所能操控的範圍……凝聚一群從沒參與社運組織的人」。你有否見證或參與過「旋風時刻」？那是怎麼樣的經歷？促成公眾高度參與的「觸發事件」是什麼？對於你所關心的議題，你能預見將來會有什麼觸發事件或因素，能夠引發旋風時刻嗎？

六．在本書的末段，兩位作者認為一場社會運動若採納不同的組織模式，就可在「變革的生態環境」中相輔相成。他們寫道：「當群眾運動、大型組織以及另類社群三者互惠互補時，就可創建出一個社運生態系統，既能容納多元化的組織模式，亦能促進社會變革發展。」你對這個概念的想法如何？你有沒有見過健康發展的社運生態系統的例子？不同的群體如何處理彼此的差異？

有關此書的其他資訊和詳情，請瀏覽http://thisisanuprising.org。網站內包含了勢頭驅動的運動組織和非暴力直接行動的培訓資訊，以及延伸閱讀和小組討論的建議。

中譯本圖片來源

本書所有插圖繪製者：Edmon鍾宏安

撐傘者（Umbrella Man）及披雨衣者（Raincoat Man）之圖像靈感來自多個媒體新聞報導，影像則屬原創設計：

其它各插圖參考之原始圖片出處：

Martin Luther King Jr. – Bob Fitch Photography Archive, Department of Special Collections, Stanford University Libraries

Gene Sharp – GoodNewsMagazine.se, photographed by Mattias Lundblad

Saul Alinsky – AP Images

Man with flag – https://bn.wikipedia.org/wiki/চিত্র:Palestine,_Jordan_(Unsplash).jpg by Ahmed Abu Hameeda

Erica Chenoweth – https://www.flickr.com/photos/fordschool/20678735113, Gerald R. Ford School of Public Policy, University of Michigan

Mahatma Gandhi – Getty Images

Occupy Wall Street Poster – Adbusters Magazine

Bill Moyer – Doing Democracy

Dreamer – https://commons.wikimedia.org/wiki/File:DACA_rally_SF_20170905-8329.jpg by Funcrunch

Judi Bari – Daily Journal Corporation

Khaled Said – https://commons.wikimedia.org/wiki/File:Khaled_Said_Graffiti_on_Berlin_Wall.jpg by Magnus Manske

Nelson Mandela – https://commons.wikimedia.org/wiki/File:Nelson_Mandela,_The_Long_March_to_Freedom,_Maropeng,_South_Africa.jpg by Olga Ernst

Benny Tai戴耀廷 – https://commons.wikimedia.org/wiki/File:香港雨傘運動後非建制首次大型跨黨派論壇_03.jpg by KOKUYO

Simon Shen 沈旭暉 – photo provided by Simon Shen

Charles Mok 莫乃光 – photo provided by Charles Mok

絕望・燃點希望

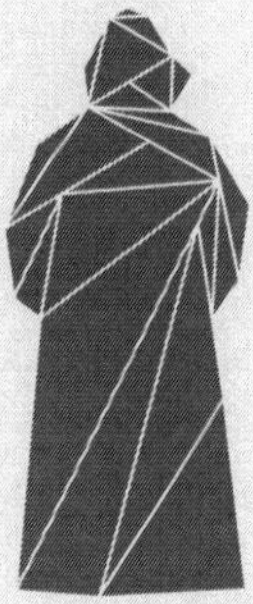

GLOs 03 PF0286

新銳文創
INDEPENDENT & UNIQUE

革命時代

──公民抗爭如何改寫二十一世紀

作　者	馬克・恩格勒（Mark Engler）& 保羅・恩格勒（Paul Engler）
譯　者	Edmon鍾宏安
責任編輯	鄭伊庭
圖文排版	楊家齊
美術設計	Edmon鍾宏安
封面完稿	劉肇昇

出版策劃	新銳文創
發 行 人	宋政坤
法律顧問	毛國樑　律師
製作發行	秀威資訊科技股份有限公司 114 台北市內湖區瑞光路76巷65號1樓 電話：+886-2-2796-3638　傳真：+886-2-2796-1377 http://www.showwe.com.tw
郵政劃撥	19563868　戶名：秀威資訊科技股份有限公司 服務信箱：service@showwe.com.tw
網路訂購	秀威網路書店：http://www.bodbooks.com.tw
出版日期	2021年1月　BOD一版
定　價	490元

Printed in Taiwan

國家圖書館出版品預行編目

革命時代：公民抗爭如何改寫二十一世紀 / 馬克.恩格勒(Mark Engler), 保羅.恩格勒(Paul Engler)著；鍾宏安譯. -- 一版. -- 臺北市：新銳文創, 2021.1
面； 公分. -- (Glos ; 3) (社會科學類)
BOD版
譯自：This is an uprising : how nonviolent revolt is shaping the twenty-first century
ISBN 978-986-5540-19-7(平裝)

1.社會運動 2.公民 3.衝突

541.45 109013727

讀者回函卡

感謝您購買本書，為提升服務品質，請填妥以下資料，將讀者回函卡直接寄回或傳真本公司，收到您的寶貴意見後，我們會收藏記錄及檢討，謝謝！

如您需要了解本公司最新出版書目、購書優惠或企劃活動，歡迎您上網查詢或下載相關資料：http:// www.showwe.com.tw

您購買的書名：______________________________

出生日期：________年________月________日

學歷：□高中（含）以下　□大專　□研究所（含）以上

職業：□製造業　□金融業　□資訊業　□軍警　□傳播業　□自由業

□服務業　□公務員　□教職　□學生　□家管　□其它_____

購書地點：□網路書店　□實體書店　□書展　□郵購　□贈閱　□其他

您從何得知本書的消息？

□網路書店　□實體書店　□網路搜尋　□電子報　□書訊　□雜誌

□傳播媒體　□親友推薦　□網站推薦　□部落格　□其他__________

您對本書的評價：（請填代號　1.非常滿意　2.滿意　3.尚可　4.再改進）

封面設計____　版面編排____　內容____　文／譯筆____　價格____

讀完書後您覺得：

□很有收穫　□有收穫　□收穫不多　□沒收穫

對我們的建議：______________________________

____

____

____

請貼
郵票

11466
台北市內湖區瑞光路 76 巷 65 號 1 樓
秀威資訊科技股份有限公司 收
BOD 數位出版事業部

（請沿線對折寄回，謝謝！）

姓　名：____________ 年齡：______ 性別：□女 □男

郵遞區號：□□□□□

地　址：____________________

聯絡電話：(日) ____________ (夜) ____________

E-mail：____________________